学术前沿研究

辽宁省教育厅高校科技专著出版基金资助

高诱注释语言词汇研究

焦冬梅◎著

北京师范大学出版集团
BEIJING NORMAL UNIVERSITY PUBLISHING GROUP
北京师范大学出版社

图书在版编目（CIP）数据

高诱注释语言词汇研究／焦冬梅著．—北京：北京师范大学出版社，2011.11
（学术前沿研究）
ISBN 978-7-303-13054-2

Ⅰ．①高…　Ⅱ．①焦…　Ⅲ．①古汉语－词汇－注释－研究－汉语②古汉语－词汇－注释－研究－魏晋南北朝时代
Ⅳ．①H131

中国版本图书馆CIP数据核字（2011）第149642号

营销中心电话　010-58802181 58808006
北师大出版社高等教育分社网　http://gaojiao.bnup.com.cn
电子信箱　beishida168@126.com

出版发行：北京师范大学出版社 www.bnup.com.cn
北京新街口外大街19号
邮政编码：100875
印　　刷：北京京师印务有限公司
经　　销：全国新华书店
开　　本：155 mm × 235 mm
印　　张：27
字　　数：485千字
版　　次：2011年11月第1版
印　　次：2011年11月第1次印刷
定　　价：45.00元

策划编辑：王　强　　责任编辑：杨　帆　王　强
美术编辑：毛　佳　　装帧设计：毛　佳
责任校对：李　菡　　责任印制：李　啸

序

学问之道，“一部二十四史，真不知从何说起”之感慨，往往而有；汉语史研究，随着学术的进步，大约从20世纪80年代初转向专书语言研究、断代语言研究，语言世界比人类经历过的社会外部世界更令人陌生，一部专书的语言世界，一个断代的语言状况，真不知从何进入！我佩服博士生学子们，他们总是能在语言世界的开发中找到合适的选题，又无不实现目标预期，期间还要在校方规定的“研究生核心刊物”发表论文，三年乘舟，其操楫辛劳和紧张可知。焦冬梅同志是2004年9月考入南京大学文学院当博士研究生的。此前，她已在一家杂志社当了几年编辑，这是个令人艳羡的职业，我当时不明白，为什么她要毅然放弃常人奔之唯恐不及的岗位而来坐冷板凳呢？不过，从她渐入中年的沉稳的姿态看，她的选择是经过深思熟虑的，不劳旁人费心。两年后开始选题了，她又让出了师兄师姐们往往选的古音学、文字学热点区间，去选专书、专人，且是惹不起眼热的“注释资料语言”冷课题研究。命题为《高诱注释语言词汇研究》，高诱，不比郑玄之“囊括大典，网罗众家”，其注释资料，不比那“郑康成之学尽在‘三礼注’”之富赡，矿源贫富未知，学术价值难测，作此选定，是要有点胆识和勇气的，同样从她落落大方和一贯沉稳憨厚的姿态看，她的近期学术目标不会是盲目的。有谓：性格决定命运；我谓：人品决定学品。冬梅同志的人品与学品是契合的，契合所在乃至于博士论文选题、资料的搜寻、文字风格、学风、思考问题的方法等。人文，处处可把捉到人心，此之谓也！

焦著分五大块，第一部分“绪论”是相关课题研究史综合，因相关研究尚少，说它是史志蠡测更确切。蠡测者，经验综合加揣测推衍之谓。书中引汪耀楠先生《注释学纲要》一书，确指“注释”一词，始见于南北朝。南朝梁刘勰《文心雕龙·论说》云：“若夫注释为词，解散论体，杂文虽异，总会是同。”这该是合理的，“注”字单用，首见于南朝宋刘义庆《世说新语·文学》“初注《庄子》者数十家”一语。作为一种解释体裁，按张舜徽《广校雠略》一书中的说法，“传、注、记、说、微、训、故、解、笺、章句”十科都可称“注”。术语源流是学术史的网眼，而学术史又是学术本体研究的坐标。焦著寻觅源流史注与高诱注的种种联结，以将研究对象高诱注放在学术史背景上进行考察，并从历史坐标中寻求对象研究的方法，不亦可乎！确乎！关于研究方法，文中归结为文献比照法、数字统计法、公式法、比较分析法四种，则更能体现蠡测推衍之途了。

第二部分“高诱注释语言中的单音词”。最大特点是在研究方法上立足于现代词汇学，并吸收训诂学方法，立足于含有语义学成分的现代词义学，并吸收词典词义学的一些做法。作者报告说：高注有单音词2769个，占高注总词数的37.65%。单音词的词类有11个类别，实词比例远高出虚词占93.8%。单音词中动词的比例最高，名词次之。2769个单音词中有单义词1911个，占所有单音词的69%，多义词858个，占31%。且不说统计数字的背后是工夫，在做字、词区分时又在传统学术背景上充分展开了对假借字、异体字、同源字、区别字讨论和厘定，作者还通过义素分析的方法对高注单音多义词的引申方式用举例的方式进行讨论，看出高注单音多义词的引申方式也有三种：连锁式、辐射式、综合式，但因分析的是高注的词义引申，一般词典中所载多义词中的所有义项不可能在高注中全部出现，所以在分析时不可能反映每一个词的历史演变轨迹，但能看出高注词义系统的构式。文章指出：“这种方法对于词义这个复杂的系统的分析还是很有效的。”在义项确立时，反复使用义素分析法。见微之处，作者遇到的难度和深度是不少的，例如渡、度二字的关系，更多的难题，以“高注单音词疑难问题讨论”统摄之，放进了如“孰、熟、独的关系问题”等，不失为妥当的预设。

第三部分“高诱注释语言中的复音词”。词和词组的区分当然是一大“经典”难题。就在不断迫近解决这一难题动态进行过程中，文中对高注复音词作了语法构成和语义构成的种种结构式的大规模分析，成为本书的一道风景线。书中采用符淮青先生在《构词法研究的一些问题》中构词分析“五个平面”的理论，以第二个平面“构词成分关系、结构的平面”为主，对复音词结构作了多视角的分析。例如，语音造词有单纯复音词，又可分叠音词如落落、旅旅，联绵词如由豫、肃杀，这中间当然又有名词、动词、形容词等的区分。有重叠式语音造词AA式、AABB式。语法造词有派生复音词(指前缀、后缀＋词根)、综合式构词、合成复音词三大块。其中合成复音词有联合式复音词、偏正式复音词；联合式复音词有同义联合、类义联合、反义联合；联合复音词又可从词性变化入手来分析，如：名＋名——名，形＋形——名等。语法分析，离不开语义分析，如书中对高注动词补充式的分析，说补充成分“有的是说明动作、行为的结果；有的是表明动作、行为的趋向”。又如对高注中两千多个偏正式复音词从语义和词性两方面来分析其构成，如分析成“表身份职业＋中心词”等，可视为语义结构分析。总之，复音词分析展示在我们面前的结构图是，空间、立体、多层、转换……俨然语言世界图景。

第四部分“高诱注释语言中的新词新义”，这当然是富有诱惑力的课题，但标准不易确立。作者在借鉴学界做法的基础上，提出自己的具体做法：以《汉语大词典》《汉语大字典》的收录情况为判断标尺，同时调查先秦和西汉的一些典籍，“二典”引例不早于东汉的，视为新词；引例失收，且该词不见于前代文献的，视为新词。新义的做法仿此。应该说，以“二典”之权威和文献典籍之实证，这两种原则是有一定说服力的，虽不尽善，亦可为用，且任何标准不可能是绝对的。结果，作者考得高注中新词463个，新义621个！

第五部分“高诱注同源词研究”。近年来有关同源词(字)研究的理论阐述和具体搜考都不少，但对某断代、专书、专人、注释文献中的同源词研究，自然还是一新课题。书中将何九盈先生强调的“证明哪些词之间”有同源关系是“最重要的”这一基本理念、基础理论付诸实施，找到高注同源词声韵均相同的88组，叠韵的66组，双声的65组，而声韵均不同的32组。这说明在同源词中声同、韵同、声韵均相同，占87.25%，声韵均不同的占12.75%。这说明声韵的相同或相近是同源词的重要条件。高注同源词语义关系：语义完全相同39组，意义微别85组，语义相关206组。语义完全相同的少，微别或相关的多，说明如果有分别的交际需要，才可能产生分化，出现同源词。语义相关的同源词206组中，具有共同性质的同源词93组，占语义相关同源词的45.15%，说明在引申、分化的过程中语义向相似的方向发展，相反或相对的情况也有，但比较少。这些成果，对提升汉语语言学理论，对充实普通语言学理论，是否有些许价值呢？答案应该是肯定的。不过，为对同源词(字)的鉴定从严，区分同源字和类比字，强调文字形体上的关联还是有必要的。

现在，冬梅同志已找到自己的生计和继续从学的坐标点，其沉稳的心性会在稳实的元点上作出何种新的开发呢？她会继续稳步前进的。

李开

2010 年 11 月 23 日

目　录

绪　论 ……………………………………………………………… 1
第一节　注释语言与高注研究概况 ………………………………… 1
一、注释语言与东汉语料 ………………………………………… 1
二、高诱其人及高注研究现状 …………………………………… 4
三、高诱注释语言的研究方法 …………………………………… 6
第二节　高诱注释语言考辨 ………………………………………… 6
一、《淮南子》许慎注与高诱注考异 ………………………………… 6
二、《战国策》高诱注考辨 ………………………………………… 10
第一章　高诱注释语言中的单音词 ……………………………… 14
第一节　单音词的判定 …………………………………………… 15
一、字和词 ……………………………………………………… 15
二、单音词 ……………………………………………………… 23
第二节　单义词和多义词 ………………………………………… 26
一、单义词 ……………………………………………………… 26
二、多义词 ……………………………………………………… 27
第三节　高注单音词疑难问题讨论 ……………………………… 44
第四节　小　结 …………………………………………………… 51
第二章　高诱注释语言中的复音词 ……………………………… 52
第一节　复音词的判定 …………………………………………… 52
一、复音词的研究现状 …………………………………………… 52
二、高注复音词的情况 …………………………………………… 60
第二节　高注复音词构词形式分析 ……………………………… 65

一、高注中的语音造词 …………………………………… 65
二、高注中的语法造词 …………………………………… 69
三、成语…………………………………………………… 119
第三节 小 结………………………………………………… 121
第三章 高诱注释语言中的新词新义 ……………………………… 124
第一节 高诱注释语言中的新词………………………………… 125
一、《大词典》未收录的新词 ……………………………… 125
二、《大词典》引证为东汉时期的 ………………………… 130
三、《大词典》引证为东汉之后的 ………………………… 138
第二节 高诱注释语言中的新义………………………………… 147
一、为《大词典》《大字典》补充义项 ……………………… 147
二、为《大词典》《大字典》提前书证时间 ………………… 154
第三节 高注的新词新义与辞书编纂…………………………… 158
一、可以为《大词典》《大字典》补充书证 ………………… 159
二、纠正辞书的失误……………………………………… 161
第四章 高诱注同源词研究 ………………………………………… 165
第一节 同源词…………………………………………………… 165
一、同源字与同源词……………………………………… 165
二、同源词的研究概况…………………………………… 165
第二节 高诱注同源词类型分析………………………………… 167
一、高诱注同源词语音类型分析………………………… 168
二、高诱注同源词语义类型分析………………………… 186
第三节 高诱注对《同源字典》及系列字典的修正和补充……… 198
一、高诱注对《同源字典》及系列字典的修正 …………… 198
二、高诱注对《同源字典》及系列字典的补充 …………… 201
第四节 小 结………………………………………………… 207
第五章 结 语 ……………………………………………………… 208
附录一 高诱注释语言单音词表 ………………………………… 211
附录二 高诱注释语言单音专有词表 …………………………… 289
附录三 高诱注释语言复音词表 ………………………………… 303
附录四 高诱注释语言复音专有词表 …………………………… 370
附录五 高诱注释语言新词表 …………………………………… 393
附录六 高诱注释语言新义表 …………………………………… 400
参考文献 …………………………………………………………… 411
后 记 ……………………………………………………………… 420

绪　论

第一节　注释语言与高注研究概况

一、注释语言与东汉语料

注释是诠释学、解释学、注释学和训诂学都要研究的内容，但是它们所研究的角度不同。“现代西方哲学中使用的 Hermeneutik、hermeneutics(诠释学)一词有其特定的含义，它是理解与解释的一般方法论体系，研究的是理解与解释的方法论与本体论及其根据，而不是任何一种具体的解释或解释的方法。”①“古典解释学，则是关于文化经典解释的根本目的、基本原则、主要方法以及文本信息加工程序的学问。它是解释学的一种古典形态。”②“注释学是研究文籍注释的内容和方法，探讨注释文籍的规律的科学。”③“中国解释传统根植于训诂学，训诂学原是为了解读古代经典的。就此而言，训诂学就是解经学。”④它们之间既有联系，又有区别，我们的研究属于训诂学的范畴。训诂学可以说是前三者的基础，不

① 潘德荣：《文字·诠释·传统——中国诠释传统的现代转化》，33 页，上海，上海译文出版社，2003。

② 周光庆：《中国古典解释学导论·绪论》，6 页，北京，中华书局，2002。

③ 汪耀楠：《注释学纲要》，2 版，8 页，北京，语文出版社，1997。

④ 潘德荣：《文字·诠释·传统——中国诠释传统的现代转化》，43 页，上海，上海译文出版社，2003。

管是进行方法论的研究，还是进行体系的概括，都需要对文本本身有正确的理解，而注释语言的词汇又是基础中的基础。

那么何为注释呢？我们先从文字本身的意义看，“注”：《说文·水部》：“注，灌也。从水主声。”段玉裁注：“注之云者，引之有所适也，故释经以明其义曰注。……汉、唐、宋人经注之字无有作註者，明人始改注为註，大非古义也。古惟註記字从言……与注释字别。”①段注说明古代的注释义用“注”而不用“註”，与后代不同。赵振铎先生认为：“孔颖达在《左传正义》里面说：‘毛君、孔安国、马融、王肃之徒，其所注书，皆称为传，郑玄则谓之为注。’这说明注释称注是从郑玄开始的。”②而“释”，《说文·釆部》：“释，解也。”(50 页)贾公彦《仪礼疏》云：“言注者，注义于经下，若水之注物，亦名为著：故郑叙云：‘凡著三礼七十二篇。’云著者，取著明经义者也。”③给古书做注就像灌通水道使之畅通一样，是为了使文意明白畅通。因为有时移地异之别，所以注释就产生了。“注释”一词，始见于南北朝。南朝梁刘勰《文心雕龙·论说》云：“若夫注释为词，解散论体，杂文虽异，总会是同。”注释肇始于对经典的解读，大约在战国末期；系统的古书注释则是西汉毛亨的《毛诗故训传》(孔颖达：“诂训传者，注解之别名”④)；东汉注释达到繁荣阶段；魏晋南北朝至隋，注释进入深入和全面发展阶段；又经过唐、宋、元、明的革新和发展，到清代促进了注释学理论的形成和发展。⑤ 而注释语言都是以当时的用语为基础进行加工提炼，基本能反映当时语言的面貌。前人对利用旧注校勘经文较为重视，但对断代或专人的注释语言进行研究的不多，直到 20 世纪 50 年代王力先生提出：古书注释一般是比较接近当时的语言的，是研究汉语史的有用资料。⑥ 赵振铎先生在他的《训诂学纲要》中把古书注释作为一项重要内容单列介绍，⑦ 何九盈、蒋绍愚先生认为旧注“可以与字书相印证，乃至相补充。字书的释义有许多就是来自旧注，但字书不可能搜罗所有的旧注，它的引文总是有限的。有时候，旧注的释义因为产生于具体的语言环境，它的释义比字书

---

① (东汉)许慎撰，(清)段玉裁注：《说文解字注》，2 版，555 页，上海，上海古籍出版社，2004。下文引《说文解字注》，只在引文后括号中标出页码。

② 赵振铎：《训诂学纲要》，31 页，成都，巴蜀书社，2003。

③ (清)阮元校刻：《十三经注疏》，影印本，945 页，北京，中华书局，1980。

④ (清)阮元校刻：《十三经注疏》，影印本，269 页，北京，中华书局，1980。

⑤ 汪耀楠：《注释学纲要》，2 版，294～340 页，北京，语文出版社，1997。

⑥ 张能甫：《郑玄注释语言词汇研究·序》，1 页，成都，巴蜀书社，2000。

⑦ 赵振铎：《训诂学纲要》，28 页，成都，巴蜀书社，2003。

更易为人理解。”[①]经过诸位前辈的倡导，注释语言的研究已经引起了学界的关注，出现了一些研究文章，博、硕士论文和专著：如《〈国语〉韦昭注联合式复音词研究》[②]、《〈汉书〉应劭注双音词研究》[③]、《〈汉书〉应劭注联合式双音词探析》[④]、《〈礼记〉郑玄注训诂研究》[⑤]、《高诱音注材料测查与分析》[⑥]、《郭璞注释语言词汇研究》[⑦]、《郑玄注释语言词汇研究》等，但相对于其他语料的研究而言，注释语言研究的深度和广度还有待加强。

东汉时期随着社会的发展，语言发生了巨大的变化。虽然汉语史的分期，大都把汉代划归上古时期，但是，汉代的语言特别是东汉后期的语言，与先秦前期已有很大不同。所以，有些学者倾向于把汉代作为上古汉语与中古汉语的过渡，如王力先生在《汉语史稿》中把汉语史分为上古期[3 世纪以前（五胡乱华以前）为上古期，3～4 世纪为过渡阶段]、中古期[4～12 世纪（南宋前半）为中古期，12～13 为过渡阶段]、近代[13～19 世纪（鸦片战争）为近代，自 1840 年鸦片战争至 1919 年五四运动为过渡阶段]、现代[20 世纪（五四运动）以后为现代]，[⑧] 其中把东汉末归入过渡时期。汪维辉先生认为：“以前由于对东汉语言研究不够，多把它往上归入上古汉语，看来是欠妥当的；把它和魏晋南北朝联在一起恐怕更符合实际。”[⑨]蒋绍愚先生指出：“近年来也有不少学者主张把东汉到隋划为汉语史上一个独立的阶段，称之为‘中古汉语’。但东汉的语言和先秦、西汉究竟有什么不同，也还有待于具体的分析和论证。”[⑩]近年来，把东汉与魏晋南北朝联在一起，而西汉作为上古时期与中古时期的过渡阶段得到许多学者的认可。朱庆之先生指出：“所谓‘中古’本是一个比较含混的时段概念，我们用来指东汉魏晋南北朝。由此上溯，秦代以前是上古时期，当中的西汉是上古至中古的过渡……”[⑪]方一新先

---

① 何九盈、蒋绍愚：《古汉语词汇讲话》，146 页，北京，北京出版社，1980。

② 李丽：《〈国语〉韦昭注联合式复音词研究》，载《燕山大学学报》，2005(3)。

③ 胡继明：《〈汉书〉应劭注双音词研究》，载《河南师范大学学报》，2002(3)。

④ 胡继明：《〈汉书〉应劭注联合式双音词探析》，载《汉字文化》，2003(3)。

⑤ 傅华辰：《〈礼记〉郑玄注训诂研究》，南京师范大学硕士学位论文，2004。

⑥ 翟思成：《高诱音注材料测查与分析》，河北大学硕士学位论文，2001。

⑦ 胡晓华：《郭璞注释语言词汇研究》，浙江大学博士学位论文，2005。

⑧ 王力：《汉语史稿》，新 1 版，35 页，北京，中华书局，2003。

⑨ 汪维辉：《东汉—隋常用词演变研究》，414 页，南京，南京大学出版社，2000。

⑩ 蒋绍愚：《序》，见胡敕瑞：《〈论衡〉与东汉佛典词语比较研究》，2 页，成都，巴蜀书社，2002。

⑪ 朱庆之：《佛典与中古汉语词汇研究·前言》，1 页，台北，文津出版社，1992。

生说："尽管西汉不少作品的语汇就已呈现出与先秦作品的较大差异，并且出现了像王褒《僮约》一类的口语化文献，但是比较集中地反映当时口语面貌且具有词汇史研究价值的材料，如翻译佛经、乐府诗歌、神怪小说等，则大多始于东汉。因此，加强对汉代尤其是东汉语言材料的发掘和研究，已经成为词汇史研究的新课题。"[①]这些都可以说明东汉的语言与先秦相比，发生了很大变化，东汉的语言研究具有重要的价值。东汉时代的语料主要有佛典语料、注释语料、史书、子书等，大约有三百万字之多。东汉所译佛经的具体数量，迄今尚无定论。据朱庆之先生的统计，为 84 万～89 万字；据许理和先生的统计，为 38 万～40 万字。东汉的注释语料，郑玄的有 30 万～40 万字，总计有 60 万字左右。[②] 关于东汉的语料，张能甫在方一新先生的基础上又补充了注释语料，我们非常赞同，但是在注释语料的数量上，我们认为数量可能要大于 50 万字。我们现在研究高诱的注释语言，高诱的注释现存的有《吕氏春秋注》《淮南子注》(与许慎注混杂)、《战国策注》(残缺)。《吕氏春秋注》是保存最完整，也没有异议的，《吕氏春秋序》云："……诱正《孟子章句》，作《淮南》《孝经》解毕讫，家有此书，寻绎案省，大出诸子之右，既有脱误，小儒又以私意改定，犹虑传义失其本真，少能详之，故复依先师旧训，辄乃为之解焉，以述古儒之旨，凡十七万三千五十四言。若有纰缪不经，后之君子，断而裁之，比其义焉。"[③]《淮南子注》经过前人的研究和我们的考察，二十一卷中有十三卷是属于高诱的注释，十三卷中只有个别句子还与许慎注有交叉，但占的比例很小，再加上《战国策》的十卷残卷，高诱的注释语料应在 30 万字左右。所以东汉注释语料的总数应比 50 万字还多，这方面的研究应该加强。

二、高诱其人及高注研究现状

高诱，东汉涿郡(今河北)人。《后汉书》无传，所以生卒年不详。《淮南子注·叙目》云："自诱之少，从故侍中、同县卢君受其句读，诵举大义……建安十年，辟司空掾，除东郡濮阳令，睹时人少为《淮南》者，惧遂凌迟，于是以朝餔事毕之间，乃深思先师之训，参以经传道家

---

① 方一新：《东汉语料与词汇史研究刍议》，载《中国语文》，1996(2)。

② 张能甫：《东汉语料及同素异序的时代问题——对〈东汉语料与词汇史研究刍议〉的补说》，载《古汉语研究》，2000(3)。

③ (战国)吕不韦著，陈奇猷校释：《吕氏春秋新校释》，2 页，上海，上海古籍出版社，2002。

之言，比方其事，为之注解，悉载本文，并举音读。典农中郎将弁揖借八卷刺之，会揖身丧，遂亡不得。至十七年，迁监河东，复更补足。”[①]由《淮南子注·叙目》和《吕氏春秋序》(上文已见)，可以得知：高诱大概生活在汉灵帝和汉献帝年间，与郑玄、刘熙同时，其活动范围大都是北方地区。[②] 建安十年(205)任司空掾，后又任东郡濮阳令，建安十七年(212)迁监河东。[③] 高诱曾师从卢植习句读，作过《孟子章句》《淮南解》《孝经解》，但都已亡佚，后又作《吕氏春秋注》《淮南子注》《战国策注》。

对高诱的注释，前人大都从释疑补缺的角度来研究，从语言的角度进行研究还是近几十年才开始的，如古敬恒的《〈吕览〉高注中所见古汉语基本词的特征》[④]、孙良明的《高诱注中的语义结构和语法结构描写》[⑤]、李开师的《〈吕氏春秋〉高诱注的语法问题》[⑥]、周俊勋的《从高诱注看东汉北方代词系统的调整》[⑦]、罗国强的《〈淮南子〉高诱注析疑》[⑧]等文章，还有一批硕士论文，如王丽芬的《〈吕氏春秋〉高诱注研究》、王明春的《高诱训诂术语研究》、吴先文的《〈淮南子〉高诱注训诂研究》、罗国强的《〈淮南子〉高诱注训诂研究》、崔晓静的《高诱〈吕氏春秋〉语句注释测查与分析》、翟思成的《高诱音注材料与分析》(《吕氏春秋》《淮南子》)、周俊勋的《高诱注词汇研究》、程水龙的《〈战国策〉高诱注研究》等，这些论文大都是个体性研究，就其中的某个或某几个问题进行探讨，如个别语法现象的研究、训诂术语的研究以及单类词语的研究等。其中周俊勋的《高诱注词汇研究》与本文的选题完全相同，但是写作的角度不同。周俊勋的《高诱注词汇研究》主要探讨了三个问题：高注中的词汇复音化发展、高注中的常用词演变、高注中的方言词研究。在词汇复音化中对400余条新词和80多条新义，从语义组合、语法结构进行了举例性分析；在常用词演变中讨论了9组常用词的演变和代词系统的调整；在方言词研究中概括出了高注方言的地域分布，并详细分析了60条方言词

---

① 何宁撰：《淮南子集释》，6页，北京，中华书局，1998。

② 周俊勋：《高诱注词汇研究》，4页，四川大学硕士学位论文，1999。

③ 路广正撰：《中国古代语言学家评传·高诱》，46页，济南，山东教育出版社，1992。

④ 古敬恒：《〈吕览〉高注中所见古汉语基本词的特征》，载《徐州师范学院学报》，1988(3)。

⑤ 孙良明：《高诱注中的语义结构和语法结构描写》，载《山东师范大学学报》，1988(1)。

⑥ 李开：《〈吕氏春秋〉高诱注的语法问题》，原载《吉安师专学报》，1989(2)。现收录于李开：《文史研习和理论学语》，南京，江苏教育出版社，2005。

⑦ 周俊勋：《从高诱注看东汉北方代词系统的调整》，载《阿坝师范高等专科学校学报》，2000(1)。

⑧ 罗国强：《〈淮南子〉高诱注析疑》，载《株洲师范高等专科学校学报》，2004(1)。

语。文章通过探讨，反映了高注词汇新词新义、常用词和方言词的一些特色。本书拟从高注单音词、复音词和新词新义三个方面对高诱注释语言词汇作穷尽性研究，希望能反映高注词汇的总体面貌。其中新词新义的部分与周俊勋的论文有部分重合，他的论文对新词新义是举例性质，没有列出所有的新词新义，把所找出的新词新义分为两个表全部列出。此角度的研究，到目前为止，笔者还没有见到，因此，我们想就此做一些探讨。

三、高诱注释语言的研究方法

本书对高诱注释语言进行研究的方法有以下几项。

第一，文献比照法。利用不同文献进行对比，确定不同注释中哪些是高诱的注释，先廓清高诱在《吕氏春秋》《淮南子》和《战国策》中的注释语言，这是最基础的工作。还有通过不同版本之间的比较，选取较为合理的说法。

第二，数字统计法。通过对三部作品中高诱注的梳理，运用统计的方法，总结出高诱注中单音词和复音词的数量以及所占的比例，从中总结复音词在东汉时期的发展情况；通过与辞书和前代文献的比较，统计出高诱注中的新词新义，由这些新词新义来蠡测汉语词汇在东汉的发展情况。

第三，公式法。运用义素分析的方法，用公式的形式把各个义位分列出来，确定其中是指称义素还是区别性义素发生了变化，通过比较来确定单音词中是多义词义项之间的关系，还是单音词与单音词之间的关系，并以此反映出词语之间的细微差别。

第四，比较分析法。把高诱注的词语与现存先秦文献进行比较，找出出现的新词新义，并与《汉语大词典》《汉语大字典》等辞书做比较，以期对二典能有所补充。

第二节　高诱注释语言考辨

一、《淮南子》许慎注与高诱注考异

《淮南子》汉世有四家注，即马融、延笃、许慎、高诱。《后汉书·马融传》称马融尝注此书；延笃亦有注，仅见于《文选·养生论》李善注一引：延叔坚云："豫章与枕木相似，须七年乃可别耳。"流传至今的有许氏注和高氏注，这从史书文献的记载以及前人的引用可以确定。前人

引用《淮南子》大多注明许慎注或高诱注，唐宋之前，两注本尚存，皆得辗转引用。

《淮南子》的注释，按照史书的记载，从汉代到宋代，许慎的注释是一直保存完整的，高诱的注释到宋代还有十三卷，但是宋代《苏魏公文集·校淮南子题序》云："……今校《崇文》旧书与蜀川印本暨臣某家书凡七部，并题曰《淮南子》，二注相参，不复可辨。惟集贤本卷末有前贤题载云：'许标其首，皆曰"间诂"，"鸿烈"之下，谓之"记上"；高题卷首，皆谓之"鸿烈解经"，"解经"之下曰"高氏注"，每篇之下皆曰"训"，又分数篇为上下。'以此为异。《崇文总目》亦云如此。又谓高氏注详于许氏，本书文句，亦有小异。然今此七本皆有高氏训叙，题卷仍各不相同：或于'解经'下云'许慎记上'，或于'间诂'上云'高氏'，或但云'鸿烈解'，或不言'高氏注'……参差不齐，非复昔时之体。臣某据文推次，颇见端绪：高注篇名皆有'故曰因以题篇'之语，其间奇字，并载音读；许于篇下粗论大意……互相考正，去其重复，共得高注十三篇，许注十八篇。又按高氏叙：'典农中郎将弁揖借八卷，会揖丧，遂亡，后复补足。'今所阙八篇，得非后补者？"①宋代陈振孙的《直斋书录解题》载："《淮南鸿烈解》二十一卷，汉淮南王安与宾客撰，后汉太尉许慎叔重注。案《唐志》又有高诱注，今本既题许慎记上，而详序文，则是高诱，不可晓也……"②通过宋代苏颂和陈振孙的记载，我们可以看出到宋代许、高两家注已经混而不分。而《宋史·艺文志》"杂家类"载："淮南鸿烈解二十一卷，淮南王安撰；许慎注淮南子二十一卷；高诱注淮南子十三卷"，按照史书的记载，许慎注到宋代一直保存完整，这与宋代苏颂和陈振孙所看到的情况不符，因此，我们可以认为宋史记载有误。清人陶方琦也认为："宋时安得有许注全本？宋史误也。"③因为许、高二注宋代已经相混，因此，明代的刘绩在《淮南子补注后识》中认为："汉许慎记上，而高诱为之注。'记上'犹言标题进呈也，故称职、称臣。先儒误以为慎注，又疑非高注。按注中不知者云'诱不敏'，则为诱注明矣。"④清代《四库全书总目提要》称："然《隋志》《唐志》《宋志》皆许氏、高氏二注并

---

① 《文渊阁四库全书》，初版，1092册，704～705页，台北，台湾商务印书馆，1986。

② 《丛书集成初编》，初版，46册，292页，北京，商务印书馆，1937。

③ 《续修四库全书》，1121册，413页，上海，上海古籍出版社，2002。

④ 张双棣撰：《淮南子校释·淮南子考证辑要》，2191页，北京，北京大学出版社，1997。另，陶方琦《淮南许注异同诂自叙》云："许注久湮，后人鲜知。如刘芦泉以为许慎记上而高氏为之注，疑许氏并无注。又如南宋以后，诸儒引高注皆讹为许注之类是也。"（《续修四库全书》，1121册，414页，上海，上海古籍出版社，2002）

列。陆德明《庄子释文》引《淮南子注》称许慎，李善《文选注》、殷敬顺《列子释文》引《淮南子注》，或称高诱，或称许慎。是原有二注之明证……诱，涿郡人，卢植之弟子，建安中辟司空掾，历官东郡濮阳令，迁河东监，并见于自序中，慎则和帝永元中人，远在其前，何由记上诱注，刘绩之说，盖徒附会其文而未详考时代也。”①《淮南子》原有许高二家注是无疑的，只是混而难分，所以后人治《淮南》者都要探讨许注与高注的问题，而清人用力最勤。王念孙、钱塘、俞樾、陶方琦、易顺鼎、孙诒让等都能有所发明。近代则有刘文典的《淮南鸿烈集解》，吴承仕的《淮南旧注校理》，刘家立的《淮南集证》，杨树达的《淮南子证闻》，马宗霍的《淮南旧注参正》等，诸家于诂训义理都有所阐释，对许注和高注的厘定也有所创获。治《淮南》许、高之异者清人陶方琦著作最多，著有《淮南许注异同诂》四卷，《淮南许注异同诂补遗》一卷，《淮南许注异同诂续补》一卷；另有孙冯翼辑《许慎淮南子注》；黄奭辑《许慎淮南子注》；叶德辉辑《淮南鸿烈间诂》二卷；易顺鼎的《淮南许注钩沈》一卷；蒋曰豫的《许叔重淮南子注》一卷等，我们通过把前人辑录的高诱注和许慎注与现存的注进行比较，同意陶方琦和沈德鸿的意见，“宋苏氏云：‘互相考证，去其重复，共得高注十三篇，许注十八篇。’‘十’字疑衍文。盖高注十三篇，许注八篇，正合二十一篇之数，故云‘去其重复’。《原道》以次十三篇皆有‘故曰因以题篇’字，高注本也。《缪称》以次八篇皆无‘故曰因以题篇’等字，许注本也。”②大部分学者承认苏颂提出的现存《淮南子》的注释高注十三篇和许注八篇的观点。但是十三与八也不是纯粹的高注与许注，而是高中有许，许中有高。也有学者不承认这种看法，如王念孙，他在《读书杂志·淮南内篇跋》中说：“淮南内篇旧有许氏高氏注，其存于今者则高注，非许注也。前有高氏叙一篇，《天文篇》注又云：‘钟律上下相生，诱不敏也。’则其为高注无疑。其自唐以前诸书所引许注，有与今本同者，乃后人取许注附入，非高氏原文也(凡注内称一曰云云者，多系许注，则其为后人附入可知)。宋人书中所引《淮南注》略与今本同而谓之许注，则考之未审也。道藏本题‘许慎记上’，盖沿宋本之误。是书自北宋已有讹脱，故《尔雅疏》《埤雅》《集韵》《太平御览》诸书所引已多与今本同误者，而南宋以后无论已……”③对于王念孙提出的不同看法，我们认为可以这样解释，王氏认为《天文篇》中有“诱

① 《四库全书总目提要》，1009页，北京，中华书局，2003。
② 《续修四库全书》，1121册，413页，上海，上海古籍出版社，2002。
③ 《续修四库全书》，1153册，637页，上海，上海古籍出版社，2002。

不敏”就可以断定所有注都为高注，过于武断。根据陶氏的观点，以及我们的对照，也承认《天文篇》为高注，但只是就这一篇而言。而钱塘的《淮南天文训补注》也是依据《天文训》“独《天文训》一篇，《道藏》本未尝增多训解一字，而中有‘诱不敏也’之文，其注亦遂简略。盖此篇决出于诱之所注，而诱于术数未谙，遂不能详言其义耳。”[①]确定此篇为高注。另“其自唐以前诸书所引许注，有与今本同者，乃后人取许注附入，非高氏原文也（凡注内称一曰云云者，多系许注，则其为后人附入可知）”[②]。高注中有后人附入的许注，许注中也有附入的高注，但并不是所有的“一曰云云”都为许注，按照时间来看，许注早于高注，高氏在训释之时参考化用前人的成果，也是可以理解的，如吴则虞言：“许诂为一家之言，而高注并剌旧文，殆今之合注集注之俦”[③]，所以高注中有“一曰”的说法与许注合者，我们认为应该分析情况而定。如果前人引用时标明许注，我们可以断定为许注，其他情况可以看做高注。

关于高注中八篇补注的问题，也还存有一些疑问，我们想就此问题讨论一下。

高诱《叙目》云：“典农中郎将弁揖借八卷剌之，会揖身丧，遂亡不得。”高叙中提到的八篇补注，吴则虞认为：“《缪称》八卷，悉为许诂旧文，序所云‘补足者’，非高自补之，言于河东得许诂以补其缺也。是高诱固未尝尽注全书。挹彼注兹，以完篇卷。”[④]对于这个问题没有见到其他人的论述，我们认为这种观点不能成立。原因为：第一，如果高诱是用许慎的八篇注补足，那么后人就不可能再见到此八篇的高诱注（我们认为八篇应该是现在高注不存的八篇），通过查检，还可以见到汉代以后的人引用此八篇的高诱注，如《淮南子集释》卷十《缪称训》（755 页）《文选·长笛赋》注引“二皇凤至于庭”，又引高诱曰：“二皇：伏羲、神农也”；卷十四《诠言训》（1023 页）：“不喜则忧，中未尝平，持无所监，谓之狂生。”李善注《文选·任昉〈哭范仆射诗〉》曰：“《淮南子》曰：‘台[⑤]无所监，谓之狂生。’高诱曰：‘台，持也。所鉴者非元德，故为狂生。

---

① 《续修四库全书》，1121 册，505 页，上海，上海古籍出版社，2002。

② 《续修四库全书》，1153 册，637 页，上海，上海古籍出版社，2002。

③ 吴则虞：《〈淮南子〉书录》，见新建设编辑部编：《文史》，2 辑，292 页，北京，中华书局，1963。

④ 吴则虞：《〈淮南子〉书录》，见新建设编辑部编：《文史》，2 辑，292 页，北京，中华书局，1963。

⑤ 王念孙校改为“졸”。（清）王念孙：《读书杂志》，894 页，南京，江苏古籍出版社，2000。

台古握字也。'"卷二十一《要略》(1446 页)："《齐俗》者，所以一群生之短脩，同九夷之风采，通古今之论，贯万物之理，财制礼义之宜，擘画人事之终始者也。"《文选·魏都赋》"壹八方而混同，极风采之异观"，李善曰："《淮南子》曰：'同九夷之风采。'高诱曰：'风，俗。采，事也。'"等，还可以找出许多类似的例子。第二，史书的记载从《隋书》到《宋史》许、高两家注是并列的，并没有说明用许注补高注的问题。如果一个朝代的编修官不查，出现失误，不可能三个朝代都出现失误，因此，我们认为此八篇应为高诱自己补。第三，高诱只是说"复更补足"，并没有提许注的问题，而且最后用"浅学寡见，未能备悉"称自己的著述，如果内有别人的成果，应该会单独说明。

《淮南子》成书至今，经过近两千年的流传，虽然有些问题还没有很好地解决，如高诱注与许慎注的甄别问题，但是经过历代学人的研究，已经为现代人阅读和研究提供了较好的资料。何宁的集释本集历代研究成果于一炉，有新见并有确证的，就用案语的形式标注，没有确证的就存疑，为研究此书的人提供了极大的方便。所以我们以何宁的《淮南子集释》作为工作底本，参照张双棣的《淮南子校释》、刘文典的《淮南鸿烈集解》，参以道藏本《淮南鸿烈解》(二十八卷本)。对照孙冯翼辑录的《许慎淮南子注》，陶方琦辑录的《淮南许注异同诂》续、补，叶德辉辑录的《淮南鸿烈间诂补遗》，通过对照，发现叶德辉的辑录与陶方琦的辑录基本相同，孙冯翼的辑录又都包含在了陶的辑录之中，何宁在集释中又都容纳了诸家的内容。在讨论具体的注释文句之时，吸收了王念孙、俞樾、杨树达、吴承仕、马宗霍等人的研究成果，对诸家还没有一致意见的问题暂且存疑。我们通过研究认为许慎注存八篇，高诱注存十三篇，但都不是纯高纯许。要做语言本体研究，首先语料要真实，现阶段不能解决的问题只能先抛开，所以把还存疑的条目剔除，如《淮南子》中许慎注八篇杂入的高注，目前还没有一致看法，这样的条目我们剔除。由于现阶段研究水平和时间、精力等原因，剔除的条目我们没能解决，所以没有在本书中列出。我们只是作为资料辑录出来，以备今后研究。

二、《战国策》高诱注考辨

《战国策》相传是战国时期各国的史官或策士辑录，有《国策》、《国事》、《事语》、《短长》、《长书》等不同名称。西汉时，刘向进行了整理，按战国时期秦、齐、楚、赵等国的次序，编订为三十三篇，定名为《战国策》。东汉高诱曾为之作注。《隋书·经籍志》"杂史"载："战国策三十二卷　刘向录，战国策二十一卷　高诱撰注，战国策论一卷　汉京兆尹延笃撰"[1]；《旧唐书·经籍志》"杂史"载："战国策三十二卷　刘向撰，战国策论一卷　延笃撰，战国策三十二卷　高诱注"[2]；《新唐书·艺文志》"杂史类"载："刘向战国策三十二卷，高诱注战国策三十二卷，延笃战国策论一卷"[3]；《宋史·艺文志》"纵横家类"载："高诱注战国策三十三卷，鲍彪注国策十卷。"[4]从史书的记载看，高诱注到宋代还存在，但是据曾巩的记载，《战国策》流传到北宋时，正文和注文都已不全。《战国策曾序》云："刘向所定著《战国策》三十三篇，《崇文总目》称十一篇者阙。臣访之士大夫家，始尽得其书。正其误谬，而疑其不可考者，然后《战国策》三十三篇复完……此书有高诱注者二十一篇，或曰三十二篇。《崇文总目》存者八篇，今存者十篇。"[5]从曾巩的序中我们可以看出，北宋《战国策》的正文和注文都已经残缺不全，曾巩对此书作了校补。而南宋出现了两种版本：一种是姚宏的续注本；一种是鲍彪重定次序的新注本。姚宏的注本校正者多，训释者少，而鲍彪的注本改定原文的次序，阐释发挥得较多。鲍彪的做法受到后人的诟病。清代黄丕烈《重刻剡川姚氏本战国策并札记序》："夫鲍之率意窜改，其谬妄固不待言。乃更援而入诸姚氏本之中，是为厚诬古人矣。金华吴正传氏重校此书，其自序有曰：'事莫大于存古，学莫大于阙疑。'知言也哉……"[6]元吴师道在鲍本基础上，又作了补正。顾广圻在为黄丕烈的札记写的跋中有云："后吴师道校正鲍注，用功甚深，发疑正读，殊有出于伯声(姚宏字)外者矣。"[7]《文渊阁四库全书》"史部·杂史类"："毛晋汲古阁影宋钞本虽三十三卷皆题曰高诱注，而有诱注者仅二卷至四卷，六卷至十卷，与《崇文总目》八篇数合，又最末三十二、三十三两卷，合前八卷，与曾巩序十篇数合。而其余二十三卷则但有考异而无注，其有注者多冠以'续'字，其偶有遗'续'字者……"[8]再据历代的序跋，对照现存的文献，我们可以看出《战国策》高诱注现仅存十卷，第一至第十卷中缺第一和第五，另有三十二和三十三卷。在这十卷的注中也还存有后人的补释，《四库全书总目》"杂史类"《战国策注》三十三卷："……然巩不言校诱注，

---

① 《丛书集成初编》，6 册，39 页，北京，商务印书馆，1936。
② 《丛书集成初编》，7 册，33 页，北京，商务印书馆，1936。
③ 《丛书集成初编》，8 册，19 页，北京，商务印书馆，1936。
④ 《丛书集成初编》，10 册，78 页，北京，商务印书馆，1936。
⑤ 《四部丛刊》，初编缩本，58 册，2～3 页，上海，上海商务印书馆，1936。
⑥ 《丛书集成初编·战国策》，3687 册，1 页，北京，商务印书馆，1937。
⑦ 《丛书集成初编·战国策》，3687 册，75 页，北京，商务印书馆，1937。
⑧ 《文渊阁四库全书》，406 册，239 页，台北，台湾商务印书馆，1986。

则所取惟正文也。迨姚宏重校之时，乃并所存诱注入之。故其自序称，不题校人并题续注者，皆余所益。知为先载诱注，故以续为别……书中校正称曾者，曾巩本也；称钱者，钱藻本也；称刘者，刘敞本也；称集者，集贤院本也；无姓名者，即宏序所谓‘不题校人’为所加入者也。”①鲍氏《战国策注》十卷：“《战国策》一书，编自刘向，注自高诱。至宋而诱注残阙，曾巩始合诸家之本校之，而于注文无所增损。姚宏始稍补诱注之阙，而校正者多，训释者少……”②后人的补释我们可以通过他们所用的术语辨识出来，如姚宏的“续”及“刘、曾、钱、集”是姚宏引录所见到的几种本子的简称，吴师道的“一本”，“正曰、补曰”等，至于姚宏偶遗“续”字的注，我们以上海书店本《战国策》(高诱注)为工作底本，参照丛书集成初编本《战国策》(高诱注)，文渊阁四库全书本《鲍氏战国策注》(宋鲍彪注)、《战国策校注》(宋鲍彪原注，元吴师道补正)、缪文远的《战国策新校注》，把诸家认同的高诱注辑出。《战国策》高注的十篇中，缪文远的《战国策新校注》没有明确标出高注的，我们剔除。有疑问的地方，先辑录放入存疑，不在统计之列。通过对《战国策》高诱注的考辨，把高诱注辑录出来，再对此进行语言的本体研究。

高诱注词语的统计原则说明如下：

(1)高诱在为原文作注时，引用了许多前人以及前代著作的语言，直接引用的语言不在我们的统计之列。如果是化用，我们归入统计，因为高诱化用前代的资料，变成了自己的语言，所以这类语言应该能代表高诱的时代。

(2)在高诱的注释语言中有“故曰”、“故云”、“故”的体例，崔晓静在分析高注术语时认为：“‘故曰’后的词句多与原文语句相同，也有与原文字词稍有差别或是对原文语句的解释，旨在说明原文‘为什么要这么说’或原文‘说明的是什么’；‘故’这个术语后的部分则多是解释原文的，但也存在与原文语句相同的现象，重在说明原文‘为什么会这样’。”“用法和‘故曰’相同的术语，还有‘故言’‘故谓’‘故谓之’。”③因此，“故曰”“故云”“故”之后的内容，我们分情况而定，因为有些“故曰”“故云”“故”后面的内容是对原文的重复，不代表高诱时代的语言，这种情况，没有统计，如《淮南子·修务》：“汤夙兴夜寐，以致聪明。”高注：“早起

① 《四库全书总目》，462页，北京，中华书局，1965。

② 《四库全书总目》，462页，北京，中华书局，1965。

③ 崔晓静：《高诱〈吕氏春秋〉语句注释测查与分析》，11、26页，河北大学硕士学位论文，2001。

夜寐，以思万事，能得其精，故曰‘以致聪明’。”《淮南子·修务》：“不如约身卑辞，求救于诸侯。”高注：“申包胥，楚大夫，与伍子胥友者。子胥之亡，谓申包胥曰：‘我必覆楚国。’申包胥曰：‘子能覆之，我必兴之。’及昭王败于伯举，奔随，申包胥如秦乞师。故曰‘不如求救于诸侯’。”《战国策·秦策四》：“楚燕之兵云翔不敢校，王之功亦多矣。”高注：“不与秦校战，故曰王之功亦多矣。”另有“故曰”、“故云”的后面不是用原文的内容，而是注释者自己的语言，这种情况我们做了统计，如《吕氏春秋·孟春》：“孟春行夏令，则风雨不时，草木早槁，国乃有恐。”高注：“春，木也。夏，火也。木德用事，法当宽仁，而行火令，火性炎上，故使草木槁落，不待秋冬，故曰天气不和，国人惶恐也。”《淮南子·说林》：“邻之母死，往哭之，妻死而不泣，有所劫以然也。”高注：“嫌犹哀，嫌于情色，故曰有所劫迫之。然，如是也。”

(3)高诱的注释体例大部分是先出原文需要解释的内容，先出的内容不在统计之列，如果同样的内容在高诱的解释中，我们就统计在内，因为这说明在高诱的语言中也还使用这些词语。

(4)高诱注如果是因为版本的错误，我们会通过比较选择正确的版本作为统计的依据；如果是高诱释义的错误，我们还是按照高诱的释义统计，因为我们统计的是高诱的词语，虽然他的释义有误，但是用词还是他所用的词语，所以我们统计此类词语。

第一章

高诱注释语言中的单音词

汉语词汇的发展是从单音到复音，这是学界的共识。如赵克勤先生在《古代汉语词汇学》中论述到："绝大多数研究古代汉语的学者都认为，古汉语词汇以单音词为主。"[①]郭锡良先生认为："汉语词汇由单音走向复音，这是汉语发展史上的一大变化。"[②]程湘清先生认为："汉语词汇从以单音词为主，过渡到以复音词为主，是汉语发展史上的一大变化。"[③]董秀芳总结汉语词汇双音化的进程是：殷商时代语言的词汇系统本质上是单音节的，复音化的各种构词法萌芽于西周早期，完备于春秋战国。春秋战国时期复音词的数量增加很大，成为汉语复音化迅速发展的第一个时期。双音化的步伐从东汉开始大大加快。到了唐代，双音词为主的词汇系统已经建立，双音化的程度在近代汉语得到进一步的提高。现代汉语中，双音词完全取代了单音词在词汇系统中的主体地位。[④] 这是从历时的角度看，如果要研究一个时代的共时平面词汇的总体面貌，就要从词汇的基本面貌和词汇构成方面进行分析，"词汇构成可以从不同的角度去分类，可以分为基本词汇和一般词汇，单音词和复音词等等"[⑤]，我们从单音词和复音词的角度来考察高诱注释语言中的词汇。统计高诱注的单音词和复音词的数量，以及单、复音词所占的

---

① 赵克勤：《古代汉语词汇学》，18页，北京，商务印书馆，2005。

② 郭锡良：《汉语史论集》，143页，北京，商务印书馆，2005。

③ 程湘清：《汉语史专书复音词研究》，24页，北京，商务印书馆，2003。

④ 董秀芳：《词汇化：汉语双音词的衍生和发展》，7～8页，成都，四川民族出版社，2002。

⑤ 张双棣：《吕氏春秋词汇研究·绪论》，6页，济南，山东教育出版社，1989。

比例，通过这些统计数据，可以从一个侧面反映东汉时期词汇的面貌。之后，再把高注中的单音词与高诱之前和之后的典籍中出现的单音词比较，考察单、复音词的发展情况，了解在东汉时期汉语词汇的变化。

第一节　单音词的判定

一、字和词

1. 研究现状

字本身只具有形的特征，它的音和义是词赋予的，而词的书写形式又是由字来充当的。因此，字和词之间存在着剪不断、理还乱的关系。汉语又缺乏形态的变化，因此，对于字记录的单位是字还是词的区分存在一定的困难。因为存在困难，所以历来的研究也很多。如探讨古代汉语词汇中字和词的区分，在著作中涉及的有：王宁在《训诂学原理》中有关于"字与词的区别"的讨论，认为字和词是不对等的关系：字是形、音、义的结合体，而词仅具有音和义，却没有形，它的形是用字来记录的；由于通假和文字兼职的现象，还存在一词数形和一形数词的问题等，提出"从理论上分清字和词，在实践中注意字与词的差异和它们之间不整齐的对当关系，对准确地认识训诂现象，辨识训诂材料，有很重要的意义"。① 张联荣的《古汉语词义论》中有"古汉语中词的同一性问题"，认为："确认词的同一性有两种方法，历时的方法和共时的方法。"②蒋绍愚的《古汉语词汇纲要》中"词和词义"部分谈到字和词的区分问题。他认为：(1)从共时的角度，判断是一个词还是两个词，字形并不是最重要的，重要的还是音和义。如果音义都相同，即使字形不同，也是一个词；如果音同义不同，那就是两个同音词，义同音不同，那就是两个同义词。在意义和语法方面，从意义方面看，在古汉语词汇研究中，如果同一个汉字表示的几种意义之间有一定的联系，一般都看做同一个词的几个义位。主要以音义为标准来判断是不是同一个词，是可行的。(2)从历时的角度，同一个词在语言的不同历史时期，音和义都会有变化。只要它的读音变化符合语音发展的规律，意义古今有历史的联

---

① 王宁：《训诂学原理》，35～37页，北京，中国国际广播出版社，1996。

② 张联荣编著：《古汉语词义论》，139页，北京，北京大学出版社，2005。

系，就是同一个词。[①] 赵克勤的《古代汉语词汇学》也涉及“字和词”的区分问题[②]，张永言的《词汇学简论》中也讨论过“词的同一性问题”，也是从形、音、义的角度归纳为多义词和同音词的问题。[③] 胡敕瑞认为："可以从常用和不常用这个角度来看，即看某个能指在共时条件下运用是否普遍，在历时条件下使用是否持久。如果既不普遍、也不持久，那只是局部而临时的使用现象，或者说只是属于言语而不是属于语言的现象。"[④]单篇文章涉及古汉语中“字与词区分”的问题的数量要少得多，单篇文章讨论的大多是现代汉语中“词素、词、词组”的区分，如卞觉非《略论语素、词、短语的分辨及其区分方法》[⑤]、李升台的《词的划界研究述评》[⑥]等。

现代汉语中因为引进了西方的语言学理论，区分词素、词、词组，这与古汉语中字与词的关系还有一定的区别。“词素是音义结合体，是最小的直接构成词的语言单位，在具体的词中是一个凝固的整体。”[⑦]现代汉语中的词素分为成词语素和非成词语素。古汉语中的字有的可以代表一个词，可以独立运用，这就是单音词；有的字不能独立运用，作用就相当于现代汉语中的词素。但是从古代发展到现代，有些古代的单音词成了现代的非成词语素，因此，古汉语中的字与现代汉语中的词素既有联系，又有区别。在区分字和词的界限时，还应该有古今的概念。许威汉认为：“以现代口语为标准，古今区别看待。事实上很多古代单音词在现代汉语里已经不是一个词，而是词的一部分了。”[⑧]

2. 区分字和词应该处理的问题

总体而言，字和词的关系，我们应该处理好以下几种问题：假借字的问题；异体字的问题；同源字的问题；区别字的问题等。

(1)假借字

《说文叙》曰：“假借者，本无其字，依声托事，令长是也。”王引之在论述许氏关于假借的观点时说：“盖本字无而后假借它字，此谓造作文字之始也。至于经典古字，声近而通，则有不限于无字之假借者，往

① 蒋绍愚：《古汉语词汇纲要》，27～34页，北京，商务印书馆，2005。
② 赵克勤：《古代汉语词汇学》，15～17页，北京，商务印书馆，2005。
③ 张永言：《词汇学简论》，36～40页，武汉，华中工学院出版社，1982。
④ 胡敕瑞：《〈论衡〉与东汉佛典词语比较研究》，6页，成都，巴蜀书社，2002。
⑤ 卞觉非：《论语素、词、短语的分辨及其区分方法》，载《语文研究》，1983(1)。
⑥ 李升台：《词的划界研究述评》，载《语文导报》，1987(11)。
⑦ 葛本仪主编：《汉语词汇学》，2版，10～11页，济南，山东大学出版社，2003。
⑧ 许威汉：《汉语词汇学引论》，18页，北京，商务印书馆，1992。

往本字见存，而古本则不用本字而用同声之字。学者改本字读之，则怡然理顺，依借字解之，则以文害辞。”①

这说明假借可以分两种，一种是本无其字的假借；另一种是本有其字的假借。

①本无其字的假借

高注单音词中本无其字的假借举例：

之

《吕氏春秋·壅塞》：“国危甚矣，若将安适?”高注：“适，之也。”(往也)

《吕氏春秋·孟春》：“孟春之月，日在营室。”高注：“营室，北方宿，卫之分野。”(助词“的”)

《战国策·西周策》：“秦不大弱，而处之三晋之西。”高注：“三晋，晋三卿韩氏、魏氏、赵氏，分晋而君之，故曰三晋也。”(第三人称代词)

《淮南子·本经》：“曲拂邅回以像湡浯。”高注：“之二国多水，江湖环之，故多像渠池以自邅回，故法而像之也。”(指示代词)

《说文·之部》：“之，出也。”段注：“引申之义为往。《释诂》曰‘之，往’是也。”(272页下)“之”的本义是“出”，引申为“往”，假借为指示代词，又假借为第三人称代词，又假借为助词。指示代词的“之”、第三人称代词的“之”和助词的“之”与“之”的本义，只是文字上的假借关系，在意义上没有任何联系，因此，在每个意义独立成词时，我们都把这三种假借意义作为独立的词看待。

白

《吕氏春秋·季春》：“是月也，命妇官染采，黼黻文章，必以法，故无或差忒，黑黄苍赤，莫不质良。”高注：“妇人善别五色，故命其官使染采也。白与黑谓之黼，黑与赤谓之黻，青与赤谓之文，赤与白谓之章。修其法章，不有差忒，故黑苍黄赤之色皆美善。”(名词，颜色名)

《吕氏春秋·孟夏》：“命太尉，赞杰儁，遂贤良，举长大。”高注：“命，使。赞，白也。千人为俊，万人为杰。遂，达也。有贤良长大之人，皆当白达举用之，故齐桓公命于子之乡，有孝于父母聪慧质直仁秀出于众者则以告，有不以告，谓之蔽贤而罪之，此之谓也。”(动词，禀报、回复)

“白”在高注中有两个意义，一个是名词，表颜色，一个是动词，禀报、回复之义。

---

① (清)王引之：《经义述闻》，卷三十二，756页，南京，江苏古籍出版社，2000。

《说文·白部》："西方色也。阴用事，物色白。从入合二。二，阴数。"段注："出者阳也，入者阴也，故从入。说从二之恉。"(363页下)《说文》和段注都是把颜色作为词的本义，而郭沫若在《金文丛考》中指出："此实拇指之象形……拇为将指，在手足俱居首位，故白引申为伯仲之伯，又引申为王伯之伯，其用为白色字者乃假借也。"①我们通过郭沫若的考正可以知道，"白"的本义应该为"拇指"，"白"作颜色名，是假借字。作为动词的"禀报、回复"是通过"白"作为颜色义引申而来，我们在辨认这两个义项的关系时，把"白"的颜色意义作为假借字，而颜色意义与禀报、回复意义是引申关系，而且可以分析出意义之间的联系，所以我们把它们作为一个词来处理。

②本有其字的假借

在高注单音词中可以看到：

钧

《吕氏春秋·适音》："何谓衷？大不出钧，重不过石，小大轻重之衷也。"高注："三十斤为钧，百二十斤为石。"(重量单位，三十斤为一钧)

《吕氏春秋·仲春》："是月也，日夜分。雷乃发声，始电。"高注："分，等，昼夜钧也。"(均等、平均)

《说文·金部》："钧，三十斤也。"段注："斤者，十六两也。三十斤，为铢……《汉志》曰：'钧者均也。阳施其气，佘化其物，皆得其成就平均也。'按古多假钧为均。"(708页下)"钧"的本义是重量单位，假借为"均"，表示平均、均等。"钧"和"均"在上古都属于见母真部字，声韵完全相同，意义没有联系，因此，它们也是通假关系，我们也把它们分作两个词。

陵

《吕氏春秋·士容》："故君子之容，纯乎其若钟山之玉，桔乎其若陵上之木。"高注："陵上之木鸿且大，皆天性也。君子天性纯敏，故以此为喻也。"(大土山)

《吕氏春秋·至忠》："王曰：'何其暴而不敬也？'命吏诛之。"高注："下陵其上谓之暴。"(侵犯、欺侮)

《吕氏春秋·贵直》："一鼓而士毕乘之。"高注："毕，尽也。乘，陵也。"(登上)

---

① 《汉语大字典》编辑委员会编纂：《汉语大字典》，4卷，2642页，成都，四川辞书出版社；武汉，湖北辞书出版社，1988。

《说文·自部》："陵，大自也。"段注："《释地》《毛传》皆曰：大阜曰陵。《释名》曰：'陵，隆也。体隆高也。按引申之为乘也、上也、躐也、侵陵也、陵夷也，皆夌字之叚借也。'"（731 页上）"陵"的本义是"大土山"，"登上，侵犯、欺侮"都是假借义，作为"登上，侵犯、欺侮"的意义时，"陵"是通假字，而"凌"是本字。"陵"与"凌"在上古都属于来母蒸部字，声韵相同，但意义没有联系，所以是通假关系。我们把它们作为三个词看待。

（2）异体字

异体字是人们为语言中同一个词造的几个形体不同的字，这些字意义完全相同，可以互相替换。①

高注单音词异体字举例：

嘆与歎

《吕氏春秋·贵直》："曰：'嗟乎！吴朝必生荆棘矣。'"高注："嗟，歎辞也。子胥谓太宰嚭劝王伐齐，国必破亡，故朝生荆棘也。"（感叹）

《吕氏春秋·恃君》："文王流涕而咨之。"高注："咨，嗟，歎辞。"（感叹）

《淮南子·览冥》："西老折胜，黄神啸吟。"高注："西王母折其头上所戴胜，为时无法度。黄帝之神，伤道之衰，故啸吟而长嘆也。"（叹息、叹气）

《说文·口部》："嘆，吞歎也。"段注："《九经字样》作吞声也，非。按，嘆、歎二字今人通用，《毛诗》中两体错出。依《说文》则义异。歎近于喜，嘆近于哀，故嘆训吞歎，吞其歎而不能发。"（60 页下）蒋绍愚先生指出："段玉裁这样的解释并不正确，清人徐灏和现代语言学家王力都已指出段氏是强生分别。'歎'和'嘆'音义都相同，它们是同一个词的不同写法。"②王力先生在《古代汉语》中把它们处理为异体字③，我们也把它们作为异体字处理。异体字只是文字之间的关系，意义上没有区别，所以我们把它们归并为一个词。现代汉语简化字都把它们简化为"叹"。

胞与脬

"胞"在高注中有两个意义，一个是名词，膀胱，音 pāo；另一个是名词，胎衣，音 bāo。

《淮南子·说林》："旁光不升俎。"高注："旁光，胞也。俎豆之实唯肩髀两胁，胞不得升也。"（膀胱）

---

① 蒋绍愚：《古汉语词汇纲要》，185 页，北京，商务印书馆，2005。

② 蒋绍愚：《古汉语词汇纲要》，29 页，北京，商务印书馆，2005。

③ 王力主编：《古代汉语》，1 册，173 页，北京，中华书局，2006。

《吕氏春秋·先识》："不用法式，杀三不辜。"高注："剖比干之心，折材士之股，刳孕妇而观其胞。"(胎衣)

"脬"：《说文·肉部》："旁光也。"段注："各本作膀，非。两膀谓胁也。今正。《白虎通》曰：'旁光者，肺之府也。肺者断决胆。旁光亦常张有势，故先决难也。'《素问》曰：'旁光者，州都之官，津液藏焉。'按此所引《白虎通》本小徐，与《御览》所引《元命苞》合。脬俗作胞。旁光俗皆从肉。"(168 页下)《集韵·爻韵》："脬，《说文》：'膀胱也。'通作胞。"①

作为"膀胱"的意义时，在字书中写作"脬"，"胞"在《说文》中没有单列，是作为"脬"的俗体出现在"脬"字的解释中的，也就是说在许慎撰写《说文解字》的时候，"脬"和"胞"是通用的，只是出现的场合不同，一个是正体，一个是俗体，但是意义上没有区别，用我们今天的概念，就是异体字。王力先生说："从前的文字学家们根据《说文》，把异体字分为正体、变体、'俗体'等。《说文》所载的，被认为正体；《说文》所不载的，被认为变体或'俗体'。"②我们在处理异体字时，把这种异体字看做一个词。

喻与谕

《吕氏春秋·孟春》："则不知轻重也。"高注："轻喻物，重喻身。"(比喻)

《淮南子·原道》："源流泉浡，冲而徐盈，混混汩汩，浊而徐清。"高注："始出虚徐流不止，能所盈满，以喻于道亦然也。"(比喻)

《吕氏春秋·当然》："举天下之仁义显人必称此四王者。"高注："称美其德以为喻也。"(告知)

《吕氏春秋·情欲》："万物之酌大贵之生者众矣。"高注："万物酌揖阴阳以生。阴阳谕君。"(比喻)

《说文·言部》："谕，告也。"段注："凡晓谕人者，皆举其所易明也。《周礼·掌交》注曰：谕，告晓也。晓之曰谕，其人因言而晓亦曰谕。谕或作喻。"(91 页上)

"喻"在《说文》中也没有单列，只是作为"谕"的异体字出现，这两个字在开始时是混用的，只是后来有了分工，所以我们作为一个词。

(3)同源字

凡音义皆近，音近义同，或义近音同的字，叫做同源字。③

---

① 《汉语大字典》编辑委员会编纂：《汉语大字典》，3 卷，2062 页，成都，四川辞书出版社；武汉，湖北辞书出版社，1988。

② 王力主编：《古代汉语》，1 册，173 页，北京，中华书局，2006。

③ 王力：《同源字典》，3 页，北京，商务印书馆，1982。

王力先生在《同源字论》中对同源字进行了规定：①意义必须相同、相近或相关。②读音相同或相近，而且必须以先秦古音为依据。③同一个来源。通过古训来证明它们的来源。我们所谓的同源字，实际上就是同源词。[①] 有些词共用一个字形，但是表示的却是不同的词。因此，我们在区分字词的时候，同源字也是一个必然涉及的问题。

高注单音词中出现许多同源字，我们举例如下：

渡与度

《淮南子·精神》："禹南省，方济于江。"高注："巡狩为省，省视四方也。济，渡也。"

《淮南子·说林》："以篙测江，篙终而以水为测，惑矣。"高注："篙擿船桡，以篙渡江，篙没，因以江水为尽，故曰惑也。"

《吕氏春秋·安死》："《诗》曰：'不敢暴虎，不敢冯河，人知其一，莫知其他。'此言不知邻类也。"高注："无兵搏虎曰暴，无舟渡河曰冯。"

《吕氏春秋·长攻》："若燕、秦、齐、晋山处陆居，岂能逾五湖九江、越十七阸以有吴哉?"高注："踰，度也。越，历也。谓彼险难也。"

《后山诗注·赠二苏公》卷一："典谟雅颂用所长，度越周汉登虞唐。"任渊注："度，过也。"《汉书·扬雄传下》曰："则必度越诸子矣。"颜师古注："度，过也。"《汉书·佞幸传》："臣恐后世必以陛下度越众贤。"颜师古注："度，过也。"《资治通鉴·齐纪五》："锵以上台之兵力既悉度东府。"胡三省注："度，过也。"[②]以上的例证说明，"度"有"度过"的意义。

《广雅·释诂》："渡，去也。"度，假借为渡。如朱骏声《说文通训定声·又部》：度作渡。诸葛亮《出师表》："故五月度泸。"旧校："度，五臣作渡。"《史记·秦始皇本纪》："从江乘渡。"张守节正义："渡，济渡也。"《说文·水部》段注："凡过其处皆曰渡，假借多作度。"(556页上)因此，在表示度过的意义上，二者实为一词。从语音关系来看，度和渡在上古都属于定母铎部字，又有古训的证据，符合王力先生所规定的三条标准，而且王力先生的《同源字典》中也已经收入，所以度与渡在度过的意义上，二者是同源的。虽然二者同源，但是在使用的过程中只能用其一，二者在度过的意义上可以互相替代，但是不能归并为一个，因此，我们在分析字与词的关系时，也是把两者分作两个词。

---

① 王力：《同源字典》，4～38页，北京，商务印书馆，1982。

② 宗福邦等主编：《故训汇纂》，695页，北京，商务印书馆，2003。

长(长短)、长(生长)、张

《淮南子·原道》:“夫道者，覆天载地，廓四方，柝八极。”高注:“廓，张也。柝，开也。八极，八方之极也，言其远。”

《淮南子·原道》:“射者扞乌号之弓，弯綦卫之箭。”高注:“扞，张也，弯，引也。綦，美箭所出地名也。”

《淮南子·原道》:“呴谕覆育，万物群生。”高注:“呴谕，温恤也。育，长也。”(zhǎng)

《淮南子·原道》:“钓射鹔鷞之谓乐乎?”高注:“鹔鷞，鸟名也。长颈绿身，其形似雁。一曰凤皇之别名也。”(cháng)

《吕氏春秋·用众》:“物固莫不有长，莫不有短，人亦然。”高注:“亦有长短。”(cháng)

《吕氏春秋·辩土》:“稼欲生于尘，而殖于坚者。”高注:“殖，长也。”(zhǎng)

长(cháng)在上古属于定母阳部字，长(zhǎng)在上古属于端母阳部字，张在上古属于端母阳部字，定母与端母属旁转关系，语音上联系比较紧密。意义上，生长的结果是变长，开弓弦也是把弓弦拉长，三个词在表示长短的意义上是相通的。古训的例子有“张”:《说文·弓部》:“张，施弓弦也。”《礼记·杂记下》:“张而不弛。”孔颖达疏:“张，谓张弦。”“长(cháng)”:《说文·长部》:“长，久远也。从兀，从匕。兀者，高远意也。久则变化。”《诗·鲁颂·泮水》:“顺彼长道。”郑玄笺:“长，远也。”“长(zhǎng)”:《说文·长部》段注:“长，引申之为滋长、长幼之长。”(453 页上)《文选·杜预〈春秋左氏传序〉》:“触类而长之。”吕向注:“长，生也。”《文选·王僧达〈祭颜光禄文〉》:“衾衽长尘。”吕向注:“长，生者也。”①

从音、义以及古训这几个方面，我们可以看出“长(长短)、长(生长)、张”三个字是属于同源字，而且是代表了三个不同的词，因此，我们把它们分作三个词。

(4)区别字

区别字是原来用同一个字记录 A 词和 B 词，后来用另一个字来记录 A 词或 B 词，从而把 A、B 两词加以区别。

高注单音词中区别字举例:

婚与昏

《吕氏春秋·必己》:“苌弘死，藏其血三年而为碧。”高注:“周刘氏

---

① 宗福邦等主编:《故训汇纂》，728、2392、2394 页，北京，商务印书馆，2003。

范氏，世为婚姻。”

《吕氏春秋·孟春》：“昏参中，旦尾中。”高注：“参，西方宿，晋之分野。尾，东方宿，燕之分野。是月昏旦时皆中于南方。”

婚：《说文·女部》：“婚，妇家也。礼，娶妇以昏时。妇人侌也，故曰婚。从女，从昏，昏亦声。”《资治通鉴·周纪三》：“婚姻相亲。”胡三省注：“婚，昏也。礼，取以昏时。妇人，侌也，故曰婚。”《说文通训定声·女部》：“婚，经传多以昏为之。”昏：《说文·日部》：“昏，日冥也。从日，氐省。氐者，下也。一曰民声。”《文选·谢惠连〈雪赋〉》：“时既昏。”李善注：“昏，冥也。”《礼记·昏义》篇目下孔颖达疏：“日入后二刻半为昏，以定称之，婿曰昏，妻曰姻。”①

“昏”本义是表时间的，因为古代婚礼都是在昏时举行，这反映了母系社会瓦解之后抢婚制度的遗踪。② 由此引申出婚姻的意思，但是一个字承担两个词义，容易发生混乱，于是又为“婚姻”的意义造了一个区别字“婚”。

这样两个字就承担两个词的责任，因此，我们把它们分作两个词。

然与燃

《吕氏春秋·应同》：“平地注水，水流湿。均薪施火，火就燥。”高注：“水流湿者先濡，火就燥者先然。”（燃烧，“燃”的古字）

《淮南子·天文》：“故阳燧见日则燃而为火。”高注：“阳燧，金也。取金杯无缘者，熟摩令热，日中时以当日下，以艾承之，则燃得火也。”

《玉篇·火部》：“燃，俗为烧然字。”《说文·火部》：“然，烧也。从火，肰声。”本字是“然”，表示燃烧的意义，后来假借为代词，这样“然”本身就有两个意义，为了把这两个意义区别开来，后人又为燃烧的意义另造了一个字“燃”，这两个字属于区别字，但是属于两个词，所以我们把它们分作两个词。

二、单音词

区分字与词的关系，主要是涉及古汉语中的单音词问题。因为复音词与字区分比较容易，所以不存在问题。单音词我们可以仿照词的定义界定为：一个音节的、能独立运用的、最小的语言单位，它有一个整体的意义，有固定的语音形式。

为东汉时期词汇系统的描写积累资料，为反映高诱注释语言的基本面貌，我们从统计高诱注释语言的单音词和复音词入手，并分析它们的

① 宗福邦等主编：《故训汇纂》，528、1015页，北京，商务印书馆，2003。

② 许嘉璐：《语言文字学论文集》，9页，北京，商务印书馆，2005。

词类以及组合类型，与同时代以及前后时代的统计结果进行比较，发现其发展变化的规律。

我们统计单音词的标准：(1)基本定义为：一个音节的能独立运用的、最小的语言单位，它有一个整体的意义，有固定的语音形式。(2)兼类和活用的情况，我们依据它们的意义，以及这个字的本义，如果本义出现，兼类和活用属于引申的意义，读音和词类没有发生变化，意义也没有发生变化，我们就归并到本义上，作为一个词，反之，就分作两个词；如果本义不出现，兼类和活用的意义能够分辨出引申系列，读音和词类没有发生变化，意义也没有发生变化，我们就归并到离本义较近的意义并作为一个词，反之，也分作两个词。如果意义上看不出有联系，我们就分作不同的词。(3)假借字是作为一个独立的词统计的，因为它们意义上没有联系。(4)异体字如果同时出现，作为一个词；如果不同时出现，分别作为一个词。(此条我们参照张永言《词汇学简论》中的标准："同一个词形体系的成员不是不同的词，也就是说，一个词不管以它的哪一个形式出现依然是同一个词，如名词 saw(单数)和 saws(复数)。"①)古今字因为只在某一意义上相同，所以处理为不同的词。(5)人名、国名、地名、动植物名、天干地支等专有词不在统计之列。

根据以上的原则，我们统计出高诱注释语言中有单音词约 2769 个。另外专有词 385 个，专有词中的人名、地名等保留了许多古代文化的成分，可以单独研究，但是作为语言研究，专有词的价值不大，所以不在我们的讨论之列。只是作为一种资料，附录于文后。

高注约 2769 个单音词中包括的词类有：名词、动词、形容词、代词、数词、量词、副词、介词、连词、语气词、助词 11 类。

每个词类的数量及比例见表一。

表一　高注单音词的分类及比例

词类	名词	动词	形容词	代词	介词	连词	量词	副词	助词	语气词	数词	合计
数量/个	1066	1145	318	27	20	16	25	120	10	6	16	2769
比例/%	38.50	41.35	11.48	0.98	0.72	0.58	0.90	4.33	0.36	0.22	0.58	100

从表一中我们可以看出，(1)高注中的单音词词类已比较完备，有 11 个类别。(2)高注单音词中实词(包括名、动、形、数、量、代)的比例远远高出虚词(包括介、连、副、助、语气)，占 93.79%。(3)高注

① 张永言：《词汇学简论》，37 页，武汉，华中工学院出版社，1982。

单音词中动词的比例最高，名词次之。

高诱是东汉人，他的注释语言是代表东汉时期的语言面貌的，高注单音词词类有以上的特点，那么，其他时代的著作的单音词词类情况如何呢?

《诗经》是西周初到春秋末的作品。《诗经》1460个单义词中，名词600余个，动词和形容词700个，其余词类的词100余个。① 《吕氏春秋》是战国末期的作品，“全书有单音词2972个，复音词2017个，总共近五千词。单音词中动词最多，达1207个，名词次之，有1084个，形容词又次，有470个，其他类词有211个。”②下面我们引用同样是战国末期的《韩非子》的统计数据来看一下，见表二。

表二　《韩非子》单音词词类分布表

词类	动词	名词	形容词	代词	数词	副词	语气词	连词	合计
数量/个	874	819	379	24	19	35	13	19	2182
比例/%	40.06	37.53	17.37	1.10	0.87	1.60	0.60	0.87	100

(此表引自车淑娅：《〈韩非子〉词汇研究》，37页，浙江大学博士学位论文，2004。)

《吕氏春秋》和《韩非子》都属于战国末期的作品，反映的语言现象应该大致相同，因此，我们通过这两本书的统计数据可以看出，到战国末期，单音动词在整个单音词中所占的比例已经超过名词，上升到所有词类的首位。

而与高诱同时的郑玄的注释语言中，单音词各个词类的数量分别为：600个名词，770个动词，97个形容词，23个代词，102个副词，66个数词、量词、介词、连词、助词。③

郑玄注释语言中单音词的情况与高诱注释语言单音词的情况是相同的，都是动词的数量高于名词，处于所有词类的首位。高注中的词类是11个，与《吕氏春秋》原文的词类相比，缺少叹词一类，也可能与注释语言的特点有关。注释语言只是对原文的内容进行解释、疏通，缺乏自己抒发感情的机会，所以注释语言中叹词出现就比较少。

---

①　向熹：《〈诗经〉语言研究》，162页，成都，四川人民出版社，1987。

②　张双棣：《〈吕氏春秋〉词汇研究》，4页，济南，山东教育出版社，1989。(而此书的204页，在分词类列数据时，“单音名词1371个，单音动词1298个，单音形容词464个，单音数词22个，单音量词18个，单音副词110个，单音代词42个，单音介词20个，单音连词32个，单音语气词25个，单音叹词4个。”同一本书的数据不一致。)

③　张能甫：《郑玄注释语言词汇研究》，45、88、94、106、134、144页，成都，巴蜀书社，2000。

第二节　单义词和多义词

一、单义词

单义词是一个语音形式联系一个义项的词①。我们所说的单义词是指在高注中是单义的，但在其他的著作或语境中可能是多义的，我们的讨论是限定在高诱注释语言的范围之内。高诱注释语言 2769 个单音词中共有单义词 1911 个，占所有单音词的 69%，多义词 858 个，占 31%。因为复音词中的多义词较少，所以我们只讨论单音词中的单义词和多义词的问题。

我们对照《诗经》《左传》和《吕氏春秋》中单义词和多义词数据，看单义词和多义词的发展情况。

《诗经》中的 2476 个单音词，有 1460 个单义词，占单音词的 58%强；1016 个多义词，占单音词的 42%弱。② 春秋末期的《左传》也是单义词所占的比例大。在统计的 3898 个单音词中，单义词 2723 个，占 70%。③《吕氏春秋》2972 个单音词中，单义词多达 1691 个，占全部单音词的 57%，多义词有 1281 个，占 43%。④ 通过这三组统计数字，我们可以看出高诱注释语言中的单义词所占的比例要高于《诗经》和《吕氏春秋》，这一个方面可以说明多义词由于承担的负荷太重，有的义项有独立成词的倾向，如王力先生《古代汉语》中说："上古汉字'兼职'现象多，后代不断分化。"⑤有些汉字分化之后就有可能成为词，来分担原字的义项，所以可能出现单义词的比例高于多义词的比例；另一方面，也可能是我们所统计的高注中的单义词因为受所选材料的限制，本来在东汉或其他时期不是单义词。如：

阿

《汉语大词典》(以下简称《大词典》)中列出了 18 个义项：①大的丘陵；②泛指山；③山坡；④谓山下；⑤水边；⑥近旁；⑦(山、水或其他的)弯曲处，曲隅；⑧曲从，迎合；⑨徇私，偏袒；⑩倚靠；⑪屋栋、

---

① 符淮青：《现代汉语词汇》，51 页，北京，北京大学出版社，2003。

② 向熹：《〈诗经〉语言研究》，161 页，成都，四川人民出版社，1987。

③ 毛远明：《〈左传〉词汇研究》，176 页，重庆，西南师范大学出版社，1999。

④ 张双棣：《〈吕氏春秋〉词汇研究》，51 页，济南，山东教育出版社，1989。

⑤ 王力主编：《古代汉语》，1 册，170 页，北京，中华书局，2006。

正梁；⑫屋角处翘起来的檐；⑬细缯。古代一种轻细的丝织品；⑭象声词。应诺声；⑮通“婀”。柔美貌；⑯通“诃”。斥责；⑰用同“屙”。方言。排泄(大小便)；⑱地名。即今山东省东阿县。

高注中的“阿”属于义项⑧，“阿”高注中出现40次，有12次属于此义项。

《吕氏春秋·孟春》：“万民之主不阿一人。”高注：“阿亦私也。”

《吕氏春秋·诬徒》：“阿而谄之，若恐弗及。”高注：“见权势及富厚者，故不论其材行，阿意谄之，恐不见及。”

剩余的17个义项中，有13个义项的书证早于东汉，有1个义项的书证属于同时代，有3个义项的书证晚于东汉。由此我们可以看出，13个义项的意义在东汉之前已经产生，在东汉时期不应该是单义词。

车

《大词典》中列出了13个义项：①车子，陆地上有轮子的交通运输工具；②特指兵车；③指推动船体前进的叶轮；④车士，驾车的人；⑤泛指用轮轴旋转的工具；⑥加工切削物件；今多指用车床切削东西；⑦指用机器缝纫；⑧用水车戽水；⑨用车子装运；⑩旋转；侧转；⑪牙床；⑫量词。计算一车所载的容量单位；⑬姓。汉有车千秋。

高注中的“车”属于义项①，“车”高注中出现117次，有86次属于此义项。

《淮南子·说山》：“䂮靡勿释，牛车绝辚。”高注：“䂮，切，楚人谓门切之辚，车行其上则断之。”

《淮南子·修务》：“修彭蠡之防，乘四载。”高注：“四载，山行用蔂，水行用舟，陆行用车，泽行用萙。”

《吕氏春秋·孟春》：“出则以车，入则以辇，务以自佚。”高注：“人引车曰辇。出门乘车，入门用辇，此骄逸之务也。”

剩余的12个义项中，有5个义项的书证早于东汉，1个同时代，7个晚于东汉。由5个时间早于东汉的书证，我们可以知道“车”在东汉时期不应该是单义词。

我们统计高注单音词中的单义词略高于其他语料的统计结果，是由于语言的发展以及统计范围的限制，因此，我们所得出的高注单义词多义词的结论是符合词汇发展规律的。

二、多义词

1. 多义词的定义

多义词是一个语音形式联系多个有联系的义项的词。同音词是一个语音形式联系多个从现时看不出联系的义项，因而被看做是各个声音相同，意义不同的词。[①] 它们分别属于一词多义现象(polysemy)和异词同音现象(homonymy)。只有当一个词的某一意义已经脱离了原来的意义体系，它跟别的意义的联系已经不为人们所觉察的时候，这才形成为同音的不同的词。如，“好冷”的“好”和“好人”的“好”。“一刻钟”的“刻”和“刻图章”的“刻”，就可以看做不同的词。[②]

我们在整理高注中的多义词时，也遇到多义词和同音词的问题以及如何划分多义词和同音词，多义词的各个义项能否独立成词的问题。

同音词是音同，义不同，意义相差较远，分辨起来较为容易；但是多义词的各个义项之间本来是存在意义的引申关系的，如果引申得比较远，与本义已经联系不上，就应该考虑独立成词的问题。吕叔湘先生认为：“一般认为词类不同就得算两个词。”[③]蒋绍愚先生认为：“如实词虚化为虚词后，两者语法功能差别甚大，这当然应该看做两个词了，如名词的‘被’和介词的‘被’。但这种情况，两个词的意义也必然相差甚远。这时如果以意义为标准，也应看做两个词。所以，主要以音义为标准来判断是不是同一个词，是可行的。……读音的改变是一种标志，说明人们已经把它看做一个新的词了。”[④]在谈到关于语素的异同问题时，吕叔湘先生说：“一个语素可以有几个意思，只要这几个意思联得上，仍然是一个语素。如果几个意思联不上，就得算几个语素。”[⑤]词的各个义项之间的关系与此是相同的，因此，我们在辨识多义词的各个义项之间的关系时也可以参考这个标准。另外，石安石先生提出了归并语义单位的几条根本原则：第一，一般地说，同一个词的不同语义单位之间不能有一般与个别那样的包含关系(如“笔”和“毛笔”)。第二，同一个词的不同义位之间也不能是共一个上位概念的同级关系(如臭气和香气不能分作两个义位，因为它们共有一上位概念气味)。作为共时现象，理性意义是不允许在共时系统内在同一个词中包含两个相反的语义单位的。比如“借”，有人说既有“借出”义，又有“借入”义，其实“借”只是概括了借入和借出两者的单一的语义单位[⑥]。

我们在辨别多义词和同音词的时候，是按照读音相同、意义上从现

---

① 符淮青：《现代汉语词汇》，51页，北京，北京大学出版社，2003。

② 张永言：《词汇学简论》，39页，武汉，华中工学院出版社，2002。

③ 吕叔湘：《吕叔湘全集》，2卷，474页，沈阳，辽宁教育出版社，2002。

④ 蒋绍愚：《古汉语词汇纲要》，32、33页，北京，商务印书馆，2005。

⑤ 吕叔湘：《汉语语法分析问题》，14页，北京，商务印书馆，1979。

⑥ 石安石：《语义论》，45～47页，北京，商务印书馆，2005。

时看不出联系为标准的。在辨别一词多义时，看是属于一个词的几个不同义项，还是属于不同的几个词，按照前人的研究成果，确定这样几个标准：(1)以音义作为主要的区别要素，如果音同，意义上有联系，就可以看做是同一个词的不同义项；如果用不同的读音来区别意义，就可以看做不同的词。(2)实词虚化为虚词也应该作为不同的词。(3)一个词的不同的几个义项，可以确定为一个词，这个词的词性是通过《说文》以及《汉语大字典》来确定词的本义，如果本义出现，就以本义的词性来决定高注中多义词的词性；如果本义没出现，就以几个义项中意义最早的词性，来确定高注多义词的词性。(4)词的假借义与本义只是音同而意义不同，我们可以通过寻找词的本义的方法，找出假借义，假借义与本义应分作两个词。(5)同源关系的字因为代表不同的词，所以就分作不同的词。区别字也是代表不同的词，古今字也代表不同的词，所以也把它们分开。

通过这些方法，我们可以区分出一批一词多义的词，但是有一部分词用这些方法可能不好区分，我们就采用义素分析的方法进行区分。

2. 多义词的义项

多义词的义项是参差不齐的，从两个到十几个不等。向熹先生在谈到《诗经》多义词的义项时说："《诗经》里有 1016 个单音词是多义词。多义词的情况又各不相同，其中有两个义项的词 524 个，占所有单音多义词的百分之五十一以上；三个义项的词 223 个，四个义项的词 101 个，五个以上义项的词 168 个，十个以上义项的词全书只有 15 个。总的情况是义项越多，字数越少。"①

《国语》多义词的义项数及所占比例引用一个表格来说明，见表三。

表三 《国语》多义词义项表

义项数	2	3	4	5	6	7	8	9	10	11	12
词数/个	426	238	138	86	44	27	19	5	7	3	1
比例/%	42.9	23.9	13.9	8.7	4.4	2.7	1.9	0.5	0.7	0.3	0.1

(此表引自陈长书：《〈国语〉词汇研究》，111 页，山东大学博士学位论文，2005。)

为了清楚地表现高注中多义词的义项以及每种义项所占的比例，仿照此表，我们把高注中的多义词的义项列表如下，见表四。

---

① 向熹：《〈诗经〉语言研究》，163 页，成都，四川人民出版社，1987。

表四　高注多义词义项表

义项数	2	3	4	5	6	7	8	9	10	11
词数/个	497	217	82	23	23	9	3	3	1	1
比例/%	57.9	25.3	9.5	2.7	2.7	1	0.35	0.35	0.1	0.1

我们通过这两个表格以及上面所列《诗经》多义词义项的数据可以看出：多义词的义项中，2个义项的比例最大，大约都在50%，义项越多，比例越小；从2到4个的较普遍，10个以上的比较少。

3. 多义词的引申

多义词的各个义项之间是通过引申而发展来的，那何为引申呢？

引申就是词义的延伸。引申义是由本义引申出的意义。引申义的产生有心理因素的联想作用，还有社会的因素、修辞的因素、语法的因素等。

引申的方式可以分为三个类型：连锁式、辐射式、综合式。

(1)连锁式

就是以本义为出发点，向一个方向引申的方式。如：

表

在高注中出现三个义位：①外衣；②外表(地的表面)；③标示。

《吕氏春秋·本味》："流沙之西，丹山之南，有凤之丸。"高注："丸，古卵字也。流沙，沙自流行，故曰流沙，在燉煌西八百里。丹山在南方，丹泽之山也。二处之表，有凤皇之卵。"(地的表面)

《吕氏春秋·自知》："舜有诽谤之木。"高注："书其过失以表木也。"(标示)

《吕氏春秋·忠廉》："曰：'臣请为襮。'因自杀，先出其腹实，内懿公之肝。"高注："襮，表也。纳公之肝于其腹中，故曰臣请为襮者也。"(外衣)

高注中的义位只是这个词的义位的一部分，我们分析时，没有把所有的义位都列出，只是根据现有的义位所作出的归纳。下同。

《说文·衣部》："表，上衣也。从衣毛。古者衣裘，故以毛为表。"段注："上衣者，衣之在外者也。"(389页下)"表"的本义是上衣(即外衣)，因为外衣是穿在外面的，所以引申出外表(地的表面)，人们肉眼看到的都是外在的表面的东西，外表的东西能起标示的作用，因此，引申为标示。

引申的系列用图表示如下：外衣——外表(地的表面)——标示。

及

在高注中出现三个义位：①至、到达；②追赶、赶上；③比得上。

《吕氏春秋·孟夏》："断薄刑，决小罪，出轻系。"高注："是月阳气盛于上，及五月阴气伏于下，故断薄刑，决小罪，顺杀气也。轻系，不及于刑者解出之。"（至、到达）

《淮南子·览冥》："骋若飞，骛若绝，纵矢蹑风，追猋归忽。"高注："纵，履也。足疾及箭矢。一说：矢在后不能及，故言纵。其行疾能及矢，言蹑。追猋及之。猋，光中有影者，忽然便归，皆极言疾也。"（追赶、赶上）

《淮南子·主术》："其于以御兵刃悬矣！"高注："悬，远也。比于德不及之远。"（比得上）

《说文·又部》："及，逮也。从又人。"段注："部：'逮，及也'。及前人也。"（115页下）"及"的本义是追赶、赶上，由本义追赶、赶上引申出至、到达的意义，然后又引申出比得上的意义。这是一个连锁式引申，可以图示如下：及（追赶、赶上）——至、到达——比得上。

（2）辐射式

辐射式是指以本义为中心，向四方辐射，没有纵深的发展。高注中词义辐射式发展的词有：

墨

在高注共出现五个义位：①绳墨；②墨子；③用于书写、绘画的黑色颜料；④墨家；⑤古代的五刑之一。因为"墨子"和"墨家"属于专有名词，包含有丰富的文化内涵，用词义引申的方式是解释不清楚的，因此，我们不讨论这两个专有名词。

《淮南子·俶真》："镂之以剞劂，杂之以青黄。"高注："剞，巧工钩刀也。劂者，规度刺画墨边笺也。所以刻镂之具也。"（绳墨）

《战国策·秦策一》："黥劓其傅。"高注："太子犯法，刑之不赦，故曰法及太子，并罪其傅，刻其颡，以墨实其中曰黥，截其鼻曰劓也。"（古代五刑之一）

《淮南子·原道》："于是民人被发文身，以像鳞虫。"高注："被，翦也。文身，刻画其体，内默（默与墨通用）[①]其中，为蛟龙之状，以入水，蛟龙不害也。故曰以像鳞虫也。"（用于书写、绘画的黑色颜料）

《说文·土部》："墨，书墨也。"段注："聿下曰：'所以书也。楚谓之聿，吴谓之不律，燕谓之弗，秦谓之笔。'此云'墨，书墨也'，盖笔墨

---

① 吴承仕：《淮南旧注校理》，5页，北京，北京师范大学出版社，1985。

自古有之，不始于蒙恬也。”(688 页上)

从《说文》和段注，我们可以看出“墨”的本义是“用于书写、绘画的黑色颜料”，用于书写的墨，开始只是用来书写，但是后来人们发现还可以用墨来做其他的事情，如作为木匠画边线的材料，还可以涂抹在犯罪人的额头作为记号，因此，就引申出了“绳墨”和“古代的五刑之一”的意义。此词的引申顺序图示如下：

墨(本义为用于书写、绘画的黑色颜料) < 绳墨 / 古代的五刑之一

宫

在高注中出现 4 个义位：①五声之一；②古代对房屋、居室的通称；③古代五刑之一。宫刑，施宫刑；④帝王之宫。

《淮南子·说山》：“刑者多寿，心无累也。”高注：“刑者，宫人也。心无情欲之累，精神不耗，故多寿。”(古代五刑之一。宫刑；施宫刑)

《吕氏春秋·仲冬》：“是月也，命阉尹，申宫令，审门间，谨房室，必重闭。”高注：“阉，宫官。尹，正也。于《周礼》为宫人，掌王之六寝，故命之。申宫令，审门间，谨房室，必重闭，皆所以助含气也。”(帝王之宫)

《吕氏春秋·孝行》：“和五声。”高注：“五声：宫、商、角、徵、羽。”(五声之一)

《淮南子·墬形》：“倾宫、旋室。”高注：“倾宫，宫满一顷田中也。旋室，以旋玉饰室也。一说室旋机关可转旋，故曰旋室。”(古代对房屋、居室的通称)

《说文·宫部》：“宫，室也。”段注：“《释宫》曰：‘宫谓之室，室谓之宫。’郭云：‘皆所以通古今之异语，明同实而两名。’按宫言其外之围绕，室言其内。析言则殊，统言不别也。毛诗：‘作于楚宫。作于楚室。’传曰：‘室犹宫也。’此统言也。宫自其围绕言之，则居中谓之宫。五音宫商角徵羽。刘歆云：‘宫，中也。’居中央，唱四方，唱始施生，为四声纲也。”(342 页下)从《说文》和段注我们可以看出，“宫”的本义是古代对房屋、居室的通称，因为宫一般居中，所以引申出五音之宫。由居住的宫室词义缩小发展为帝王之宫。因为古代的宫刑开始的时候是把人囚禁在房子里，所以引申出宫刑的意义。高注中的这 4 个义位是由宫室的义位向四方平行发展的，因此属于辐射式的引申方式，可以图示如下：

宫(本义为古代对房屋、居室的通称)＜ 五声之一 / 古代五刑之一。宫刑；施宫刑 / 帝王之宫

(3)综合式

综合式就是引申的过程中，既有连锁的形式，又有辐射的形式，所以称为综合式。高注中词义引申的综合式如：

报

在高注中此词有三个义位：①报答；②复命；③报复、报仇。

《吕氏春秋·爱士》："此《诗》之所谓曰：'君君子则正，以行其德。'"高注："为君子作君，正法以行德，无德不报。"(报答)

《吕氏春秋·贵卒》："吴起之智，可谓捷矣。"高注："捷，疾也。言发谋以报其仇之速疾也。"(报复、报仇)

《吕氏春秋·贵卒》："刺者闻，以为死也。"高注："刺者闻伶悝已死，因报西周武君曰：'伶悝已死矣。'"(复命)

《淮南子·天文》："凉风至，则报地德，祀四郊。"高注："立秋节，农乃登谷常祭，故报地德，祀四方神也。"(报答)

《说文·卒部》："报，当罪人也。从卒从𠬝。𠬝，服罪也。"段注："司马贞引崔浩云：'当谓处其罪也。'按当者，汉人语，报亦汉人语。《汉书·张汤传》曰：'讯鞫论报。'苏林注《苏建传》曰：'报，论也。断狱为报，是则处分其罪以上闻曰奏当，亦曰报也。'引申为报白，为报复。"(496页下)"报"的本义是断狱，即根据犯罪者罪行的轻重大小，依法判处相应的刑罚。本义在高注中没有出现。断狱的结果要上报，所以就引申出"报白""复命"的意义。"报白""复命"是一方对另一方的动作，由这种动作方式又引申出"报复"和"报答"的意义，对于恩人的动作就是"报答"，对于仇人的动作就是"报复"。"报"在高注中的引申顺序可以图示如下：

报(本义为断狱)——报白、复命 ＜ 报复 / 报答

行

在高注中出现了10个义位：①运行；②巡视；③引；④经历；⑤行为、品行；⑥传布、散布；⑦前往；⑧实行；⑨实施；⑩行走。

《淮南子·原道》："是故能天运地滞，轮转而无废。"高注："运，行也。滞，止也。废，休也。"(运行)

《淮南子·精神》："是故真人之所游。"高注："游，行。"(经历)

《战国策·秦策四》："韩，天下之咽喉；魏，天下之胸腹，王资臣

万金而游。"高注："游，行。"(前往)

《淮南子·俶真》："是故伤死者其鬼娆。"高注："娆，烦娆，善行病祟人。"(传布、散布)

《战国策·西周策》："故劝王攻周，秦与天下俱罢，则令不横行于周矣。"高注："横行，东行。"(实施)

《吕氏春秋·音初》："禹未之遇而巡省南土。"高注："遇，礼也。禹未之礼而巡狩南行也，省南方之土。"(巡视)

《吕氏春秋·重己》："多阳则痿。"高注："痿，躄不能行也。"(行走)

《吕氏春秋·无义》："人莫与同朝。"高注："贱续经之行也。"(行为、品行)

《吕氏春秋·季夏》："是月也，土润溽暑，大雨时行，烧薙行水，利以杀草，如以热汤，可以粪田畴，可以美土疆。"高注："烧薙，行水灌之，如以热汤，可以成粪田畴，美土疆。"(引)

《吕氏春秋·适威》："令苛则不听，禁多则不行。"高注："设禁而不禁，为不行也。"(实行)

《说文·行部》："行，人之步趋也。"段注："步，行也。趋，走也。二者一徐一疾，皆谓之行。统言之也。《尔雅》：'室中谓之时，堂上谓之行，堂下谓之步，门外谓之趋，中庭谓之走，大路谓之奔。'析言之也。引申为巡行、行列、行事、德行。"(78页上)

"行"的本义是行走之义。行走是动词，由这个动词引申出一系列的动词义位，如：运行，引，经历，传布、散布，前往，实行，实施，再由这些动词义位，引申出名词义位行为、品行。此词的引申序列可以图示如下：

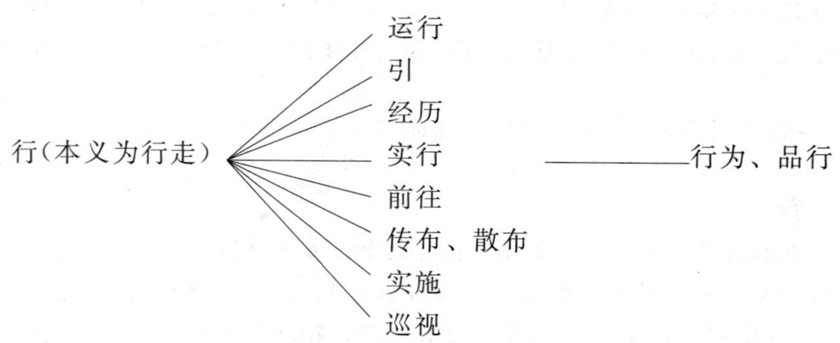

我们通过对高注单音多义词引申方式的讨论，可以看出高注单音多义词的引申方式与已有的结论是相符的，都是有三种：连锁式、辐射式、综合式。但是我们分析的是高注的词义引申，多义词中的所有义项

不可能在高注中全部出现，所以在分析时不能反映每一个词所有义项的演变轨迹，只能是一个大致的轮廓。虽然不是精密的演变轨迹，但是由此也可以反映出词汇系统的变化情况，为词汇系统的演变积累资料。

词义引申的结果就是词义的扩大、缩小和转移，法国语言学家房德里耶斯提出："词的意义变化有时可以分成三个主要类型：缩小，扩大，转移。意义由一般变特殊就是缩小；反之，意义由特殊变一般就是扩大。两个意义如果在范围上彼此相等或虽有差别而无关紧要，它们由于接近而从一个意义变成另一个意义，这就是转移。不消说，扩大和缩小往往是由转移引起的。"①我们可以通过义素分析的方法来分析一下高注单音词中词义变化的情况，这样可以理清词义变化发展的脉络，为单音词的归纳以及反映词汇系统的发展服务。

4. 词义的扩大、缩小和转移

"义素分析法是 20 世纪 40 年代，丹麦语言学家叶姆斯列夫提出的设想。50 年代，美国人类学家，特别是朗斯伯里和古德内夫，受到雅可布逊提出的音位学里区别性特征的分析方法的启示，在研究亲属词的含义时提出了义素分析法。其实戴维斯和瓦尔纳，1937 年在研究亲属关系时就作过类似的分析。到了 60 年代初，卡茨、福德将义素分析方法用来为生成转换语法提供语义特征，很快受到现代语义学界的重视。"②我们要用义素分析的方法来研究词义的变化，就应该先搞清楚义位、义素这两个语义单位的意义。义位是一种语义单位，与多义词的义项相当，是由一束义素构成的。而义素是义位的组成成分，是分解义位得到的。"义素是语义系统中最小的单位，是语义的基本要素。……义位反映事物，义素反映事物的本质属性。"③

义素分析法可以用于共时的语义分析，也可以用于历时的语义分析，共时的分析可以弄清楚语义聚合中各个义位之间的关系，分析各义位矛盾、对立的方面，能够克服训诂学和传统语义学囫囵对待语义的缺点，使人们对语义的认识精细化，并为日益发展的中文信息处理打下基础。历时的分析，能够看出哪些义素在历史的发展中发生了变化，是发生了何种变化，通过这样细致地解剖词的内部各方面的纵向发展和变化，揭示出词义发展的脉络。

按照义素分析的观点，所谓转移是词义的指称义素发生了变化。通

---

① [法]房德里耶斯：《语言》，岑麒祥、叶蜚声译，224 页，北京，商务印书馆，1992。

② 贾彦德编著：《汉语语义学》，54、55 页，北京，北京大学出版社，2005。

③ 贾彦德编著：《汉语语义学》，129、133 页，北京，北京大学出版社，2005。

常所说从一个范围到另一个范围，实质上是从一个语义场转入另一个语义场，而扩大、缩小是在同一个语义场中的变化。[①] 所谓指称义素是指词的概念的部分，也就是所指内涵的部分；与指称义素相对的是区别性义素，区别性义素是用来限定指称义素的，属于外延的部分。而“语义场(semantic field)是指义位形成的系统，说得详细些，如果若干个义位含有相同的表彼此共性的义素和相应的表彼此差异的义素，因而连结在一起，互相规定、互相制约、互相作用，那么这些义位就构成一个语义场。”[②]

多义词也是一个语义场，属于一个联想场，各个义位之间是通过联想关系连结在一起，关系比较松散和自由，共时的多义词的联想场的各个义位是处在一个共时的平面，各义位中的义素不存在指称义素或区别性义素历时的更替，而历时的多义词的联想场由于是反映一个词历史的变化，所以历时的多义词的联想场的各个义位中的指称义素或区别性义素可能会发生历时的更替，我们通过这些义素的更替，可以看出这个词的内部系统的变化，并为整个词汇系统的变化提供资料。

义素分析法有它的优势，可以把词义的变化描述得细致、精确，但是也有其不足。如赵克勤先生所说：“‘义素分析法’为深入探讨词义的引申提供了新的方法，并且把西方的语义学理论运用于古汉语词义研究，可以说是一个突破。但运用这种理论分析表示抽象意义的词却产生了一些困难，尚需进一步研究。”[③]由于义素分析法对于抽象意义的词无法分析，再加之我们在讨论多义词的历时变化时，也是把发生虚化的义位单独作为一个词来看待的，因此，我们下面的分析中，虚词义位也不在讨论之列。

(1)词义的扩大

本

在高注中共出现6个义位：①名词，草木的根；②名词，草木的茎、干；③名词，引申指条状物体的根基部位或根端；④名词，本源；⑤动词，探究、推源；⑥副词，本来、原来。

《淮南子·说山》：“譬若树荷山上。”高注：“荷，水菜，芙蕖也。其茎曰茄，其本曰密，其根曰耦，其华曰芙蓉，其秀者曰菡萏，其宝曰莲，莲之茂者花，花之中心曰薏，幽州总谓之光。”(草木的茎、干)

《淮南子·精神》：“精神训。”高注：“精者，人之气，神者，人之守

① 张联荣：《古汉语词义论》，229页，北京，北京大学出版社，2000。

② 贾彦德编著：《汉语语义学》，149页，北京，商务印书馆，2005。

③ 赵克勤：《古代汉语词汇学》，96页，北京，商务印书馆，2005。

也。本其原，说其意，故曰精神，因以题篇也。”(探究、推源)

《淮南子·原道》：“是故达于道者，反于清静。”高注：“反本也。天本授人清静之性，故曰反也。”(本来、原来)

《吕氏春秋·功名》：“善为君者，蛮夷反舌殊俗异习皆服之，德厚也。”高注：“一说：南方有反舌国，舌本在前，末倒向喉，故曰反舌。”(引申指条状物体的根基部位或根端)

《淮南子·精神》：“当此之时，得茠越下，则脱然而喜矣。”高注：“楚人树上大本小如车盖状为越，言多荫也。”(草木的根)

《吕氏春秋·适音》：“大羹不和，有进乎味者也。”高注：“大羹，肉湆而未之和，贵本德，古礼也，故曰有进乎味。”(本源)

《说文·木部》：“本，木下曰本。从木从丅。”段注：“此篆各本作𣎵。解云从木，一在其下。今依《六书故》所引唐本正。本末皆于形得义，其形一从木丄，一从木丅，而意即在是。全书如此者多矣。一记其处之说，非物形也。”(248页下)从《说文》和段注，我们可以看出“本”的本义是“草木之根”，高注“本”的义位中出现了此词的本义，我们从本义开始，把“本”在高注中出现的义位按照发展的顺序，用义素分析的方法分析各个义位之间义素的发展变化。

义位	义素分析
①草木的根：	(草木)+(根)
②草木的茎、干：	(草木)+(茎、干)
③引申指条状物体的根基部位或根端：	(条状物体)+(根)
④本源：	(事情)+(根)
⑤探究、推源：	(求)+(事情)+(根)

义位①与②相比，区别性义素没有发生变化，而指称义素发生了变化，从指草木的根，转移到了茎和干。指称义素发生变化的，词所在的义场也在发生变化，是义位的转移，转移之后，两个义场是否共有一个上位义，是区分词与非词的参考。[①]

①与③④⑤相比，指称义素没有变化，区别性义素发生了变化，从草木扩大到了条状物体。又从条状物体扩大到了所有的事情，都在增加义素的指称范围，词的义位还是属于一个语义场，所以词义是在逐渐扩大的。义位“茎、干”发生转移之后，所在的语义场与没有转移的语义场还同处于一个表示“整体”的上位义之下，所以我们还是把它们作为一个词来看待。

---

① 张联荣编著：《古汉语词义论》，235、236页，北京，北京大学出版社，2005。

布

在高注中共出现9个义位：①名词，用麻、葛、丝、毛及棉花等纤维织成的可制衣物的材料；②名词，赋税；③动词，布置；④动词，遍布，分布；⑤名词，祭祀；⑥动词，传播、扩散；⑦动词，撒，撒播；⑧动词，公布、宣布；⑨动词，披露、显露。

《吕氏春秋·孟春》："命相布德和令，行庆施惠，下及兆民。"高注："布阳德和柔之令，行其庆善，施其泽惠，下至于兆民无不被之也。"(公布、宣布)

《吕氏春秋·圜道》："云气西行，云云然。"高注："云，运也。周旋运布，肤寸而合，西行则雨也。"(传播、扩散)

《吕氏春秋·仲夏》："无暴布。"高注："是月炎气盛猛，暴布则脆伤之。"(用麻、葛、丝、毛及棉花等纤维织成的可制衣物的材料)

《吕氏春秋·决胜》："隐则胜阐矣。"高注："阐，布也。"(披露、显露)

《吕氏春秋·过理》："糟丘酒池，肉圃为格。"高注："格以铜为之，布火其下，以人置上，人烂堕火而死，笑之以为乐，故谓之乐不适也。"(布置)

《淮南子·原道》："神农之播谷也，因苗以为教。"高注："播，布也，布种百谷，因苗之生而长育之，以为后世之常教也。"(撒，撒播)

《淮南子·天文》："在丙曰柔兆。"高注："在丙，言万物皆生枝布叶，故曰柔兆也。"(遍布，分布)

《淮南子·时则》："乃命太史，次诸侯之列，赋之牺牲，以供皇天上帝社稷之刍享。"高注："赋，布。"(赋税)

《淮南子·氾论》："羿除天下之害，死而为宗布，此鬼神之所以立。"高注："羿，古之诸侯。河伯溺杀人，羿射其左目，风伯坏人屋室，羿射中其膝。又诛九婴、窫窳之属，有功于天下，故死托祀于宗布。祭田为宗布谓出也。(祭星为布，宗布为此也。①)一曰：今人室中所祀之宗布是也。或曰：司命傍布也。此尧时羿，非有穷后羿。"(祭祀)

《说文·巾部》："布，枲织也。从巾，父声。"段玉裁注："引申之，凡散之曰布，取义于可卷舒也。《外府》注曰：'布，泉也。其藏曰泉，其行曰布。泉者，今之钱也。《卫风》：'抱布贸丝。'传曰：'布，币也。'笺云：'币者，所以贸买物也。'此币为凡货之称，布帛金钱皆是也。"(362页上)

---

① 孙诒让校改。见何宁撰：《淮南子集释》，986页，北京，中华书局，1988。

“布”的这9个义位的义素分析如下：

义位	义素分析
①可制衣物的材料：	(织物)＋(散舒)
②赋税：	(交纳)＋(织物)＋(散舒)
③布置：	(任务、物品)＋(散舒)
④遍布，分布：	(人或消息)＋(散舒)
⑤祭祀：	(物品如星星)＋(散舒)
⑥传播、扩散：	(消息或影响力)＋(散舒)
⑦撒，撒播：	(使)＋(物品)＋(散舒)
⑧公布、宣布：	(使)＋(消息)＋(散舒)
⑨披露、显露：	(使)＋(隐蔽的消息)＋(散舒)

我们通过对这9个义位的义素分析，可以看出这9个义位中的指称义素都没有发生变化，只是区别性义素发生了变化，基本是从个别到一般，从具体到抽象发展的，也就是说，词的区别性义素在逐渐扩大范围，因此，这个词的意义也在不断扩大。虽然词义在扩大，但是这些义位还是处于“散舒”这个语义场中，因此，我们还是把这9个义位作为一个词。

(2)词义的缩小

子

在高注中共出现8个义位：①名词，儿女；②名词，儿子；③动词，收养为子嗣；④名词，指动物遗传的下一代；⑤名词，古代对男子的尊称或美称；⑥名词，子孙、后代；⑦专有名词，官名；⑧专有名词，地支名。因为专有名词具有特殊的文化内涵，所以我们不讨论专有名词。

《吕氏春秋·情欲》：“世人之事君者，皆以孙叔敖之遇荆庄王为幸。”高注：“孙叔敖，楚令尹，蒍贾之子也。”(儿子)

《吕氏春秋·劝学》：“然而人君人亲不得其所欲，人子人臣不得其所愿，此生于不知理义。”高注：“不知理义，在君父则不仁不慈，在臣子则不忠不孝。不忠不孝，故君父不得其所欲也。不仁不慈，故臣子不得其所愿也。”(儿女)

《淮南子·览冥》：“庶女叫天。”高注：“庶贱之女，齐之寡妇，无子不嫁，事姑谨敬。”(子孙、后代)

《战国策·秦策五》：“吾楚人也，而自子之。”高注：“夫人，楚女也，故曰吾楚人也而自子之，以异人为己子。”(收养为子嗣)

《淮南子·时则》：“毋覆巢杀胎夭，毋麛，毋卵。”高注：“胎，兽

胎，怀妊未育者也。麋子曰夭，鹿子曰麛，卵未瞉者，皆禁民不得取，蕃庶物也。”（指动物遗传的下一代）

《淮南子·修务》：“唐姑梁曰：‘谢子山东辩士，固权说以取少主。’”高注：“谢，姓也。子，通称也。唐姓名姑梁，秦大夫。言谢子辩士也，常发其巧以取少主之权。少主，谢子之君。”（古代对男子的尊称或美称）

义位	义素分析
①儿女：	（近亲属）+（男性）+（女性）
②儿子：	（近亲属）+（男性）
③收养为子嗣：	（使）+（近亲属）+（男性）+（女性）
④指动物遗传的下一代：	（动物）+（近亲属）+（男性）+（女性）
⑤古代对男子的尊称或美称：	（非亲属）+（男性）
⑥子孙、后代：	（亲属）+（男性）+（女性）

《说文·子部》：“十一月昜气动，万物滋。凡子之属皆从子。”段注：“律书：子者，滋也。言万物滋于下也。子本阳气动，万物滋之偁。万物莫灵于人，故因假借以为人之偁。”（742页下）从《说文》和段注，我们可以看出“子”的本义是“阳气动，万物滋生”之义，作为“儿女”的意义是假借的用法。通过此假借义又引申出了高注中的义位。高注中的这6个义位，我们通过义素分析可以看出，它们的指称义素的范围在缩小，区别性义素有一些变化，但还是属于“子”这个语义场，所以我们还是把它们作为一个词，是属于词义的缩小。

(3)词义的转移

比

在高注中共出现7个义位：①动词，亲近、和睦；②动词，近、靠近；③动词，相连接；④动词，比方、比拟、比喻；⑤动词，比较、考较；⑥副词，每；⑦介词，等到、待到。

《吕氏春秋·重己》：“论其贵贱，爵为天子，不足以比焉。”高注：“论其所贵所贱，人虽尊为天子，不足以比己之所贱。”（比较、考较）

《吕氏春秋·仲秋》：“是月也，养衰老，授几杖，行麋粥饮食。”高注：“阴气发，老年衰，故共养之。授其几杖，赋行饮食麋粥之礼。今之八月，比户赐高年鸠杖粉粢是也。”（每）

《吕氏春秋·至忠》：“臣之兄尝读故记曰：‘杀随兕者，不出三月。’”高注：“故记，古书也。比三月必死，故曰不出也。”（等到、待到）

《吕氏春秋·贵信》：“交友不信，则离散郁怨，不能相亲。”高注：“亲，比也。”（亲近、和睦）

《淮南子·精神》："与道为际，与德为邻。"高注："际，合也。邻，比也。"（近、靠近）

《战国策·齐策三》："三国之与齐，壤界而患急。"高注："三国，赵、魏、楚。界，比也。患，忧也。"（相连接）

《淮南子·俶真》："夫秋毫之末，沦于无间，而复归于大矣。"高注："秋毫微妙，故能入于无间。间，孔。言道无形，以毫末比道，犹复为大也。"（比方、比拟、比喻）

《说文·比部》："比，密也。二人为从，反从为比。凡比之属皆从比。"段注："今韵平上去入四声皆录此字。要密义足以括之。其本义谓相亲密也。余义俌也、及也、次也、校也、例也、类也、频也、择善而从之也、阿党也，皆其所引申。其义本一，其音强分耳。"（386 页上）

义位	义素分析
①亲近、和睦：	（人）＋（关系）＋（近）
②近、靠近：	（人和事物之间）＋（关系）＋（近）
③相连接：	（事物之间）＋（关系）＋（接触）
④比方、比拟、比喻：	（人和事物之间）＋（关系）＋（相似）＋（行为）
⑤比较、考较：	（人和事物之间）＋（关系）＋（相似或不相似）＋（行为）

义位①和②比较，指称义素没有变化，区别性义素发生了变化，是范围的扩大，从"人"扩展到"人和事物"，是属于词义的扩大。①②与③相比，指称义素进一步发展，由"近"发展到"接触"，也属于扩大的范围。①②③与④⑤相比，指称义素发生了转移，从"近"的语义场转移到"相似或不相似"的语义场，是属于词义的转移，但是两个语义场还共有一个上位义"关系"，所以还应该作为一个词。我们还可以从语音的角度看一下这个问题。我们查阅了《经典释文》中"比"的所有反切，总结出共有 24 种，分别为：毗至反、毗志反、必二反、必利反、芳履反、并是反、必尔反、必里反、必履反，扶必反、扶夷反、并里反、扶质反、甫至反、方旨反、匹婢反、补履反、扶至反、扶志反、房利反、扶利反、扶二反、方二反、匹尔反，分属于质、之、脂、支四个韵部，声母涉及帮、滂、并三个。我们又查检了《广韵》中"比"的反切，共有 8 种，分别是：卑履切、毗至切、必至切、毗必切、房脂切、兵媚切、必履切、扶必切，分属于质和脂两个韵部，声母涉及帮、并两母。《经典释文》虽然是唐陆德明撰写，但不是只代表唐代的语音情况，因为书中辑录了大量前代的语音，所以《经典释文》在某种程度上，可以说代表了唐代以前的语音。通过《经典释文》辑录的前代的语音与宋代的《广韵》所反映的语音相比，仅就"比"的情况看，涉及

的韵部和声母减少了，所以读音也减少了。当然读音减少的原因很复杂，不仅仅是韵部和声母的减少，但是这应该是其中比较重要的一个因素。我们的这个结果与王力先生的结论是相同的①。由这种趋势看来，读音减少了，这个词所代表的义位就增加了，所以段玉裁说："其义本一，其音强分耳。"通过语音的发展，我们也可以得出"比"的这几个义位应该作为一个词。通过义素分析以及语音发展的情况和段玉裁的结论，我们认为《大词典》中把"比"(bǐ)音分作两个词来释义是不合理的。

长

在高注中共出现13个义位，分别是：①形容词，指在空间的两端之间距离大；②形容词，时间久；③名词，高度；④名词，长度；⑤动词，擅长；⑥动词，生长、成长；⑦动词，滋长、助长；⑧名词，年纪较大的人；⑨名词，居首位者；⑩形容词，排行最大；⑪动词，主管；执掌；⑫专有名词，人名；⑬副词，长久、永久。专有名词和虚词因为都比较特殊，所以我们不用义素分析的方法讨论。

《淮南子·说山》："是何则？得其所言，而不得其所以言。"高注："得其言者，知效人言也。不知所以长言，教令之言也。故曰'不得其所以言也'。"(主管、执掌)

《吕氏春秋·孟春》："其虫鳞，其音角。"高注："东方少阳，物去太阴，甲散为鳞。鳞，鱼属也，龙为之长。角，木也，位在东方。"(居首位者)

《吕氏春秋·孟春》："土地所宜，五谷所殖。"高注："殖，长。"(生长、成长)

《吕氏春秋·振乱》："是穷汤武之事，而遂桀纣之过也。"高注："遂犹长也。"(滋长、助长)

《吕氏春秋·尽数》："故精神安乎形，而年寿得长焉。"高注："精神内守，无所贪欲，故形性安。形性安则寿命长也。"(时间久)

《吕氏春秋·论威》："义也者，万事之纪也，君臣上下亲疏之所由起也。"高注："上，长。下，幼。"(年纪较大的人)

《淮南子·精神》："越人得髯蛇以为上肴，中国得而弃之无用。"高

---

① 王力先生在《汉语语音史》中的结论是：先秦声母33个，韵部29或30个；汉代声母暂缺，韵部29个；魏晋南北朝声母33个，韵部42个；隋—中唐声母33个，韵部50个；晚唐—五代声母36个，韵部40个；宋代声母21个，韵部32个。总体趋势是逐渐减少的。王力：《汉语语音史》，北京，中国社会科学出版社，1985。

注："髯蛇，大蛇也，其长数丈，厚以为上肴。"（长度）

《淮南子·氾论》："立子以长，文王舍伯邑考而用武王，非制也。"高注："伯邑考，武王之兄。废长立圣，以庶代嫡，圣人之权耳。"（排行最大）

《淮南子·修务》："知者之所短，不若愚者之所脩。"高注："短谓缺。修，长。明有所不足，谓愚有所不昧也。"（擅长）

《战国策·齐策一》："邹忌修八尺有余。"高注："修，长。"（高度）

《淮南子·精神》："夫惟能无以生为者，则所以修得生也。"高注："无以生为者，轻利害之乡，除情性之欲，则长得生矣。"（长久、永久）

《淮南子·墬形》："阖四海之内，东西二万八千里，南北二万六千里。"高注："子午为经，卯酉为纬，言经短纬长也。"（指在空间的两端之间距离大）

《说文·长部》："长，久远也。从兀，从匕。"余永梁《殷墟文字考续考》："长，实像人发长貌，引申为长久之义。"（《大字典》6卷，4050页）《说文·长部》段注："久者，不暂也。远者，不近也。引申之为滋长、长幼之长。"（453页上）

义位	义素分析
①指在空间的两端之间距离大：	（空间）＋（距离）＋（远）
②时间久：	（时间）＋（距离）＋（远）
③高度：	（纵向）＋（距离）＋（远或近）
④长度：	（横向）＋（距离）＋（远或近）
⑤擅长：	（人或动物与事务）＋（时间）＋（距离）＋（远）
⑥生长、成长：	（使）＋（距离或年龄）＋（大）
⑦滋长、助长：	（使）＋（事物）＋（大）
⑧年纪较大的人：	（年龄）＋（大）
⑨居首位者：	（地位）＋（高、大）
⑩排行最大：	（年龄）＋（大）
⑪主管；执掌：	（行施）＋（高、大）＋（权力）

从①到⑤的5个义位，指称义素只是范围发生了一点变化，区别性义素发生了变化，但是它们还属于一个语义场中。⑥到⑪的6个义位指称义素没有发生变化，而区别性义素发生了变化，所以⑥到⑪的6个义位处于一个语义场中，但是与前一个语义场相比，两个语义场没有一个共有的上位义，而且语音也发生了变化，所以词的意义发生了转移，因此，我们把这两个语义场分作两个词。

通过义素分析的方法讨论词义的扩大、缩小和转移，使我们对于词的意义系统有了一个更加清晰的了解，对于词义历时发展过程中的更替或变化也能比较直观地看到，这种方法对于词义这个复杂的系统的分析还是很有效的，但是我们也看到这种方法对于抽象性强的虚词以及文化内涵较丰富的专有名词的分析就存在不足，这些方面的研究还需要加强。

第三节　高注单音词疑难问题讨论

我们在作高诱注释语言研究的过程中，或是不同版本的问题，或是不同词典释义的问题，或是其他原因，我们发现了一些疑难问题，这些问题也不成系统，所以放在这里作为一节单独讨论。有些问题，通过我们的讨论能够圆满解决，但是还有些问题，由于我们的水平所限，还没能解决，只是提出，以求教于方家。

1. 孰、熟、独的关系问题

(1)《吕氏春秋新校释·必己》："其野人大说，相谓曰：'说亦皆如此其辩也，独如向之人?'"高注："独犹孰也。向之人，谓子贡也。"陈奇猷注："独、孰通假。"①

(2)《吕氏春秋新校释·听言》注[二四]许维遹云：《必己》篇注："独犹孰也"，孰、熟古通。②

(3)《吕氏春秋词典》：[备考]"《听言》：'此四士者之议，皆多故也，不可不独论。'许维遹云：《必己》篇注：'独犹孰也。'孰、熟古通，是'独论'犹'熟论'也。"③

孰、熟、独是否通假，以及高注"独犹孰也"到底应该如何解释，我们下面讨论一下。

"孰"与"熟"的关系，王力先生在《古代汉语的学习和教学》中，误用通假一条写到："《廉颇蔺相如列传》有句话：'唯大王与群臣孰计议之。'语文课本注解说：'孰，同熟。'……我们查《说文解字》，'孰'已经解释为煮熟的'熟'了。那个四点是后来人加的。为什么加呢？就是要搞个区

① (战国)吕不韦著，陈奇猷校释：《吕氏春秋新校释》，849页，上海，上海古籍出版社，2002。

② (战国)吕不韦著，陈奇猷校释：《吕氏春秋新校释》，708页，上海，上海古籍出版社，2002。

③ 张双棣等：《吕氏春秋词典》，419页，济南，山东教育出版社，1993。

别字，‘孰’字后来当‘谁’讲，煮熟的‘熟’字就另外造个字区别开来，这样‘孰’字底下才加了四点。……所以我想提醒大家，将来我们注古文的时候，不能用这个办法，用这个办法就使青年人误会了，以为我们的古人很喜欢写别字，其实那个时候没有那个字，怎么会是‘同’和‘通’呢？”[①]《说文・丮部》：“孰，食饪也。”段注：“饪，大孰也。可食之物大孰，则丮持食之。孰与谁双声，故一曰谁也。后人乃分别熟为生熟，孰为谁孰矣。顾野王《玉篇》始有熟字。”（113页下）因此，“孰”与“熟”是区别字的关系，而不属于通假的关系。

“独”在上古属于定母，屋韵，入声；“屋”韵与“觉”韵是旁转的关系，“孰”与“熟”在上古都属于禅母，觉韵，入声，“定”母与“禅”母在上古属准旁纽的关系，“独”与“孰”通假的语音条件可以说是存在的；我们查检了《古字通假会典》，有“谁与孰”“毒与孰”“孰与熟”“毒与熟”“竺与熟”“续与独”“噣与独”“独与涿”“独与浊”“独与属”通假的条目和例证，但是没有“独与孰”或“独与熟”通假的条目和例证，我们还查阅了一些典籍，到目前还没有发现“独与孰”或“独与熟”通假的例证。我们从训诂的条例入手看“犹”字的用法，来看“独与孰”或“独与熟”的关系。关于“犹”的用法，《训诂学初稿》中总结比较详尽，也较有权威性，它把“犹”的用法概括为四种：一是说明被释词和解释词不是同一含义，只是某一方面词义相当，或引申可通，即段玉裁所说的“义隔而通之”，用现代汉语翻译，就是“某跟某差不多”，“某相当于某”，“某有某的意思”。二是用本字释借字。三是以今语释古语。四是也有用作解释同义词、近义词的。[②]《训诂学纲要》中把“犹”的用法分为两种，一是义隔而通。所谓义隔而通是解释的词和被解释的词之间意思并没有直接的联系，但是由于语言环境和古今字的引申假借，使它们发生了联系。二是通古今语以示人。[③]“犹”的这几个用法中，我们觉得“义隔而通”的用法与高注的解释是符合的，即“独”与“孰”不是同一含义，只是在某一方面词义相当，也就是在作代词“谁”的意义时，两者是相当的，所以高诱说：“独犹孰。”但是“独”作代词“谁”的意义是，是属于假借义，不是“独”的本义和引申义。而“独”的假借义“谁”，在我们所查检的资料中，所引例证只有一个，就是高诱注，如：《大字典》（2卷，1372页）“独”条：“⑦代词。表

---

① 王力：《谈谈学习古代汉语》，193～194页，济南，山东教育出版社，1984。

② 周大璞主编，黄孝德、罗邦柱分撰：《训诂学初稿》，修订版，238页，武汉，武汉大学出版社，2002。

③ 赵振铎：《训诂学纲要》，64～67页，成都，巴蜀书社，2003。

示疑问，相当于‘谁’。《吕氏春秋·必己》：‘其野人大说，相谓曰：“说亦皆如此其辩也，独如向之人?”解马而与之。’高诱注：‘独，犹孰也。’”《说文通训定声》：“假借为孰。《吕览·必己》：‘独如向之人?’”(383页上)《故训汇纂》：“独犹孰也。《吕氏春秋·必己》：‘独如向之人?’高诱注。”(1432页)《大词典》也是把“独与孰”、“独与熟”处理为通假关系，但释义为“哪”。所引例证也是《吕氏春秋·必己》的高诱注等。

因此，“孰与熟”是属于区别字关系，而“独与孰”或“独与熟”在语音上存在通假的可能性，但是实际用例，就目前我们所见，只有高诱注一例，到处引用，根据王力先生通假的条件：“……如果没有任何证据，没有其他例子，古音通假的解释仍然有穿凿附会的危险。”[①]所以，“独与孰”或“独与熟”的通假关系，我们应该谨慎对待，特别是辞书，作为工具书，应把切实可信的知识介绍给读者，而较为模糊，没有确证的不要涉及，以免给读者带来阅读的困惑。“独与孰”或“独与熟”通假是否还有其他的例证，还要求教于方家。

2.《吕氏春秋·权勋》：“临战，司马子反渴而求饮，竖阳谷操黍酒而进之。”高注：“酒器受三升曰黍。”“黍”应如何解释?

(1)《吕氏春秋新校释》875页注[六]：毕沅曰：案黍酒是酿黍所成者。《说文》：“酏，黍酒也。”注非。王念孙曰：《太平御览·兵部》四十四引此“黍酒”作“参酒”，又引高注“酒器受三升曰黍。”王绍兰曰：传写者讹“觞”为“黍”，并注文改之，非注者之误也。朱骏声曰：“黍”假借为“觚”。孙诒让曰：此“黍”疑“觚”或“觯”之误。蒋维乔等曰：朱骏声说疑是。王绍兰说疑非。陈奇猷案：《御览》引“黍”作“参”是也。《急就篇》云：“蠡升参升半卮觛”(上“升”字皇本作“斗”，是)，又证以《韩非》之文，则古者本有量器之名参者。且《韩非》、《急就》皆列参于斗、升之间，而参本有三训，则高诱谓受三升者必是参，而其所见《吕氏》本作“参”无疑。此作“黍”者，乃后人不知参为量器之名，见“参酒”无义，因“黍酒”常连文而改为“黍”耳。

(2)《吕氏春秋词典》114页“黍”：黍子，籽粒供食用或酿酒。作定语。《权勋》：“竖阳谷操黍酒而进之。”

我们先看一下工具书对“黍”的解释：《大字典》(7卷，4759页)：⑤古酒器的一种。即引《吕氏春秋》本例及高注。《大词典》(12册，1378页)“黍”条：⑤通“觚”。一说，指容量为三升的酒器。参见“黍酒”。“黍酒”条：②犹觚酒。《吕氏春秋·权勋》：“临战，司马子反渴而求饮，竖

① 王力：《王力文集》，19卷，194页，济南，山东教育出版社，1990。

阳谷操黍酒而进之。”陈奇猷校释引朱骏声曰：“黍，假借为觚。”一说，“黍”指受酒三升的酒器。高诱注：“酒器受三升曰黍。”《辞海》（缩印本，2491页）“黍”条：②酒器名。即引《吕氏春秋》本例及高注。《辞源》没有此义项。

参照《大词典》《大字典》以及《辞海》的释义，结合《急就篇》“蠡升（皇本作‘斗’，是）参升半卮觛”以及《韩非子·外储说右下》第三十五：“田婴令官具押券斗石参升之计，王自听计，计不胜听，罢食，后复坐，不复暮食矣”的例证，我们同意陈奇猷的观点，认为高注“酒器受三升曰黍”的“黍”应为“参”之误，不应解释为“黍子，籽粒供食用或酿酒”，所以《吕氏春秋词典》的解释是不合适的。《大字典》《大词典》《辞海》也不应该把“黍”释为“酒器名”，单列为义项，而应该把“参”作为“容器名”的义项列出，因为“参”是与“斗”、“升”并列使用的，《大字典》（3卷，2252页）“斗”条：《说文》：“斗，十升也。象形，有柄。”段玉裁注：“上像斗形，下像其柄。”有酒器、量器的义项。《大字典》（1卷，33页）“升”条：⑥量具。《正字通·十部》：“升，十合器也。”⑦旧时容量单位。《广雅·释器》：“合十曰升。”《庄子·外物》：“君岂有斗升之水而活我哉？”作为量具和容量单位的义项《大字典》是分项列出的。《大词典》、《辞海》也是分项列出，因此，应该把“参”作为“容器名”的义项也单独列出。另外，既然“参”本身就有作为“酒器名”的意义，所以也没有必要假借为“觚”，因此朱骏声“黍”假借为“觚”的说法也是不成立的。

3. 对于“数”释义的讨论

（1）《吕氏春秋新校释·适威》“骤战而骤胜”，1295页注［二五］高注：“骤，数也。”陈奇猷释“数”为“速”。认为“骤”“数”皆是“速”的假字。

（2）《吕氏春秋词典》172页：“骤战则民罢，骤胜则主骄。”释“骤”为副词“屡次”“多次”之意。

（3）《吕氏春秋新校释·季夏纪》319页注［五］陈奇猷云：沈引《说文》训习为数飞以释此，是已，但未究明数飞之义。案：数与速同。

对于（1）、（2）中的不同解释，笔者同意《吕氏春秋词典》的观点，应该作副词“屡次”、“多次”之意。《吕氏春秋新校释·适威》：“李克对曰：‘骤战而骤胜。’”高注：“骤，数也。”《说文》：“数，计也。”段注：“今人谓在物者去声，在人者上声。昔人不尽然。又引申之义，分析之音甚多。大约速与密二义可包之。”（123页上）根据段玉裁的解释，我们可以看出“数”引申之义包括速与密。一个词在词典存储状态中可以有多个意义，但是在使用状态中，在特定的语境和上下文中，意义是确定的、唯一的。高注“骤，数也”中的“数”，我们也应该根据上下文的语境来理解，上文是：魏武侯之居中山也，问于李克曰：“吴之所以亡者何也?”李克对曰：“骤战而骤胜。”武侯曰：“骤战而骤胜，国家之福也。其独以亡，何故?”对曰：“骤战则民罢，骤胜则主骄。以骄主使罢民，然而国不亡者，天下少矣。骄则恣，恣则极物；罢则怨，怨则极虑。上下俱极，吴之亡犹晚，此夫差之所以自殁于干隧也。”只有“屡次”、“多次”的战争，才能使民“罢”，如果作“速”解，战争迅速结束，百姓不会感到“罢”。联系上下文意的话，《吕氏春秋词典》的解释是适合的，而《吕氏春秋新校释·适威》的释义是不适合的。

(3)《说文》：“习，数飞也。从羽，白声。”对其中“数飞”的解释，历来都是作为“屡次、多次”讲，如：王宁《训诂学原理》：“习”本义是“数飞”，也就是“练习”，多次重复地练习，产生的状态是“熟习”“习惯”。① 张联荣《古汉语词义论》：《六书故·动物三》：“习，鸟肄飞也。引申之，凡数数扇阖者皆谓之习。”“习”的本义的语义构成是：习：(鸟)+(反复)+(飞)。② 赵克勤《古代汉语词汇学》：习——本义是屡次飞翔。《说文》：“习，数飞也。”《礼记·月令》：“鹰乃学习。”屡次飞翔就是反复练习，故引申为复习。③ 陈奇猷认为《说文》中“习”为“数飞，数与速同”。④ 因为“数”有“速与密二义”，至于《说文》中的“数飞”，我们觉得还是应该释为“多次、屡次”。因为“数飞”是用来解释“习”的，《说文》：“习，数飞也。从羽白声”段注：“《月令》：‘鹰乃学习。’引申之义为习孰。”(138页上)朱骏声《说文通训定声》：“习，数飞也，从羽，从㐫。会意。飞数则气急见于口鼻，故从㐫。《礼记·月令》：‘鹰乃学习。’”(107页下)段玉裁云：“引申之义为习孰。”朱骏声云：“飞数则气急见于口鼻。”由此可以看出“习”有“屡次、多次”的意义，但是没有“迅速”的意义，再加之历来诸家都把《说文》中的“数飞”释为“屡次、多次”，因此，我们认为陈奇猷《说文》中“习”为“数飞，数与速同”的说法是不正确的。

4.“厉”释义讨论

(1)《吕氏春秋新校释·上农》：“夺之以兵事，是谓厉。”1738页注[五一]高注：“厉，摩也。”陈奇猷释“摩”为“近”之义。

(2)《吕氏春秋词典》(531页)《上农》：“夺之以兵事，是谓厉。”释

---

① 王宁：《训诂学原理》，56页，北京，中国国际广播出版社，1996。

② 张联荣编著：《古汉语词义论》，267页，北京，北京大学出版社，2005。

③ 赵克勤：《古代汉语词汇学》，102页，北京，商务印书馆，2005。

④ (战国)吕不韦著，陈奇猷校释：《吕氏春秋新校释》，317页，注[五]，上海，上海古籍出版社，2002。

“厉”为名词“灾，祸害”，作宾语。

释义不一致，“厉”《大词典》《大字典》中作为动词“靠近、到达”的义项和作为名词“灾，祸害”的义项都有，要弄清此处“厉”的词性和意义，还应该联系上下文意以及高诱注释的意义。上文有“夺之以土功，是谓稽，不绝忧唯，必丧其粃。夺之以水事，是谓籥，丧以继乐，四邻来虚。夺之以兵事，是谓厉，祸因胥岁，不举铚艾。”其中“稽”“籥”都作动词用，“稽”是“稽留”之意；“籥”为“跃出”之意。“水”陈奇猷校为“本”之误。“水事”应是“本事”，即“农事”。“厉”与“稽”“籥”处于相同的句式之中，词性应该是相同的，也应作动词。另外，高注释“厉”为“摩”，“摩”《大词典》中有动词“迫近、接近”的意义，没有作名词“灾，祸害”的意义。因此，此处的“厉”应作动词“靠近、到达”解。

5. 标点问题

(1)《淮南子集释·原道》(6页)：“钧旋毂转，周而复帀。”高注：“钧，陶人作瓦器法下转旋者。一曰，天也。”

(2)《淮南子校释·原道》(10页)：“钧旋毂转，周而复帀。”高注[二二]：“钧，陶人作瓦器法，下转旋者。一曰，天也。”

(3)《大词典》(11册，1220页)：《淮南子·原道》：“钧旋毂转，周而复帀。”高注：“钧，陶人作瓦器，法下转旋者。”

《大字典》(6卷，4178页)：钧：制作陶器所用的转轮。《集韵·谆韵》：“钧，陶轮。”《正字通·金部》：“钧，陶人模下圆转者为钧。”《淮南子·原道》：“钧旋毂转，周而复帀。”高诱注：“钧，陶人作瓦器，法下转旋者。”《故训汇纂》(1237页)“法”条：㊿法，谓模。《周礼·考工记·㮚氏》“不秏然后权之”贾公彦疏。此处的“法”应作名词“模”解，如《正字通·金部》所言，因此，《大字典》《大词典》的标点是正确的，而《淮南子集释》和《淮南子校释》的标点是不正确的。

6.“胫”与“颈”哪一个正确?

(1)《淮南子校释·原道》(104页)：“钓射鹔鷞之谓乐乎?”高注[五]：“鹔鷞，鸟名也，长胫绿身，其形似雁。一曰：凤皇之别名也。”四部丛刊本同。

(2)《淮南子集释·原道》(66页)：“钓射鹔鷞之谓乐乎?”高注：“鹔鷞，鸟名也，长颈绿身，其形似雁。一曰：凤皇之别名也。”何宁认为：“长颈，诸本误作‘长胫’。《酉阳杂俎·羽篇》云：‘鹔鹴，状如燕，稍大，足短。’是不得曰长胫也。”

(3)《大词典》(12册，1169页)：[鹔鹴]亦作“鹔鷞”。①鸟名。雁的一种。颈长，羽绿。《淮南子·原道》：“驰骋夷道，钓射鹔鷞之谓乐乎?”高诱注：“鹔鹴，鸟名也。长颈绿身，其形似雁。”

《大字典》(7 卷，4666 页)“鹔”条：“鹔鹴”：②雁的一种。《淮南子·原道》：“驰骋夷道，钓射鹔鹴之谓乐乎?”高诱注：“鹔鹴，鸟名也。长颈绿身，其形似雁。”《故训汇纂》(2610 页)“鹔”条：④鹔鹴，鹔鹴，鸟名也。长颈绿身，其形似雁。一曰：凤皇之别名也。一方面，综合各本所引用的资料，“颈”的引用次数多于“胫”；另一方面，《大词典》、《大字典》都把“鹔鹴”释为“雁”属，而“雁”属动物的特征是“形状略似鹅，颈和翼较长，足和尾较短”。《淮南子集释》所引用的《酉阳杂俎·羽篇》的例证，《大词典》也引用了，是作为“鹔鹴”的另一个义项的例证，另一个义项是“鼠名。即飞鼠。唐段成式《酉阳杂俎·羽篇》：‘鹔鹴，状如燕，稍大，足短，趾似鼠。未常见下地，常止林中，偶失势控地，不能自振，及举，上凌青霄。出凉州也。’清恽敬《大云山房杂记》卷一：‘《酉阳杂俎》：‘鹔鷞，状如燕，稍大，短趾似鼠，出凉州。’此即今飞鼠也。相如鹔鷞裘，即此鼠。凡白杂毛曰肃霜，马、鸟、鼠皆取之。”因此，《淮南子集释》以《酉阳杂俎·羽篇》作为证据是不成立的，综合各方面的情况，笔者以为此处应作“颈”而不应作“胫”。

7.“蛒”与“诸”哪一个正确?

(1)《淮南子集释·说林》(1170 页)：“曹氏之裂布，蛷者贵之。”高注：“楚人名布为曹。今俗间以始织布系著其旁，谓之曹布。烧以傅蛒蛷疮则愈，故蛷者贵之。”《淮南子校释·说林》(1728 页，注[六])同上。

(2)《大字典》(4 卷，2853 页)“蛷”条：②患蠼螋疮。《淮南子·说林》：“曹氏之裂布，蛷者贵之。”高诱注：“楚人名布为曹，今俗间以始织布系著其旁，谓之曹布，烧以傅诸蛷疮则愈。”

(3)《大词典》(8 册，896 页)“蛷”条：②指患蠼螋疮。《淮南子·说林》：“曹氏之裂布，蛷者贵之。”高诱注：“楚人名布为曹，今俗间以始织布系著其旁，谓之曹布，烧以傅蛒蛷疮，则愈，故蛷者贵之。”

这四本书中引用同一句话，用字不同，只有《大字典》作“诸”，另外三本都作“蛒”，哪一个是正确的呢?《大词典》“蛒”同“蛒 1”。见“蜛蛒”。[蜛蛒]亦作“蜛蛒”。一种水生动物，生于江海。元陈旅《送海峰刘巡检》诗：“石华肥可茹，无用脍蜛蛒。”《大字典》(4 卷，2867 页)蛒：[蜛蛒]也作“蜛蛒”。水中动物，可食。《集韵·鱼韵》：“蛒，蜛蛒。虫名。一曰虾蟆。可食。”《文选·郭璞〈江赋〉》：“蜛蛒森衰以垂翘，玄砺磈磥而碨硱。”李善注：“《南越志》曰：蜛蛒，一头，尾有数条，长二三尺，左右有脚，状如蚕，可食。”《大词典》、《大字典》“蜛蛒”都是联绵词，此词不能单独使用，因此，高注中的“蛒”应该为“诸”，相当于代词“之”和介词“于”的合音。“之”是代替“烧布而成的灰”，介词“于”可以释为“在”。高注的意思是指把布烧成的灰傅在蠼螋疮上，蠼螋疮就痊愈了。因此，此处的“蠚”字应为“诸”，《淮南子集释》《淮南子校释》以及《大词典》的写法都是不正确的，“诸”误为“蠚”当是受下面的“蛷”字影响。

第四节　小　结

以上我们分析了高注单音词的一些特点，下面总结一下。

(1)高注有单音词2769个，占高注总词数的37.65%。高注中的单音词的词类已比较完备，有11个类别。高注单音词中实词(包括名、动、形、数、量、代)的比例远远高出虚词(包括介、连、副、助、语气)，占93.8%。高注单音词中动词的比例最高，名词次之。

(2)高注2769个单音词中有单义词1911个，占所有单音词的69%，多义词858个，占31%。高诱注释语言中的单义词所占的比例要高于《诗经》和《吕氏春秋》，这一个方面可以说明多义词由于承担的负荷太重，有的义项有独立成词的倾向，另一方面，也可能是我们所统计的高注中的单义词因为受材料限制，本来在东汉或其他时期并不是单义词。

(3)我们通过义素分析的方法对高注单音多义词的引申方式用举例的方式进行讨论，可以看出高注单音多义词的引申方式与已有的结论是相符的，都是有三种：连锁式、辐射式、综合式，但是我们分析的是高注的词义引申，多义词中的所有义项不可能在高注中全部出现，所以在分析时不能反映每一个词所有的演变轨迹，只能是一个大致的轮廓。这种方法对于词义这个复杂的系统的分析还是很有效的，但是我们也看到这种方法对于抽象性强的虚词以及文化内涵较丰富的专有名词的分析就存在不足，这些方面的研究还需要加强。

(4)我们还讨论了高注单音词中的一些疑难问题，在这些问题中既有用字的问题，又有版本的问题；既涉及语音，又涉及语义。通过讨论，我们觉得要做好词汇的研究，需要综合的素质，需要语音、文字、语法、词汇的融会贯通，还需要扎实的文献功底，这是我们需要亟待加强的。

高注的单音词，我们排成两个表，即“附录一”和“附录二”，附在最后，以备查阅。

第二章 高诱注释语言中的复音词

第一节　复音词的判定

一、复音词的研究现状

复音词就是由两个或两个以上的音节组成的词。词和词组合为词组。对于复音词的研究，前人和时贤已经取得了很多成果，主要涉及的问题有：(1)复音词的判定标准问题；(2)汉语复音化原因的探讨；(3)复音词结构形式的分析；(4)对于词组的研究等。下面就从这四个方面探讨一下。

1. 复音词的判定标准

汉语因为缺乏形态的变化，以及书写形式的单字蝉联而下，[1] 都给词与非词、词与词组的区分带来了困难。词的划界最早是应汉语拼音化主张词儿连写而提出的要求。[2] 早期黎锦熙、林汉达、陆志韦等先生对此问题进行了探讨。王力先生最早为词儿划界提出了“意义法、插入法(隔开法)和转换法”的实用性原则，还有陆志韦先生的同形替代法和扩展法等，林汉达先生第一个用意义和语法结构标准对具体的名词、动词进行了较穷尽的研究。直到吕叔湘先生的《汉语语法分析问题》把词儿划界问题从一头(词和短语的区别)扩大到了两头(词和语素的区别)。在以

---

① 萧天柱：《略论词同短语的区分》，载《信阳师范学院学报》，1984(3)。

② 潘文国等：《汉语的构词法研究》，118页，武汉，华中师范大学出版社，2004。

上的阶段中，大多数学者还是从语法的角度探讨词儿划界的问题。1982年，刘叔新先生发表了《论词的单位的确定》一文，第一次提出从词汇学的角度对词进行划界的问题。提出了确定词的两个条件：第一，它是一个完备的语言建筑材料单位，和相邻接的有组合关系的单位之间存在着意义上明晰的联结关系；第二，它自身内部没有这种意义上明晰的联结关系。① 马真先生提出了判定复音词的五项标准，并总结说："总之，我们认为，划分先秦的复音词，主要应从词汇意义的角度来考虑问题，即考察复音组合的结合程度是否紧密，它们是否已经成为具有完整意义的不可分割的整体。这是最可行的办法，其他方面的标志都只能作为参考。"②程湘清先生提出确定复音词的标准要既重视语法结构，也不能忽略词义的重要性。具体到认定一个双音词，就要从语法形式、词汇意义、修辞手法以至使用频率等多方面进行考虑。③ 卞觉非先生提出了替换、插入、扩展以及语音变化检测的方法。④ 毛远明先生提出了词的意义、结构的固定性、词性是否有所改变和使用频率的标准。⑤ 伍宗文先生提出了形式标志、意义标准、修辞手段、语法性质和见次频率的标准。⑥ 周生亚先生提出了看意义变化、看结合松紧、看结构对比、看结合关系四个方面的标准。⑦

张双棣先生谈到：关于先秦复音词的研究已见到一些文章，其中都提到定词标准的问题。概括起来，大致是两个方面，一是意义方面，一是结构方面。意义方面是指两个成分结合以后产生了新义或凝结成一个更概括的意义，不等于两个成分的相加。结构方面是指两个成分结合得紧密，不能拆开或插入别的成分。这两条标准，从理论上说无疑都是正确的，但对于先秦复音词用不能拆开或插入别的成分来检验它结合得是否紧密，是行不通的。⑧ 从能不能拆开和插入别的成分这个角度看，此标准不适合先秦的复音词，因为我们见到的先秦语言都是书面的材料，所以不能像现代活的语言用拆开和插入来检验，虽然这条标准不适合，但是有些现代汉语的研究成果对于先秦复音词的判定也能起一定的作

---

① 刘叔新：《刘叔新自选集》，22页，郑州，大象出版社，1993。
② 马真：《先秦复音词初探》，载《北京大学学报》，1980(5)、1981(1)。
③ 程湘清：《汉语史专书复音词研究》，40页，北京，商务印书馆，2003。
④ 卞觉非：《略论语素、词、短语的分辨及其区分方法》，载《语文研究》，1983(1)。
⑤ 毛远明：《〈左传〉词汇研究》，82～88页，重庆，西南师范大学出版社，1999。
⑥ 伍宗文：《先秦汉语复音词研究》，71～132页，成都，巴蜀书社，2001。
⑦ 周生亚：《〈世说新语〉中的复音词问题》，载《吉林大学社会科学学报》，1982(2)。
⑧ 张双棣：《〈吕氏春秋〉词汇研究》，169页，济南，山东教育出版社，1989。

用，如："词的内部不会有明晰的意义联结关系；具有单纯性(就词的一个意义而言)，表明它是个构造紧密的单一材料单位。词的组合体则相反，内中总有明晰的意义联结关系，整体的意义有复杂性，表明这个整体还不是紧密地凝合为一。意义组合上的不同特征，是把这两者区别开来所应该着眼和可以利用的一种标志。复合词好比化合物，不同的元素经过化学作用，已经结合为一种新的物质；词的组合体则正如混合物，不同的物质仅仅混合在一起，各自的个性依然保持着。"①刘叔新先生用化合物和混合物来比喻词与词组还是很形象的，可以为先秦复音词的判定提供借鉴作用。王洪君先生另辟蹊径，从字和字组看词和短语的区分，认为：语言中各级单位的切分应该以语音、语法单位的交汇点为基点。即，汉语应该从字组中字与字的结合关系出发，先找出字与字自由组合的短语规则，再以排除法确定词。② 冯胜利先生从韵律的角度研究汉语的构词法，提出韵律词的理论，认为韵律词不是音节词，因为它是两个音节词的组合。韵律词也不是一般的短语，因为它不能任意加长。然而，韵律词又是词，因为它是汉语中自由独立的使用单位，同时也是复合词的形式标记。他的理论对于认识词的本质属性和词与非词的界限问题，很有启发性。③ 王宁先生从语义结构的角度提出鉴定双音合成词的四种方法：(1)双音结构中有一个或两个非自由语素；(2)两个语素结合之后产生的意义经过引申，与原初组合意义完全不同；(3)两个语素的结构方式不属于现代汉语语法结构方式；(4)两个语素的语义不直接按逻辑或事理搭配。王宁先生的方法，既体现了历时与共时的交叉，又关注到语义跟结构的关系。④

综合各家的观点，我们在古汉语复音词的判定上既要从词汇的角度，又要从语法的角度，还从结构的角度，综合运用各方面的标准，还应该注意古代汉语与现代汉语各自的特点，以及意义标准和形式标准的关系。⑤ 并应该尝试用新的理论和方法，如韵律词的理论、语义结构的

---

① 刘叔新：《刘叔新自选集》，23～24页，郑州，大象出版社，1993。

② 王洪君：《从字和字组看词和短语——也谈汉语中词的划分标准》，载《中国语文》，1994(2)。

③ 冯胜利：《韵律词与科学理论的构建》，载《世界汉语教学》，2001(1)；《论汉语的"韵律词"》，载《中国社会科学》，1996(1)。冯胜利：《汉语韵律句法学》，74～111页，上海，上海教育出版社，2000。

④ 朱志平：《汉语双音复合词属性研究》，21页，北京，北京大学出版社，2005。

⑤ 石镘：《古汉语复音词研究综述——兼谈〈睡虎地秦墓竹简〉的复音词》，载《湖北师范学院学报》，1999(3)。

理论以及其他新的理论来解决此问题。

2. 汉语词汇复音化原因和途径的探讨

关于这个问题，学者们也进行了大量的探讨，如：王力先生在《构词法的发展》中提出：汉语词复音化有两个主要的因素：第一是语音的简化；第二是外语的吸收。① 黄志强、杨剑桥先生提出汉语词汇复音化的原因是语音的简化、词汇系统本身的急剧发展，包括词汇量的迅猛增长和词义的发展变化、语言交际功能要求不断提高词汇表义的精确性、明晰性，尽量避免负荷过大的多义单音词可能产生的歧义。另有上古存在的复辅音和外来词的影响。② 马真先生认为：词的复音化正是解决当时需要大量增加新词这种社会要求和旧的词汇体系局限性的矛盾的唯一出路。复音化的途径有音变造词和结构造词。③ 骆晓平先生提出词汇的双音化是语言内外部原因共同作用的结果。外部原因是社会生活内容的更新和丰富、新生事物的大量出现、人们对自然和社会认识的深入和全面，导致了大量新概念的产生。语言的内部原因：一方面，上古汉语单音节语的属性使它不可能通过构造新词来有效地表现不断产生的新概念。另一方面，多义词也不可能无限制地发展。④ 程湘清先生提出汉语走上复音化道路的原因总的来说是语言内部矛盾——交际任务同交际手段之间矛盾推动的结果。从"消极"方面说，是为了更准确、周密地表达思想，进行交际。从"积极"方面说，是为了更形象、生动地反映客观，进行交际。⑤ 唐钰明先生提出：在构成汉语复音词的过程中，结构造词早于语音造词；结构造词中，偏正式又占了绝对的优势。如果汉语复音化仅仅是为了避免同音词，那么语音造词就应因其简便性而成为最早出现、最占优势的方式，但实际上揭开汉语复音化序幕的却是偏正式。偏正式最便于对事物进行修饰限定，最利于对动态进行描摹说明，这就表明汉语复音化原始的动因并不是为了解决语音形式上的问题，而是为了追求语义的精密化。⑥ 伍宗文先生分析了语音简化说、义类义象分离说、精确表义说、审美观念说、韵律构词说，认为韵律构词说更为客

① 王力：《王力文集》，11卷，226页，济南，山东教育出版社，1990。

② 黄志强、杨剑桥：《论汉语词汇双音节化的原因》，载《复旦大学学报》，1990(1)。

③ 马真：《先秦复音词初探》，载《北京大学学报》，1981(1)。

④ 骆晓平：《魏晋六朝汉语词汇双音倾向三题》，载《古汉语研究》，1990(4)。

⑤ 程湘清：《汉语史专书复音词研究》，37、38页，北京，商务印书馆，2003。

⑥ 唐钰明：《金文复音词简论——兼论复音化的起源》，见中山大学人类学系编：《人类学论文选集》，广州，中山大学出版社，1986。

观，并在韵律构词说的基础上提出占据一点、控制一片的观点。[①] 毛远明先生提出语音简化、社会的推动、语言精确性的自身要求、语言形式美的影响、民族心理的驱动五个方面的原因。[②] 赵克勤先生提出，古代书面语的变化与发展是促使复音词发展的一个重要因素；古汉语复音词的发展是不断吸收口语的结果；古代汉语某些复音词的形成，往往跟修辞手段有关；复音词的发展还与古汉语外来词的增多有密切关系。[③] 石锓先生认为古汉语词汇复音化的原因有外因和内因两个方面。外因是社会的发展，新词大量增加，要求语言表达精确，避免因同音词太多影响交际，这就迫使同义或近义的词相结合出现复音词。内因是语言内部自身语音简化，同音词大量增加，原来由单音词负载的信息必须由多音节词来负载，最终导致原来由语音形式负载的信息转向由语法形式负载。这也就促成了复音词的产生。外来语在汉语中的同化也是影响复音词产生的原因之一，但不是主要的，可能只是一种催化剂。汉语词汇复音化的途径有三条：一条是语音途径，由之而产生了“叠音词”和“双声叠韵”词等单纯词；一条是语法途径，由之而产生了各种结构方式的复音词；一条是语用途径，由之产生了“偏义复词”和各种因修辞手段运用而形成的复音词。[④] 徐时仪先生从汉语词的形、音、义三个个要素分析了汉语词汇双音化的内在原因，认为汉语词的形、音、义三要素在汉语词汇双音化的因果链中既互相联系，又彼此制约，各自扮演着不可或缺的角色，结为一个有机的整体，从而适应了词义随人类社会的发展而不断发展的需要。[⑤] 董秀芳强调了汉语复音化内因的主导作用以及外内的辅助作用，认为：虽然语言的演变是在语言使用者的有意识的控制之外的，但语言的演变却表现出惊人的规整性，发生在不同语言中的演变类型和演变规律具有很大的一致性。这表明语言系统有着极强的自组织能力，其中的奥秘还有待于更深入的研究。我们不妨假设，双音词的衍生过程基本上是在语言使用者无意识的状态下进行的，语言使用者的自主选择只是在双音化的趋势变得比较明显时进一步促进了这一变化。[⑥] 冯胜利先生从音节音步的角度，阐释了汉语复音化的原因和进

---

① 伍宗文：《先秦汉语复音词研究》，374～444页，成都，巴蜀书社，2001。

② 毛远明：《〈左传〉词汇研究》，74～79页，重庆，西南师范大学出版社，1999。

③ 赵克勤：《古代汉语词汇学》，70～88页，北京，商务印书馆，2005。

④ 石锓：《古汉语复音词研究综述——兼谈〈睡虎地秦墓竹简〉的复音词》，载《湖北师范学院学报》，1999(3)。

⑤ 徐时仪：《汉语词汇双音化的内在原因考探》，载《语言教学与研究》，2005(2)。

⑥ 董秀芳：《词汇化：汉语双音词的衍生和发展》，43、44页，成都，四川民族出版社，2002。

程，认为：音节音步是汉语复音化的内在促发动力，是与音节的简化、声调的建立几乎同步发展的。[①] 他的推论很鼓舞人心，但是还需要实践的检验。

学界对于汉语复音化的原因和途径经过多人和多年的探讨，至今也没有达成共识，但社会发展的外因和语言自身的内因的观念是为大多数人接受的。笔者比较赞同董秀芳的观点，即语言的内部原因起主导作用，外因起辅助作用。语言虽然是由人类创造的，但是它的发展变化有自身的规律，是不以某一个或某些人的意志为转移的，人类可以有意识地改变语言的载体——文字的书写形式，如，文字的发展形体的变化以及简化字的推行，但是却无法改变词汇的系统、语法系统或语言的系统。所以，加强词汇复音化内部发展机制的研究是解决汉语复音化的重要途径。

3. 复音词结构形式的分析

符淮青先生在《构词法研究的一些问题》中把构词分析(广义的说法，包括一般所说的构词法、造词法分析等)的内容区分为五个平面：一是构词成分性质的平面；二是构词成分关系、结构的平面；三是构词成分表示词义方式的平面；四是构词成分在构词中的意义及其变异的平面；五是构词成分表示词义的信息量的平面。[②] 我们所说的结构形式的分析是属于第二个平面的内容。在复音词结构形式分析中，比较有代表性的有：黎锦熙先生的《复合词构成方式简谱》[③]，程湘清先生的《先秦双音词研究——对〈尚书〉、〈诗经〉、〈论语〉、〈韩非子〉双音词的考察》《〈论衡〉复音词研究》以及《变文复音词研究》[④]；马真先生的《先秦复音词初探》[⑤]；张双棣先生的《〈吕氏春秋〉词汇研究》的复音词部分[⑥]；毛远明先生的《〈左传〉词汇研究》的第二章[⑦]；伍宗文先生的《先秦汉语复音词研究》中的 3、4 两部分[⑧]；周日健、王小莘的《〈颜氏家训〉词汇语法研

---

① 冯胜利：《汉语韵律句法学》，107 页，上海，上海教育出版社，2000。

② 符淮青：《构词法研究的一些问题》，见李如龙、苏新春编：《词汇学理论和实践》，61～62 页，北京，商务印书馆，2001。

③ 黎锦熙：《黎锦熙语言学论文集》，324～336 页，北京，商务印书馆，2004。

④ 程湘清：《汉语史专书复音词研究》，24～90、104～181、265～395 页，北京，商务印书馆，2003。

⑤ 马真：《先秦复音词初探》，载《北京大学学报》，1980(5)、1981(1)。

⑥ 张双棣：《〈吕氏春秋〉词汇研究》，165 页，济南，山东教育出版社，1989。

⑦ 毛远明：《〈左传〉词汇研究》，74～155 页，重庆，西南师范大学出版社，1999。

⑧ 伍宗文：《先秦汉语复音词研究》，148～305 页，成都，巴蜀书社，2001。

究》[①]；李新健的《〈搜神记〉复合词研究》[②]；邓志强的《〈幽明录〉复音词构词方式举隅》[③]；王娟的《〈周易〉王弼注复音词考察》[④]；周日健的《〈颜氏家训〉复音词的构词方式》[⑤]；董玉芝的《〈抱朴子〉复音词构词方式初探》[⑥]、《〈抱朴子〉联合式复音词研究》[⑦]；赵百成的《〈世说新语〉复音词构词法初探》[⑧]；刘志生的《〈庄子〉复音词构词方式初探》[⑨]；石锓的《古汉语复音词研究综述——兼谈〈睡虎地秦墓竹简〉的复音词》[⑩]；魏德胜的《〈睡虎地秦墓竹简〉复音词简论》[⑪]；等等。

通过对古汉语复音词的词的形态以及语音造词和语法造词的情况进行分析，详细描述各种构词形态的组成，使我们能够看清各种构词形态的词性构成情况以及各种构词形态在不同历史时期的发展演变，为词汇史的研究积累材料，并进行理论的探讨。

4. 对于词组的研究

在复音词的判定标准中已经涉及到词组的内容，这部分内容主要是就词与词组的区分而展开的，如王力先生指出："词和仂语之间是没有绝对的界限的。"[⑫]郭良夫先生认为："复合词跟短语的界限比语素跟词的界限更难划分，因为构词成分之间的结构关系跟短语内部构成成分之间的结构关系，基本上都是造句关系。"[⑬]造成这种局面的原因：一方面是语言是处在不断发展的过程之中的，有些词组在不断向词转化，周荐先生认为："今日相当一部分成词的单位，在历史上曾是不成词的单位；而今天看来尚不成词的单位，很可能会在将来成为成词的单位……今天的复字词，有一部分是由历史上的短语形式或短

---

① 周日健、王小苹：《〈颜氏家训〉词汇语法研究》，广州，广东人民出版社，1998。

② 李新健：《〈搜神记〉复合词研究》，载《郑州大学学报》，1990(3)。

③ 邓志强：《〈幽明录〉复音词构词方式举隅》，载《株洲师范高等专科学校学报》，2001(3)。

④ 王娟：《〈周易〉王弼注复音词考察》，载《语文学刊》，2006(1)。

⑤ 周日健：《〈颜氏家训〉复音词的构词方式》，载《华南师范大学学报》，1998(2)。

⑥ 董玉芝：《〈抱朴子〉复音词构词方式初探》，载《古汉语研究》，1994(4)。

⑦ 董玉芝：《〈抱朴子〉联合式复音词研究》，载《新疆教育学院学报》，1994(1)。

⑧ 赵百成：《〈世说新语〉复音词构词法初探》，载《佳木斯师专学报》，1995(2)。

⑨ 刘志生：《〈庄子〉复音词构词方式初探》，载《喀什师范学院学报》，1995(4)。

⑩ 石锓：《古汉语复音词研究综述——兼谈〈睡虎地秦墓竹简〉的复音词》，载《湖北师范学院学报》，1999(3)。

⑪ 魏德胜：《〈睡虎地秦墓竹简〉复音词简论》，载《语言研究》，1999(2)。

⑫ 王力：《龙虫并雕斋文集》，2册，551页，北京，中华书局，1980。

⑬ 郭良夫：《词汇与词典》，31页，北京，商务印书馆，1990。

语中直接相邻的字词化而成的。"[①]而转化是有一个过程的，仂语（词组）凝固成词常常经过仂语（词组）——复合词——复音词的过程，对于处于凝固过程中的一些仂语和结合比较紧密的一些仂语（词组），同词很难区分。因此，就出现了词与词组难于区分的问题。另一个方面的原因是划分标准的不一致，如语法词、正词法的词和词汇词就有交叉的地方，"语法词包括不能扩展而造句时只起一个词的作用的词组。例如专名词组不能扩展，于是被认为是语法词，名词性的如'北海/公园'、'南开/大学'……动词性的如动宾复合词、动补复合词。另外还有临时词，如数量词'一个/两个/三个'。"像"北海公园""南开大学"从语法词的角度是作为词来看待的，但是从词汇的角度看，它们应该属于词组。而词与词组也存在邻转（指由于意义的固定化，词组可以凝固成词）、越转（指词组可以降级为语素组合，成为词的构成成分）相互转化的可能。[②] 所以造成两者之间的混乱局面。

在复音词的判定标准中对于词组本身的性质和意义并没有进行深入的探讨，对词组本身的性质和意义进行深入研究的，是朱德熙先生。朱先生从汉语句子的构造原则跟词组的构造原则基本一致，提出"我们就有可能在词组的基础上来描写句法，建立一种以词组为基点的语法体系"。[③] 也就是词组本位的语法体系的理论。马庆株先生在他的老师朱德熙先生的基础上进一步推进词组的研究，认为："词组研究在现代汉语语法研究中跟词的研究一样，处于本体研究的中心位置，具有特殊的重要性。"[④]洪成玉、洪忻先生认为：汉语词组既是语法单位，又是语义单位，在语言各级单位中处于中心地位。词的语法分析和语义分析，离不开词组；词组是句法分析最直接最基本的单位。学界对于词组的结构分类的认识较为统一，而对于词组的功能分类还没有统一的标准；对于词组的语法方面研究得比较多，而很少从语义方面进行研究，还缺乏从整体性上认识词组的性质等，词组的判定标准、宏观研究词组和句法成分分析等都是有待解决的问题。[⑤] 冯胜利先生用韵律词的理论来区分词与短语，区分出"可成词"形式和"不可成词"形式。"不可成词"形式都是短语，而"可成词"形式中有词也有短语。这是一个崭新的视角，在理论

---

① 周荐：《词汇学词典学研究》，5页，北京，商务印书馆，2004。

② 马庆株：《词组的研究》，载《语言教学与研究》，1997(4)。

③ 朱德熙：《朱德熙文集》，1卷，340页，北京，商务印书馆，1999。

④ 马庆株：《词组的研究》，载《语言教学与研究》，1997(4)。

⑤ 洪成玉、洪忻：《汉语词组及其整体性》，载《首都师范大学学报》（社科版），2000(5)。

上很有启发性，在实践方面，还有待于进一步的检验。[①] 朱彦提出了："划分词和短语的一个首要的，并且是重要的意义标准就是组成成分之间的语义跨度。"[②]在划分角度上拓展到了语义的深层。词组在语言中有它独特的作用，是其他成分所替代不了的，正如诸位先生所指出的那样，目前对于词组的研究还不够深入，这将会影响其他语言单位的研究，应该引起学界的重视。

我们在研究高诱注释语言词汇时也同样面临词与词组区分的难题，程湘清先生在谈到这个问题时认为："由于上古词组向词演变并非齐头并进，对一些处于凝固过程中的双音组合，可能用上述标准(意义标准、结构标准、修辞标准和见次频率标准)都不那么灵，正如王力先生指出的，有些词和仂语之间没有绝对界限，那么我们就不必硬性区分，而从实际出发管它们叫'短语词'。"[③]董秀芳认为造成词与短语划界难的原因是：短语变为词应该有一个自由短语变为习语性成分或称固定短语的中间阶段。这一过程主要是在反复使用中实现的，是隐性的，不容易直接观察到。[④]《汉语大词典》的收词规则是除收录单音词、复音词外，还有限制地收列少量词组。既然有些词与词组(或叫短语词)的区分非常困难，而且词组的内部成分结合比较紧密，"一些固定词组(短语)在语义凝固这一点上与词相同"[⑤]，因此，我们仿照《汉语大词典》的做法，把少量结合紧密的词组也放在这里讨论。因为我们涉及的这类词组比较少，而且它们的结合很紧密，所以这样做对于我们所得的结论不会有太大的影响。[⑥]

二、高注复音词的情况

1. 高注复音词的判定

高注复音词的判定，我们参照诸家研究的成果确立了：(1)根据形

---

① 冯胜利：《汉语韵律句法学》，88～89页，上海，上海教育出版社，2000。

② 朱彦：《汉语复合词语义构词法研究》，276页，北京，北京大学出版社，2005。

③ 程湘清：《汉语史专书复音词研究》，58～59页，北京，商务印书馆，2003。

④ 董秀芳：《词汇化：汉语双音词的衍生和发展》，83页，成都，四川民族出版社，2002。

⑤ 董秀芳：《词汇化：汉语双音词的衍生和发展》，87页，成都，四川民族出版社，2002。

⑥ 胡敕瑞先生指出："当然我们除去了其中的'综合式'一类，因为那不是双音词。应该说明的是，程湘清先生收词的标准是从宽处理，有些并不是词的短语他也看成了词，前面提到的述补式就存在这种情况，但是这无妨比较，因为从相对的比例中也可看到一些发展的事实。"(胡敕瑞：《〈论衡〉与东汉佛典词语比较研究》，72页注①，成都，巴蜀书社，2002。)

式标准，把附加式复音词、叠音词和单纯词区分出来。(2)依据意义标准，强调意义的融合性，整体性，词的组成成分之间是化合关系，而不是混合关系。(3)结构的固定性，复音词的构成成分之间结构紧凑，不能随意拆开，也不能插入别的成分。(4)修辞手段，在同一个语言环境中，凡处于相同句式的相同位置上的不同双音组合，其中一个(或几个)已确认为词，则其他双音组合也可以首先考虑为词。具体到注释语言，注释家为了形象直观地解释原文，尽可能用现实生活中已有的比喻义、引申义来注释原文，这些比喻义、引申义多是词。(5)因为我们研究的是注释语言，所以还可以用原文与注释之间的关系来判定一部分词语。(6)见次频率，高注中的复音词我们都是一个个对照《大词典》做出来的，《大词典》中不是词的我们再根据出现频率和在东汉前后的传承情况来判定，在高注中出现三次以上，在前后的文献中出现，并且意义相同，基本可以判定为词。[①]

根据上述标准，在具体统计高注复音词时还有以下原则：(1)高注中的人名、地名、国名、动植物名等专有名词，没有统计。(2)数词没有统计。单音词中数词作为一种基本词汇，是单音词的总体面貌的基本组成部分，复音数词的结构和意义都比较固定，对于反映词汇的复音化作用不大，所以在复音词中，我们没有统计数词。(3)固定结构如成语没有统计在内，虽然成语有固定的结构，意义完整，但是它是固定的词组而不是词。黄征先生在判定俗语词时指出："成语大多数出于文言或一些典故，这些基本上应排除在俗语词之外。"[②]因此，我们也把成语排除在复音词之外。根据以上标准和原则，我们统计出高注中有复音词4587个，另有专有名词1543个。

2. 高注单、复音词的比例

为了说明高注词汇的基本面貌，我们统计了高注中的单音词和复音词的数量，用单、复音词数量的对比，可以反映出东汉后期词汇复音化的程度；[③] 用高注单、复音词的比例与前后时期作品的单、复音词的比例进行比较，又可以勾勒出汉语词汇史中单、复音词的发展脉络。

我们把高注中单、复音词的比例与前后时期作品的比例列成一个表

---

① 此标准参考了程湘清：《先秦双音词研究》，见《汉语史专书复音词研究》，57页，北京，商务印书馆，2003；毛远明：《〈左传〉词汇研究》，88～89页，重庆，西南师范大学出版社，1999。

② 黄征：《汉语俗语词研究的几个理论问题》，载《杭州大学学报》，1992(2)。

③ "汉语大规模的双音化进程开始于汉代。"(董秀芳：《词汇化：汉语双音词的衍生和发展》，6页，成都，四川民族出版社，2002。)

格，可以比较清晰地看出其间的变化，见表五。

表五　东汉之前和之后各时期作品单、复音词数量及比例统计表①

类型＼作品		《诗经》（西周初至春秋中叶）	《论语》（春秋、战国之际）	《左传》（战国前期）	《国语》（战国中前期）	《孟子》（战国中期）	《庄子》（战国后期）	《吕氏春秋》（战国末期）	《韩非子》（战国末期）	《史记》（西汉）	高诱注（东汉）	《三国志》（西晋）	《颜氏家训》（北齐）
总词数/个		3450	1479	4177	3232	2240	5170	4989	4220	7200	7356	17300	3684
单音词	数量/个	2476	1150	2992	1987	1589	3205	2972	2182	4000	2769	2700	1800
	比例/%	71.77	77.76	71.63	61.48	70.94	61.99	59.57	51.71	55.56	37.64	15.61	48.86
复音词	数量/个	974	329	1185	1245	651	1965	2017	2038	3200	4587	14600	1884
	比例/%	28.23	22.24	28.37	38.52	29.06	38.01	40.43	48.29	44.44	62.36	84.39	51.14

从表中我们可以看出：(1)从总的趋势而言，单音词占总词数的比例在逐渐下降，而复音词占总词数的比例在逐渐上升。(2)在总的规律之中也有例外，比如后期的作品比前期的作品的复音词比例低，这与作品本身的语言风格有关，一般口语性强的作品复音词的比例就高一些，比较正式的文体因为用书面语的成分多，所以复音词所占的比例就小一些。或者作品的篇幅比较小，也可能出现复音词比例过高或过低。(3)高注的复音词比例与前后期的作品比例相比，高出的幅度较大，这与注释语言的特点有关，因为注释语言是用注释者所处时代的通用语言来解释前人的作品，目的是为了让当时的人读懂，所以所用的语言一定是通俗易懂，接近当时的口语，因此，注释语言中的复音词比例高于同时代的作品，是不足怪的，与之前或之后的作品比较，复音词的比例高出的幅度大也是可以理解的。

3. 高注复音词各构词形式的比例

高注复音词从构词形式来看，有语音造词和语法造词，语音造词有单纯词 19 个和重叠词 24 个；语法造词又分为运用虚词方式造词和运用词序方式造词。运用虚词方式造词的有附加前缀 45 个，后缀 27 个；运

---

① 此表参考张双棣《〈吕氏春秋〉词汇研究》、管锡华《〈史记〉单音词研究》、伍宗文《先秦汉语复音词研究》、车淑娅博士学位论文《〈韩非子〉词汇研究》、阎玉文博士学位论文《〈三国志〉复音词专题研究》等书和论文中相关数据以及笔者所统计的高诱注的数据制成。

用词序方式造词的有联合式1440个、偏正式2200个、补充式64个、表述式95个和支配式659个，综合式有14个，另外有成语31个，虚词83个。我们把高注复音词的各种结构形式的数量和比例与前后时期的作品的复音词结构形式的数量和比例列表，见表六。

表六　各时期作品复音词结构形式数量及比例表①

作品 \ 类型		联合	偏正	补充	支配	表述	附加	重叠	单纯	综合	合计
《诗经》	数量/个	209	484		13		184	353	98		1341
	比例/%	15.59	36.09		0.97		13.72	26.32	7.31		100
《论语》	数量/个	60	67		2	1	20	29	1	3	183
	比例/%	32.79	36.61		1.09	0.55	10.92	15.85	0.55	1.64	100
《左传》	数量/个	302	752		84	13	26	8	120	6	1372
	比例/%	26	64		7.3	1.2	1.9	0.58	8.75	0.44	100
《孟子》	数量/个	146	100		9	2	23	41	12	3	336
	比例/%	43.45	29.76		2.68	0.60	6.85	12.20	3.57	0.89	100
《国语》	数量/个	493	618		93	15	20	16	11		2200
	比例/%	22.41	28.09		4.23	0.68	0.91	0.73	0.5		100
《庄子》	数量/个	861	825	10	53	5	147				1907
	比例/%	45.1	43.3	0.5	2.7	0.25	7.7				100
《吕氏春秋》	数量/个	448	459	35	35	5		10	82		1074
	比例/%	41.71	42.74	3.26	3.26	0.46		0.93	7.64		100

① 此表参考程湘清《汉语史专书复音词研究》、张双棣《〈吕氏春秋〉词汇研究》、董志翘《〈入唐求法巡礼行记〉词汇研究》、毛远明《〈左传〉词汇研究》、车淑娅博士学位论文《〈韩非子〉词汇研究》、阎玉文博士学位论文《〈三国志〉复音词专题研究》等书和论文中相关数据以及笔者所统计的高诱注的数据制成。

续 表

作品	类型	联合	偏正	补充	支配	表述	附加	重叠	单纯	综合	合计
《韩非子》	数量/个	791	910	13	133	14	68		66	3	2038
	比例/%	38.81	44.65	0.64	6.52	0.69	3.34		3.24	0.15	100
《论衡》	数量/个	1404	517	101	52	14	63	26	75	48	2300
	比例/%	61.04	22.48	4.39	2.26	0.61	2.74	1.13	3.26	2.87	100
高诱注	数量/个	1440	2200	64	659	95	72	24	19	14	4587
	比例/%	31.39	47.97	1.39	14.37	2.07	1.57	0.52	0.41	0.31	100
《三国志》	数量/个	7597	4139	212	1558	128	203	36	139	650	14650
	比例/%	51.86	28.25	0.45	12.07	0.87	0.14	0.02	0.9	4.44	100
《世说新语》	数量/个	926	573	93	77	17	98	71	58	213	2126
	比例/%	43.56	26.95	4.37	3.62	0.80	4.61	3.34	2.73	10.02	100
《齐民要术》	数量/个	631	958	208	68	61	87	36	57	92	2198
	比例/%	28.75	43.58	9.46	3.09	2.77	3.95	1.63	2.59	4.18	100
《入唐求法巡礼行记》	数量/个	1296	1729	263	214	23	144	15	56	234	3974
	比例/%	32.61	43.51	6.62	5.39	0.58	3.65	0.36	1.42	5.89	100
敦煌变文	数量/个	2113	800	194	170	40	316	241	163	310	4347
	比例/%	48.61	18.48	4.46	3.91	0.92	7.27	5.54	3.57	7.13	100
两种诸宫调	数量/个	1640	2747	186	432	61	142	264	78	317	5867
	比例/%	27.95	46.82	3.17	7.36	1.04	2.42	4.50	1.33	5.41	100

从表六中，我们可以看出：(1)汉语的构词方式到战国末期已经全

部产生，早期是以联合、偏正、附加、重叠式为主，后期支配、表述和补充式产生，但是支配、表述和补充式在整个构词法中所占的比例始终不大，一直到现代汉语中，情形也基本相同。(2)联合式和偏正式是两种最能产的构词法，但是这两种构词法始终处于一种交替的状态，并不是处于你消我长的状态，有些统计数字可能受作品本身特点的影响，有些许的出入，但是整个大的趋势应该是不会错的。(3)高注中九种构词形式都已具备，偏正式的比例高于联合式的比例。与同时代的《论衡》及其后的《三国志》相比，偏正式和联合式的比例相差较大，这与作品的内容、文体以及语言风格有关。有些文体需要对偶、排比等修辞手法，在语言的运用上可能联合式的词语就用得多一些，而注释语言口语性较强，骈偶的成分就少得多，这样就影响到词语的运用，相比较而言，联合式可能就用得少一些。

第二节 高注复音词构词形式分析

一、高注中的语音造词

高注中的语音造词有单纯词 19 个和重言词 24 个：

1. 单纯复音词

由一个词素构成的复音词是单纯复音词。如葡萄、徘徊、朦胧等。高注中单纯复音词包括叠音字和联绵字两种。

(1)叠音字

叠音字是由两个形音义完全相同的单字组成的，但这两个字只不过代表两个音节，它们与重言词的意义毫无关系。[①] 高注中的叠音字有 3 个，都是用来描写形貌的。如：

落落

形容多而连续不断的样子。《淮南子·天文》："大荒落之岁。"高注："荒，大也，方万物炽盛而大出，霍然落落大布散也。""落"单字是作为动词"落下"等的意义与"落落"表状态的意义毫无联系。

旅旅

优游从容貌。《淮南子·时则》："律中大吕。"高注："吕，旅也。万物萌动于黄泉，未能达见，所以旅旅去阴即阳，助其成功，故曰大吕。""旅"单字也是作为动词，意义与"旅旅"也没有联系。

---

① 赵克勤：《古代汉语词汇学》，62 页，北京，商务印书馆，2005。

济济

众多貌。《淮南子·本经》："朝廷有容矣，而敬为上。"高注："朝廷之容济济也。父子主爱，君臣主敬，故以敬为上也。""济"字本身也没有众多之义。

(2)联绵字

联绵字是由只代表音节的两个汉字组成的表示一个整体意义的双音词。这里有三个要点：第一，必须由两个汉字组成；第二，必须是单语素；第三，两个汉字都只起表音作用，没有意义。[①] 高注中的联绵字有16个，有双声的，如由豫、黼黻、离娄、肃杀、凛烈等；有叠韵的，如匍匐、萎蕤、碔砆、魍魉、蜾蠃、蒙笼等；非双声叠韵的，如仿佛、蝱蜓、涒滩、玙璠等。

高注中的联绵字大部分是名词，如：

涒滩

《吕氏春秋·序意》："维秦八年，岁在涒滩。"高注："八年，秦始皇即位八年也。岁在申名涒滩。涒，大也。滩，循也。万物皆大循其情性也。涒滩，夸人短舌不能言为涒滩也。"

"涒"，《说文·水部》："涒，食已而复吐之。从水，君声。《尔雅》曰：'太岁在申曰涒滩'。"我们根据"涒"的谐声偏旁知道，此字上古属见母文部，"滩"上古属透母元部，二者是非双声叠韵联绵字。"涒滩"一词，从高注的解释中，我们可以看出，可以表示两种意义，一种是名词，指"岁在申"称"涒滩"，另一种意义是表示动作的，指"短舌不能言"。

蜾蠃

《淮南子·说山》："贞虫之动以毒螫。"高注："贞虫，细腰蜂蜾蠃之属。无牝牡之合曰贞，而有毒，故能螫。读解释之释也。"

"蜾"上古属见母歌部，"蠃"上古属来母歌部，《大词典》释义为"寄生蜂的一种。亦名蒲卢。腰细，体青黑色，长约半寸，以泥土筑巢于树枝或壁上，捕捉螟蛉等害虫，为其幼虫的食物，古人误以为收养幼虫"，二者是叠韵联绵字。

高注中的联绵字也有动词和形容词，其作用大致可以分为两种：

①描绘形貌

仿佛

《淮南子·原道》："是故响不肆应，而景不一设，叫呼仿佛，默然

① 赵克勤：《古代汉语词汇学》，55页，北京，商务印书馆，2005。

自得。"高注："得叫呼仿佛之声状也。"

"仿"上古属滂母阳部，"佛"上古属并母物部，"仿佛"属非双声叠韵的联绵字。随着语音的演变，到现代汉语中，二者成为双声字了。意义是"似有若无貌"。

凛烈

《吕氏春秋·孟冬》："天地不通，闭而冬藏。"高注："天地闭，冰霜凛烈成冬也。"

"烈"与"冽"通。《诗·豳风·七月》："二之日栗烈。"《诗·曹风·下泉》正义、《诗·大雅·大东》正义、《文选·古诗十九首》李注并引烈作冽。① "凛"上古属来母侵部，"冽"上古属来母月部，"烈"上古也是属来母月部，"凛冽"是双声联绵字，② "凛烈"也是双声联绵字。意为"寒冷貌"。

②描写动作

由豫

《吕氏春秋·诬徒》："弟子去则冀终。"高注："弟子欲去，则冀终其业，且由豫也。"

"由"上古属余母幽部，"豫"上古属余母鱼部。现在"由"都写作"犹"，而"由"与"犹"是相通的，如《易·豫》："由豫。"《释文》："由，马作犹。"《书·立政》："克由绎之。"《汉书艺文志考证》引由作犹③。"犹"上古也是属余母幽部。因此，"由豫""犹豫"都是双声联绵字。意为"犹豫不决"。

匍匐

《吕氏春秋·恃君》："僰人、野人。"高注："僰读如匍匐之匐。"

"匍"上古属并母鱼部，"匐"上古属并母职部，二者是双声联绵字。意为"爬行"。

2. 重言词

重言词只是一种笼统的叫法，实际上它由两类组成：一类的意义与单字的意义基本相同；一类的意义与单字的意义毫无关系。前一种重叠式是由两个形音义完全相同的单音词组成，重言词的意义基本上就是单音词的意义，这实际上是两个相同单音词的重叠形式，因此，这种重言词又可以称为"叠词"。后一种虽然也由两个形音义完全相同的单字组

① 高亨纂著，董治安整理：《古字通假会典》，631页，济南，齐鲁书社，1989。

② 周俊勋：《高诱注词汇研究》，30页，四川大学硕士学位论文，1999。

③ 高亨纂著，董治安整理：《古字通假会典》，718页，济南，齐鲁书社，1989。

成，但是这两个字只不过代表两个音节，它们与重言词的意义毫无关系。这种重言词只是两个单字的重叠，因此，又可以称为“叠字”。[①] 对于重言词，学术界还有不同的看法，马真先生认为：“重叠式，现代汉语和先秦汉语差别大些。先秦只有一类，格式是 AA，而且只限于构成状态形容词。”另外在此文的注释中：“关于‘人人’‘采采’分别是名词‘人’和动词‘采’的叠用，都不是重叠式合成词。”[②]赵克勤先生认为：“从词性来看，重言词主要包括象声词和形容词两大类……至于名词重叠如‘日日’‘年年’‘子子’‘孙孙’等，古书中很常见，恐怕只能看成一种语法现象，不属于重言词讨论的范围。”[③]曹先擢先生认为：“语法范畴一方面要以逻辑范畴为基础，一方面要有语法形式作为它的物质外壳。我们认为叠字形容词的情态意义是一种语法意义，是因为叠字有共同的形式——语音的重叠。”[④]洪诚先生认为：“重叠音节的联绵词：如依依，丁丁。这是一个词，并且是单纯词，跟叠词不同，叠词是两个词重叠。如年年、日日、人人，意义大不相同。”[⑤]我们这里指的是“叠字”。

高注中这种重言词有 24 个，主要还是形容词的重叠，名词的重叠较少。形容词重叠是描摹情态和动作的。如：

靡靡

《吕氏春秋·本生》：“靡曼皓齿，郑、卫之音，务以自乐，命之曰伐性之斧。”高注：“昔者殷纣使乐师作《朝歌》、《北鄙》靡靡之乐，以为淫乱。”

炯炯

《淮南子·氾论》：“老槐生火，久血为燐，人弗怪也。”高注：“血精在地，暴露百日则为燐，遥望炯炯，若燃火也。”

汲汲

《淮南子·修务》：“孔子无黔突，墨子无煖席。”高注：“黔言其突灶不至于黑，坐席不至于温，历行诸国，汲汲于行道也。”

徐徐

《淮南子·说山》：“先事如此，不如其后。”高注：“此先事之人也如此，不如徐徐出其后也。”

---

① 赵克勤：《古代汉语词汇学》，62 页，北京，商务印书馆，2005。

② 马真：《先秦复音词初探》，载《北京大学学报》，1981(1)。

③ 赵克勤：《古代汉语词汇学》，62、63 页，北京，商务印书馆，2005。

④ 曹先擢：《汉字文化漫笔》，3 页，北京，语文出版社，1992。

⑤ 洪诚：《洪诚文集》，89 页，南京，江苏古籍出版社，2000。

懵懵

《吕氏春秋·介立》："两手据地而吐之，不出，喀喀然遂伏地而死。"高注："昔者，齐饥，黔敖为食于路。有人戢其履，懵懵而来，黔敖呼之曰：'嗟！来食。'"

以上的重叠式的结构形式是 AA 式。

赫赫明明

《淮南子·原道》："而蹪蹈于污壑阱陷之中。"高注："污壑，大壑。壑读赫赫明明之赫。"

芒芒昧昧

《吕氏春秋·应同》："与元同气。"高注："芒芒昧昧，广大之貌。天之威无不敬也。非同气不协。"

以上的重叠式的结构形式是 AABB 式。

高注中的重叠式的情况与同时期的《论衡》的情况相同，重叠形式都有 AA 式和 AABB 式；从构成成分看，大多数是形容词，但也有动词和名词。

二、高注中的语法造词

1. 派生复音词

高注中的复音词有 4587 个，派生复音词有 72 个。

(1)附加式

指名词、动词、形容词加前缀或后缀而形成的复音词。高注中加前缀的复音词有 45 个，前缀有"第""相""有""可""阿"5 个；加后缀的复音词有 27 个，后缀有"焉""然""子""者"4 个。如：

①前缀的例子

第一

《吕氏春秋·本味》："凡味之本，水最为始。"高注："五行之数，水第一，故曰水最为始。"

第七

《淮南子·本经》："瑶光者，资粮万物者也。"高注："瑶光，谓北斗勺第七星也。"

另外，还有"第四""第五"等。

阿社

《淮南子·说山》："东家母死，其子哭之不哀。西家子见之，归谓其母曰：'社何爱速死，吾必悲哭社。'"高注："江淮谓母为社。社读雒家谓公为阿社之社也。"

“阿”作为词头，王力先生认为出现于汉代，是从作为疑问代词“谁”的词头发展而来的，可以用在人名、亲属称呼以及人称代词的前面。发展到现代汉语中，词头“阿”也不发达，北京话里少见，只有受方言影响的几个词，如“阿姨”“阿婆”等，有些方言中用得多一些，还可以用在姓氏前面。[①]“阿”作为前缀在高注中只有1例，说明在最初出现时，还不发达，数量少，用的范围也小。从高注的用例看，词头“阿”起初并不一定就是用作疑问代词“谁”的词头，“阿谁”也不一定就是从“伊谁”变来的。[②]

“相”本身是一个反身代词，很早就可以用作副词。用作副词的意义有两种：一种是表示交替、递相；一种是表示共同的意义。[③]在高注中出现的“相”字作为前缀的词语有38个。

表示共同的意义的有：

相薄

《淮南子·原道》：“人大怒破阴，大喜坠阳。”高注：“怒者，阴气也。阴为坚冰，积阴相薄，故破阴。喜者阳气，阳升于上，积阳相薄，故曰阳坠也。”

相成

《吕氏春秋·处方》：“故异所以安同也，同所以危异也。”高注：“言同异更相成。”

相亲

《战国策·秦策一》：“行义约信，天下不亲。”高注：“不能使天下相亲也。”

相感

《吕氏春秋·应同》：“鼓宫而宫动，鼓角而角动。”高注：“鼓击也。击大宫而小宫应，击大角而小角和，言类相感也。”

表示交替、递相的有：

相传

《吕氏春秋·安死》：“扣之必大富，世世乘车食肉。”高注：“谓扣墓富而得爵禄，故乘车食肉，世世相传也。”

相语

《淮南子·时则》：“乃命渔人，伐蛟取鼍，登龟取鼋。”高注：“渔

---

① 王力：《王力文集》，11卷，6～7页，济南，山东教育出版社，1990。

② 周俊勋：《高诱注词汇研究》，32～33页，四川大学硕士学位论文，1999。

③ 王力：《王力文集》，11卷，186页，济南，山东教育出版社，1990。

人，掌渔官也。渔读相语之语也。”

相坐

《淮南子·俶真》：“百家异说，各有所出。若夫墨、杨、申、商之于治道。”高注：“商者，魏公孙鞅也，为秦孝公制相坐之法，严猛闻，故封之为商君也，因谓之商鞅也。”

“有”作为前缀在先秦时期已经出现，经常加在国名、地名、部落名的前面。王力先生说：“假定上古时代名词是有词头的话，它的规则还是不能十分确定的。到了战国以后，除了仿古之外，就不再有这一类的词头了。”①高注中“有”作为前缀的情况与王力先生的结论是一致的。如：

有苗

《吕氏春秋·召类》：“舜却苗民，更易其俗。”高注：“苗民，有苗也。”

有穷

《吕氏春秋·具备》：“今有羿、蠭蒙、繁弱于此，而(一作向)无弦，则必不能中也。”高注：“羿，夏之诸侯，有穷之君也，善射，百发百中。”

有娀

《吕氏春秋·音初》：“燕遗二卵，北飞，遂不反。”高注：“帝，天也。天令燕降卵于有娀氏女，吞之生契，《诗》云‘天命玄鸟，降而生商’，又曰‘有娀方将，立子生商’，此之谓也。”

有莘

《淮南子·修务》：“若以布衣徒步之人观之，则伊尹负鼎而干汤。”高注：“伊尹处于有莘之野，执鼎俎和五味以干汤，欲其调阴阳行其道。”

“可”作为前缀在《论衡》中不多，在高诱注中也不多，只有3例。

可贵

《吕氏春秋·慎行》：“黄帝之贵而死。”高注：“黄帝得道仙而可贵，然终归于死。”

可哀

《吕氏春秋·论人》：“哀之以验其人。”高注：“人人可哀，不忍之也。”

---

① 王力：《王力文集》，11卷，5页，济南，山东教育出版社，1990。

可畏

《吕氏春秋·荡兵》："国无刑罚，则百姓之悟相侵也立见。"高注："无刑罚可畏，臣下故有相侵凌夺掠之罪。"

②后缀的例子

忽焉

《吕氏春秋·重己》："故有道者，不察所召，而察其召之者，则其至不可禁矣。"高注："禹、汤罪己，其兴也勃焉；桀纣罪人，其亡也忽焉。皆己自召之，何可禁御？"

澹然

《吕氏春秋·审分》："故得道忘人，乃大得人也，夫非其道也。"高注："得道，澹然无所思虑，故忘人也。而人慕之，此乃所以大得人也。"

眷然

《淮南子·氾论》："《诗》云'乃眷西顾，此惟与宅。'言去殷而迁于周也。"高注："纣治朝歌在东，文王国于岐周，在西，天乃眷然顾西土，此惟居周，言我宅也，故曰'去殷而迁于周'也。"

肃然

《吕氏春秋·适音》："《清庙》之瑟，朱弦而疏越，一唱而三叹，有进乎音者矣。"高注："文王之庙，肃然清静，贵其乐和，故曰有进音。"

惕然

《淮南子·原道》："炎炎赫赫，怵然若有所诱慕。"高注："诱，进也。慕，有所思。怵然犹惕然。"

王力先生指出："'然'字的寿命最长，从《诗经》时代起，直到'五四'时代，'然'字始终被用为副词的词尾。"[①]汉语中的语素绝大部分都是词根语素，词缀不多，没有词尾。这是汉语的一个特点。不过在汉语语法著作里，也常常把前缀、后缀叫做"词头""词尾"。[②] 我们把"然"作为后缀。

从者

《吕氏春秋·达郁》："善衣东布衣，白缟冠，颡推之履，特会朝雨袪步堂下，谓其侍者曰：'我何若？'"高注："颡推之履，弊履也。袪步，举衣而步也。列精子高自谓其从者曰：'我好丑如何也？'"

---

① 王力：《王力文集》，11卷，167页，济南，山东教育出版社，1990。

② 叶蜚声、徐通锵：《语言学纲要》，3版，94页，北京，北京大学出版社，2005。

方者

《吕氏春秋·季春》："天子布德行惠，命有司，发仓窌，赐贫穷，振乏绝。"高注："方者曰仓。穿地曰窌。无财曰贫。鳏寡孤独曰穷。行而无资曰乏。居而无食曰绝。振，救也。"

伯者

《淮南子·本经》："舜之时，共工振滔洪水，以薄空桑。"高注："共工，水官名也，栢有(伯者，吴承仕校改。)之后。振，动也。滔，荡也。欲壅防百川，滔高烟庳，以害天下者。"

女子

《淮南子·墬形》："白民、沃民、女子民、丈夫民。"高注："女子民，其貌无有须，皆如女子也。"

卒子

《战国策·秦策五》："且梁监门子尝盗于梁，臣于赵而逐。取世监门子。"高注："父死子继曰世。言世世监门卒子耳。"

高注中出现的后缀"焉""然""者""子"都是从先秦时期继承下来的，"然""者""子"在高注中的构词能力比"焉"的构词能力强，这与同时期的《论衡》的情况相同。"焉"在《论衡》中没有出现，在高注中仅发现 2 例，说明它的构词能力越来越弱，所以到后代就消失了。"然""者""子"直到现代汉语中还存在，如"卒子""女子""怅然""学者"等，当然有些词是从古代继承下来的，但是也有新出现的词，这说明这些后缀在现代汉语中，还有一定的生命力。

(2)综合式

就是指综合运用各类构词方式而构成的词，这类词的音节一般在三个或三个以上，词性以名词为主，结构形式比较多样。我们通过例句看一下高注中综合式复音词的情况。高注中的综合式有 14 个。

有些综合式组成专有名词：

有娀氏

《吕氏春秋·音初》："燕遗二卵，北飞，遂不反。"高注："帝，天也。天令燕降卵于有娀氏女，吞之生契，《诗》云'天命玄鸟，降而生商'，又曰'有娀方将，立子生商'，此之谓也。"

大人国

《淮南子·时则》："东方之极：自碣石山过朝鲜，贯大人之国。"高注："竭石在辽西界海水西畔。朝鲜，乐浪之县也。贯，通也。大人国在其东也。"

农大夫

《吕氏春秋·孟春》："王布农事：命田舍东郊。"高注："命，令也。东郊，农郊也。命农大夫舍止东郊，监视田事。"

有些综合式组成的是一般名词和副词：

无头鬼

《淮南子·览冥》："昔者，师旷奏《白雪》之音，而神物为之下降，风雨暴至。"高注："《白雪》，太一五十弦瑟琴乐名也。神物即神化之物，谓玄鹤之属来至，无头鬼操戈以舞也。"

祈祈然

《吕氏春秋·务本》："《诗》云：'有暗凄凄，兴云祁祁，雨我公田，遂及我私。'"高注："暗，阴雨也。阴阳和，时雨祈祈然不暴疾也。古者井田，十一而税，公田在中，私田在外，民有礼让之心，故愿先公田而及私也。"带后缀"然"的副词，在最初的时候，词根多数还是单音的。从战国时代起，"然"字前面的形容词已经可以用叠字了。它们的作用是拟声和绘景。①

三老五更

《淮南子·氾论》："兼爱、尚贤，右鬼、非命，墨子之所立也，而杨子非之。"高注："兼三老五更，是以兼爱，选士大夫射，是以尚贤；宗祀严父，是以右鬼，右犹尊也；顺四时而行，是以非命；皆杨子所不贵，故非也。"

十二辰

《吕氏春秋·孟春》："乃择元辰，天子亲载耒耜，措之参于保介之御间。"高注："元，善也。辰，十二辰，从子至亥也。"

从结构形式来看，这些综合式组成的名词大都属于偏正式，只有个别属于联合式或支配式。结构层级一般有两个。如：农大夫[偏＋正(偏＋正)]；无头鬼[偏(偏＋正)＋正]；十二辰[偏(数)＋正]；祈祈然[正(重叠式)＋词缀]；三老五更[正(简缩式)＋正(简缩式)]；作威福[支配式：动＋宾(简缩式)]。

三个或三个以上的音节，词性以名词为主，结构分层次，是高注综合式复音词的特点。

2. 合成复音词

由两个或两个以上词根(实语素)，按照一定的结构规则组合而成的复音词称合成复音词。合成复音词是汉语复音化过程中能产性最

---

① 王力：《王力文集》，11卷，169～170页，济南，山东教育出版社，1990。

强，最有代表性的一类词。[①] 高注中的合成复音词有4458个，按照复音词各词根之间的不同组合关系，可以分为联合式(1440个)、偏正式(2200个)、表述式(95个)、支配式(659个)、补充式(64个)等几种类型。

(1)联合式复音词

高注中联合式复音词有1440个，约占复音词总数的31.39%。下面我们从语义、词性、字序三个方面来分析。

①从语义方面看，高注中的联合式复音词有意义相同、相类和相反等语义关系。

1)同义联合。是由两个同义语素构成的复音词。所谓同义是指两个语素在某个或某几个义位上是相同或相近的，并不是所有的义位都相同。如：

藏匿

《吕氏春秋·审分》："分地则速，无所匿迟也。"高注："分地，独也。速，疾也。获稼穑则入已分而有之，各自欲得疾成，无藏匿，无舒迟也。"

"藏"，《说文·臣部》："臧，善也。"徐铉等按："汉书通用臧字，从艸后人所加。"段注："以从艸之藏为臧匿字始于汉末，改易经典，不可从也。"(118页下)"匿"，《说文·匸部》："匿，亡也。从匸，若声。"《淮南子·说林》："弗能匿也。"高注："匿，犹逃也。"《左传·宣公十五年》："瑾瑜匿瑕。"杜预注："匿，亦藏也。"

"藏"和"匿"在隐蔽的这个义位上，二者的意义是相同的，但是在逃亡的义位上，是不同的。说明两个语素的应用范围不同。[②]

道路

《淮南子·览冥》："黄云络，前白螭，后奔蛇。"高注："络读道路之路也，谓车之垂络也。"

"道"，《说文·辵部》："道，所行道也。从辵，从首。一达谓之道。"《诗·小雅·巷伯》："杨园之道。"陈奂传疏："道，路也。"《论语·阳货》："道听而涂说。"皇侃疏："道，道路也。"《礼记·缁衣》："是氏之道也。"孔颖达疏："道，谓道路也。""路"，《说文·足部》："路，道也。从足各声。"段注："《尔雅·释宫》：'一达谓之道路。'此统言也。《周礼》：'浍上有道，川上有路。'此析言也。"(84页下)《诗·郑风·遵大

---

① 毛远明：《〈左传〉词汇研究》，103页，重庆，西南师范大学出版社，1999。

② 本小节中引用没有注明具体页码的均引自《故训汇纂》。

路》："遵大路兮。"毛传："路，道也。"《尔雅·释宫》："路，途也。"

"道"和"路"在表示中心义素"道路"上是相同的，但是在表示限定性义素上是有区别的，"道"的限定性义素是指陆地上的道路，而"路"的限定性义素是指水上的通路。也就是说这两个语素的应用范围不同。

哭泣

《淮南子·本经》："哀斯愤，愤斯怒，怒斯动，动则手足不静。"高注："静，宁也。擗踊哭泣，哀以送之也。"

"哭"，《说文·哭部》："哭，哀声也。"《素问·阴阳应象大论》："在声为哭。"王冰注："哭，哀声也。""泣"，《说文·水部》："无声出涕者曰泣。"段注："依《韵会》所据小徐本订者。别事也。哭下曰哀声也。其出涕不待言。其无声出涕者为泣。此哭泣之别也。"(565页下)"哭""泣"虽然都是表示悲哀的感情，但是表达的方式不同，一个是出声的流泪，一个是不出声的流泪。

其他同义联合的还有：根本、边境、仇雠、悲哀、哀戚、邦国、聪慧、包裹、变化、次第、诽谤、锋刃、革更、弓弩、坚固等，高注中这类同义联合的数量比较大，词性既有名词，也有形容词，还有动词，但是相比较而言，名词的比例最大。

2)类义联合。是指构成联合式复音词的两个语素虽然有不同的义位，但是却有部分义素是重合的，因而带有同类的性质。如：

耳目

《吕氏春秋·士容》："耳目遗俗而可与定世。"高注："耳目视听，礼义是则，故能遗弃流俗，可与大定于一世也。"

"耳"是用于听的生理器官，"目"是用于看的生理器官，但在表示生理器官这一义素上，二者是相同的，二者联合之后成为一个更具有概括意义的词，可以用来比喻辅佐或亲信之人。

兵革

《吕氏春秋·季冬》："季冬行秋令，则白露蚤降，介虫为妖，四邻入保。"高注："金气白，故白露蚤降，介甲之虫为妖灾也。金为兵革，故四境之民入城郭以自保守也。"

"兵"，《说文·収部》："兵，械也。"《汉书·霍去病传》："诸宿将所将士马兵亦不如去病。"颜师古注："兵，兵器也。""革"，《说文·革部》："革，兽皮治去其毛，革更之。"因为古代是用兽皮作甲胄，所以"革"就有甲胄之义。"兵""革"在作为个体的作战用具的作用是不同的，但是在作为作战用具这一义素而言，二者是相同的。

两个语素联合之后，变成了更具有概括意义的词，可以泛指武器军备，也可以指战争。

琴瑟

《吕氏春秋·本生》："靡曼皓齿，郑、卫之音，务以自乐，命之曰伐性之斧。"高注："暨卫灵公北朝于晋，宿于濮上，夜闻水中有琴瑟之音，乃使师涓以琴写其音。"

"琴""瑟"作为两种具体的乐器是不同的，但是在表示乐器这一义素上，二者是相同的，两个语素联合为复音词之后，意义也更加概括，古人用来指雅乐正声。

这种类义联合词高注中还有：风雨、高大、骨肉、根苗、高远、百万、禽兽、屈折等，基本是名词或形容词，组成的联合词具有概括、形象的特点。

3)反义联合。是由两个相反相成的语素构成的联合式复音词。高注中这类词有：

出入

《吕氏春秋·仲夏》："门闾无闭，关市无索。"高注："民顺阳气，布散在外，人当出入，故不闭也。"

盛衰

《淮南子·原道》："故植之而塞于天地，横之而弥于四海，施之无穷而无所朝夕。"高注："无所朝夕盛衰。"

夫妇

《淮南子·氾论》："礼三十而娶。"高注："三十而娶者，阴阳未分时，俱生于子。男从子数，左行三十年立于巳，女从子数，右行二十年亦立于巳，合夫妇。"

寒暑

《吕氏春秋·君守》："夏热之下，化而为寒。"高注："寒暑更也。"

这种联合式复音词在发展的过程中，有的语素义发生了变化，使复音词产生了新义或者发生了偏移，只表示一方面的意义。如"寒暑"本是指寒冬暑夏，两个概念联合成复音词之后就发展出"彼此问候起居寒暖"和"翻脸"的意义。"妻子"在古代是表示"妻"以及"妻和子"两个意义，如《诗·小雅·常棣》："妻子好合，如鼓琴瑟。"此句中的"妻子"指"妻"；《孟子·梁惠王上》："必使仰足以事父母，俯足以畜妻子。"此句中的"妻子"指的是"妻与子"，发展到现代汉语中，"妻子"就只有"妻"的意义，意义发生了偏移，变成了一个偏义词。

从构成语素的语义关系来看，高注联合式复音词中语义相反的有

93个，约占联合式复音词的6.37%；语义相类的有444个，约占30.41%；语义相同的有923个，约占63.22%。[①] 说明语义相同、相类多于相反的数量，三者以语义相类为最多。

程湘清先生统计的《论衡》中这类复音词比先秦时期明显增加，词性上先秦多为名词，《论衡》中名词、动词、形容词均有一定的数量。我们统计的与《论衡》同时代的高诱注释语言中的情况与《论衡》的情况是相同的。

②从各语素同复音词之间的词性变化来分析联合式复音词。

1)名词

a. 名+名——名(或名词性词组)，在高注联合式复音词中有398个此类型的复音词。

财贿

《吕氏春秋·赞能》："不肖者以财。"高注："不肖者任人，以人之财贿也。"

"财"，《说文·贝部》："财，人所宝也。从贝，才声。"《礼记·坊记》："先财而后礼。"郑玄注："财，币帛也。"[②]《尔雅·释言》："贿，财也。"郝懿行义疏："财、贿，实泉帛谷粟之通名矣。""贿"，《说文·贝部》："贿，财也。从贝，有声。"段注："《周礼注》曰：'金玉曰货，布帛曰贿，析言之也。'"(279页下)"财""贿"析言有别，浑而无别，都是指"泉帛谷粟"之类，两者联合之后表示"财货、财物"和"俸禄"。"财""贿"都是名词性语素，联合之后是名词。

情性

《吕氏春秋·重己》："五者，圣王之所以养性也，非好俭而恶费也，节乎性也。"高注："节，犹和也。和适其情性而已，不过制也。"

---

① "从构成语素的意义关系来看，《论衡》与佛典都趋向于以语义相同、相类的语素合成新词，而以语义相反的语素构词较少。《论衡》不同于佛典的一点是，佛典语义相类的(占总数的42.66%)大大多于《论衡》(占总数的23.28%)，这说明佛典中构成联合式的语素之间的语义关系渐趋松散，而《论衡》语义相同的仍占绝对优势，与先秦的状况基本一致。"(胡敕瑞：《〈论衡〉与东汉佛典词语比较研究》，27页，成都，巴蜀书社，2002。)另，"先秦联合式复音词基本由意义相同或相近的词素联合而成，只有极少数由意义相反的词素联合而成。魏晋时期，组成联合式复音词的词素意义关系发生了巨大变化，大批新生复音词的构成词素既非同义、近义，又非反义，只是一种平行的关系，……这种意义平行的构词词素，意义关系比较松散，意味着联合式复音词的构词条件——先秦要求义同、义近——放宽了。"(殷正林：《〈世说新语〉中所反映的魏晋时期的新词和新义》，见北京大学中文系《语言学论丛》编委会编：《语言学论丛》，12辑，159页，北京，商务印书馆，1984。)

② 本小节中，引用没有注出具体页码的均引自《故训汇纂》。

“情”“性”都是名词性语素，联合之后还是名词，意为“本性”。

b. 形＋形——名，高注中此种类型有 15 个。

忽怳

《淮南子·原道》：“而翱翔忽区之上。”高注：“忽怳之区上也，言其飞为云雨，无所不上也。”

“忽怳”又写作“忽荒”“忽恍”“忽慌”，此处的“忽”是“恍惚、不明貌”；“怳”是“迷离恍惚、模糊不清”，两个语素都是形容词性，但是联合为复音词之后，词性就发生了变化，变成了名词，是“天空”的意义。

大小

《淮南子·天文》：“大渊献之岁。”高注：“言万物终于亥，大小深藏窟伏以迎阳。”

“大”“小”都是形容词性的语素，二者联合成复音词之后，这里指“大小之物”，变成了名词。

c. 动＋动——名，高注中这种类型的词有 6 个。

屠钓

《淮南子·氾论》：“太公之鼓刀。”高注：“太公河内汲人，有屠钓之困，卒为文王佐，翼武王伐纣也。”

“屠”“钓”都是动词性语素，两个联合之后成为名词，指“操贱业者”。

死伤

《战国策·秦策二》：“秦众尽，怨之深矣。”高注：“秦死伤众，尽怨樗里疾公孙衍之造谋伐宜阳，怨之深重也。”

“死”“伤”都是动词性语素，联合作为复音词，此处作为名词，指“死伤的人”。

d. 名＋方位——名，高注中这种类型的词有 1 个。

濮上

《吕氏春秋·本生》：“靡曼皓齿，郑、卫之音，务以自乐，命之曰伐性之斧。”高注：“暨卫灵公北朝于晋，宿于濮上，夜闻水中有琴瑟之音，乃使师涓以琴写其音。”

“濮”是作为水名，“上”是表示方位，结合之后表示位置、处所。

2)动词

a. 动＋动——动，高注中这种类型的词有 403 个。

生育

《吕氏春秋·仲春》：“是月也，祀不用牺牲，用圭璧，更皮币。”高注：“是月尚生育，故不用牺牲。”

“生”“育”都是动词性语素，联合成复音词之后是动词，是“生子、产仔”的意思。

关闭

《淮南子·精神》：“夫至人倚不拔之柱，行不关之涂。”高注：“倚于不可拔摇之柱，行于不可关闭之涂，言无不通。”

“关”“闭”都是动词，联合为词组之后还是动词，是“使开着的物体合拢”之意。

获刈

《吕氏春秋·任地》：“五时见生而树生，见死而获死。”高注：“五时，五行生杀之时也。见生，谓春夏种稼而生也。见死谓秋冬获刈收死者也。”

“获”“刈”作为两个动词性语素都是“收获、割取”的意思，它们联合成复音词之后，是动词，意义是“收割”。

b. 名+名——动，高注中这种类型有3个。

股肱

《吕氏春秋·长利》：“其与伯成子高、周公旦、戎夷也，形虽同，取舍之殊，岂不远哉?”高注：“周公旦股肱周室、辅翼成王而致太平。”

“股”，《说文·肉部》：“股，髀也。”《广雅·释亲》：“股，胫也。”“肱”，《说文·又部》：“厷，臂上也。”《论语·述而》：“曲而枕之。”皇侃疏：“肘前曰臂，肘后曰肱，通亦曰臂。”通过《说文》和所引文献可以知道，“股”“肱”本是名词，在“股肱”中是作为语素，联合成复音词之后此处作为动词，意思是“辅佐”。

辅翼

《吕氏春秋·长利》：“其与伯成子高、周公旦、戎夷也，形虽同，取舍之殊，岂不远哉?”高注：“周公旦股肱周室、辅翼成王而致太平。”

“辅”，《说文·车部》：“《春秋传》曰：‘辅车相依。’”段注：“《小雅·正月》曰：‘其车既载，乃弃尔辅。’此云弃辅，则辅是可解脱之物。盖如今人缚杖于辐以防辅车也。”(726页下)“翼”，《说文·飞部》：“翼，翅也。”“辅”“翼”的本义都是名词，在“辅翼”中成为语素，它们联合成复音词之后，就成为动词，意思是“辅佐，辅助”。

c. 动+形——动，高注中共有1个。

和适

《吕氏春秋·重己》：“非好俭而恶费也，节乎性也。”高注：“节犹和也，和适其情性而已，不过制也。”

"和"是动词"调和"之意，"适"是形容词"和适"之意，这两个语素联合之后是动词"协调，调和"之意。

d. 形＋动——动，只有 2 个。

狡害

《吕氏春秋·恃君》："然且犹裁万物，制禽兽，服狡虫。"高注："狡虫，虫之狡害者。"

"狡"是形容词"狡猾"之意，"害"是动词"为害"，两个语素联合之后，是动词，意为"狡猾为害"。

寒雪

《淮南子·原道》："夏虫不可与语寒。"高注："言蜩蝉不知寒雪也。"

"寒"是形容词"寒冷"之意，"雪"是动词"下雪"之意，两个语素联合为复音词之后，是动词"天冷下雪"之意。

e. 代＋动——动，只有 1 个。

自救

《淮南子·修务》："以年之少，为闾丈人说，救敲不给，何道之能明也？"高注："夫人，长者之称。年少为之说事，老人敲其头，自救不暇，何能明道也？"

"自"是代词"自己"，"救"是动词"拯救"，两个词联合为主谓词组，意为"自己拯救自己"。

3)形容词

a. 形＋形——形(或形容词性词组)，高注中共有 347 个。

安危

《战国策·秦策五》："今子无母于中，外托于不可知之国。"高注："谓秦托子于赵，安危吉凶不可知也。"

"安"，《说文·宀部》："安，静也。从女在宀下。"《易·讼》："渝安贞吉。"焦循章句："安，定也。""危"，《说文·危部》："危，在高而惧也。"《大戴礼记·劝学》："弱约危通。"王聘珍解诂："危，险也。"两个词组成联合词组，还是形容词，释义为"平安与危险"。

广侈

《淮南子·说山》："纣为象箸而箕子唏。"高注："见象箸知当复作玉杯，有玉杯必有熊蹯豹胎，以极广侈，故箕子为之惊号啼也。"

"广"，《说文·广部》："殿之大屋也。"段注："覆乎上者曰屋，无四壁而上有大覆盖，其所通者宏远矣，是曰广。引申之为凡大之偁。"(444 页上)《诗·小雅·六月》："四牡修广。"毛传："广，大也。""侈"，《说文·人部》："侈，掩胁也。从人，多声。一曰奢泰也。"段注："凡自多以陵人曰侈，此侈之本义也。”(379页下)“广”、“侈”的本义已废弃，引申义流行开来，它们联合成为复音词之后还是用的引申义，词性是形容词，意义是“极尽奢侈”。

艰难

《淮南子·本经》：“人之性，心有忧丧则悲，悲则哀。”高注：“有忧，艰难也。丧，亡也。亡失所离爱则悲，悲则伤。”

“艰”，《说文·堇部》：“艰，土难治也。”《诗·豳风·七月》序：“致王业之艰难也。”孔颖达疏：“艰，亦难也，但古人之语，字重耳。”“难”，《说文·鸟部》：“鷬，鷬鸟也。”段注：“今为难易字，而本义隐矣。”(151页上)也就是说“难”的本义是“鸟名”，假借为“难易”之“难”。“艰”的引申义与“难”的假借义都是形容词性语素，二者联合为复音词之后，还是形容词，用的是引申义和假借义，意义是“困苦、困难”。

牢坚

《战国策·秦策一》：“东有肴函之固。”高注：“固，牢坚，难攻易守也。”

“牢”，《说文·牛部》：“牢，闲养牛马圈也。”《国语·齐语》：“环山于有牢。”韦昭注引一曰：“牢，固也。”“坚”，《说文·臤部》：“坚，刚也。”《庄子·大宗师》：“与乎其觚而不坚也。”成玄英疏：“坚，固也。”“牢”的本义不如其引申义用得广泛，在联合为“牢坚”这个复音词时，用的是“牢”的引申义和“坚”的本义，两个形容词性语素联合之后还是形容词，意义是“坚固、牢固”。

b. 名＋名——形，高注中有2个。

虎狼

《战国策·西周策》：“今秦者，虎狼之国也。”高注：“秦欲吞灭诸侯，故谓虎狼国也。”

“虎”和“狼”都是名词，两个名词语素联合为复音词之后，此处作为形容词，意义是“喻凶残”。

咫尺

《淮南子·说林》：“故跬步不休，跛鳖千里。”高注：“跬，犹咫尺。”

“咫”，《说文·尺部》：“咫，中妇人手长八寸，谓之咫，周尺也。”《左传·僖公九年》：“天威不违颜咫尺。”杜预注：“八寸曰咫。”《逸周书·太子晋》：“视道如咫。”孔晁注：“咫，喻近。”“尺”，《说文·尺部》：“尺，十寸也。”“咫”和“尺”的本义都是长度单位，两个语素联合为复音词之后，“咫”的比喻义连带“尺”的意义，使整个联合词具有了形容词的性质，意义是“形容距离近”。

c. 形+副——形，只有1例。

虚无

《吕氏春秋·必己》："庄子行(一作过)于山中，见木甚美，长大，枝叶盛茂。"高注："庄子名周，宋之蒙人也，轻天下，细万物，其术尚虚无，著书五十二篇，名之曰《庄子》。"

"虚"和"无"都是表示没有，联合作为一个词，此处是指"道家用以指'道'的本体。谓道体虚无，故能包容万物；性合于道，故有而若无，实而若虚。"(《大词典》)

d. 形+动——形，只有1例。

危亡

《吕氏春秋·似顺》："其次不循理，必数更，虽未至大贤，犹足以盖浊世矣。"高注："更，革也。变革不循危亡之迹，虽未至大贤，尚足以盖浊世专欲之人也。"

"危"是形容词"危险"之意，"亡"是动词"灭亡"，两个语素联合为复音词之后成为形容词，意为"危急到将要灭亡"。

e. 形+数——形，只有1例。

专一

《吕氏春秋·适音》："不收则不特，不特则怒。"高注："不特，不专一也。故惑怒也。"

"专"，《说文·寸部》："专，六寸簿也。"《易·乾》："乾道变化，各止性命。"王弼注："专，专一也。""一"是数词，两个语素联合为复音词之后，变为形容词，意义是"纯净不杂，专心一意"。

③从字序方面分析，高注联合式复音词也存在同语素、异字序的同素异序词。学界对这种词汇现象早有讨论，主要是从同素异序词的分类及相关问题和形成原因两个方面进行探讨。探讨分类及相关问题的有：郑奠先生的《古汉语中字序对换的双音词》①，曹先擢先生的《并列式同素异序同义词》②，张永绵先生的《近代汉语中字序对换的双音词》③，韩陈其先生的《〈史记〉中字序对换的双音词》④，何志华先生的《郭注双音词中的同素反序现象》⑤，伍宗文先生的《先秦汉语中字序对换的双音词》⑥，

---

① 郑奠：《古汉语中字序对换的双音词》，载《中国语文》，1964(6)。

② 曹先擢：《并列式同素异序同义词》，载《中国语文》，1979(6)。

③ 张永绵：《近代汉语中字序对换的双音词》，载《中国语文》，1980(3)。

④ 韩陈其：《〈史记〉中字序对换的双音词》，载《中国语文》，1983(3)。

⑤ 何志华：《郭注双音词中的同素反序现象》，载《江西大学学报》，1988(2)。

⑥ 伍宗文：《先秦汉语中字序对换的双音词》，见四川大学汉语史研究所编：《汉语史研究集刊》，3辑，85～99页，成都，巴蜀书社，2000。

程湘清先生的系列文章《〈论衡〉复音词研究》、《〈世说新语〉复音词研究》、《变文复音词研究》[①]等，此外还有一些博士论文的某些章节的讨论，像车淑娅的《〈韩非子〉词汇研究》[②]，刘志生的《东汉碑刻复音词研究》[③]；谈论原因的如：陈爱文、于平的《并列式双音词的字序》[④]，程家枢、张云徽的《并列式双音复合名词的字序规律新探》[⑤]，赵小刚的《"前有浮声，后须切响"别解》[⑥]，张博的《先秦并列式连用词序的制约机制》[⑦]等，而胡晓华的《郭璞注释语言词汇研究》则对此问题进行了比较综合的研究[⑧]。

方一新先生指出，同素异序复音词在汉代尤其是东汉文献中特别常见。[⑨] 高诱的注释语言正处于东汉时期，共出现同素异序词 301 组。其中有 44 组，两个词在高注中都有出现，也就是涉及 88 个词，另外有 256 组，只有一个词在高注中出现，同素异序词在高注中共有 344 个，约占复音词的 7.43%，约占联合式的 23.76%。下面我们从词性、意义和留存情况三个方面进行讨论。

1)词性

高注 301 组同素异序词中有名词 86 组，约占 28.57%；动词 139 组，约占 46.18%；形容词 76 组，约占 25.25%。

a. 名词的例证。

度法

《淮南子·氾论》："故通于礼乐之情者能作，音有本主于中，而以知榘矱之所周者也。"高注："榘，方也。矱，度法也。"

法度：《吕氏春秋·孟冬》："于是察阿上乱法者则罪之，无有揜蔽。"高注："阿意曲从，取容于上，以乱法度，必察知之，则行其罪罚，无敢疆匿者。"

---

① 程湘清：《汉语史专书复音词研究》，123～133、194～211、281～289 页，北京，商务印书馆，2003。

② 车淑娅：《〈韩非子〉词汇研究》，104～116 页，浙江大学博士学位论文，2004。

③ 刘志生：《东汉碑刻复音词研究》，37～43 页，华东师范大学博士学位论文，2005。

④ 陈爱文、于平：《并列式双音词的字序》，载《中国语文》，1979(2)。

⑤ 程家枢、张云徽：《并列式双音复合名词的字序规律新探》，载《云南教育学院学报》，1989(1)。

⑥ 赵小刚：《"前有浮声，后须切响"别解》，载《中国语文》，1996(1)。

⑦ 张博：《先秦并列式连用词序的制约机制》，载《语言研究》，1996(2)。

⑧ 胡晓华：《郭璞注释语言词汇研究》，45～53 页，浙江大学博士学位论文，2005。

⑨ 方一新：《东汉语料与词汇史研究刍议》，载《中国语文》，1996(2)。

白黑

《吕氏春秋·别类》："贤者之所以废也。"高注："不见别白黑，故废弃也。"

黑白

汉东方朔《七谏·怨世》："愉近习而蔽远兮，孰知察其黑白。"

b. 动词的例证。

散布

《吕氏春秋·仲春》："是月也，耕者少舍。"高注："少舍，皆耕在野，少有在都邑者也。《尚书》曰：'厥民析'，散布在野。"

布散

《吕氏春秋·季春》："萌者尽达，不可以内。"高注："发泄，犹布散也。象阳达物，亦当散出货贿，不可赋敛以内之。"

毁伤

《吕氏春秋·仲秋》："是月也，乃命宰祝，巡行牺牲：视全具；案刍豢。"高注："巡行牺牲，视其全具者，恐其毁伤。"

伤毁

《淮南子·俶真》："云台之高，堕者析脊碎脑，而蟁虻适足以翱翔。"高注："台高际于云，因曰云台也。蟁虫微细，故曰翱翔而无伤毁之患，道所贵也。"

c. 形容词的例证。

武勇

《吕氏春秋·顺民》："无攻越，越猛虎也。"高注："猛虎，言越王武勇多力，不可伐也。"

勇武

《吕氏春秋·知分》："荆王闻之，仕之执圭。"高注："《周礼》：'侯执信圭。'楚以次非勇武而侯之。"

巧诈

《吕氏春秋·诬徒》："矜势好尤，故湛于巧智。"高注："矜大其权势，好为尤过之事，湛没于巧诈之智。"

诈巧

《吕氏春秋·孟冬》："物勒工名，以考其诚。"高注："物，器也。勒铭工姓名著于器，使不得诈巧，故曰以考其诚。"

2)意义

同素异序词有些在词性和意义上都没有发生变化，而有一些在词性或意义上发生了变化，为了比较清晰地了解高注同素异序词意义之间的关系，我们对高注的同素异序词进行了词性和意义的分类。

如果两个同素异序词同时在高注中出现，我们可以按照言语义来进行比较，但是有一些同素异序词在高注中只出现一个，另一个的言语义，我们就不好确定，所以我们按照语言义来确定同素异序词意义之间的关系。我们是按照《大词典》所列的义项进行比较的。如果《大词典》列有许多义项，这个词的词性按照本义来确定。

高注的同素异序词从词性和意义的变化可以分为以下8类。

a. 词性和意义完全相同的。有70组，约占整个同素异序词的23.26%。

蚌蛤、蛤蚌

《吕氏春秋·精通》："月晦则蚌蛤虚，群阴亏。"高注："虚，蚌蛤肉随月亏而不盈满也。"

"蚌蛤"，《大词典》(8册，644页)的释义为：蚌与蛤。长者通曰蚌，圆者通曰蛤。诗文中常混用用以称蚌。《韩非子·五蠹》："民食果蓏蚌蛤。"汉班固《答宾戏》："宾又不闻和氏之璧韫于荆石，隋侯之珠藏于蚌蛤乎?"

"蛤蚌"在高注中没有出现，《大词典》(8册，892页)的释义为：犹蚌蛤。明徐渭《次冬降抟雪径满鹅鸭卵余睡而复起烧竹照之八十韵》："鲛室百窗帘蛤蚌，羌胡一国水玻璃。"

《大词典》在解释"蛤蚌"时，直接用"蚌蛤"作为解释语，说明二者之间词性和意义完全相同。

柴薪、薪柴

《吕氏春秋·季冬》："乃命四监，收秩薪柴，以供寝庙及百祀之薪燎。"高注："四监者，周制，天子畿方千里之内，分为百县，县有四郡，郡有一大夫监之，故命四监使收掌薪柴也。燎者，积聚柴薪，置璧与牲于上而燎之，升其烟气，故曰以供寝庙及百祀之薪燎也。"

"柴薪"，《大词典》(4册，971页)的释义为：作燃料用的杂木。《墨子·节葬下》："秦之西，有仪渠之国者，其亲戚死，聚柴薪而焚之。"《宋史·食货志下八》："其余橘园、鱼池……柴薪、地铺、枯牛骨、溉田水利等名，皆因诸国旧制，前后屡诏废省。"

"薪柴"，《大词典》(9册，570页)的释义为：柴火。大者谓薪，小者谓柴。《礼记·月令》："(季秋之月)乃命四监，收秩薪柴，以共郊庙及百祀之薪燎。"郑玄注："大者可析谓之薪，小者合束谓之柴。"《后汉书·独行传·谅辅》："于是积薪柴聚茭茅以自环，构火其傍，将自焚焉。"

"柴薪"和"薪柴"的词性和意义也是完全相同的，只不过是《大词典》

变换了一下所用的解释语而已。

b. 词性相同，意义不同。有 14 组，约占整个同素异序词的 4.65%。

宗本、本宗

《吕氏春秋·圜道》："莫知其原，莫知其端，莫知其始，莫知其终，而万物以为宗。"高注："道无形，其原始终极莫能知之。道生万物，以为宗本。"

"本宗"在高注中没有出现。"宗本"：《大词典》(3 册，1349 页)的释义有 2 个义项：①根本、本旨；②分枝和本根。"本宗"，《大词典》(4 册，711 页)的释义有 2 个义项：①犹祖籍；②本宗族。"宗本"和"本宗"的词性都是名词，意义不同。

付属、属付

《淮南子·氾论》："成王既壮，周公属籍致政，北面委质而臣事之。"高注："以图籍付属成王，致犹归也。北面委玉帛之质，执臣之礼也。"

《吕氏春秋·慎人》："献诸缪公，三日，请属事焉。"高注："献，进也。请以大夫职事属付百里奚也。"

"付属"，《大词典》(1 册，1129 页)的释义是"托付"。"属付"，《大词典》(4 册，65 页)的释义是"嘱咐。叮嘱；吩咐。"这两个词都是动词，但意义不同。

c. 词性不同，意义相同。只有 2 组，约占整个同素异序词的 0.66%。

瑞应、应瑞

《淮南子·览冥》："援绝瑞，席萝图。"高注："殊绝之瑞应，援而致之也，罗列图籍以为席蓐。"

"应瑞"在高注中没有出现。"瑞应"，《大词典》(4 册，605 页)的释义为：古代以为帝王修德，时世清平，天就降祥瑞以应之，谓之瑞应。"应瑞"，《大词典》(7 册，757 页)的释义为：应验祥瑞。这两个词一个是名词，一个是动词，但意义是相同的。

志节、节志

《吕氏春秋·恃君》："所以激君人者之行，而厉人主之节也。"高注："人君务在知人，知人则哲，所以厉人主之志节也。"

"节志"在高注中没有出现。"志节"，《大词典》(7 册，400 页)的释义是"志向和节操"。"节志"，《大词典》(8 册，1176 页)的释义是"有节操和志气"。这两个词一个是名词，一个是动词，但意义是相同的。

d. 词性不同，意义不同。有 11 组，约占整个同素异序词的 3.65％。

骨肉、肉骨

《淮南子·原道》："以其性之在焉而不离也，忽去之则骨肉无伦矣。"高注："去之，去道也。则骨肉靡灭无伦匹也。"

"肉骨"在高注中没有出现。"骨肉"，《大词典》(12 册，396 页)的释义有 4 个义项：①指身体；②比喻至亲，指父母兄弟子女等亲人；③指同姓的人；④比喻文章充实的内容。"肉骨"，《大词典》(8 册，1062 页)的释义是"使白骨再生肌肉。比喻受人深恩"。"骨肉"是名词，"肉骨"是动词性联合词组，二者词性不同，意义也不同。

时候、候时

《吕氏春秋·孟春》："鱼上冰。獭祭鱼。"高注："獭獱，水禽也，取鲤鱼置水边，四面陈之，世谓之祭鱼为时候者。"

《吕氏春秋·孟春》："候雁北。"高注："候时之雁，从彭蠡来，北过至北极之沙漠也。"

"时候"，《大词典》(5 册，700 页)的释义有 3 个义项：①季节；节候；②有起点和终点的一段时间；③时间里的某一点。"候时"，《大词典》(1 册，1505 页)的释义是"等候时机"。这两个词，一个是名词，一个是动词，意义也不相同。

e. 词性相同，意义有交叉。是指同素异序词的一个或几个义项相同，另有一个或几个义项不同，我们把它们归为意义交叉。有 89 组，约占整个同素异序词的 29.57％。

动摇、摇动

《吕氏春秋·节丧》："无发无动，莫如无有可利，则此之谓重闭。"高注："无有可利，若杨王孙倮葬，人不发掘，不见动摇，谓之重闭也。"

《淮南子·修务》："粉白黛黑，佩玉环揄步。"高注："体摇动，挠足行。"

"动摇"，《大词典》(2 册，803 页)的释义有 5 个义项：①有所动作；②不稳固；不坚定；③指使之不稳固，或使之不坚定；④摇摆，晃动；⑤指形体的活动。"摇动"，《大词典》(6 册，808 页)的释义有两个义项：①摇摆，晃动；②摇之使动，动摇。两个词都是动词，这两个词意义的交叉点是"摇摆，晃动"。

均平、平均

《吕氏春秋·仲夏》："是月也，命乐师，修鞀鞞鼓，均琴瑟管箫。"

高注："琴瑟管箫，所以宣音也，故均平之。"

《淮南子·原道》："终身运枯形于连嵝列埒之门。"高注："列埒，不平均也。"

"均平"，《大词典》(2册，1059页)的释义有2个义项：①平衡、均匀；②平正，公允。"平均"，《大词典》(2册，927页)的释义有4个义项：①齐一；②均匀，没有轻重或多少之别；③犹平易。指人的品格态度；④按份儿均匀计算。两个词都是形容词，这两个词的意义交叉点是"均匀"。

f. 词性相同，意义有包含关系。是指同素异序词的词性相同，意义上，其中一个词的义项全部包含在另一个词的义项中，我们把它们归为意义包含。有109组，约占整个同素异序词的36.21%。

雨露、露雨

《吕氏春秋·重己》："其为宫室台榭也，足以辟(一作备)燥湿而已矣。"高注："燥谓阳炎，湿谓雨露，故曰足以备之而已。"

《吕氏春秋·介立》："龙反其乡，得其处所。四蛇从之，得其露雨。"高注："露雨，膏泽。"

"雨露"，《大词典》(11册，618页)的释义有3个义项：①雨和露。亦偏指雨水；②比喻恩泽；③谓沐浴恩泽。"露雨"，《大词典》(11册，737页)的释义是"露和雨。喻恩泽"。两个词都是名词，"露雨"的意义包含在"雨露"之中。

荒秽、秽荒

《吕氏春秋·孟春》："行秋令，则民大疫，疾风暴雨数至，藜莠蓬蒿并兴。"高注："金生水，与水相干，故风雨数至、荒秽滋生，是以藜莠蓬蒿并兴。"

"秽荒"高注中没有出现。"荒秽"，《大词典》(9册，394页)的释义3个义项：①犹荒芜；②犹荒废；③犹污秽，亦谓稀少而低下。"秽荒"，《大词典》(8册，154页)的释义是"荒芜；杂草丛生"。两个词都是形容词，"秽荒"的意义包含在"荒秽"的意义之中。

g. 词性不同，意义交叉。是指同素异序词的词性不同，同素异序词的一个或几个义项相同，另有一个或几个义项不同，我们也把它们归为意义交叉。有5组，约占整个同素异序词的1.66%。

力学、学力

《吕氏春秋·尊师》："顺耳目，不逆志。"高注："不自干逆力学之志。"

"学力"高注中没有出现。"力学"，《大词典》(2册，765页)的释义有2个义项：①努力学习；②研究物体机械运动规律的科学，是物理学的一个分科。“学力”，《大词典》(4册，241页)的释义有3个义项：①学问上的造诣，学问达到的程度；②学习的精力；③谓努力学习。这两个词一个是动词，一个是名词，意义的交叉点是“努力学习”。

贤明、明贤

《吕氏春秋·察传》：“齐桓公闻管子于鲍叔，楚庄闻孙叔敖于沈尹筮，审之也，故国霸诸侯也。”高注：“鲍叔牙说管仲于桓公，沈尹筮说叔敖于庄王，察其贤明审也。”

“明贤”高注中没有出现。“贤明”，《大词典》(10册，239页)的释义有2个义项：①有才德有见识；②有才德有见识的人。“明贤”，《大词典》(5册，616页)的释义有2个义项：①谓表彰贤人；②贤明的人。一个是形容词，一个是动词。意义的交叉点是“有才德有见识的人，即贤明的人”。

h. 词性不同，意义包含。是指同素异序词的词性不同，意义上，其中一个词的义项全部包含在另一个词的义项中，我们也把它们归为意义包含。有1组，约占整个同素异序词的0.33%。

耕耨、耨耕

《吕氏春秋·长攻》：“然而收者，必此人也。”高注：“收田耕耨始也，故曰必此人也。”

“耨耕”高注中没有出现。“耕耨”，《大词典》(8册，591页)的释义有2个义项：①耕田除草，亦泛指耕种；②喻辛勤钩稽探索。“耨耕”，《大词典》(8册，598页)的释义是“泛指农活”。两个词一个是动词，一个是名词，“耨耕”的意义包含在“耕耨”的意义之中。

3)留存的情况

语言是随着社会的发展而发展的，而词汇是语言中最敏感的部分，所以发展、变化在语音、词汇、语法三大基本构成成分中也最快。高注中的同素异序词随着社会的发展，也在不断地变化，有些在发展的过程中因为不适应社会的发展，整组同素异序词被淘汰了；有些能够适应社会的需要，整组同素异序词被保留了下来；有些则是其中一个被淘汰，另一个被保留下来。(我们文中没有采用通用的AB、BA式，哪一个是AB式，哪一个是BA式，学界没有一个确定的标准。)按照留存情况，高注中的同素异序词可以分为以下三种。

a. 高注中的同素异序词整组保留在现代汉语中的有37组，约占高注同素异序词的12.29%。

积累、累积

《吕氏春秋·察微》："故智士贤者相与积心愁虑以求之。"高注："积累其仁心，思虑其善政，以求致治也。"

"累积"在高注中没有出现，但在其他文献中有，如战国楚宋玉的《高唐赋》："交加累积，重叠增益。"在现代汉语中，我们还用"积累资金，积累经验"；"前八个月完成的工程量累积起来，已达全年任务的90%。"所以"积累、累积"这一组同素异序词保留在了现代汉语中。这一组同素异序词在现代汉语中，词性和意义没有发生变化。

和谐、谐和

《吕氏春秋·古乐》："其雄鸣为六，雌鸣亦六，以此黄钟之宫，适合。"高注："合，和谐。"

这里的"和谐"是"配合得匀称、适当、协调"。在古代，"和谐"还有"和睦协调"之意，如《诗·周南·关雎》："关关雎鸠。"汉郑玄笺："后妃说乐君子之德，无不和谐。"以及"和解，和好相处"的意思，如《魏书·萧赜传》："赜初为太子时，特奢侈。道成每欲废之，赖王敬则和谐。"

"谐和"，在古代有"调和，协调"之意，如《周礼·地官·调人》："调人掌司万民之难而谐和之。"还有"和谐，和顺"之意，如南朝宋谢惠连《西陵遇风献康乐》诗："萧条洲渚际，气色少谐和。"

在现代汉语中，"和谐"：配合的适当和匀称。如：这张画的颜色很和谐。"谐和"：和谐，如：谐和音。(事情)商量好；办妥(多指跟别人打交道的事情)，如：事谐和之后，就可动身。诙谐，如：谐和戏。

"和谐"、"谐和"发展到现代汉语后，词性和意义都发生了一些变化。

b. 高注中的同素异序词整组在现代汉语中被淘汰的有96组，约占高注同素异序词的31.89%。

疾速、速疾

《吕氏春秋·诬徒》："好之则不深，就业则不疾。"高注："不心好之，故不能深。就业不疾速也。"

《吕氏春秋·适威》："乡臣遇之，犹求其马，臣是以知其败也。"高注："善当自求于心，而反求于御马速疾，故知其败也。"

"疾速""速疾"在高注中都有，在现代汉语中，这一组同素异序词都不使用了。

斧斤、斤斧

《吕氏春秋·仲冬》："日短至，则伐林木，取竹箭。"高注："是月也，竹木调韧，又斧斤入山林之时也，故伐取之也。"

《吕氏春秋·季秋》："蛰虫咸俯在穴，皆墐其户。"高注："咸，皆。

俯，伏。藏于穴，墐塞其户也。墐读如‘斤斧’之斤也。”

“斧斤”“斤斧”在高注中同时出现，在现代汉语中都已经不用了。

c. 高注同素异序词中一个保留在现代汉语中，一个已经消失了，这种有 168 组，约占高注同素异序词的 58.81%。

显荣、荣显

《吕氏春秋·当然》：“皆死久矣，从属弥众，弟子弥丰，充满天下。”高注：“言二士之徒，显荣者益盛，散布，故曰‘充满天下’。”

《淮南子·俶真》：“各欲行其知伪，以求凿枘于世而错择名利。”高注：“言施其巧伪，索荣显之名利也。”

“显荣”“荣显”在高注中同时出现，而发展到现代汉语中，“显荣”还保留着，“荣显”已经不使用了。

爱惜、惜爱

《战国策·秦策一》：“侵楚魏之地，周自知不救，九鼎宝器必出。”高注：“自知不可复救，必出其宝器，不敢爱惜也。”

“惜爱”在高注中没有出现，出现于明刘基的《女儿子》诗：“阿婆惜爱女儿子，女儿只愁阿婆死。”“爱惜”在现代汉语中还有，“惜爱”在现代汉语中已经不使用了。

高注中的同素异序双音词与同时代的《论衡》、碑刻语料相比比例要高，《论衡》有 184 个，其中动词占同素异序词的 47.8%，形容词占 29.9%，名词占 22.3%；[1] 碑刻语料有 183 个，其中名词占 40.8%，形容词占 32.5%，动词占 25.4%；[2] 而高注中有 301 组，其中动词占 46.18%，名词占 28.57%，形容词占 25.25%。这可能与语体风格以及语料的数量有关。方一新先生指出，同素异序复音词在汉代尤其是东汉文献中特别常见，魏晋之后，虽然也有两式并存的，但大都只选择一式。[3] 高注中有 301 组，占复音词总数的 7.43%。《论衡》的同素异序词 184 个，占复音词总数的 6.8%，《世说新语》中有 52 个，占复音词总数的 2.44%。到郭璞的注释语中，同素异序词有 91 个，占复音词总数的 3.33%。我们通过这一组统计数字可以看出，同素异序双音词随着时间的推移，数量在逐渐减少，这可从一个侧面说明方一新先生的结论是正确的。因为选择一式，因此同素异序双音词的数量逐渐减少。

同素异序词的发展变化既有外部原因，也有内部的原因。外部原因

---

① 程湘清：《汉语史专书复音词研究》，132 页，北京，商务印书馆，2003。

② 刘志生：《东汉碑刻复音词研究》，42 页，华东师范大学博士学位论文，2005。

③ 方一新：《东汉语料与词汇史研究刍议》，载《中国语文》，1996(2)。

如随着社会的发展，新的事物不断产生，旧的事物在不断灭亡，因此就需要新的词语来补充词汇系统，并淘汰掉旧的词汇，使词汇系统适合社会的需要。内部原因如调序、意义等因素的影响，“影响先秦并列式连用词序的因素十分复杂。在众多的制约因素中，调序的制约力最强，其他制约因素与调序制约因素相互影响，相互有机交织，在特定的条件下和范围内发挥作用，从而共同构成了作用于并列式连用词序的内在制约机制。”①内外部原因，调序、意义等的综合影响促成了同素异序词的发展变化，也促成了整个词汇系统的变化。

我们通过分析高注中联合式复音词的词性构成情况，可以看出：(1)相同词性的词联合为同词性的词比例最大，如名词，联合式中共有名词408个，同词性构成的联合式复音词有398个，占97.55%，其他只占2.45%；动词，联合式中共有417个，同词性构成的复音词有407个，约占97.6%，其他只约占2.4%；形容词，联合式中共有354个，同词性构成的复音词有347个，约占98.02%，其他约占1.98%。(2)联合式复音词中动词的数量最多，约占总数的28.56%；联合式复音词的名词次之，约占总数的28.26%；形容词再次之，约占总数的24.52%，其他各类词约占18.65%。(3)高注中的同素异序词比同期的《论衡》和碑刻语料的数量都多。《论衡》有184个，其中动词占同素异序词的47.8%，形容词占29.9%，名词占22.3%；② 碑刻语料有183个，其中名词占40.8%，形容词占32.5%，动词占25.4%；③ 而高注中有301组，其中动词占46.18%，名词占28.57%，形容词占25.25%。出现这种结果的原因可能与语料的性质和数量有关系。

(2)偏正式复音词

偏正式复音词是由一个起修饰作用的语素和一个表示中心成分的语素构成的复音词。在高注中偏正式复音词有2200个，占复音词总数的47.97%，居复音词9种构词方式的首位。我们从语义和词性两方面来分析高注偏正式复音词的构成。

①语义方面，我们参考诸家关于偏正式复音词语义研究的成果，看到没有一个统一的标准，高诱是东汉时期的人，《论衡》也是东汉时期的作品，所以我们在讨论这部分内容时，主要参考程湘清先生《〈论衡〉复音词研究》的分类方法。

---

① 张博：《古代汉语词汇研究》，33页，银川，宁夏人民出版社，2000。

② 程湘清：《汉语史专书复音词研究》，132页，北京，商务印书馆，2003。

③ 刘志生：《东汉碑刻复音词研究》，42页，华东师范大学博士学位论文，2005。

1）中心语素的意义是有关人和事物的。从修饰性语素修饰和限制中心语素的关系，可以分为以下几种情况。

a. 表身份职业。

～人

场人：《吕氏春秋·仲秋》："乃命有司，趣民收敛，务蓄菜，多积聚。"高注："有司，于《周礼》为场人。"

辨人：《吕氏春秋·听言》："此四士者之议，皆多故矣，不可不独论。"高注："公孙龙、孔穿、翟翦皆辨人。""辨人"同"辩人"。

船人：《吕氏春秋·必己》："又况于辱之乎？此以不知故也。"高注："船人不知孟贲为勇士故也。"

富人：《淮南子·氾论》："唯猗顿不失其情。"高注："猗顿，鲁之富人，能知玉理，不失其情也。"

下人：《战国策·齐策一》："由此观之，王之蔽甚矣。"高注："下人蔽王甚矣。"

～工

百工：《吕氏春秋·季秋》："则百工休。"高注："霜降天寒，朱漆不坚，故百工休，不复作器。"

良工：《淮南子·氾论》："故剑工或剑之似莫邪者，唯欧冶能名其种。"高注："欧冶，良工。"

～士：

武士：《吕氏春秋·音律》："夷则之月，修法饬刑，选士厉兵。"高注："饬正刑法，所以行法也。简选武士，厉利其兵。"

隐士：《淮南子·原道》："夫许由小天下而不以己易尧者，志遗于天下也。"高注："许由，阳城人也，箕山之隐士也。"

战士：《战国策·宋卫策》："彼利太子之战功，而欲满其意者众。"高注："彼，谓魏战士也。欲使太子战得其利，以盈满其志意。众，多也。"

～家

道家：《淮南子·原道》："强胜不若己者，至于若己者而同。"高注："夫强者能胜不如己者。同，等也。至于如己者则等，不能胜也。言强之为小也，道家所不贵也。"

贵家：《淮南子·说山》："涣乎其有似也。"高注："似君子也。涣读人谓贵家为腠主之'腠'也。"

～官：

乐官：《吕氏春秋·孟春》："是月也，命乐正入学习舞。"高注："乐正，乐官之长也。入学官，教国子讲习羽籥之舞。”

天官：《吕氏春秋·季秋》：“命冢宰，农事备收，举五种之要。”高注：“冢宰，于《周礼》为天官。”

文官：《淮南子·说山》：“为鱼德者，非挈而入渊，为蝯赐者，非负而缘木，纵之其所而已。”高注：“喻为政，官方定物，能文者居文官，能武者居武官，故曰纵之其利而已也。”

～吏

门吏：《淮南子·俶真》：“夫历阳之都，一夕反而为湖，勇力圣知与罢怯不肖者同命。”高注：“其暮，门吏故杀鸡，血涂门阃。”

市吏：《淮南子·氾论》：“田单以即墨有功。”高注：“燕伐齐而灭之，得七十城，唯即墨未下。田单以市吏率即墨市民以击燕师，破之，故能有功也。”

其他表示身份和职业的词还有：农夫、瞽师、左相、邪臣、谀臣、大夫、家臣、三公、大将、上将、巧匠等。

b. 表数量大小。修饰性成分是数词或量词，中心成分则属于可计量的事物。如：

五味

《吕氏春秋·贵公》：“大庖不豆。”高注：“但调和五味，使神人享之而已，不复自列簠簋笾豆也。”

六典、八法

《吕氏春秋·孟春》：“乃命太史，守典奉法，司天日月星辰之行。”高注：“典，六典。法，八法。”

三牲

《吕氏春秋·仲春》：“至之日，以太牢祀于高禖。”高注：“三牲具曰太牢。”

四时

《吕氏春秋·尊师》：“死则敬祭，敬祭之术，时（一作祟）节为务。”高注：“四时之节。”

九天、九地

《淮南子·俶真》：“剖判大宗，窍领天地，袭九窾，重九埶。”高注：“言因九天九地之形法以通理也。”

六畜

《淮南子·氾论》：“直躬其父攘羊，而子证之。”高注：“凡六畜自来而取之曰攘也。”

这类名词性偏正词组原来都有具体的所指对象，后来发展为泛指，以及指概数，如“五味”原来就是指“酸、甜、苦、辣、咸”五种味道，后来就泛指味道这一类事物；“四时”原指“春、夏、秋、冬”四个季节，后来泛指季节这一类事物；“九天、九地”只是就一个大概的数目而言，并不一定就是九，有极言其多之意。

c. 表状貌、质地、性质、用途。中心语素可以表示具体的事物，也可以表示抽象事物，修饰性语素则取其颜色、形状、质地、性质或用途等特征修饰之。

瓦器

《吕氏春秋·仲冬》：“陶器必良，火齐必得，无有差忒。”高注：“陶器，瓦器也。”

嘉苗

《吕氏春秋·孟春》：“乃修祭典，命祀山林川泽，牺牲无用牝。”高注：“山林川泽，百物所生，又能兴云雨以殖嘉苗，故祀之。”

冰室

《吕氏春秋·仲春》：“天子乃献羔开冰，先荐寝庙。”高注：“开冰室取冰，以治凿，以祭庙。”

白衣

《吕氏春秋·决胜》：“虽厮舆白徒，方数百里，皆来会战，势使之然也。”高注：“厮，役。舆，众。白衣之徒。”

走兽

《淮南子·俶真》：“飞鸟铩翼，走兽挢脚。”高注：“言纣田猎禽荒，无休止时，故飞鸟折翼，走兽毁脚，无不被害也。”

鳞虫

《淮南子·墬形》：“介鳞生蛟龙。”高注：“介鳞，鳞虫之先。”

d. 表方位、时间。中心语素可以表示具体的事物，也可以表示抽象事物，修饰性语素是时间和方位词，用来修饰和限制中心语素。

东方、西方

《吕氏春秋·季夏》：“昏心中，旦奎中。”高注：“心，东方宿，宋之分野。奎，西方宿，鲁之分野。”

先祖

《吕氏春秋·孟春》：“反，执爵于太寝。”高注：“示归功于先祖，故于庙饮酒也。”

南郊

《吕氏春秋·孟夏》：“还，乃行赏，封侯庆赐，无不欣说。”高注：“还，从南郊还也。”

北国

《吕氏春秋·音初》："实始作为北音。"高注："北国之音。"

今年、去年

《淮南子·原道》："故蘧伯玉年五十而有四十九年非。"高注："伯玉，卫大夫蘧瑗也。今年所行是也，则还顾知去年之所行非也。"

初时、今时

《战国策·秦策四》："今日韩魏，孰与始强?"高注："始，初夜。言韩魏初时强耶？今时强耶?"

e. 表类属关系。中心语素是种概念，即上位概念，修饰性语素是属概念，即下位概念。

雨水

《淮南子·时则》："仲夏行冬令，则雹霰伤谷，道路不通，暴兵来至。"高注："冬气闭藏，又多雨水，故道陷坏不通利，暴害之兵横来至也。"

烛光

《淮南子·说林》："铜英青，金英黄，玉英白，曆烛掬，膏烛泽也。"高注："烛光掬泽，喻光明有明昧也。"

蝗虫

《吕氏春秋·审时》："如此者不蝗。"高注："蝗虫不食麻节也。"

龋齿

《吕氏春秋·应言》："然而视之蝺焉美无所可用。"高注："蝺读龋齿之龋。"

f. 表领属关系。中心成分是属，是领属关系的客体，修饰性成分是领，是领属关系的主体。

丧车

《吕氏春秋·节丧》："羽旄旌旗、如云偻翣以督之，珠玉以佩之，黼黻文章以饬之。"高注："丧车有羽旄旌旗之饬，有云气之画。"

"丧车"指运载灵柩的车子。

人面

《吕氏春秋·本味》："肉之美者，猩猩之唇，獾獾之炙。"高注："猩猩，兽名也。人面狗躯而长尾。獾獾，鸟名，其形未闻。"

"人面"是指猩猩长着像人一样的脸。

王道

《吕氏春秋·先己》："昔者先圣王，成其身而天下成。"高注："王道成也。"

钟律

《吕氏春秋·贵直》："其无使齐之大吕陈之廷。"高注："大吕，齐之钟律也。"

风声

《淮南子·原道》："师旷之聪，合八风之调。"高注："八风，八卦之风声也。"

"风声"是名词性偏正词组。

2)中心语素的意义是有关动作、行为的。从中心语素的语义关系，可以分为：

a. 表动作状貌和情态。中心语素表示一种动作，修饰性语素则表示这种动作的状貌和情态。如：

残亡

《吕氏春秋·重己》："故有道者，不察所召，而察其召之者。"高注："所召，仁与义也。推行仁义，寿长自至，故曰'不察所召'也。召之者，不行仁义，残亡应行而至，故曰'察其召之'也。"

槁落

《吕氏春秋·孟春》："孟春行夏令，则风雨不时，草木早槁，国乃有恐。"高注："木德用事，法当宽仁，而行火令，火性炎上，故使草木槁落，不待秋冬，故曰天气不和，国人惶恐也。"

战惧

《吕氏春秋·审应》："公子沓訾之曰：'申子说我而战，为吾相也夫?"高注："訾，毁也。说我，我说之也，而战惧。"

慎行

《淮南子·氾论》："今不审其在己者，而反备之于人。"高注："言不慎行己之德，而乃反偈天下之人来诛也。"

b. 表行为方式。中心语素表示一种动作，修饰性语素表示这种动作的方式。

税敛

《吕氏春秋·孟冬》："以为天子取怨于下。"高注："税敛重则民怨，故取怨于下。"

游观

《吕氏春秋·重己》："昔先圣王之为苑囿园池也，足以观望劳形而已矣。"高注："可以游观娱志，故曰足以劳形而已。"

漕运

《淮南子·主术》："发巨桥之粟，散鹿台之钱。"高注："巨桥，纣仓名也。一说：巨鹿漕运之桥。”

椎杀

《战国策·齐策三》：“公子无忌，为天下循便计，杀晋鄙，率魏兵以救邯郸之围。”高注：“乃使朱亥椎杀晋鄙，取军救赵。”

c. 表动作、行为的程度和范围。中心语素表示动作、行为，修饰性语素表示动作、行为进行的程度或范围。

专用

《吕氏春秋·谨听》：“故虽不疑，虽已知，必察之以法，揆之以量，验之以数。”高注：“其所不疑，其所已知，俗主所专用。而贤主能以法制行之，以度量揆之，以数术验之。”

深知

《吕氏春秋·谨听》：“不惕于心则知之不深。”高注：“不深知贤者师法之也。”

精通

《淮南子·览冥》：“若乃未始出其宗者，何为而不成?”高注：“精通于天者，谓圣人质成上通，为天所助。”

博求

《淮南子·时则》：“命主祠，祭禽四方。”高注：“不知其神所在，故博求之于四方也。”

d. 表动作、行为的时间和处所。中心语素表示动作、行为，修饰性语素表示动作、行为所发生的时间和处所。

夜行

《淮南子·墬形》：“有神二人连臂为帝候夜，在其西南方。”高注：“连臂大呼夜行。”

道死

《淮南子·天文》：“冬至甲午，立春丙子。”高注：“一曰淮南王长，孝文皇帝异母弟也，僭号自称东帝，以徙严道，道死于雍。”

山行、水行

《淮南子·修务》：“修彭蠡之防，乘四载，随山栞木，平治水土，定千八百国。”高注：“四载：山行用蔂，水行用舟，陆行用车，泽行用蕝。”

水居

《吕氏春秋·本味》：“夫三群之虫。”高注：“三群，谓水居、肉玃、草食者也。”

e. 表示动作、行为的数量。中心语素表示动作、行为，修饰性语素限制动作、行为的数量。

四出

《吕氏春秋·孟春》："天子居青阳左个。"高注："青阳者，明堂也，中方外圜，通达四出，各有左右房谓之个。"

九成

《吕氏春秋·季春》："是月之末，择吉日，大合乐。"高注："乐以和民，故择于是月下旬吉日，大合六乐，八音克谐，箫韶九成。"

百中

《吕氏春秋·具备》："今有羿、蠭蒙、繁弱于此，而(一作向)无弦，则必不能中也。"高注："蠭蒙，羿弟子也，亦能百中。"

此类名词性偏正词组中的数词有的是表示具体的动作次数，但是有的已经虚化，表示一种"多"的概念，如"九、百"就是这种情况。

f. 表示动作、行为的对象。中心语素表示动作、行为，修饰性语素表示这种动作、行为所施与的对象。

宗祀

《淮南子·氾论》："兼爱、尚贤、右鬼、非命，墨子之所立也，而杨子非之。"高注："兼三老五更，是以兼爱；选士大夫射，是以尚贤；宗祀严父，是以右鬼，右犹尊也。"

义为"对祖宗的祭祀"。

②从词性方面看，从各语素同复音词之间的词性变化来分析偏正式复音词。赵克勤先生指出："主从复音词的意义大半都是从语素意义上表现出来的。对语素意义进行必要的分析，有助于加深对主从复音词的理解。……通过分析语素意义来进行推原的方法，能把词的含义讲得很透彻，使人不仅知其然，而且知其所以然。"①有些词随着词性的变化，语义也发生了变化，所以我们通过对词的语义和词性的分析，来看偏正式复音词的词性构成。

1)名词

高注偏正式复音词中有名词 1509 个，约占偏正式复音词的 68.59%。

a. 名+名——名(或名词性词组)，此类复音词在高注偏正式复音词中数量最多，有 821 个，约占偏正式复音词的 37.32%。

祖庙

《吕氏春秋·孟春》："反，执爵于太寝。"高注："太寝，祖庙也。"

---

① 赵克勤：《古代汉语词汇学》，52～53 页，北京，商务印书馆，2005。

“祖”，《说文·示部》：“祖，始庙也。”《周礼·考工记·匠人》：“左祖右社。”郑玄注：“祖，宗庙。”①“庙”，《说文·广部》：“庙，尊先祖皃也。”《左传·宣公二十九年》：“卜临大宫。”杜预注：“大宫，郑祖庙。”孔颖达疏：“象其尊貌则谓之为庙。”“祖”“庙”的本义都是名词，在“祖庙”中是作为名词性语素，组成偏正式复音词之后还是名词。

秋霜

《吕氏春秋·决胜》：“若鸷鸟之击也。”高注：“谓如鹰隼感秋霜之节奋击也。”

“秋”，《说文·禾部》：“秋，禾谷孰也。”《礼记·郊特牲》：“故春禘而秋尝。”孔颖达引皇氏云：“秋是成熟之时。”“霜”，《说文·雨部》：“霜，丧也，成物者。”桂馥《说文义证·雨部》引《五经通义》云：“寒气凝以为霜，从地升也。”朱骏声《说文通训定声·雨部》：“土气津液从地而生，薄以寒气则结为霜。”“秋”的本义是动词“禾谷孰”，“霜”的本义是动词“丧”，两个语素在组成偏正式复音词时用的都是名词性的引申义，所以组成的复音词是名词。

犀角

《淮南子·墬形》：“南方之美者，有梁山之犀象焉。”高注：“梁山在会稽长沙湘南，有犀角、象牙，皆物之珍也。”

“犀”，《说文·牛部》：“犀，南徼外牛，一角在鼻，一角在顶，似豕。”《汉书·平帝纪》：“黄支国献犀牛。”颜师古注：“犀，状如水牛，头似猪而四足，类象，黑色，一角当额前，鼻上又有小角。”“角”：《说文·角部》：“角，兽角也。象形，角与刀鱼相似。”“犀”和“角”本义都是名词，组合为偏正词组之后还是名词性的词组。

其他的还有：玉环、战事、龟兆、山形、侧室、面色、暇日、礼食、豹胎、影表、典祀、疫病、水草、王术、血食、身形、末世、昨日、妇德等。

b. 形＋名——名，此类复音词高注中有361个，占偏正式复音词的16.41%。

毫毛

《吕氏春秋·本味》：“若射御之微，阴阳之化，四时之数。”高注：“射者望毫毛之近，而中艺于远也；御者执辔于手，调马口之和，而致万里；故曰若射御之微也。”

“毫”，《文选·陆机〈文赋〉》：“定去留于毫芒。”吕延济注：“毫，细

---

① 本小节中，引用没有注明具体页码的，均引自《故训汇纂》。

毛。"《文选·班固〈答宾戏〉》："锐思于毫芒之内。"张铣注："毫芒，细小也。""毛"，《说文·毛部》："毛，眉发之属及兽毛也。"《周礼·秋官·司仪》："王燕，则诸侯毛。"陆德明释文："毛，谓须发也。""毫"本义是名词，在组成偏正式复音词"毫毛"时用的是引申义的形容词词性，"毛"的本义是名词，在组成偏正式复音词"毫毛"时用的是本义的名词词性，而组成的偏正式复音词"毫毛"是名词。

温风

《淮南子·时则》："行春令则其国乃旱，阳气复还，五谷无实。"高注："春阳亢燥而行其令，故旱也。阳气还者，此月凉风而反行温风之令，故败谷，令无实也。"

"温"，《说文·水部》："温，水。出犍为涪，南入黔水。"《论语·子张》："即之也温。"皇侃疏："温，润也。""风"，《说文·风部》："风，八风也。东方曰明庶风；东南曰清明风；南方曰景风；西南曰凉风；西方曰阊阖风；西北曰不周风；北方曰广莫风；东北曰融风。风动虫生，故虫八日而化。""温"的本义是水名，假借为"温暖"之"温"，在组成偏正式复音词"温风"时用的是假借义的词性和意义，"风"在组成偏正式复音词"温风"时用的是本义的词性和意义，而组成的偏正式复音词"温风"是名词。

香草

《淮南子·修务》："杂芝若，笼蒙目视。"高注："杂，佩。芝若，香草。笼蒙，犹妙瞀目视也。"

"香"，《说文·香部》："香，芳也。从黍，从甘。《春秋传》曰：'黍稷馨香。'"段注："芳，艸香也。芳谓艸，香则泛言之。"（330页上）"草"，《说文·艸部》："草，草斗，栎实也。草曰象斗子。"《素问·六节藏象论》："草生五色。"张志聪集注："草者，五谷五菜，概及果木而言也。""香"的本义是形容词，在组成偏正式复音词"香草"时用的是本义的词性和词义，"草"的本义是名词，在组成偏正式复音词"香草"时用的是本义的词性和词义，而组成的偏正式复音词"香草"是名词。

其他还有：猛兽、高山、少主、微霜、良工、疲民、稀世、美人、吉兆、清水、贞女、肥肉、高台、良医、明君、细腰、骏马、公田、远乡、高年、大雨、要塞、峻法等。

c. 副＋名——名，此类复音词高注中有19个，占偏正式复音词的0.86%。

太庙

《吕氏春秋·孟春》："三公九卿诸侯大夫皆御，命曰'劳酒'。"高注：

"御致天子之命，劳群臣于太庙，饮之以酒。"

"太"，《庄子·则阳》："少知问于太公调曰。"成玄英疏："太，大也。"《易·系辞上》："易有太极。"惠栋述："极大曰太。"《资治通鉴·周纪一》："太子击立。"胡三省注引孔颖达曰："太者，大中之大也。""庙"，《说文·广部》："庙，尊先祖皃也。"《左传·宣公二十九年》："卜临大宫。"杜预注："大宫，郑祖庙。"孔颖达疏："象其尊貌则谓之为庙。""太"和"庙"在组成偏正式复音词"太庙"时用的都是本义的词性和词义。

至行

《吕氏春秋·观世》："观行者不讥辞。"高注："欲观人之至行，不讥刺之以辞。"

"至"，《说文·至部》："至，鸟飞从高下至地也。"《尔雅·释诂上》："詹，至也。"邵晋涵正义："从高而下曰至，从外而来亦为至。"《仪礼·聘礼记》："义之至也。"郑玄注："至，极也。""行"，《说文·行部》："行，人之步趋也。"《论语·述而》："文、行、忠、信。"邢昺疏："行，谓德行。在心为德，施之为行。""至""行"的本义都是动词，在组成偏正式复音词"至行"时用的都是引申义。在偏正式复音词"至行"中，"至"是形容词性语素，"行"是名词性语素，而组成的偏正式复音词"至行"是名词。

此外，这类词还有：太牢、极阳、至味、太室、极夜、举坐、非道等。

d. 方位＋名——名，此类复音词高注中有42个，占偏正式复音词的1.91％。

东头

《吕氏春秋·孟夏》："天子居明堂左个。"高注："明堂，南乡堂。左个，东头室。"

东门

《吕氏春秋·季冬》："命有司大傩，旁磔，出土牛，以送寒气。"高注："出土牛，今之乡县，得立春节，出劝农耕土牛于东门外是也。"

西岳

《吕氏春秋·有始》："王屋，首山，太华。"高注："太华在弘农华阴县，是为西岳也。"

上令

《淮南子·本经》："有不行王道者，暴虐万民，争地侵壤，乱政犯禁，召之不至，令之不行。"高注："言不行上令者。行读行马之'行'。"

e. 数＋名——名，此类复音词高注中有102个，占偏正式复音词的4.64％。

六寝

《吕氏春秋·仲冬》："是月也，命阉尹，申宫令，审门间，谨房室，必重闭。"高注："阉，宫官。尹，正也。于《周礼》为宫人，掌王之六寝，故命之。"

五行

《吕氏春秋·孟春》："律中太簇，其数八。"高注："五行数五，木第三，故数八。"

一世

《吕氏春秋·士容》："耳目遗俗而可与定世。"高注："耳目视听，礼义是则，故能遗弃流俗，可与大定于一世也。"

四维

《淮南子·原道》："纮宇宙而章三光。"高注："纮，纲也。若小车盖，四维谓之纮，绳之类也。"

以上所列举的例证都是偏正词组，数词本来都是各有所指的，运用时间久了，就简缩为现在的形式。

f. 形＋动——名，共2例。

大盗

《吕氏春秋·异用》："跖与企足得饴，以开闭取楗也。"高注："跖，盗跖；企足，庄跻也；皆大盗人名也。"

长生

《吕氏春秋·贵生》："子华子曰：'全生为上'。"高注："子华子，古体道人。无欲，故全其生。长生是行之上也。"

g. 名＋方位——名，有9例。

天上

《淮南子·时则》："是月也，大饮蒸，天子祈来年于天宗。"高注："凡属天上之神，日月星辰皆为天宗也。"

日中

《吕氏春秋·首时》："圣人之见时，若步之与影不可离。"高注："步行日中，影乃逐之，不可得远之也。"

堂前

《吕氏春秋·召类》："南家之墙，犨于前而不直。"高注："犨犹出。曲出子罕堂前也。"

h. 数＋量——名，共3例。

万石

《吕氏春秋·异宝》："荆国之法，得五员者，爵执圭，禄万檐，金千镒。”高注：“万檐，万石也。”

千里

《吕氏春秋·贵公》：“大勇不斗。”高注：“大勇之人，折冲千里，而能服远，不复自斗也。”

千钧

《吕氏春秋·用众》：“以众力无畏乎乌获矣。”高注：“乌获有力人能举千钧。”

i. 动+名——名，有95例，占偏正式复音词的4.32%。

耕器

《吕氏春秋·孟春》：“乃择元辰，天子亲载耒耜，措之参于保介之御间。”高注：“耒耜，耕器也。”

生道

《吕氏春秋·重己》：“而日逆其生，欲之何益?”高注：“王者贵人所行，淫侈纵欲暴虐，反戾天常，不顺生道，日所施行，无不倒逆其生，虽欲长生，若乌获多力，倒引牛尾，尾绝不能行，故曰‘欲之何益’也。”“生道”是指“使民生存之道”，在高注中是作为名词。

过客

《淮南子·精神》：“视至尊穷宠犹行客也。”高注：“行客犹行路过客。”

j. 形+方位——名，只有1例。

正中

《吕氏春秋·有始》：“白民之南，建木之下，日中无影，呼而无响，盖天地之中也。”高注：“日正中将下，日直人下，皆无影；大相叫呼，又无音响人声，故谓盖天地中也。”

k. 方位+副——名，有3例。

西极

《吕氏春秋·本味》：“雚水之鱼，名曰鳐，其状若鲤而有翼。”高注：“雚水在西极。”

东极

《吕氏春秋·任数》：“其以东至开梧。”高注：“东极之国。”

南极

《吕氏春秋·任数》：“南抚多颿。”高注：“南极之国。”

l. 副+动——名，只有1例。

常祭

《淮南子·天文》：“凉风至则报地德，祀四郊。”高注：“立秋节，农乃登谷常祭，故报地德，祀四方神也。”

“常祭”是指“通常的祭祀”。

m. 副+副——名，只有 2 例。

太极

《淮南子·览冥》：“夫阳燧取火于日，方诸取露于月。”高注：“一说水火从太极来，在人手中，非人所能说知。”

“太极”在这里是指“宇宙万物之源”。

徒众

《淮南子·俶真》：“于是博学以疑圣，华诬以胁众。”高注：“博学杨、墨之道，以疑孔子之术，设虚华之言，以诬圣人，劫胁徒众也。”

“徒众”这里是名词“门徒”之意。

n. 形+形——名，有 4 例。

近习

《吕氏春秋·任数》：“习者曰：‘一则仲父，二则仲父，易哉为君！’”高注：“习，近习，所亲臣也。”

大众

《淮南子·时则》：“毋聚众置城郭，掩骼薶骴。”高注：“毋聚合大众建置城郭，以妨害农功也。”

“近习”是指“君主宠爱亲信的人”。“大众”是指“古代对夫役、军卒人等的总称”。

o. 副+方位——名，有 1 例。

太上

《淮南子·主术》：“故太上下知有之。”高注：“言太上之世，下知之人，皆能有此制。”

另外，还有三个音节的偏正式复音词，有 4 例。

大丈夫

《淮南子·俶真》：“若藏天下于天下，则无所遁其形矣。”高注：“大丈夫以天下为室，以藏万物。”

大人国

《淮南子·时则》：“东方之极：自碣石山过朝鲜，贯大人之国。”高注：“大人国在其东也。”

明月珠

《淮南子·览冥》：“如隋侯之珠，和氏之璧，得之者富，失之者贫。”高注：“隋侯见大蛇伤断，以药傅之，后蛇于江中衔大珠以报之，因曰隋侯之珠，盖明月珠也。”

无头鬼

《淮南子·览冥》："昔者，师旷奏《白雪》之音，而神物为之下降。"高注："神物即神化之物，谓玄鹤之属来至，无头鬼类操戈以舞也。"

"大丈夫"的结构与其他 3 例不同，"大丈夫"的结构是[形＋(量＋名)——名]，而"大人国"的结构是[(形＋名)＋名——名]，"明月珠"的结构是[(形＋名)＋名——名]，"无头鬼"的结构是[(副＋名)＋名——名]。

2)动词：高注偏正式复音词中有动词 477 个，约占偏正式复音词的 21.68%。

a. 动＋动——动，高注中有 215 个，约占偏正式复音词的 9.77%。

跳动

《吕氏春秋·尽数》："处腹则为张为府。"高注："府，跳动，皆腹疾。"

杀害

《吕氏春秋·怀宠》："黔首知不死矣。"高注："知义兵救民之命，不杀害。"

禁制

《淮南子·精神》："非能使人勿乐也，乐而能禁之。"高注："言不能使人无勸富贵，能以礼自禁制之。"

b. 数＋动——动，有 2 例。

四出

《吕氏春秋·孟春》："天子居青阳左个。"高注："青阳者，明堂也，中方外圜，通达四出，各有左右房谓之个。"

"四出"指"向四面延伸"。

百中

《吕氏春秋·具备》："今有羿、蠭蒙、繁弱于此，而(一作向)无弦，则必不能中也。"高注："蠭蒙，羿弟子也，亦能百中。"

c. 副＋动——动，有 19 例，占偏正式复音词的 0.86%。

疾颠

《吕氏春秋·知分》："皆有所达也。"高注："达于高位疾颠，厚味腊毒者也。"

"疾颠"是指"急速颠覆、失败"。

无聊

《淮南子·主术》："政苛则民乱。"高注："言无聊也。"

"无聊"是指"贫困没有依靠"。

复归

《淮南子·精神》："其已成器而破碎漫澜而复归其故也。"高注："明人不当恶死，死复归其未生之故耳。"

"复归"是指"返回"。

d. 形＋动——动，高注中有 89 例，占偏正式复音词的 4.05％。

厚敛

《吕氏春秋·士容》："好得恶予，国虽大不为王。"高注："好得，厚敛也。恶予，悋啬也。多藏厚亡，故必不为王。"

长叹

《淮南子·览冥》："西老折胜，黄神啸吟。"高注："西王母折其头上所戴胜，为时无法度。黄帝之神，伤道之衰，故啸吟而长叹也。"

高翔

《淮南子·时则》："玄鸟归，群鸟翔。"高注："群鸟翔，寒气至，群鸟肥盛，试其羽翼而高翔。"

e. 方位＋名——动，只有 3 例。

北向

《吕氏春秋·孟冬》："天子居玄堂左个。"高注："玄堂，北向堂也。左个，西头室也。"

义为"朝北，向北"。

f. 动＋名——动，有 4 例。如：

无极

《淮南子·览冥》："览冥训。"高注："览观幽冥变化之端，至精感天，道达无极，故曰'览冥'，因以题篇。"

义为"没有边际"。

g. 动＋形——动，有 1 例。

辩敏

《吕氏春秋·知接》："无由相得，说者虽工，不能喻矣。"高注："虽子贡辩敏，无由何如，故曰弗能喻。"

义为"能言善辩，才思敏捷"。

h. 连＋形——动，有 1 例。

兼善

《吕氏春秋·慎人》："古之得道者，穷亦乐，达亦乐。"高注："乐兼善天下也。"

i. 助动＋名——动，有 1 例。

能文

《淮南子·说山》："非负而缘木，纵之其所而已。"高注："喻为政，官方定物，能文者居文官，能武者居武官，故曰纵之其利而已也。"

j. 动＋数——动，有1例。

统一

《吕氏春秋·有始》："当枢之下无昼夜。"高注："当枢之下分明不寘曜统一也，故曰无昼夜。"

k. 形＋名——动，有8例。

顺时

《吕氏春秋·尽数》："天生阴阳寒暑燥湿，四时之化，万物之变，莫不为利，莫不为害。"高注："顺者利时，逆者害时。（范耕研校改：顺时者利，逆时者害）"

亲手

《吕氏春秋·赞能》："愿得之而亲加手焉。"高注："言欲得管仲，亲手自杀之以为辞也。"

l. 名＋动——动，有68例，占偏正式复音词的3.09%。

赋敛

《吕氏春秋·季春》："萌者尽达，不可以内。"高注："发泄，犹布散也。象阳达物，亦当散出货贿，不可赋敛以内之。"

农耕

《淮南子·时则》："命有司大傩，旁磔，出土牛，以送寒气。"高注："出土牛，今之乡县，出劝农耕土牛于东门外是也。"

m. 方位＋动——动，有5例。

上升、下降

《吕氏春秋·季秋》："其音商，律中无射。"高注："阴气上升，阳气下降，故万物随而藏，无射出见也。"

上通

《淮南子·览冥》："若乃未始出其宗者，何为而不成？"高注："精通于天者，谓圣人质成上通，为天所助。"

n. 介＋动——动，有5例。

见疑

《吕氏春秋·必己》："亲莫不欲其子之孝，而孝未必爱，故孝己疑，曾子悲。"高注："曾参，其至孝，见疑于其父，故为之伤悲也。"

被害

《淮南子·俶真》："飞鸟铩翼，走兽挤脚。"高注："言纣田猎禽荒，无休止时，故飞鸟折翼，走兽毁脚，无不被害也。”

3)形容词：高注偏正式复音词中有形容词 91 个，约占偏正式复音词的 4.14%。

a. 形＋形——形，共有 45 个，约占偏正式复音词的 2%。

衰老

《吕氏春秋·顺民》：“庄子曰：‘虽猛虎也，而今已死矣。’”高注：“言越王衰老，不能复致力战，故曰而今已死矣。”

寒肃

《淮南子·时则》：“孟夏始缓，孟冬始急。”高注：“缓，四月阳炎。急，十月寒肃。”

b. 名＋形——形，有 4 例。

脂腻

《淮南子·本经》：“雕琢之饰，锻锡文铙，乍晦乍明。”高注：“缘错锡铙，文如脂腻不可刷，如连珠不可掇，故曰‘乍晦乍明’也。”

c. 副＋形——形，有 5 例。

至诚

《吕氏春秋·具备》：“诚乎此者刑乎彼。”高注：“施至诚于近以化之，使刑行于远。”

d. 方位＋形——形，有 2 例。

下愚

《吕氏春秋·振乱》：“世主恣行，则中人将逃其君、去其亲，又况于不肖者乎?”高注：“遭恣行之君，中凡之人将逃而去之，不能顾其亲戚也。又况下愚不肖之人，能保守其君而不逃去其亲者也?”

e. 形＋副——形，有 1 例。

穷极

《吕氏春秋·慎人》：“道得于此，则穷达一也。”高注：“言得道之人，不为穷极，不为达显，故一之也。”

f. 数＋名——形，有 1 例。

一毛

《淮南子·俶真》：“若夫墨、杨、申商之于治道。”高注：“杨，杨朱，其术全性保真，虽拔骭一毛而利天下，弗为也。”

义为“喻细小、轻微的事物”。

g. 形＋数——形，只有 1 例。

纯一

《淮南子·说山》：“两者俱忘，则至德纯矣。”高注：“两者，念虑与强不念虑也。忘二者则神内守，故至德纯一也。”

h. 形＋动——形，有 3 例。

著闻

《吕氏春秋·慎小》：“主过一言，而国残名辱，为后世笑。”高注：“主过一言犹将失一令，故国残亡，恶名著闻，以自汙辱，乃为后世之人所非笑也。”

上面我们对高注中的偏正式复音词进行了细致地分析，我们通过以上的分析可以得出高注的偏正式复音词有以下特点：

①从语义上看，高注偏正式复音词中的中心语素从先秦时代的表人和事物发展到表示动作、行为，这与同时代的《论衡》[①]和碑刻语料[②]的情况是相同的。修饰性语素与名词性中心语素的关系从先秦到东汉时期变化不是很大，大约有十几种；而修饰性语素与动词性中心语素的关系是《诗经》时代没有的。修饰性语素与动词性中心语素的关系有状貌和情态，行为方式，程度和范围，动作、行为的数量，动作、行为的对象五种，比《论衡》更丰富一些，与碑刻语料的情况相当。

而充当大类名的中心语素的数量和种类，继承前代的有“人”71 个，“子”24 个，“士”14 个，“民”11 个，“者”11 个，“王”10 个，“夫”6 个，“帝”5 个，“师”4 个，“伯”3 个，“氏”1 个，从数据我们可以看出“人”“子”“士”较活跃，“师”“夫”“氏”“者”的构词能力有所减弱，这与程湘清的结论基本吻合。[③] 虽然“人”组成的词语多于“者”组成的词语，但是在高注中，“人”代替“者”组成词语的现象没有见到，这与胡敕瑞关于《论衡》的结论相似。[④] 另外，新增加了“事”27 个，“道”21 个，“天”20 个，“国”19 个，“物”16 个，“言”16 个，“世”16 个，“日”13 个，“官”13 个，“臣”13 个，“名”12 个，“主”11 个，“法”11 个，“性”9 个，“神”9 个，“虫”8 个，“君”8 个，“妇”6 个，“鸟”6 个，“弟”5 个，“父”5 个，“上”5 个，“女”4 个，“家”4 个，“工”4 个，“客”3 个，“匠”1 个，其中“天”在

---

① 程湘清：《汉语史专书复音词研究》，104 页，北京，商务印书馆，2003。

② 刘志生：《东汉碑刻复音词研究》，49～79 页，华东师范大学博士学位论文，2005。

③ “在先秦时已有‘人’、‘夫’、‘氏’、‘士’、‘师’、‘子’等，到《论衡》中‘人’依然比较活跃，其他‘士’所构词尚有一定数量，‘夫’、‘民’、‘子’、‘师’所构词，则有所减少。”（程湘清：《汉语史专书复音词研究》，156 页，北京，商务印书馆，2003。）

④ 一些新兴现象即使见于《论衡》，也不及佛典普遍，譬如上面提到的“～人”代替“～者”的现象，除了“卧人”一例，其他都见于佛典。（胡敕瑞：《〈论衡〉与东汉佛典词语比较研究》，48 页，成都，巴蜀书社，2002。）

《吕氏春秋》中有[1]，“弟”“父”“神”在东汉碑刻语料中也有，而“女”“客”“主”在《世说新语》中有，“官”在《敦煌变文集》中有[2]。另外，以否定副词组成的偏正式词语，“无”有 55 个，“非”8 个，“不”36 个，与佛典中“不”组成的词语多的结论不同。与《论衡》的情况相当。[3]

②从词性上看，高注偏正式复音词中有名词 1509 个，占偏正式复音词的 68.59%；有动词 477 个，占偏正式复音词的 21.68%；有形容词 91 个，占偏正式复音词的 4.14%。“《诗经》里偏正式复合词数量最多，约 400 个……绝大多数是名词，动词很少，没有形容词。”[4]“上古汉语里的偏正式复合词绝大多数是名词，极少数是动词，形容词或副词几乎没有。”[5]“《吕氏春秋》中偏正式复音词共有 459 个，主要是名词，有 441 个之多，动词有 16 个，形容词有 2 个。”[6]高注与以上三项结论相比，动词和形容词的数量已经有所发展，但是数量不是很多，与同时代的《论衡》[7]和碑刻语料[8]的情况相同。

从词性的内部构形看，构形的种类与先秦相比，有很大发展，名词的构成方式，除了继承先秦的[名＋名]、[形＋名]、[数＋名]、[动＋名]、[形＋动][9]五种，还有[动＋动]、[数＋动]没有出现，另外新增加了[副＋名]、[方位＋名]、[名＋方位]、[数＋量]、[形＋方位]、[方位＋副]、[副＋动]、[副＋副]、[形＋形]、[副＋方位]；动词的构成方式，除继承先秦的[名＋动]、[形＋动]之外，又增加了[动＋动]、[数＋动]、[副＋动]、[方位＋名]、[动＋形]、[连＋形]、[助动＋名]、[动＋数]、[形＋名]、[方位＋动]、[介＋动]；形容词的构成方式，先秦的[形＋名]没有继承，而是发展了新的构词方式，有[形＋形]、[名＋形]、[副＋形]、[方位＋形]、[形＋副]、[数＋名]、[形＋数]、[形＋动]，与同时代的《论衡》和碑刻语料相比也有一些不同，这可能反映了语体不同，所用词语不同，所反映的构词方式可以折射同一个时代的不同侧面。

---

① 张双棣：《〈吕氏春秋〉词汇研究》，192 页，济南，山东教育出版社，1989。

② 程湘清：《汉语史专书复音词研究》，314 页，北京，商务印书馆，2003。

③ 佛典不同于《论衡》的地方是出现了更多“不～”结构的词语。（胡敕瑞：《〈论衡〉与东汉佛典词语比较研究》，50 页，成都，巴蜀书社，2002。）

④ 向熹：《〈诗经〉语言研究》，218 页，成都，四川人民出版社，1987。

⑤ 向熹编：《简明汉语史》，421 页，北京，高等教育出版社，1998。

⑥ 张双棣：《〈吕氏春秋〉词汇研究》，184 页，济南，山东教育出版社，1989。

⑦ 程湘清：《汉语史专书复音词研究》，156 页，北京，商务印书馆，2003。

⑧ 刘志生：《东汉碑刻复音词研究》，49～79 页，华东师范大学博士学位论文，2005。

⑨ 程湘清：《汉语史专书复音词研究》，77、78 页，北京，商务印书馆，2003。

而相同词性的词联合为同词性的词比例最大，如[名＋名——名]，有 821 个，占偏正式复音词中名词 1509 个的 54.41％；[动＋动——动]，有 215 个，占偏正式复音词中动词 477 个的 45.07％；[形＋形——形]，有 45 个，占偏正式复音词中形容词 91 个的 49.45％，这种趋势到现代汉语中还一直存在。

(3)其他复音词

高注中的其他复音词还有支配式复音词 659 个，补充式复音词 64 个，表述式复音词 95 个。

①支配式复音词

支配式复音词是具有动宾关系的两个语素构成的复音词。659 个支配式复音词中动词 632 个，名词 20 个，形容词 7 个。

1)动词。

旋踵

《淮南子·修务》："遂入不返，决腹断头不旋踵，运轨而死。"高注："言入吴不旋踵，回轨而死勇，然不如申包胥之功也。"

"旋踵"意为转身。指畏避退缩。

通气

《淮南子·精神》："形体以成，五藏乃形，是故肺主目，肾主鼻。"高注："肾像龟，龟，水也。水所以通沟也，鼻所以通气也，故主鼻也。"

"通气"指呼吸空气。

犯法

《淮南子·氾论》："唐虞有制令而无刑罚。"高注："其政常仁义，民无犯法干诛，故曰无刑也。"

"犯法"为动宾词组。

2)名词。

遗民

《吕氏春秋·贵公》："大兵不寇。"高注："若武王之伐纣，扫除无道，释箕子之囚，朝成汤之庙，抚殷之遗民，不寇害之也。"

流沙

《淮南子·墬形》："西北方曰一目，曰沙所。"高注："国人一目，在面中央。沙所，盖流沙所出也。一曰泽名也。"

3)形容词。

得意

《淮南子·览冥》："而忻忻然常自以为治。"高注："忻忻犹自喜，得意之皃也。"

"得意"一词，伍宗文先生认为："而据我们考察，先秦动宾式的AB几乎没有形容词，常被提及的'得意'古今意义有别。……是'得意'犹'得志'，表示实现意愿，还不是'称心如意'或'感到非常满意'的意思。"[①]而发展到高诱的时代，"得意"已经可以看做形容词了，而且是"称心如意"或"感到非常满意"的意思。

分明

《吕氏春秋·先己》："督听则奸塞不皇。"高注："正听万法，赏罚分明，故奸轨塞断于不皇。"

"分明"是"明确、清楚"的意思。

高注的支配式复音词有以下特点：

第一，我们统计的词性的结论与其他人的结论有区别，如认为支配式的名词中职官名较多，如《〈左传〉词汇研究》中支配式的54个名词中就有21个是职官名；《〈论衡〉复音词研究》中有"这种具有动宾关系的两个语素合成的复音词在先秦已经出现了，但多是表示职官名称的词"。[②] 我们的统计结果中名词没有职官名，是因为我们把职官名放在了专有名词中，专有名词我们没有讨论，所以得出了名词没有职官名的结论。

第二，动词最多，名词次之，形容词最少。动词都是不及物的，不能带宾语，情况与《论衡》是相同的。[③]

②补充式复音词

补充式复音词是由一个表示中心成分的语素和一个对它起补充作用的成分构成的复音词。高注中有补充式复音词64个，全是动词。

1)从意义方面看，中心成分的语素都是表示动作或行为，而补充成分有的是说明动作、行为的结果；有的是表明动作、行为的趋向。

a. 表动作、行为结果。

冻裂

《吕氏春秋·仲冬》："冰益壮。地始坼。"高注："立冬后三十日大雪节，故冰益壮。地始坼，冻裂也。"

战胜

《吕氏春秋·荡兵》："天子之立也出于君，君之立也出于长，长之立也出于争。"高注："战胜而为长，故曰出于争。"

---

① 伍宗文：《先秦汉语复音词研究》，288页，成都，巴蜀书社，2001。

② 程湘清：《汉语史专书复音词研究》，162页，北京，商务印书馆，2003。

③ 程湘清：《汉语史专书复音词研究》，164页，北京，商务印书馆，2003。

b. 表动作、行为趋向。

来至

《吕氏春秋·不屈》："天下之兵四至。"高注："救邯郸之兵从四方来至也。"

振起

《淮南子·时则》："存鳏寡振死事。"高注："有先人为死难，振起其子孙也。"

陷入

《吕氏春秋·慎行》："行不可不孰。不孰，如赴深谿，虽悔无及。"高注："虽悔行不纯淑，陷入刑辟，无所复及也。"

2)从词性方面分析补充式的内部构成。高注补充式复音词全是动词。内部构成可以分为以下几项。

a. 动＋动——动，有 36 个，占补充式复音词的 52.94％。

战败

《吕氏春秋·不广》："车甲尽于战，府库尽于葬。此之谓内攻之。"高注："齐人战败，尽其车甲。"

观见

《淮南子·览冥》："不得其道，若观鯈鱼。"高注："鯈鱼，小鱼也，在水中可观见，见而不可得，道亦如之。"

b. 形＋介——形，有 2 例。

乐于

《淮南子·精神》："夫修夜之宁，非直一哙之乐也。"高注："谓得安卧极夜者，乐于一哙之乐，然不得比长夜之乐也。"

c. 动＋名——动(或动词性词组)，有 7 例。

烧灰

《吕氏春秋·上农》："泽人不敢灰僇。"高注："烧灰不以时多僇。"

死难

《淮南子·时则》："存鳏寡振死事。"高注："有先人为死难，振起其子孙也。"

"烧灰"和"死难"为动词性的述补词组。

d. 动＋形——动(或动词性词组)，有 20 例。

修利

《吕氏春秋·音律》："姑洗之月，达道通路，沟渎修利。"高注："姑洗，三月也。时雨将降，故修利沟渎。"

"修利"意为因地势之利而修治。

增高

《淮南子·时则》："行春令则螽蝗为败，暴风来格，秀草不实。"高注："孟夏当继修增高，助阳长养，而行春时启蛰之令，故致螽蝗之败。"

"增高"为动词性的述补词组。

e. 动＋方位——动词性词组，只有1例。

来下

《吕氏春秋·季春》："戴任降于桑。"高注："部生于桑，是月其子疆飞，从桑空中来下，故曰'戴任降于桑'也。"

"来下"在高注中的意义是"下来"，此处的"来下"不能带宾语，因此是动词性的述补词组。①

f. 动＋副——动词性词组，只有1例。

过绝

《吕氏春秋·观表》："无道至则以为神，以为幸。"高注："无表之道，能过绝于人以先知者，则以为有神有幸。"

"过绝"与"来下"的性质相同，为动词性的述补词组。

高注的补充式复音词动词最多，有些是及物的，可以带宾语，但是大部分是不及物，不能带宾语，如"战败""来下""增高"等；内部的构成形式，与同时代的《论衡》和碑刻语料的数量相同，但类型不同，这反映了补充式复音词在东汉更趋于多元化的发展趋势。

③表述式复音词

表述式复音词是由一个表示被陈述的成分和一个表示陈述的成分结合而成的复音词。高注中有表述式复音词95个，占复音词的2.07%。有动词70个，名词22个，形容词3个。词性的内部构成可以分为以下几项。

1)动词：动词70个，占表述式复音词的73.9%。

a. 名＋动——动(或动词性词组)，25例。

中扃

《淮南子·原道》："好憎者，心之过也；嗜欲者，性之累也。"高注："心当专一，中扃外闭，反有所好憎，故曰过。性当清净，以奉天素，

---

① 董秀芳认为：从述补短语到双音词，词义变化不显著，不容易确定其成词过程。而且一个双音节的述补结构是短语还是词，可能在很大程度上是由其使用频率决定的。有些述补短语一开始不能带宾语，后来可以带宾语了，这可以看做是从短语到词的一个证据。(董秀芳：《词汇化：汉语双音词的衍生和发展》，81页，成都，四川民族出版社，2002。)

而反嗜欲，故为之累也。”

义为“闭锁内心，欲望不生”。

虫流

《吕氏春秋·务本》：“解在郑君之问被瞻之义也。”高注：“被瞻知齐国衰乱，桓公之薨，虫流出户，盖不听管仲临终之言，因讽郑君。”

义为“死不得葬”。

b. 代＋动——动(或动词性词组)，有32例。

自骋

《淮南子·原道》：“至无而供其求，时骋而要其宿。”高注：“言天时自骋，道要其宿会也。”

“自骋”是自纵之意。《庄子·天地篇》云：“故其与万物接也，至无而供其求，时骋而要其宿。”郭注云：“皆恣而任之，会其所极而已。”①

自胜

《吕氏春秋·审为》：“中山公子牟曰：‘虽知之，犹不能自胜也’。”高注：“言人虽知重生当轻利，犹不能自胜其情欲也。”

“自胜”意为克制自己。

c. 动＋形——动词性词组，只有1例。

服猛

《吕氏春秋·仲春》：“乃礼天子所御，带以弓韣，授以弓矢于高禖之前。”高注：“授以弓矢，示服猛，得男象也。”

“服猛”为动词性的动宾词组，意为“降服凶猛之敌”。

d. 名＋形——动(或动词性词组)，有4例。

权重

《吕氏春秋·长见》：“其后齐日以大，至于霸，二十四世而田成子有齐国。”高注：“上功则臣权重，故能夺君国也。”

“权重”为动词性的主谓词组。

火炽

《吕氏春秋·别类》：“燔之则为淖。”高注：“火炽金流，故为淖也。”

“火炽”为动词性的主谓词组。

e. 代＋形——动(或动词性词组)，7例。

自嫌

《吕氏春秋·适音》：“太小则志嫌，以嫌听小。”高注：“嫌听譬自嫌之嫌。”

① 杨树达：《淮南子证闻　盐铁论要释》，7页，上海，上海古籍出版社，2006。

自大

《吕氏春秋·下贤》："富有天下而不聘夸。"高注："夸，诧而自大也。"

"自嫌""自大"为动词性的主谓词组。

2)名词：名词22个，占表述式复音词的23.1%。

a. 名+动——名(或名词性词组)，有11例。

条贯

《吕氏春秋·孝行》："夫孝，三皇五帝之本务，而万事之纪也。"高注："三皇：伏羲、神农、女娲也。五帝：轩辕、帝颛顼、帝喾高辛、帝尧陶唐、帝舜有虞也。纪犹贯因(条贯，吴承仕校改。)[①]也。"

"条贯"指"条理、系统"。

文错

《战国策·宋卫策》："今有人于此，舍其文轩也。"高注："文轩，文错之车也。"

"文错"为动词性的主谓词组。

b. 名+形——名(或名词性词组)，有10例。

心平、体正

《吕氏春秋·审己》："子列子曰：'知之矣。'"高注："知射心平体正然后能中，自求诸己，不求诸人，故曰知之。"

国危、身穷

《吕氏春秋·察微》："三者不能，国必危，身必穷。"高注："言楚不知始与终，又不知中，故国危身穷也。"

"心平""体正""国危""身穷"为名词性的主谓词组。

c. 名+名——名词性词组，只有1例。

日夕

《吕氏春秋·长利》："天大寒而后门。"高注："后门，日夕门已闭也。"

"日夕"为名词性的主谓词组。

3)形容词。形容词3个，约占表述式复音词的3%。

a. 名+形——形，有2例。

光明

《吕氏春秋·圜道》："精行四时，一上一下，各与遇，圜道也。"高

---

① (战国)吕不韦著，陈奇猷校释：《吕氏春秋新校释》，740页，上海，上海古籍出版社，2002。

注："精，日月之光明也。"

b. 形＋形——形，有 1 例。

丁壮

《吕氏春秋·爱类》："士有当年而不耕者，则天下或受其饥矣。"高注："当其丁壮之年，故不耕植，则谷不丰，故有受其饥者也。"

"丁"，《说文·丁部》："丁，夏时万物皆丁实。象形。"段注："丁实，小徐本作丁壮成实。律书曰：丁者，言万物之丁壮也。律历志曰：大盛于丁。郑注《月令》曰：'万物皆强大。'"(740 页下)"壮"，《说文·士部》："壮，大也。""丁""壮"都为形容词性语素，组合之后还是形容词。

高注中的表述式复音词的比例高于同期的作品，高注的表述式复音词占复音词的 2.07%，而《论衡》占 0.61%，碑刻语料占 0.81%。从词性来看，有名词、动词、形容词，动词的数量最多，这与同时代的碑刻语料的情况也是相同的。[①] 而《左传》中据毛远明的统计，表述式中只有名词和动词，没有形容词，而且名词的数量大于动词的数量。[②]

三、成语

高注中的成语有 31 个。成语大都由词组凝固而来，它的作用相当于词，但是还是词组的性质，所以我们单独列为一类。

我们从成语的内部结构看，高注中的成语大部分是联合结构，有四个词是并列的，有的是二二组合与二二组合的并列，组合之中有补充或修饰、限制的关系。如：

鳏寡孤独

《吕氏春秋·季春》："天子布德行惠，命有司，发仓窌，赐贫穷，振乏绝。"高注："无财曰贫。鳏寡孤独曰穷。行而无资曰乏。居而无食曰绝。"

"鳏寡孤独"中四个词是并列的关系。

强干弱枝

《吕氏春秋·慎势》："王者之封建也，弥近弥大，弥远弥小。"高注："近国大，远国小，强干弱枝。"

"强干"和"弱枝"是并列的关系，"强干"内部又可以分出修饰、限制

① 刘志生：《东汉碑刻复音词研究》，87 页，华东师范大学博士学位论文，2005。

② 毛远明：《〈左传〉词汇研究》，135 页，重庆，西南师范大学出版社，1999。

语与中心语的关系，“弱枝”也一样，可以再分出一个层次。“强干弱枝”就有两个结构层次。

视死如归

《吕氏春秋·贵生》：“所谓死者，无有所以知，复其未生也。”高注：“死君亲之难，义重于生，视死如归，故曰‘无有所以知，复其未生也’。”

“视死如归”中“视死”和“如归”也都是二二组合，但是“如归”是补充“视死”的。

高注中的成语有小部分是通过虚词来连接的，如：

华而不实

《淮南子·俶真》：“是故神越者其言华。”高注：“越，散也，言不守也，故华而不实。”

“华”与“不实”是靠连词“而”连接起来。

肤寸而合

《吕氏春秋·圜道》：“云气西行，云云然。”高注：“周旋运布，肤寸而合，西行则雨也。”

“肤寸”与“合”靠连词“而”连接起来。

高注中的成语也大都来源于古代的典籍，有些只靠字面的意思看不出整个成语的意义，必须了解了成语的来源，才能理解整个成语的意义。如“重门击柝”：《淮南子·原道》：“夫道者，覆天载地，廓四方，柝八极。”高注：“廓，张也。柝，开也。八极，八方之极也，言其远。柝，读重门击柝之‘柝’。”《易·系辞下》：“重门击柝，以待暴客。”是指“设置重门，击柝(木梆)巡夜。谓警戒森严”。“摩顶放踵”：《淮南子·俶真》：“若夫墨、杨、申、商之于治道。”高注：“墨，墨翟也，其术兼爱、非乐，摩顶放踵而利国者为之。”《孟子·尽心上》：“墨子兼爱，摩顶放踵利天下为之。”赵岐注：“摩突其顶下至于踵。”《大词典》释义为指“从头顶到脚跟都磨伤。形容不辞辛苦，舍己为人。”马智强对赵注中的“摩”提出疑问，认为“摩”应是“㦢”的通假字，与“靡”、“糜”并通，引清王念孙《广雅疏证补》：“㦢，坏也。”又“㦢，损也。”[①]王宗祥释“摩顶放踵”之“放”为“至”，并引《孟子·梁惠王下》：“昔者齐景公问于晏子曰：‘吾欲观于转附朝儛，遵海而南，放于琅琊。’”赵岐注：“放，至也。循海而南，至于琅琊。”[②]我们还发现

① 马智强：《“摩顶放踵”正诂》，载《古汉语研究》，1994(1)。

② 王宗祥：《“摩顶放踵”的“放”》，载《古汉语研究》，1995(1)。

《大戴礼记·小辨》："刑于民而放于四海。"孔广森补注："放，至也。"因此，我们取马智强的"摩"有"损、坏"意，王宗祥的"放"有"至"意，那么"摩顶放踵"就应释为"从头到脚都受到损伤。"而不应像《大词典》释为"从头到脚跟都磨伤"。高注中的成语的结构形式比较多样化，既有多层次的结构，又有虚词的连接。

第三节 小 结

"复音词大量增多，词汇加速双音化，是东汉词汇有别于前代词汇的一个显著特点，也是汉语词汇系统日趋严密，表意手段日见丰富，构词方式日臻完备的重要标志。"①以上我们分析的高注复音词各方面特征与方一新先生的结论是相符的，我们把高注复音词小结如下：

(1)高注的复音词比例与前后期的作品相比，高出的幅度较大，高注的复音词比例是62.35%，而《史记》是43%，《颜氏家训》是51%，高诱为之作注的原语料《吕氏春秋》是40.4%。这与注释语言的特点有关，因为注释语言是用注释者所处时代的通用语言来解释前人的作品，目的是为了让当时的人读懂，所以所用的语言一定是通俗易懂，接近当时的口语。因此，注释语言中的复音词比例比同时代的作品要高，是不足怪的，那么与之前或之后的作品比较，复音词的比例高出的幅度大也是可以理解的。

(2)高注中9种结构形式的复音词分为语音造词和语法造词两种。语音造词有43个，约占总复音词数的比例是0.94%；语法造词有4530个，占总复音词数的比例是98.76%。语法造词中运用虚词方式的有72个，占语法造词的1.59%，约占总复音词数的比例是1.57%；运用词序造词的有4458个，约占语法造词的比例是98.41%，占总复音词数的比例是97.19%。与同时期的《论衡》和碑刻语料相同，都是语法造词占绝对优势，而高注中的比例要高出《论衡》和碑刻语料，《论衡》的语法造词比例是95.61%②，碑刻语料的语法造词比例是96.86%③。重叠式中有AA式和AABB式。

(3)高注中9种构词法都已出现，偏正式的比例高于联合式，居于

---

① 方一新：《东汉语料与词汇史研究刍议》，载《中国语文》，1996(2)。

② 程湘清：《汉语史专书复音词研究》，177页，北京，商务印书馆，2003。

③ 刘志生：《东汉碑刻复音词研究》，110页，华东师范大学博士学位论文，2005。

各类复音词之首，占复音词的47.97%。与同时代的《论衡》的22.48%[①]和碑刻语料的46.06%[②]，以及后来《三国志》的28.25%相比，偏正式比例要高，这与作品的内容、文体以及语言风格有关。有些文体需要对偶、排比等修辞手法，在语言的运用上可能联合式的词语就用得多一些，而注释语言口语性较强，骈偶的成分就少得多，这样就影响到词语的运用，相比较而言，联合式可能就用得少一些。中心语素与修饰性语素的关系更趋多样化，不仅涉及到人和事物，还涉及到动作、行为。从词性上看，高注偏正式复音词中有名词1509个，占偏正式复音词的68.59%；有动词477个，占偏正式复音词的21.68%；有形容词91个，占偏正式复音词的4.14%，其他词类约占5.59%。充当大类名的中心语素的数量和种类，继承前代的有"人""民""子""士""夫""帝""师""王""氏""伯"，新增加了"天""官""臣""物""道""主""事""妇""言""神""客"等。内部构成形式，名词继承前代的有5种，新增加的有9种；动词继承前代的有2种，新增加的有13种；形容词没有继承前代的，有8种，反映了东汉时期偏正式复音词的多样性。

(4)高注中的联合式复音词居各类复音词的第二位，占复音词总数的31.39%。联合式复音词中动词的数量最多，占总数的28.56%；名词次之，占总数的28.26%；形容词再次之，占总数的24.52%，其他各类词占18.65%。

相同词性的词联合为同词性的比例最大，如名词，联合式中共有名词408个，同词性构成的联合式复音词有398个，约占97.55%，其他约占2.45%；动词，联合式中共有417个，同词性构成的复音词有407个，占97.6%，其他只占2.4%；形容词，联合式中共有354个，同词性构成的复音词有347个，占98.02%，其他占1.98%。

高注301组同素异序词中有名词86组，约占28.57%；动词139组，约占46.18%；形容词76组，约占25.25%。

(5)高注中的表述式、支配式、补充式与偏正式、联合式相比，数量要少得多，比例分别为2.07%，14.37%，1.39%。因为主、谓、宾、补都属于句子的主干成分，携带了重要的句法信息，是人们理解句子的焦点所在，因而不易丧失其句法性质而降格成词。[③] 这符合整个汉

① 程湘清：《汉语史专书复音词研究》，179页，北京，商务印书馆，2003。

② 刘志生：《东汉碑刻复音词研究》，110页，华东师范大学博士学位论文，2005。

③ 董志翘：《〈入唐求法巡礼行记〉词汇研究》，88页，北京，中国社会科学出版社，2000。

语的发展规律，直到现代汉语中还是如此。这三种复音词中，词性都是以动词为主，这与三种复音词大都是表示动作、行为有关。

(6)高注中有成语 31 个，大都来源于古代的典籍；结构形式比较多样化，既有多层次的结构，又有虚词的连接。

高注中的复音词，我们按音序排成两个表，附在最后，即“附录三”和“附录四”，以备查阅。

第三章 高诱注释语言中的新词新义

语言是随着社会的发展而发展的，而语言中的词汇对社会的变化最为敏感，所以变化与语音、语法相比也最快。“古汉语词汇差不多处在不断的变化之中。随着社会的发展，社会生活的改变，以及整个历史的演进，古汉语词汇也相应地发生变化。新词的不断产生和旧词的不断死亡，这是变化的一个方面；新义的不断产生和旧义的不断消亡，这是变化的另一个方面。”①而“中古（东汉至南北朝）是汉语词汇发展史上一个十分重要的时期。此时明显可见的是，在内容方面，新词大量出现；大多数旧词的意义发生了类型各异的演变，产生了许多新义项和新用法。”②通过对新词新义的研究，能够找出词汇演变的某些轨迹，为词汇史的研究服务，并能补正以往研究的不足和辞书编纂的缺漏。

那么怎样才算新词新义呢？“所谓新词、新义，本没有一个绝对的标准。因为我们目前只能根据书面文献进行调查，而一个新词、一个新的义位的产生，往往先是活跃在口语中，然后再被记录下来。至于在有文献记载之前的这段历史，我们就无法考察，这不能不算是一大遗憾。再者，随着研究的深入，调查文献的面不断拓展，有些新词、新义的出现年代也会不断被改变。”③我们研究高注中的新词新义也是借鉴前人的做法，“新词就是根据《词典》（按：指《汉语大词典》，下同）判断不早于东汉才出现的那些新的表义单位，而新义则是根据《词典》判断东汉前出现的表义单位里不早于东汉才出现的那些新的义位。”④因为高诱也是属

① 赵克勤：《古代汉语词汇学》，3页，北京，商务印书馆，2005。

② 朱庆之：《中古汉语研究》，125页，北京，商务印书馆，2004。

③ 董志翘：《〈入唐求法巡礼行记〉词汇研究》，48页，北京，中国社会科学出版社，2000。

④ 朱庆之：《佛典与中古汉语词汇研究》，58页，北京，商务印书馆，2004。

于东汉时期，所以时间上也是适合的。

我们的具体界定是：先秦和西汉未见，而在东汉出现的词语，即从共时的平面上考察，而不囿于该词是否最早出现在高诱的注释语言中。具体方法是参照《汉语大词典》《汉语大字典》(简称“二典”或《大词典》《大字典》)，同时调查先秦和西汉的一些典籍，“二典”引例不早于东汉的，视为新词；引例失收，且该词不见于前代文献的，视为新词。新义的做法仿此。对《大词典》《大字典》所引始见例的时代一律以作者年代为准。在调查的过程中，如果发现了早于高注的用例，我们仍然予以保留，并追溯这些用例在现阶段能找到的最早源头。这些有更早源头的词语，我们首先是在高注中发现的，在分节讨论时列出，是为了保留词语的发展轨迹，但是在附录的新词新义的表中没有列出。

根据以上原则，我们共找出高注中新词463个，新义621个。我们把新词新义分开叙述，新词按照《大词典》未收、《大词典》引证为东汉时期的、《大词典》引证为东汉之后三种情况分析；新义按照为《大词典》补充义项和提前书证时间两种情况分析。(下面所列举的词语后面括号中注明数字的，是在高注出现的次数。没有注明数字的为出现1次。)

第一节 高诱注释语言中的新词

一、《大词典》未收录的新词

高注中《大词典》未收录的词有32个，约占高注新词的6.91%。

黄理

《淮南子·墬形》：“食木者多力而奰。”高注：“熊罴之属是也。奰，烦肠黄理也。”

“奰”，《说文·大部》：“奰，壮大也。”双棣按：此即为壮大义。[1] 高注的“烦肠黄理”是用来解释“奰”，所以也应是“壮大”义，“烦肠”《大词典》作为词收录了，但解释为“躁郁的心情”，意义与高注不同；“黄理”《大词典》未收录。“烦肠黄理”在此处应作为一个词，还是作为两个词，还得求教于方家。

植谷

《淮南子·说山》：“曰杀罢牛可以赎良马之死，莫之为也。杀牛必亡之数。”高注：“牛者所以植谷者，民之命，是以王法禁杀牛。民犯禁

---

① 张双棣撰：《淮南子校释》，460页，注[二九]，北京，北京大学出版社，1997。

杀之者诛，故曰‘必亡之数’。”

“植谷”，《说文·木部》：“植，户植也。”《战国策·秦策三》：“广地植谷。”鲍彪注：“植，种也。”《广韵·职韵》：“植，种植也。”高注中的“植谷”是泛指农活一类的劳动。《大词典》未收录。

搒床

《淮南子·览冥》：“身枕格而死。”高注：“格，搒床也。言收民役赋，不毕者，搒之于格上，不得下，故曰枕格而死也。”

《大词典》在解释“格”时有这样一个义项：古代施酷刑的刑具。《吕氏春秋·过理》：“糟丘酒池、肉圃为格。”高诱注：“格，以铜为之，布火其下，以人置上，人烂堕火而死。”《史记·周本纪》：“西伯乃献洛西之地，以请纣去炮格之刑。”《后汉书·党锢传》：“狱吏将加掠考，滂以同囚多婴病，乃请先就格，遂与同郡袁忠争受楚毒。”王先谦集解引惠栋曰：“高诱《淮南子》注云：‘格，搒床也。’”“搒床”作为一种刑具的名称应该作为复音词收录于《大词典》。

胡家(6)

《淮南子·氾论》：“古者，有鍪而绻领以王天下者矣。”高注：“绻领，皮衣屈而紩之，如今胡家韦袭反褶以为领也。”

即指“胡人”。《全唐诗·边地》齐己：“汉地从休马，胡家自牧羊。”《开天传言记》：“禄山对云：‘臣胡家，只知有母，不知有父故也。’”

雒家(3)

《淮南子·说山》：“社何爱速死，吾必悲哭社。”高注：“江淮谓母为社。社读雒家谓公为阿社之社也。”

《吕氏春秋·仲夏》：“木堇，朝荣暮落，是月荣华，可用作蒸，杂家谓之朝生，一名蕣，《诗》云‘颜如蕣华’是也。”孙诒让曰：“注‘杂家’当作‘雒家’。”吴承仕曰：‘雒家’是也。陈奇猷校：雒家或雒戎，是少数民族的名字。①

“家”在东汉是一个构词能力很强的语素，能否作为一个词缀现在还没有定论。②“家”与其他语素构成一个意义完整不可再分的整体，应该

① (战国)吕不韦著，陈奇猷校释：《吕氏春秋新校释》，257页，上海，上海古籍出版社，2002。

② “家”在东汉作为名词构词成分是很能产的，也许已经发展成词尾了。(周俊勋：《高诱注词汇研究》，33页，北京，商务印书馆，2004。)朱庆之先生把“家”列入“名词的构词兼构形成分”，也还没有作为词缀。(朱庆之：《佛典与中古汉语词汇研究》，160～162页，台北，文津出版社，1992。)王云路、郭颖认为：“真正意义上的词缀‘家’在上古汉语中也已出现，但文献用例很少。到了东汉后期，从医学材料来看，词缀‘家’得到了较快的发展，在《金匮要略》和《伤寒论》这两部篇幅较短的医书中，就有几十例之多。魏晋以后，‘家’作为后缀的现象变得更加广泛。”[王云路、郭颖：《试说古汉语中的词缀“家”》，载《古汉语研究》，2005(1)。]

作为一个词来看待，《大词典》未收录。

要扇(3)

《淮南子·氾论》："周人墙置翣，此葬之不同者也。"高注："周人兼用棺椁，故墙设翣，状如今要扇，画文，插置棺车箱以为饰，多少之差，各从其爵命之数也。"

《国语·楚语下》："次主之度、屏摄之位。"韦昭注："屏，屏风也。摄，形如今要扇。皆所以明尊卑，为祭祀之位。近汉亦然。""要扇"是一种生活用品，"要"是"腰"的古字，如《墨子·兼爱中》："昔者，楚灵王好士细要。"《楚辞·离骚》："户服艾以盈要兮，谓幽兰其不可佩。"是指这种扇子的形状像人的腰部两边凹进去，应作为一个词，《大词典》未收录。

羽禹

《战国策·宋卫策》："宋康王之时，有雀生䳭于城之陬。"高注："康王，辟公之子，剔成之弟。䳭，王鹏也。羽禹之孽也。"

"羽禹"是指飞翔类动物之属，应作为一个词，《大词典》未收录。

风合(2)

《吕氏春秋·季春》："是月也，乃合累牛腾马游牝于牧。"高注："累牛，父牛也。腾马，父马也。皆将群游从牝于牧之野，风合之。"

"风"，《书·费誓》："马牛其风。"孔颖达疏引贾逵云："风，放也，牝牡相诱谓之风。"《左传·僖公四年》："唯是风马牛不相及也。"孔颖达疏引服虔云："风，放也，牝牡相诱谓之风。""合"，《说文·亼部》："合，合口也。"《诗·大雅·大明》："天作之合。"毛传："合，配也。"《荀子·富国》："男女之合。"杨倞注："合，配也。"《淮南子·时则》："牒牛，特牛也。腾马，腾驹跳踬，善将群者也。游从牝于所牧之地风合之。""风合"组成一个同义联合的复音词。《大词典》未收录。

兔网

《吕氏春秋·季春》："田猎罼弋，罝罘罗网，餧兽之药，无出九门。"高注："罼，掩网也。弋，缴射飞鸟也，《诗》云：'弋凫与雁。'罝，兔网也，《诗》云：'肃肃兔罝。'罗，鸟网也。"

"兔网"一词，《大词典》未收录。"兔网"是用来解释"罝"的，这是用双音词来解释单音词；另外，《大词典》收录了"鸟网"一词，而在高注中"鸟网"与"兔网"的情况是相同的，都是用双音词来解释单音词，而且表示的意义差不多，只不过一个是指鸟，一个是指兔而已，所以"兔网"《大词典》也应该作为双音词收录。

父牛

《吕氏春秋·季春》："是月也，乃合累牛腾马游牝于牧。"高注：

"'累'，读如诗'葛累'之'累'。累牛，父牛也。腾马，父马也。皆将群游从牝于牧之野，风合之。"

"父牛"，《大词典》未收录。"父牛"是指交配期的公牛，是用来解释"累牛"一词的。《大词典》收有"累牛"，书证是：《吕氏春秋·季春》："是月也。乃合累牛腾马游牝于牧。"高诱注："累牛，父牛也。"另外，《大词典》收有词组"父马"，"父马""父牛"性质相同，所以"父牛"《大词典》也应该收录。

儈人

《吕氏春秋·尊师》："段干木，晋国之大驵也。"高注："驵，儈人也。"

"儈人"：马匹交易的经纪人，泛指市侩。《大词典》未收录。

鼸鼠

《吕氏春秋·季春》："其数八。其味酸。其臭羶。其祀户。祭先脾。桐始华。田鼠化为驾。"高注："桐，梧桐也，是月生叶，故曰'始华'。田鼠，鼸鼠也。"

"鼸鼠"作为一种动物名，《大词典》未收录。但是《大词典》收有"田鼠"一词，而"鼸鼠"是用来解释"田鼠"的，所以也应该作为一个词收录。另有文献证据，如《墨子·非儒下》："是若人气，鼸鼠藏，而羝羊视，贲彘起。"《释名·释形体》："或曰鼸车，鼸鼠之食积于颊，人食似之，故取名也。"

鸲鸲

《吕氏春秋·季春》："其数八。其味酸。其臭羶。其祀户。祭先脾。桐始华。田鼠化为驾。"高注："驾，鹋，青州谓之鸲鸲，周、雒谓之驾，幽州谓之鹋也。"

"鸲鸲"作为一个方言词，《大词典》未收录。"鸲鸲"与"驾"、"鹋"表示的都是一种动物，只不过是方言的差异，《大词典》收录了"驾"、"鹋"，所以也应该把"鸲鸲"作为一个词收录。另外，《大词典》收有"鸲母"一词，陈奇猷认为："鸲母"是毕沅的校改，未可从。① "鸲母"应该作"鸲鸲"。

鲔鱼

《吕氏春秋·季春》："天子焉始乘舟。荐鲔于寝庙，乃为麦祈实。"高注："鲔鱼似鳣而小，《诗》曰：'鳣鲔泼泼。'进此鱼于寝庙，祷祈宗

① （战国）吕不韦著，陈奇猷校释：《吕氏春秋新校释》，125页，注[四]，上海，上海古籍出版社，2002。

祖，求麦实也。”

“鲔鱼”，作为鱼名，《大词典》未收录。《大词典》收录了“鲤鱼”一词，“鲔鱼”与“鲤鱼”性质相同，都是表示种属关系的偏正式复音词，而且都是表示鱼的名称，所以“鲔鱼”也应该作为一个词收录。另有黄晖《论衡校释》：“《山海经·东山经》郭注、《文选·西京赋》李注谓即鲔鱼。”

嫌余

《吕氏春秋·季春》：“田猎罼弋，罝罘罗网，馁兽之药，无出九门。”高注：“天子城门十二，东方三门，王气所在处，尚生育，明馁兽之药所不得出，嫌余三方九门得出，故特戒之如言‘无’也。”

“嫌余”，陈奇猷释为“其余、剩余”。《大词典》未收录。“嫌”，《谷梁传·隐公四年》：“嫌也，弒而代之也。”范宁注：“凡非正嫡，则谓之嫌。”引申为非正式的。天子城门十二，东方的三门，因为是王气所在，所以不让出，“嫌余”的三方九门，也就是剩余的非正式的三方九门可以出。下文“嫌非王气所在，故磔犬羊以禳木气尽之，故曰‘以毕春气’也。”“嫌”单用，也是表示此义。作为“剩余”的意义，“羡余”一词也有。我们曾怀疑“嫌”或是“羡”的讹误，或二者之间存在通假或通用的关系。通过对四库全书本、四部丛刊本、四部备要本、诸子集成本等文献的检索，排除了版本讹误的可能。又通过工具书以及现存文献的查检，“嫌”与“羡”的通假和通用的关系也排除了。因此，我们同意陈奇猷的释义，而且此词的结合紧密，不能拆开，表示一个整体的意义，所以“嫌余”，《大词典》应该作为一个词收录。

秦渠

《吕氏春秋·季夏》：“鹰乃学习。腐草化为蚈。”高注：“秋节将至，故鹰顺杀气自习肄，为将挚鸷也。蚈，马蚿也。蚈，读如‘蹊径’之蹊。幽州谓之秦渠，一曰萤火也。”

作为一个方言词，指一种小飞虫，《大词典》未收录。

充人(8)

《吕氏春秋·仲秋》：“是月也，乃命宰祝，巡行牺牲：视全具；案刍豢。”高注：“宰，于《周礼》为充人，掌养祭祀之牺牲。”

作为官名，《大词典》未收录。此词见于《周礼·地官司徒》：“牧人下士六人。……牛人中士二人。……充人下士二人。”《大词典》收有“牧人”。释义：《周礼》官名。掌畜牧。“牛人”，《周礼》官名。掌养国家公牛。“牧人”、“牛人”与“充人”性质相同，而且出现在同一个语言环境中，所以也应该作为一个词收录。

剑拊

《淮南子·主术》："操其觚，招其末，则庸人能以制胜。"高注："觚，剑拊。"

"拊"，《说文·収部》："弆，持弩拊。"段注："凡弓刀处皆曰拊。"(104页下)"跗"，《广雅疏证·释器》："跗，亦柄也。"[①]"跗"上古属帮母侯部，"拊"上古属滂母侯部，二字声母是旁转关系，属同一个韵部，是通假字，如《史记·扁鹊仓公列传》："医有俞跗。"《汉书·艺文志》作"俞拊"。[②] 从意义上看，二者都有指器物末端、手抓的部分的意义，因此作为复音词的性质应该是相同的，《大词典》收录了"剑跗"一词，而没有收录"剑拊"，我们认为"剑拊"也应该作为"剑跗"的异体收录。

勃焉(12)

《吕氏春秋·重己》："故有道者，不察所召，而察其召之者，则其至不可禁矣。"高注："禹、汤罪己，其兴也勃焉；桀纣罪人，其亡也忽焉。皆己自召之，何可禁御?"

此句中"忽焉"《大词典》是作为一个词处理的，而此句中的"勃焉"与"忽焉"处在上下句中，词性和结构都是相同的，因此也应该是一个词，但《大词典》未收录。另有《韩诗外传》卷三："孔子曰：'昔桀纣不任其过，其亡也忽焉。成汤文王知任其过，其兴也勃焉。过而改之，是不过也。'"

二、《大词典》引证为东汉时期的

高注新词中《大词典》引证是东汉时期的词有166个，约占高注新词的35.85%。

鸲

《淮南子·时则》："田鼠化为駕。"高注："駕，鹑也，青徐谓之鸲，幽冀谓之鹑。"

《大词典》(12册，1107页)：鸲母。駕的别名。引的书证就是《淮南子·时则》高诱注。《大字典》(7卷，4633页)：〔鸲母〕鹌鹑类的小鸟。……《尔雅·释鸟》："駕，鸲母。"《大字典》无书证，可以补充高注作为书证。

美味

《吕氏春秋·情欲》："耳不乐声，目不乐色，口不甘味，与死无

---

① (清)王念孙：《广雅疏证》，2版，259页，北京，中华书局，2004。

② 高亨纂著，董治安整理：《古字通假会典》，366页，济南，齐鲁书社，1989。

择。"高注："声色美味，死者所不得说，人不能乐甘之，故曰'与死无择'。择，别也。"

"美味"：美好的滋味；可口的食品。《礼记·礼器》："大飨其王事与。三牲鱼腊，四海九州之美味也。"《睡虎地秦墓竹简·日书甲种》："狼恒呼人门曰：'启吾。'非鬼也。刹而享(烹)食之，有美味。"按时间来说，"美味"不应作为新词，是为了保留词语的发展轨迹。《大词典》(9册，160页)的引例是《汉书·扬雄传下》："美味期乎合口，上声调于比耳。"

水禽

《吕氏春秋·孟春》："鱼上冰。獭祭鱼。"高注："鱼，鲤鲋之属也，应阳而动，上负冰。獭猵，水禽也，取鲤鱼至水边，四面陈之，世谓之祭鱼为时候者。"

"水禽"：水鸟。《楚辞章句·九怀章句第十五》："蛟龙兮道引。"王逸注："虯螭水禽驰在前也。"《大词典》(5册，877页)的引例是汉马融《广成颂》："水禽：鸿鹄、鸳鸯、鸥、鹥……乃安斯寝，戢翮其涯。"

总名

《吕氏春秋·季春》："田猎罼弋，罝罘罗网，馁兽之药，无出九门。"高注："《诗》云：'鸳鸯于飞，罼之罗之。'罘，射鹿罟。网，其总名也。"

"总名"：总的名称。《大词典》(9册，993页)的引例是汉班固《白虎通·天地》："男女总名为人。天地所以无总名何？曰：天圆地方不相类，故无总名也。"另有《方言》第十二："裔，夷狄之总名。"按时间来说，"总名"不应作为新词，是为了保留词语的发展轨迹。

王气(3)

《吕氏春秋·季春》："田猎罼弋，罝罘罗网，馁兽之药，无出九门。"高注："天子城门十二，东方三门，王气所在处，尚生育，明馁兽之药所不得出，嫌余三方九门得出，故特戒之如言'无'也。"

"王气"：旧指象征帝王运数的祥瑞之气。《大词典》(4册，463页)的引例是《东观汉记·光武帝纪》："望气者言，春陵城中有喜气，曰：'美哉王气，郁郁葱葱。'"

班鸠

《吕氏春秋·季春》："鸣鸠拂其羽。"高注："鸣鸠，班鸠也。"

"班鸠"：即斑鸠。《大词典》(4册，564页)的引例是高诱的注。

区隅

《吕氏春秋·季春》："国人傩，九门磔禳，以毕春气。"高注："傩，读《论语》'乡人傩'同。命国人傩，索宫中区隅幽暗之处，击鼓大呼，驱逐不祥，如今之正岁逐除是也。"

"区隅"：角落。《大词典》(1册，978页)的引例是汉王充《论衡·订鬼》："《礼》曰：'颛顼氏有三子，生而亡去，为疫鬼，一居江水，是为虐鬼；一居若水，是为魍魉鬼；一居人宫室区隅沤库，善惊人小儿。'"

利欲

《吕氏春秋·尽数》："故凡养生，莫若知本，知本则疾无由至矣。"高注："《传》曰'人受天地之中以生'，所谓命也。《孟子》曰'人之性无不善'。本其善性，闭塞利欲，疾无由至矣。"

"利欲"：对私利的欲望。《大词典》(2册，639页)的引例是汉蔡邕《故太尉乔公庙碑》："雅性谦克，不吝于利欲。"

齆鼻(1)

《吕氏春秋·尽数》："处鼻则为鼽为窒。"高注："鼽，齆鼻。窒，不通。"

"齆鼻"：指因鼻孔堵塞而发音不清。"齆"，《说文》未收此字。《玉篇·鼻部》："齆，鼻病也。"《慧琳音义》卷九十四注引《古今正字》："齆，鼻塞病也。"东汉之前的文献，据笔者调查此词还没出现。《大词典》(12册，1424页)引例是高诱注。

盛阳(11)

《吕氏春秋·孟夏》："其虫羽。其音征。"高注："盛阳用事，鳞散而羽，故曰'其虫羽'。羽虫，凤为之长。征，火也，位在南方。"

"盛阳"：旺盛的阳气。此词已见于《黄帝内经·素问》："阳明所谓洒洒振寒者，阳明者午也，五月盛阳之阴也，阳盛而阴气加之，故洒洒振寒也。"按时间来说，"盛阳"不应作为新词，是为了保留词语的发展轨跡。《大词典》(7册，1428页)的引例是《汉书·五行志中之上》："其卦曰《归妹》，言雷复归，入地则孕毓根核，保藏蛰虫，避盛阴之害；出地则养长华实，发扬隐伏，宣盛阳之德。"

瓝瓠：《吕氏春秋·孟夏》"王菩生。"高注："菩，或作瓜，瓝瓠也。"

瓝瓠：即王瓜。《大词典》(8册，282页)的引例即为高诱注。

齕疣

《吕氏春秋·仲夏》："小暑至，螳螂生。"高注："螳螂一曰天马，一曰齕疣。"

毕沅注："《淮南》注作'齿肬'，当是脱其半耳。《初学记》引此注正作'齕疣'。"螳螂的别名。《大词典》(12册，1450页)的引例即为高诱注。

拒斧

《吕氏春秋·仲夏》："小暑至，螳螂生。"高注："螳螂……兖州谓之拒斧也。"

"拒斧"：即螳螂。"拒斧"是兖州地区称呼"螳螂"的方言。《大词典》(6册，362页)的引例即为高诱注。

百鸟

《吕氏春秋·仲夏》："䴗始鸣。反舌无声。"高注："反舌，伯舌也，能辨反其舌，变易其声，效百鸟之鸣，故谓之百舌。"

"百鸟"：各种禽鸟。此词还见于编定于东汉的《大戴礼记·夏小正第四十七·正月》："百鸟皆曰巢，突穴取与之室，何也？操泥而就家，入人内也。"《大词典》(8册，236页)的引例是东汉的《吴越春秋·越王无余外传》："天美禹德而劳其功，使百鸟还为民田。"

钟律(2)

《吕氏春秋·侈乐》："宋之衰也，作为千钟。"高注："钟律名。"

"钟律"：指音律。《大词典》(11册，1352页)的引例是汉蔡邕《弹琴赋》："爰制雅器，协之钟律。"此词还见于《汉书·平帝纪》："征天下通知逸经、古记、天文、历算、钟律、小学、《史篇》、方术、《本草》及以五经、《论语》《孝经》《尔雅》教授者，在所为驾一封轺传，遣诣京师。"

乐歌(2)

《吕氏春秋·音初》："周公及召公取风焉，以为周南、召南。"高注："取涂山氏女南音为乐歌也。"

"乐歌"：有乐器伴奏的唱歌。亦泛指歌曲。"乐歌"是与"徒歌"相对的，"徒歌"是指无乐器伴奏的歌或歌唱。《大词典》(4册，1295页)的引例是《仪礼·大射礼》："乃歌《鹿鸣》三终。"汉郑玄注："《鹿鸣》《小雅》篇也。人君与臣下及四方之宾燕，讲道修政之乐歌也。"

马祸

《吕氏春秋·明理》："马有生角。"高注："于《五行传》为马祸。"

"马祸"：马的异常现象。迷信者用以附会人事，以为灾祸之兆。《说文·示部》："祸，害也，神不福也。"《荀子·天论》："逆其类者谓之祸。"高注中的"马祸"是指马生角这种怪异的现象可能预示灾祸。《大词典》(12册，779页)的引例是《汉书·五行志下之上》："皇之不极，是谓不建……时则有射妖，时则有龙蛇之孽，时则有马祸。"

金畜(3)

《吕氏春秋·孟秋》："食麻与犬。其器廉以深。"高注："犬，金畜也。廉，利也。象金断割。深，象阴闭藏。"

"金畜"：指秋天长成之犬。《说文·金部》："金，五色金也。黄为之长，久薶不生衣，百炼不轻，从革不违。"《春秋繁露·五行顺逆》："金者，秋，杀气之始也。"《说文·田部》："畜，田畜也。《淮南子》曰：玄田为畜。"《国语·齐语》："其畜散而无育。"韦昭注："畜，六畜也。"所以"金畜"指秋天长成之犬。《大词典》(11册，1163页)的引例是《礼记·月令》"(孟秋之月)食麻与犬"汉郑玄注："犬，金畜也。"

鸠杖

《吕氏春秋·仲秋》："是月也，养衰老，授几杖，行麋粥饮食。"高注："阴气发，老年衰，故共养之。授其几杖，赋行饮食麋粥之礼。今之八月，比户赐高年鸠杖粉粢是也。《周礼》，大罗氏掌献鸠杖以养老，又伊耆氏掌共老人之杖。"

"鸠杖"：杖头刻有鸠形的拐杖。此词也见于同时期的《论衡·程材篇》："苟以鸠为善，不赐鸠而赐鸠杖，(而不爵)何说?"《大词典》(12册，1038页)的引例是《太平御览》卷九二一引汉应劭《风俗通》："俗说高祖与项羽战，败于京索，遁丛薄中，羽追求之，时鸠正鸣其上，追者以鸟在，无人，遂得脱。后及即位，异此鸟，故作鸠杖以赐老者。"

昼漏

《吕氏春秋·仲秋》："是月也，日夜分。雷乃始收声。蛰虫俯户。"高注："是月秋分。分，等也。昼漏五十刻，夜漏五十刻，故曰日夜分也。"

"昼漏"：谓白天的时间。"漏"，漏壶，古代计时的器具。此词见于同时期的注释语言，如《史记·五帝本纪》："日永，星火，以正中夏。"宋裴骃集解："马融、王肃谓日长昼漏六十刻，郑玄曰五十五刻。"《大词典》(5册，751页)的引例是汉荀悦《汉纪·成帝纪四》："上素康壮无疾病，向晨欲起，因失音不能言，昼漏十刻而崩。"

夜漏

《吕氏春秋·仲秋》："是月也，日夜分。雷乃始收声。蛰虫俯户。"高注："是月秋分。分，等也。昼漏五十刻，夜漏五十刻，故曰日夜分也。"

"夜漏"：夜间的时刻。"漏"，古代滴水计时的器具。此词也见于同时代文献，如：《汉书·昌邑哀王髆传》："夜漏未尽一刻，以火发书。"《大词典》(2册，362页)的引例是《周礼·春官·鸡人》"大祭祀，夜呼旦以叫百官。"汉郑玄注："夜漏未尽，鸡鸣时也，呼旦以警起百官，使夙兴。"此词已见于西汉的《新书·傅职》："天子居处燕私安所易，乐而湛，夜漏屏人而数，饮酒而醉。"

俗主

《吕氏春秋·情欲》："虽有彭祖，犹不能为也。"高注："彭祖，殷之贤臣，治性清静，不欲于物，盖寿七百岁，《论语》所谓'述而不作，信而好古，窃比于我老彭'是也。言虽彭祖之无欲，不能化治俗主，使之无欲，故曰'虽有彭祖，犹不能为'。"

"俗主"：指平庸的君主。此词已见于《吕氏春秋·情欲》："俗主亏情，故每动为亡败。"还见于《说苑》卷八："虽舜禹犹亦困，而又况乎俗主哉！"按时间来说，"俗主"不应作为新词，是为了保留词语的发展轨迹。《大词典》(1 册，1404 页)引例即为高诱注。

荒裔

《吕氏春秋·精通》："圣人形德乎已，而四荒咸饬乎仁。"高注："四表荒裔之民，法圣人之德，皆饬正其仁义，化使之然。"

"荒裔"：指边远地区。《说文·艸部》："荒，芜也。"《楚辞·离骚》："将往观乎四荒。"王逸注："荒，远也。"《吕氏春秋·知度》："若何而服四荒之外。"高诱注："荒，裔远也。"《说文·衣部》："裔，衣裾也。"《方言》卷十二："裔，夷狄之总名。"钱绎笺疏："边地为裔，亦四夷通以为号也。""荒裔"是同义连用，组成一个联合式复音词。《大词典》(9 册，392 页)的引例是汉班固《封燕然山铭》："铄王师兮征荒裔，剿凶虐兮截海外。"

强干弱枝

《吕氏春秋·慎势》："王者之封建也，弥近弥大，弥远弥小。"高注："近国大，远国小，强干弱枝。"

"强干弱枝"：加强本干，削弱枝叶。喻加强中央的力量，削弱地方的势力。《大词典》(4 册，145 页)：语本《史记·汉兴以来诸侯王年表序》："而汉郡八九十，形错诸侯间，犬牙相临，秉其阸塞地利，强本干，弱枝叶之势，尊卑明而万事各得其所矣。"《后汉书·班固传》："与乎州郡之豪桀，五都之货殖，三选七迁，充奉陵邑，盖以强干弱枝，隆上都而观万国也。"此词在西汉时还见于《春秋繁露·盟会要》："辞已喻矣，故曰立义以明尊卑之分，强干弱枝，以明大小之职。"说明在西汉时已经作为一个词出现，但是还不稳定，到东汉时已经稳固成词，除高诱注外，还见于同期的《东观汉记》《申鉴》等文中。

志节

《吕氏春秋·恃君》："所以激君人者之行，而厉人主之节也。"高注："激，发也。所以发起君人之行。厉，高也。人君务在知人，知人则哲，所以厉人主之志节也。"

“志节”：志向和节操。此词还见于东汉王逸的《楚辞章句》：“受命不迁，生南国兮。”王逸注：“屈原自比志节如橘，亦不可移徙。”《大词典》(7册，400页)的引例是《汉书·叙传上》：“(班伯)家本北边，志节忼慨，数求使匈奴。”

市民

《吕氏春秋·行论》：“齐国以虚也。七十城，微田单固几不反。”高注：“虚，弱也。燕昭王使乐毅伐齐，得七十馀城，事未讫，使骑劫代之，田单率即墨市民击骑劫军，尽破之，悉反其城，故曰无田单几不反矣。”

“市民”：城市居民。此词已见于战国时的《尉缭子·武议》：“武王不罢市民，兵不血刃，而克商诛纣，无祥异也，人事修不修而然也。”从时间来看，此词不应作为新词，是为了保留词语的发展轨迹。《大词典》(3册，685页)的引例是汉荀悦《申鉴·时事》：“皇民敦，秦民弊，时也；山民朴，市民玩，处也。”

棺题

《吕氏春秋·开春》：“见棺之前和。”高诱注：“棺题曰和。”

“棺题”：棺材前端的突出部分。《大词典》(4册，1131页)引例用的是高诱注。

选顷

《吕氏春秋·处方》：“昭釐侯已射，驾而归，上车。选闲，曰：‘乡者靷偏缓，今适，何也’。”高诱注：“选闲，犹选顷也。”

“选顷”：片刻，一会儿。《大词典》(10册，1243页)的引例是高诱注。

止足

《吕氏春秋·本生》：“贵富而不知道，适足以为患。”高注：“不知持盈止足之道，以至破亡，故曰适足以为患也。”

“止足”：谓凡事知止知足，不要贪得无厌。《大词典》(5册，300页)：语出《老子》：“知足不辱，知止不殆，可以长久”。《汉书·疏于薛等传赞》：“疏广行止足之计，免辱殆之累。”“止足”一词在春秋时期既可以中间加入其他词语，说明在春秋时期，此词还处于凝固的过程中，还不稳定。汉代已单用，高注和《汉书》中都有用例。

济民

《吕氏春秋·贵公》：“其于人也，有不见也。”高注：“务在济民，不求见之，《孝经》曰：‘非家至而见之也。’此总说隰朋所行。”

“济民”：语出《书·武成》：“惟尔有神，尚克相予以济兆民，无作神羞。”毛传：“神庶几助我渡民危害，无为神羞辱。”后因以“济民”谓救助百姓。晋葛洪《抱朴子·备阙》：“责其体而论细礼，则匠世济民之勋不著矣。”说明此词从西汉到东汉处于凝固的过程中，东汉时已成词，后代继续沿用。

未暇

《吕氏春秋·贵生》：“虽然，我适有幽忧之病，方将治之，未暇在天下也。”高注：“幽，隐也。《诗》云‘如有隐忧。’我心不悦，未暇在于治天下。”

“未暇”：谓没有时间顾及。《大词典》(4 册，691 页)引例是汉张衡《东京赋》。《吕氏春秋·贵生》原文已经出现“未暇”一词，为了说明词语的发展轨迹，列在此处。

辨反

《吕氏春秋·仲夏》：“反舌无声。”高注：“反舌，伯舌也，能辨反其舌，变易其声，效百鸟之鸣，故谓之百舌。”

“辨反”：转换，变更。辨，通“变”。《大词典》(11 册，494 页)引例高诱注。

东亩

《吕氏春秋·简选》：“诸侯莫之能难，反郑之埤，东卫之亩。”高注：“反，覆。覆郑城埤而取之。使卫耕者皆东亩以逐晋亡也。”

“东亩”：谓使田垄东西向。此词已见于《史记·齐太公世家》：“令齐东亩。”《大词典》(4 册，841 页)所引书证是《左传·成公》：“宾媚人致赂。晋人不可，曰：‘必以萧同叔子为质，而使齐之封内尽东其亩。’”杨伯峻注：“晋在齐之西，若齐之垄亩多为南北向，于晋之往东向齐进军，地形与道路有所不利，故晋以‘尽东其亩’为媾和条件之一。”郑泽《夏日感兴次钝根韵即以奉寄》：“齐封惧东亩，亦可惩骄泰。”说明“东亩”在春秋时期还没有固定为词，到西汉时期已经作为一个词用，因此，《大词典》可以把书证提前到西汉的《史记》。

理物

《吕氏春秋·遇合》：“宜遇而不遇者，此国之所以乱，世之所以衰也。”高注：“贤者至道，宜一遇明世，佐时理物，不遇之，故国不治，所以乱也。世不知贤不肖，所以衰也。”

“理物”：犹治民。《大词典》(4 册，570 页)的书证是汉班固《白虎通·诛伐》：“王者承天理物，故率天下静，不复行役，扶助微气，成万物也。”此词已见于战国时期的《荀子·天论》：“思物而物之，孰与理物而勿失之也！”还见于同时代的碑刻语料：“佐时理物，绍纵先轨。”(淳于长夏承碑)①从时间来看，“理物”不应作为新词，是为了保留词语的发展轨迹。

投醪

《吕氏春秋·顺民》：“有酒流之江，与民同之。”高注：“投醪同味。”

“投醪”：《大词典》(6册，408页)：《吕氏春秋·顺民》：“越王苦会稽之耻……下养百姓以来其心，有甘脆，不足分，弗敢食，有酒，流之江，与民同之。”后因以“投醪”指与军民同甘苦。“投醪”一词在《吕氏春秋》原文和高注的用法，反映了此词从战国到东汉正处于凝固的过程中。

三、《大词典》引证为东汉之后的

高注新词中《大词典》引证是东汉之后的词有265个，约占高注新词的57.24%。

俾

《淮南子·氾论》：“訾行者不容于众。”高注：“好揜人之善，扬人之短，訾毁人行，自独俾臧，众人所疾而不容之也。”

“俾”，通“睥”，意为“视”。《大词典》(7册，1233页)引例是唐顾况《行行游且猎》诗：“引烛窥洞穴，凌波睥天琛。”

棯

《淮南子·主术》：“脩者以为櫚榱。”高注：“櫚，屋垂。榱，稳(棯，《淮南子集释》653页11行、《淮南子校释》956页注[六]均为吴承仕校改)也。”

“棯”是屋栋。《大词典》(4册，1353页)，《大字典》(2卷，1309页)引例都是宋李诫《营造法式·大木作制度二·栋》：“栋，其名有九……三曰棯。”

高禖

《吕氏春秋·仲春》：“是月也，玄鸟至。至之日，以太牢祀于高禖。”高注：“玄鸟，燕也，春分而来，秋分而去。《传》曰‘玄鸟氏，司启者也’；《周礼》‘媒氏以仲春之月，合男女于时也，奔则不禁’，因祭其神于郊，谓之‘郊禖’。郊音与高相近，故或言‘高禖’。王者后妃以玄鸟至日祈继嗣于高禖。三牲具曰太牢。”

“高禖”：指媒神。“高”，通“郊”。此词在《吕氏春秋》原文中已出现，还见于战国时期的《礼记·月令》：“是月也。玄鸟至。至之日。以大牢祠于高禖。天子亲往。后妃帅九嫔御。乃礼天子所御。带以弓韣。

---

① 刘志生：《东汉碑刻复音词研究》，128页，华东师范大学博士学位论文，2005。

授以弓矢。于高禖之前。"王引之《经义述闻·礼记上》："高者，郊之借字，古声高与郊同，故借高为郊……盖古本《月令》本作郊禖也。"《逸周书逸文十一》(嘉定朱右曾著)："以太牢祀高禖。""高禖"从时间来看，也不应作为新词，是为了保留词语的发展轨迹。《大词典》(12 册，955 页)引例是唐陈子昂《为丰国夫人庆皇太子诞表》："涂山之庆，既裕于夏台；高禖之祠，未陪于殷荐。"

嘉苗

《吕氏春秋·孟春》："乃修祭典，命祀山林川泽牺牲无用牝。"高注："山林川泽，百物所生，又能兴云雨以殖嘉苗，故祀之。"

"嘉苗"：指禾苗。《大词典》(3 册，475 页)的引例是《列子·周穆王》："东极之北隅有国曰阜落之国……其土不生嘉苗。"今本《列子》八篇系魏晋人伪作，所以我们把它放在东汉之后。

痿疾

《吕氏春秋·重己》："是故先王不处大室，不为高台。"高注："为痿疾也。"

"痿疾"：指身体某部分萎缩或失去机能的病。特指阳痿。《黄帝内经·灵枢经》："合折，则气无所止息而痿疾起矣。故痿疾者，取之阳明，视有馀不足。无所止息者，真气稽留，邪气居之也。"现在学界大多数认为此书是编成于战国晚期以前(《中国科学技术史稿》上册，139 页)。① 此词按说不应作为新词，但是为了保留词语的发展轨迹，我们还是列出。《大词典》(8 册，332 页)的引例是《晋书·废帝海西公纪》："(桓温)因图废立，诬帝在藩夙有痿疾，嬖人相龙、计好、朱灵宝等参侍内寝，而二美人田氏、孟氏生三男，长欲封树。"书证的时间比高注更晚。

阳炎

《吕氏春秋·重己》："其为宫室台榭也，足以辟燥湿而已矣。"高注："宫，庙也。室，寝也。《尔雅》曰：'宫谓之室，室谓之宫。'筑土方而高曰台。有屋曰榭。燥谓阳炎，湿谓雨露，故曰足以备之而已。"

"阳炎"：指阳光。《大词典》(11 册，1068 页)的引例是郭沫若《北伐途次》二十："武昌城远远地在阳炎中横陈着，脚根是看不见的，白蒙蒙地好像是一座蜃气楼。"

里陌

《吕氏春秋·贵公》："万物皆被其泽、得其利，而莫知其所由始。"

① 高小方、蒋来娣编著：《汉语史语料学》，114 页，北京，高等教育出版社，2005。

高注："由，从也。万物皆蒙天地之泽而得其利，若尧时父老无繇役之劳，击壤于里陌，自以为当然，故曰莫知其所从始也。"

"里陌"：指乡里。《大词典》(10 册，369 页)的引例是《后汉书·儒林传上·孙期》："里落化其仁让。黄巾贼起，过(孙)期里陌，相约不犯孙先生舍。"

理官

《吕氏春秋·仲春》："命有司，省囹圄，去桎梏，无肆掠，止狱讼。"高注："有司，理官，主狱者也。囹圄，法室。省之者，赦轻微也。在足曰桎，在手曰梏。肆，极；掠，笞也。言'无'者，须立秋也。止，禁。"

"理官"：治狱之官。此词已见于战国时的《尉缭子·将理第九》："凡将，理官也，万物之主也，不私于一人。"《大词典》(4 册，571 页)的引例是《后汉书·陈宠传》："及为理官，数议疑狱。"

寇害

《吕氏春秋·仲春》："仲春行秋令，则其国大水，寒气总至，寇戎来征。"高注："仲春，阳中也。阳气长养而行秋金杀戮之令，故寒气猥至，寇害之兵来伐其国也。"

"寇害"：贼寇之害。此词还见于同期的《史记·宋微子世家》："六曰司寇。"裴骃集解："马融曰：'主诛寇害。'"《大词典》(3 册，1501 页)的引例是《后汉书·质帝纪》："九江、广陵二郡数离寇害，残夷最甚。"

缪误

《吕氏春秋·贵生》："颜阖对曰：'恐听缪而遗使者罪，不若审之。'"高注："恐缪误致币得罪，故劝令审之。"

"缪误"：错误。《大词典》(9 册，1013 页)的引例是唐冯贽《云仙杂记·握麦芒刁字》："牛僧孺进士时，常握麦芒刁字，有缪误，随手删割点定。"

左相

《吕氏春秋·当染》："汤染于伊尹、仲虺。"高注："汤，契后十二世孙王癸之子也，名天乙。伊尹，汤相，《诗》云'实为阿衡，实左右商王'；仲虺居薛，为汤之左相；皆贤德也。孟子曰：'王者师臣也。'"

"左相"：左丞相的简称。《左传·襄公二十五年》："崔杼立而相之，庆封为左相。"《左传·定公元年》："奚仲迁于邳，仲虺居薛，以为汤左相。"按时间来说，"左相"不应作为新词，是为了保留词语的发展轨迹。《大词典》(2 册，962 页)的引例是唐杜甫《饮中八仙歌》之三："左相日兴费万钱，饮如长鲸吸百川。"

五稼

《吕氏春秋·季春》："是月也，命司空曰：'时雨将降，下水上腾，循行国邑，周视原野。'"高注："司空，主土官也。是月下水上腾，恐有浸渍，害伤五稼，故使循行遍视之。广平曰原。郊外曰野。"

"五稼"：指五谷。《大词典》(1 册，387 页)的引例是晋杜预《论水利疏》："今者水灾，东南特剧，非但五稼不收，居业并损。"

目疾

《吕氏春秋·尽数》："处目则为䁾为盲。"高注："䁾，眵也；盲，无见；皆目疾也。"

"目疾"：指眼病。《大词典》(7 册，1128 页)的引例是《后汉书·文苑传上·杜笃》："笃后仕郡文学掾，以目疾，二十馀年不窥京师。"

民业

《吕氏春秋·先己》："平静则业进乐乡。"高注："行仁义则民业进而乐乡其化。"

"民业"：民众从事的事业。《淮南子·齐俗》："神机阴开，剞劂无迹，人巧之妙也。而治世不以为民业。"按时间来说，"民业"不应作为新词，是为了保留词语的发展轨迹。《大词典》(6 册，1429 页)的引例是《宋书·张永传》："愚谓交代之限，以一年为制，使征士之念，劳未及积；游农之望，收功岁成。斯则王度无骞，民业斯植矣。"

万法

《吕氏春秋·先己》："督听则奸塞不皇。"高注："正听万法，赏罚分明，故奸轨塞断于不皇。"

"万法"：指一切事物。《大词典》(9 册，465 页)的引例是南朝宋朱昭之《难顾道士〈夷夏论〉》："《金刚般若》，文不逾千，四句所弘，道周万法。"

阴类

《吕氏春秋·孟夏》："蝼蝈鸣。丘蚓出。"高注："蝼蝈，虾蟆也。是月阴气动于下，故阴类鸣。丘蚓从土中出。"

"阴类"：旧时认为属于阴性的物类。《大词典》(11 册，1038 页)的引例是唐柳宗元《三戒·永某氏之鼠》："数岁。某氏徙居他州，后人来居，鼠为态如故。其人曰：'是阴类恶物也。'"

东头

《吕氏春秋·孟夏》："天子居明堂左个。"高注："明堂，南乡堂。左个，东头室。"

"东头"：东边。《大词典》(4 册，851 页)的引例是南朝宋刘义庆《世说新语·赏誉》："蔡司徒在洛，见陆机兄弟住参佐廨中，三间瓦屋，士龙住东头，士衡住西头。"

药草

《吕氏春秋·孟夏》："是月也，聚蓄百药。靡草死。"高注："是月阳气极，药草成，故聚积之也。靡草，荠、亭历之类。"

"药草"：可以入药的草本植物。《大词典》(9册，610页)的引例是南朝梁萧统《〈陶渊明集〉序》："庄周垂钓于濠，伯成躬耕于野，或货海东之药草，或纺江南之落毛。"郑玄的注释语言中也已出现，如《礼记·月令》："半夏生。"郑注："半夏，药草。"①

材秀

《吕氏春秋·劝学》："学者师达而有材，吾未知其不为圣人。"高注："学者师道通达其义，而有材秀。言圣人之言，行圣人之行，是则圣人矣，故曰'吾未知其不为圣人'也。"

"材秀"："材"、"秀"是同义连文，指才能优秀之人。《大词典》(4册，756页)的引例是《资治通鉴·汉献帝兴平二年》："衣冠善士，名在其右者，必以法害之；有材秀者，必抑困使在穷苦之地。"

足踵

《吕氏春秋·用众》："善学者若齐王之食鸡也，必食其跖数千而后足。"高注："跖，鸡足踵。"

"足踵"：脚后跟。此词还见于《吴越春秋·阖闾内传第四》："申包胥知不可，乃之于秦，求救楚。昼驰夜趋，足踵蹠劈，裂裳裹膝，鹤倚哭于秦庭，七日七夜，口不绝声。"《吴越春秋》和高诱注都属于东汉时期的语料。《大词典》(10册，429页)的引例是清纪昀《阅微草堂笔记·滦阳消夏录四》："后生子女，皆足踵反向前。"

木椎

《吕氏春秋·仲夏》："饬钟磬柷敔。"高注："钟，金。磬，石。柷如漆桶，中有木椎，左右击以节乐。敔，木虎，脊上有钼敔，以杖抳之以止乐。乐以和成，故饬整之也。"

"木椎"：木槌。此词已见于《马王堆汉墓帛书·五十二病方》："东乡(向)坐于东陈垣下，即内(纳)肾(脧)于壶空(孔)中，而以采为四寸杙二七，即以采木椎窡(剟)之。"《大词典》(4册，675页)的引例是明徐光启《农政全书》卷二一："今田家所制无齿杷，首如木椎，柄长四尺，可以平田畴，击块壤，又谓木斫，即此櫌也。"

---

① 张能甫：《郑玄注释语言词汇研究》，276页，成都，巴蜀书社，2000。

蓝青

《吕氏春秋·仲夏》："令民无刈蓝以染。"高注："为蓝青未成也。"

"蓝青"：生长染料的植物名。此词已见于西汉的《韩诗外传》卷五："蓝有青，而丝假之，青于蓝；地有黄，而丝假之，黄于地。蓝青地黄，犹可假也，仁义之事，不可假乎哉！"《大词典》(9 册，589 页)的引例是明陶宗仪《辍耕录·写像秘诀》："采绘法：蓝青，用三青入高三绿合。"

炎气

《吕氏春秋·仲夏》："无暴布。"高注："是月炎气盛猛，暴布则脆伤之。"

"炎气"：暑气。《说文·炎部》："炎，火光上也。"引申为"热气、暑气"，如《文选·阮籍〈咏怀〉》："炎暑惟兹夏。"李善注："炎，热气也。"《大词典》(7 册，44 页)的引例是《后汉书·马援传》："会暑甚，士卒多疫死，援亦中病，遂困。乃穿岸为室，以避炎气。"

韫藉

《吕氏春秋·适音》："鼻之情欲芬香。"高注："欲芬香之韬藉(韫藉，陈奇猷校改。《吕氏春秋新校释》，277 页注[六])也。"

"韫藉"：含蓄而不显露。"韫"，《论语·子罕》："韫匮而藏诸。"何晏集解引马融曰："韫，藏也。""藉"，《说文·艸部》："藉，祭藉也。一曰：艸不编狼藉。"段玉裁注："引申为凡承藉、蕴藉之义。又为假借之义。"(42 页下)"韫藉"是"含蓄而不显露"之义。《大词典》(12 册，683 页)的引例是元李冶《敬斋古今黈》卷二："韫藉乃涵养重厚，不露圭角之意。故前史谓有局量，不令人窥见浅深，而风流闲雅者，为韫藉。"

青蛩

《吕氏春秋·季夏》："其数七。其味苦。其臭焦。其祀灶。祭先肺。凉风始至。蟋蟀居宇。"高注："夏至后四十六日立秋节，故曰'凉风始至'。蟋蟀，蜻蛩，《尔雅》谓之暴，阴气应，故居宇，鸣以促织。"

"青蛩"：蟋蟀的别称。《尔雅·释虫》："蟋蟀，蛬。释曰：蟋蟀，一名蛬，今促织也。亦名青蛩。"《广雅疏证·释虫》："《正义》引李巡《尔雅注》云：蟋蟀，蛬，一名蟋蟀。蟋蟀，蜻蛩也。"①"青"与"蜻"属通假字，"蛩"与"蛩"是异体字，所以在使用的过程中可以互相换用。《大词典》(11 册，542 页)的引例是五代马缟《中华古今注》卷下："蟋蟀……济南人谓之懒妇。一名青蛩，今之促织也。"

---

① (清)王念孙：《广雅疏证》，2 版，360 页，北京，中华书局，2004。

促织

《吕氏春秋·季夏》："其数七。其味苦。其臭焦。其祀灶。祭先肺。凉风始至。蟋蟀居宇。"高注："夏至后四十六日立秋节，故曰'凉风始至'。蟋蟀，蜻蛚，《尔雅》谓之暴，阴气应，故居宇，鸣以促织。"

"促织"：蟋蟀的别名。《大词典》(1册，1400页)的引例是《古诗十九首·明月皎夜光》："明月皎夜光，促织鸣东壁。"

马蚿

《吕氏春秋·季夏》："鹰乃学习。腐草化为萤蚈。"高注："秋节将至，故鹰顺杀气自习肄，为将抟鸷也。蚈，马蚿也。蚈，读如'蹊径'之蹊。幽州谓之秦渠，一曰萤火也。"

"马蚿"：即马陆。此词已见于西汉的《方言》第十一："马蚿，北燕谓之蛆蟝。"《大词典》(12册，766页)的引例《孔子家语·六本》：[①]"晏子之言，君子哉！依贤者固不困，依富者固不穷。马蚿斩足而复行，何也？以其辅之者众。"

而今

《吕氏春秋·顺民》："庄子曰：'虽猛虎也，而今已死矣。'"高注："言越王衰老，不能复致力战也，故曰而今已死矣。"

"而今"：如今，现在。《大词典》(8册，774页)的引例是唐张安世《苦别》诗："向前不信别离苦，而今自到别离处。"《吕氏春秋·顺民》所引就是《庄子》的原文，另外还有：《礼记·檀弓上》："他日不败绩，而今败绩。"《论语·泰伯》："而今而后，吾知免夫！"按时间来说，"而今"不应作为新词，是为了保留词语的发展轨迹。

司寇

《吕氏春秋·遇合》："达徒七十人，七十人者，万乘之主得一人用可为师，不为无人，以此游仅至于鲁司寇。"高注："仅犹裁也。孔子有圣德，不见大用，裁至于司寇也。"

"司寇"：官名。此词已见于《尚书·洪范》："四曰司空。五曰司徒。六曰司寇。"《礼记·曲礼下》："天子之五官：曰司徒，司马，司空，司士，司寇。"《大词典》(3册，66页)的引例是唐张说《唐西台舍人赠泗州刺史徐府君碑》："夫君子大守道而小守位，污隆随时，屈伸以义，去令尹而不愠，失司寇而遂行。""司寇"不应作为高注中的新词，是为了保留

---

① 《孔子家语》 书名。原书二十卷，《汉书·艺文志》曾著录，久佚。今本十卷，系三国魏王肃收集和伪造。"(《辞海》编辑委员会：《辞海》，第六版彩图本，1258页，上海，上海辞书出版社，2009。)

词语发展的轨迹。

奄人

《吕氏春秋·知接》："公又曰：'竖刁自宫以近寡人'。"高注："宫，割阴为奄人。"

"奄人"：古代称被阉割的男人；特指宦官。《大词典》(2 册，1530 页)的引例是《新唐书·赵憬传》："时杜黄裳遭奄人谗诋。"同时期的郑玄注中已经出现，如《周礼·天官·酒正》："皆使其士奉之。"注："士谓酒人、浆人、奄人。"①

兴化

《吕氏春秋·季春》："聘名士，礼贤者。"高注："有名德之士、大贤之人，聘而礼之，将与兴化致理者也。"

"兴化"：振兴教化。《大词典》(2 册，164 页)的引例是《孔丛子·执节》②。高注可以提前《大词典》的书证时间。

瑞应

《淮南子·览冥》："援绝瑞，席萝图。"高注："殊绝之瑞应，援而致之也，罗列图籍以为席蓐。一说：萝图，车上席也。"

"瑞应"：古代以为帝王修德，时世清平，天就降祥瑞以应之，谓之瑞应。此词还见于同时代的碑刻语料，如："灵只瑞应，木连理生。"(汉成阳令唐扶颂)③《大词典》(4 册，605 页)的书证是《西京杂记》卷三："瑞者，宝也，信也。天以宝为信，应人之德，故曰瑞应。"

示人

《吕氏春秋·节丧》："以此观世。"高注："观世犹示人也。"

"示人"：让人知道；让人看见。《汉语大词典拾补》162 页"示人"：让人知道；让人看见。《大词典》引鲁迅《而已集》。按："示人"已见于《朱子语类》卷九六："问：'程子观天地生物气象，也是如此?'曰：'他也只是偶然看见如此，便说出来示人。而今不成只管去守看生物气象！'"笔者按：此词已见于《周易·系辞》："夫干确然，示人易矣。夫坤隤然，示人简矣。"《礼记·檀弓上》："曾子袭裘而吊，子游裼裘而吊。曾子指子游而示人曰：'夫夫也。'"从时间来看，此词不应作为新词，是

---

① 张能甫：《郑玄注释语言词汇研究》，276 页，成都，巴蜀书社，2000。

② 《孔丛子》 书名。托名秦孔鲋编，疑系三国魏王肃伪作。今本七卷。搜集并臆造了孔子以下子思、子上、子高、子顺等的言论，以及孔鲋与孔臧的事迹、文章，编成此书。其中《小尔雅》一篇，常为研究中国文字、训诂学者所引用。"(《辞海》编辑委员会：《辞海》，第六版彩图本，1256 页，上海，上海辞书出版社，2009。)

③ 刘志生：《东汉碑刻复音词研究》，128 页，华东师范大学博士学位论文，2005。

为了保留词语的发展轨迹。

合药

《吕氏春秋·别类》："合而食之则益寿。"高注："合药而服，愈人病，故曰益人寿也。"

《汉语大词典拾补》98页"合药"：调配药物。《大词典》引唐皮日休《新秋言怀寄鲁望三十韵》。按："合药"已见于晋葛洪《抱朴子内篇·金丹》："又按仙经，可以精思合作仙药者，有华山、泰山……若不得登此诸山者，海中大岛屿，亦可合药。"笔者按：高注中的"合药"比晋葛洪《抱朴子内篇·金丹》的时间更早。

我们通过高注新词的研究，发现许多词的源头还可以进一步向前推进。因为我们目力所限，不可能找到每一个词其最初的源头，只是现阶段的研究所得，可以为今后的研究作一个铺垫。这些词语，我们没有作为高注新词，列在此节之后，以备查阅。

可以溯源到西周的有5个，从父、罪刑、灭身、时人、司寇，其中只有"时人"一词《大词典》的书证是东汉的，其余4个《大词典》的书证都为东汉之后。

可以溯源到春秋时期的有11个，分别是：信义、取怨、谋害、成为、凶残、谓如、宿会、釜钟、能文、楚王、左相，11个词《大词典》的书证都是东汉后的。

安强、陈兵、俗主、美味、市民、未暇、理物、投醪、增加、宝赂、别异、直臣、私好、相连、众事、受赏、苟从、好丑、失中、守塞、梦见、忠孝、波水、伯者、真伪、时适、荣显、烦苛、俯仰[①]、高禖、瘘疾、理官、炎气、而今、示人、居宇、论人、谓为、倒逆、君位、早朝、恶衣、顺说、礼贤、横戈、黧黑、幽暗、怨憾、何得、今年、箭矢、人爪、上术、谄人、通物、相半、测度、今岁、尽止[②]，这59个词的源头，就我们现在的研究，可以追溯到战国时期。

可以溯源到西汉时期的有83个：班鸠、盛阳、夜漏、东亩、歌声、归功、革更、尚武、曲从、通合、骄慢、复重、漂没、木王、善性、贫陋、愁怨、火王、斗建、欂栌、辟雍、具存、系囚、谕道、刀钩、柩车、斥境、歌吟、应德、少内、聚会、道死、列土、责过、挐首[③]、民业、木椎、蓝青、马蚿、车载、漏水、闭结、和风、身形、至行、酒

① 以上这些词《大词典》的书证是东汉时期。

② 以上这些词《大词典》的书证是东汉之后。

③ 以上这些词《大词典》的书证是东汉时期。

器、杀害、违礼、继位、淫酒、怀藏、筑作、随后、从学、稽迟、属连、传位、旋麦、伤折、仁化、彗孛、文王操、世间、皮衣、上旬、恃赖、得名、朝肆、蜻蛩、文官、恶血、作威福、幼小、寒肃、举坐、烦闷、函谷、变难、蚑行、目眩、伤毁、披衣、外徙①。

第二节　高诱注释语言中的新义

高注中的新义共有 621 个，其中单音新义 97 个，约占高注新义的 15.62%；复音新义 524 个，约占高注新义的 84.38%。新义中《大词典》引用的书证是东汉时期的有 196 个，约占高注新义的 31.56%；新义中《大词典》引用的书证是东汉以后的有 363 个，约占高注新义的 58.45%，另外还有 62 个新义可以为《大词典》《大字典》补充义项，约占高注新义的 9.98%。下面我们分两种情况来讨论高注的新义：一是可以为《大词典》《大字典》补充义项；二是可以为《大词典》的某些义项提前书证时间。

一、为《大词典》《大字典》补充义项

把高注的意义作为单独的义项来补充《大词典》或《大字典》，我们注意了随文释义的情况，如果高注的意义与《大词典》已有的义项接近，就不作为义项补充；如果意义相差较大，就作为义项列出，以备补充《大词典》或《大字典》的义项。

辟

《吕氏春秋·任地》："其用日半，其功可使倍。"高注："一辟曰倍。"

"辟"，《大词典》(11 册，482 页)，《大字典》(6 卷，4037 页)的释义都不包含高注的意义，高注的意义是作为一个量词。陈奇猷曰："'日'是计功之单位，如《韩非子·解老》云：'一人之作，日亡半日，十日则亡五人之功'即其例。夏(纬瑛)谓'一辟'即'一倍'，是高诱时俗语，是也。'倍'字古音隶咍部。秦、汉以后，咍部字多转入脂部或支部。高诱云'一辟曰倍'，盖汉时'倍'音转入支部，音如'辟'，因之谓'一倍'为'一辟'，故高诱云然。"②

故

《淮南子·时则》："是月也，工师效功，陈祭器，案度程，坚致为

① 以上这些词《大词典》的书证是东汉之后。

② (战国)吕不韦著，陈奇猷校释：《吕氏春秋新校释》，1761 页，注[四六]，上海，上海古籍出版社，2002。

上。”高注：“案，视也。度，法也。坚致，功牢也。为，故也。上，盛也。”

“故”，《大词典》(5册，427页)，《大字典》(2卷，1453页)的释义不包括高注的意义，高注的意义是动词“作”。《淮南子校释》599页注[二六]马宗霍云：《说文·支部》：“故，使为之也。”盖用许君之义。可以用高注补充“二典”的义项。

换

《吕氏春秋·尊师》：“听从不尽力，命之曰背；说义不称师，命之曰叛。”高注：“背，戾也。叛，换也。言学者听从不尽其力，犹民背国；说义不称其师，犹臣叛君。”

“换”，《大词典》(6册，621页)，《大字典》(3卷，1886页)的释义不包括高注的意义，高注的意义是背叛。因为“叛”、“换”是叠韵联绵词，所以“换”有“叛”意。陈奇猷案：“以换训叛，本是音训，二字皆隶元部。《汉书·叙传》‘项氏畔换，黜我巴、汉’，畔、叛同。‘畔换’显系叠韵谜语，则换亦叛也。‘项氏畔换’犹言项氏背叛耳。”①可以用高注补充“二典”的义项。

伏

《吕氏春秋·仲春》：“是月也，日夜分。雷乃发声，始电。”高注：“冬阴闭固，阳伏于下，是月阳升，雷始发声。震气为雷，激气为电。”

“伏”，《大词典》(1册，1180页)，《大字典》(1卷，119页)的释义不包括高注的意义，高注的意义是沉积，《吕氏春秋词典》(342页)有此义项。可以用高注补充“二典”的义项。

急

《战国策·秦策四》：“此四国者，不待痛而服矣。”高注：“痛，急也。不待急攻而服从也。”

“急”：猛烈；剧烈。《大词典》(7册，453页)有此义项，引例是《汉书·五行志中之下》：“周失之舒，秦失之急；故周衰亡寒岁，秦灭亡奥年。”《大字典》(4卷，2281页)没有此义项，可以用《大词典》补充《大字典》的义项。

首疾

《吕氏春秋·尽数》：“形气亦然，形不动则精不流，精不流则气郁。郁处头则为肿为风。”高注：“肿与风，皆首疾。”

---

① (战国)吕不韦著，陈奇猷校释：《吕氏春秋新校释》，220页，注[五八]，上海，上海古籍出版社，2002。

“首疾”，《大词典》的释义为：指因思念引起的头痛。笔者认为：不仅仅是思念引起的头痛为首疾，其他原因引起的头痛也应该为首疾。如高注中的情况，所以可以用高注的意义补充《大词典》的义项。

火日

《吕氏春秋·孟夏》：“其日丙丁，其帝炎帝。”高注：“丙丁，火日也。炎帝，少典之子，姓姜氏，以火德王天下，是为炎帝，号曰神农，死托祀于南方，为火德之帝。”

“火日”，《大词典》的释义为“太阳”。《睡虎地秦墓竹简·日书乙种》：“丙丁有病，王父为姓(眚)，得赤肉、雄鸡、酒，庚辛病，壬闲，癸酢(作)，烦及岁皆在南方，其人赤色，死火日。”此文中的“火日”与高注的意义应该是“五行中，火主的时间”，应该以此补充《大词典》的义项。

介甲

《吕氏春秋·孟秋》：“孟秋行冬令，则阴气大胜，介虫败谷，戎兵乃来。”高注：“冬，水王，而行其令，故阴气大胜也。介虫，龟属。冬，玄武，故介甲之虫败其谷也。金水相并，则戎兵来侵为害。”

“介甲”，《大词典》的释义为“披甲”。而高注的意思是指甲虫的硬壳，可以用高注补充《大词典》的义项。

体正

《吕氏春秋·知士》：“子列子曰：‘知之矣。’”高注：“知射心平体正然后能中，自求诸己，不求诸人，故曰知之。”

“体正”，《大词典》的释义是：礼仪规矩。体，通“礼”。高注的意义是指“身体端正”，可以补充《大词典》的义项。另有文献证据，如《礼记·射义》：“故心平体正。持弓矢审固。”《列子·汤问》：“心闲体正，六辔不乱，而二十四蹄所投无差。”

破甕

《吕氏春秋·下贤》：“周公旦，文王之子也，武王之弟也，成王之叔父也，所朝于穷巷之中、甕牖之下者七十人。”高注：“甕牖，以破甕蔽牖。言贫陋也。”

“破甕”，《大词典》的释义是：把甕打破。高注的意义是破旧的甕，可以补充《大词典》的义项。另有文献证据，如《庄子·让王》：“蓬户不完，桑以为枢；而甕牖二室，褐以为塞。”唐代成玄英疏：“桑条为枢，蓬作门扉，破甕为牖。”

奇表

《吕氏春秋·观表》：“圣人之所以过人以先知，先知必审征表。”高注：“征，应。表，异。一曰奇表。”

“奇表”,《大词典》(2 册,1523 页)的释义是:非凡的仪表。《说文·丂部》:“奇,异也。一曰不耦。”《淮南子·修务》:“不可动以奇。”高诱注:“非常曰奇。”《说文·衣部》:“表,上衣也,从衣,从毛。古者衣裘,以毛为表。”《荀子·大略》:“水行者表深。”杨倞注:“表,标志也。”高注的“奇表”是指内心有异于常的想法,会在行动中有所表现。陈奇猷曰:“然则表者,谓意向之表现。”[①]《大词典》的释义不包括高注的意义。高注的意义可以作为《大词典》的义项。

游翔

《吕氏春秋·本生》:“命之曰招蹶之机。”高注:“招,至也。蹶机,门内之位也。乘辇于宫中游翔,至于蹶机,故曰‘务以自佚’也。《诗》云‘不远伊尔,薄送我畿’,此不过蹶之谓。”

“游翔”,《大词典》(10 册,1055 页)的释义是:犹飞翔。《大词典》的释义不包括高注的意义,高注的意义指乘辇在宫中悠闲地观览。高注可以作为义项补充《大词典》。

娱志

《吕氏春秋·重己》:“昔先圣王之为苑囿园池也,足以观望劳形而已矣。”高注:“可以游观娱志,故曰足以劳形而已。”

“娱志”,《大词典》(4 册,359 页)的释义是:寄托高尚的志向。高注的意义是可以消闲愉悦身心,可以补充《大词典》的义项。另有《楚辞·怀沙》:“吾将荡志而愉乐兮,遵江夏以娱忧。”王逸云:“涤我忧愁,弘佚豫也。将,一作且。循两水涯,以娱志也。”

主治

《吕氏春秋·季秋》:“命冢宰,农事备收,举五种之要。”高注:“冢宰,于《周礼》为天官。冢,大。宰,治也。主治万事,故命之也。举书五种之要,具文簿也。”

“主治”,《大词典》(1 册,699 页)的释义是:指药物的主要疗效。《说文·水部》:“治,水。出东莱曲城阳丘山,南入海。”《庄子·在宥》:“不闻治天下也。”成玄英疏:“治,统驭也。”高注“主治”的意义是统驭、主管。《大词典》的释义不包括高注的意义。高注的意义可以作为《大词典》的义项。另有文献证据,如《史记·酷吏列传》:“汤给事内史,为甯成掾,以汤为无害,言大府,调为茂陵尉,治方中。”魏孟康的《汉书音义》曰:“方中,陵上土作方也。汤主治之。”

---

① (战国)吕不韦著,陈奇猷校释:《吕氏春秋新校释》,1424 页,注[八],上海,上海古籍出版社,2002。

临命

《吕氏春秋·务本》："《大雅》曰'上帝临汝，无贰尔心'，以言忠臣之行(一作徒)也。"高注："《大雅·大明》之七章也。言天临命武王，伐纣必克之，不敢有疑心。喻君命臣齐一专心输力，不敢惑忠臣之行也。"

"临命"，《大词典》(8册，730页)的释义是：谓人将死之时。按，《说文·卧部》："临，监临也。"《玉篇·卧部》："临，尊适卑也。"《大雅·大明》："临谓神明鉴之，如有贰心，则必为神明所察，故以'上帝临女'惧戒之，非下颂上之词也。"①郑笺："临，视也。女，女武王也。至伐纣必克，无有疑心。"②《说文·口部》："命，使也。"《汉书·董仲舒传》："命者，天之令也。""临命"可以释为上天护视周王朝(使之伐纣必克)。《大词典》的释义不包括高注的意义。高注的意义可以补充《大词典》的义项。

陷破

《吕氏春秋·召类》："夫修之于庙堂之上，而折冲乎千里之外者，其司城子罕之谓乎?"高注："冲车所以冲突敌之军，能陷破之也。有道之国，不可攻伐，使欲攻己者折还其冲车于千里之外，不敢来也。"

"陷破"，《大词典》(11册，1050页)的释义是：犹言家破人亡。《大词典》的释义不包括高注的意义。高注的意义为彻底打败。高注的意义可以作为《大词典》的义项。另有文献证据，如《释名·释兵》："陷虏，言可以陷破虏敌也。"

律坐

《吕氏春秋·开春》："栾盈有罪于晋，晋诛羊舌虎，叔向为之奴而朡。"高注："奴，戮也。律坐父兄没入为奴。《周礼》曰'其奴，男子入于罪隶'，此之谓也。朡，系也。"

"律坐"，《大词典》(3册，953页)的释义是：佛教称讲解戒律的人的讲席。《大词典》的释义不包括高注的意义。高注的意义是依照法律连坐或反坐其他人，可以补充《大词典》的义项。"坐"有"连坐或反坐之义"。《韩非子·八说》："明君之道，贱德义贵，下必坐上，决诚以参，听无门户，故智者不得诈欺。"陈奇猷集释："下必坐上者，谓主官有罪，属员不为告发，则须连坐；如告发不实，又须反坐也。"③《吕氏春秋·

① 雒江生编著：《〈诗经〉通诂》，688页，西安，三秦出版社，2000。

② (清)阮元校刻：《十三经注疏(附校勘记)》，508页，北京，中华书局，2003。

③ (战国)韩非著，陈奇猷校注：《韩非子新校注》，1026页，注[九]，上海，上海古籍出版社，2000。

开春》是说叔向被连坐为奴。另有文献证据，如《宋史·王沿列传》："古者'刑平国，用中典'，而比者以敕处罪，多重于律。以绢估罪者，敕以缗直代之，律坐髡钛而役者，敕黥窜以为卒。"《清史稿·福长安列传》："四年，高宗崩，大学士和珅得罪，仁宗以福长安阿附，逮下狱，夺爵，籍其家，诸大臣议用朋党律坐立斩，上命改监候，而赐和珅死，使监福长安诣和珅死所跪视。"

譬如

《吕氏春秋·有始》："岐山、太行、羊肠、孟门。"高注："羊肠，其山盘纡譬如羊肠。"

"譬如"，《大词典》(11 册，457 页)列有 2 个义项：①比如；②与其。高注的意义是好像。《大词典》的释义不包括高注的意义。高注的意义可以补充《大词典》的义项。另有文献证据，如《论语·为政》："子曰：'为政以德，譬如北辰，居其所而众星共之。'"《国语·吴语》："夫吴民离矣，体有所倾，譬如群兽然，一个负矢，将百群皆奔，王其无方收也。"

发散

《淮南子·主术》："发钜桥之粟，散鹿台之钱。"高注："武王发散以赈疲民。"

"发散"，《大词典》(8 册，563 页)列有 3 个义项：①(光线、声音、气味等)向四周散开；②中医指用发汗的药物把体内的邪热散出去，以治疗疾病；③犹发泄，尽量发出。高注中"发散"的意思是发放、散发钜桥之粟，以赈济困顿的百姓。与《大词典》所列的义项都不合，可以作为新义项补充《大词典》。

摄取

《战国策·齐策三》："率魏兵以救邯郸之围，使秦弗有而失天下。"高注："无忌乃窃魏王所与晋鄙符信，以摄取其军。晋鄙疑之，不肯授，乃使朱亥椎杀晋鄙，取军救赵。"

"摄取"，《大词典》(6 册，972 页)列有 4 个义项：①捉拿；②吸收，吸取；③拍摄；④佛教语。犹摄受。高注中的意义是夺取，不包含在《大词典》所列的 4 个义项中，可以补充之。

详审

《吕氏春秋·知接》："无由接而言见，諕。"高注："諕，读'诬妄'之诬，亿不详审也。"

"详审"，《大词典》(11 册，207 页)列有 3 个义项：①安详慎重；②周详审慎；③详细审察。高注中的"详审"意义与这 3 个义项都不合，陈奇猷按："'亿'当是'意'字之误。'意不详审'者，谓诡字之意义不详明也。此高诱阙疑之旨。"①高注中"详审"作为"详明"的意义可以作为义项补充《大词典》。

感念

《吕氏春秋·知分》："古圣人不以感私伤神。"高注："感念私邪，伤神性也。"

"感念"，《大词典》(7 册，610 页)的释义有两个义项：①思念；②感激怀念。《说文·心部》："感，动人心也。"《文选·何晏〈景福殿赋〉》："感物众而思深。"李善注："感，犹思也。"《说文·心部》："念，常思也。"《玉篇·心部》："念，思也。"《逸周书·本典》："非不念也，念而不知。"朱右曾集训校释："念，虑也。"高注中的"感念"是指"思虑、思考"，与《大词典》已有的释义不相合，所以可以把高注作为一个义项补充《大词典》。

百君

《吕氏春秋·仲夏》："乃命百县，雩祭祀百辟卿士有益于民者，以祈谷实。"高注："百县，畿内之百县大夫也。祀前世百君卿士功施于民者，雩祭之，求福助成谷实。"

"百君"众神。"君"，《说文·口部》："君，尊也。"《楚辞·九歌·东皇太一》："君欣欣兮乐康。"朱熹集注："君，谓神也。""百"是表示概数，言其多。"百君"就是众神之意。《晏子春秋·内篇问下》："仲尼闻之曰：'小子识之！晏子以一心事百君者也。'"《大词典》(8 册，229 页)的引例是《汉书·礼乐志》："百君礼，六龙位，勺椒浆，灵已醉。"颜师古注："百君，亦谓百神也。"而且《大词典》只列了"众神"一个义项，《晏子春秋》及高注中的"百君"应该是指众多的君主、国君，与"众神"的意义不同，应该分列为两个义项。

其中

《吕氏春秋·圜道》："故令者，人主之所以为命也，贤不肖安危之所定也。"高注："君者法天，天无私，故所以为命也。赋命各得其中，安与危无怨憾，故曰定也。"

"其中"，《大词典》(2 册，102 页)的解释是：这里面；那里面。"中"有"正"义，如《易·系辞下》："则非其中爻不备。"惠栋述："中，正也。"《太玄经·棿第十三》云："拟行于德，行得其中；拟言于法，言得其正。言正则无择，行正则无爽。"此句中的"中"与"正"相对为文，意义

① （战国）吕不韦著，陈奇猷校释：《吕氏春秋新校释》，981 页，注[五]，上海，上海古籍出版社，2000。

是相同的，高注的“其中”意义与此相同。高注中的“其中”一词是各得其所，与《大词典》的释义不同，应该单列为一个义项。

节乐(2)

《吕氏春秋·仲夏》：“是月也，命乐师，修鞀鞞鼓，均琴瑟管箫。”高注：“师，乐官之长也。鞀鞞，所以节乐也，故修之。琴瑟管箫，所以宣音也，故均平之。管，一孔，似篴。箫，今之歌竹箫也。”

“节乐”，《大词典》(8册，1184页)的释义是：节制享乐。与高注的意义不同，高注的意义是调节音乐的节拍。“鞀”，《说文·革部》：“鞀，鞀辽也。”《玉篇·革部》：“鞀，如鼓而小，有柄，宾主摇之以节乐也。”“鞞”，《文选·张协〈杂诗〉》：“入闻鞞鼓声。”李善注引《周礼注》曰：“鞞，小鼓也。”刘良注：“鞞，大鼓也。”“节”，《说文·竹部》：“节，竹约也。”引申出《尔雅·释乐》：“和乐谓之节。”“鞀、鞞”都是鼓类的乐器，是用来调节音乐的节拍，使之协调。所以高注的意义可以单独作为一个义项。另有文献证据，如《风俗通义·佚文·声音》：“相，拊也，所以辅相于乐。奏乐之时，先击相。”郑玄注：“相即柎也，亦以节乐。柎者，以韦为衣，装之以糠，糠一名柎，因以名焉。今齐人或谓糠为相。”

二、为《大词典》《大字典》提前书证时间

促

《淮南子·原道》：“时之反侧，间不容息。”高注：“言时反侧之间，不容气息，促之甚也。”

“促”：急；紧迫。《大词典》(1册，1397页)的引例是《南史·谢裕传》：“食未办，而景仁为玄所召，玄性促，俄顷间骑诏续至。”《大字典》(1卷，161页)释义：紧迫；急速。《说文·人部》：“促，迫也。”《庄子·庚桑楚》：“夫外韄者不可繁而捉。”唐陆德明释文：“崔作‘促’，云‘迫促也’。”二典的书证都晚于高注。

摧

《淮南子·修务》：“禹耳参漏，是谓大通。”高注：“参，三也。漏，穴也。大通天下，摧下滞之物。”

“摧”：推。《大词典》(6册，835页)的引例是唐吕温《送段九秀才归澧州》诗：“摧贤路已隔，赈乏力不任。”《大字典》(3卷，1946页)的引例是《史记·季布栾布列传》：“当是时，诸公皆多季布能摧刚为柔，朱家亦以此名闻当世。”可以用高注或《大字典》的书证提前《大词典》的书证。

错

《淮南子·本经》：“雕琢之饰，锻锡文铙，乍晦乍明。”高注：“雕，

画也。缘错锡铙文，如脂腻不可刷，如连珠不可掇，故曰‘乍晦乍明’也。”

“错”：泛指镶嵌或绘绣。《大词典》(11 册，1309 页)的引例是三国魏嵇康《琴赋》：“错以犀象，借以翠绿。”《大字典》(6 卷，4214 页)的引例是《诗·小雅·采芑》：“约軧错衡，八鸾玱玱。”毛传：“错衡，文衡也。”可以用高注或《大字典》的书证提前《大词典》的书证。

凡(16)

《吕氏春秋·振乱》：“世主恣行，则中人将逃其君、去其亲，又况于不肖者乎?”高注：“遭恣行之君，中凡之人将逃而去之，不能顾其亲戚也。又况下愚不肖之人，能保守其君而不逃去其亲者也?”

“凡”：平常；普通。《大词典》(2 册，282 页)的引例是《后汉书·崔骃传》：“盖树高靡贪，独木不林，随时之宜，道贵从凡。”《大字典》(1 卷，276 页)的引例是《孟子·尽心上》：“待文王而后兴者，凡民也；若夫豪杰之士，虽无文王犹兴。”可以用高注或《大字典》的书证提前《大词典》的书证。

锋(2)

《淮南子·氾论》：“大夫种辅翼越王句践，而为之报怨雪耻，禽夫差之身，开地数千里，然而身伏属镂而死。”高注：“一曰长剑欘施鹿卢，锋曳地，属录而行之也。”

“锋”：刀、剑等有刃的兵器的尖端或锐利部分。《大词典》(11 册，1301 页)的引例是《南史·柳元景传》：“猛气咆勃，所向无前，当其锋者无不应刃而倒。”《大字典》(6 卷，4210 页)的引例是《书·费誓》：“锻乃戈矛，砺乃锋刃。”可以用高注或《大字典》的书证提前《大词典》的书证。

假

《吕氏春秋·知度》：“吾举登也，已耳而目之矣。登所举，吾又耳而目之。”高注：“谓耳任登之名，目任登之实，登之所举，岂复假耳目哉?”

“假”：不真；虚假。《大词典》(1 册，1572 页)的引例是唐白居易《古塚狐》诗：“假色迷人犹若是，真色迷人应过此。彼真此假俱迷人，人心恶假贵重真。”《大字典》(1 卷，196 页)的引例是《诗·小雅·小弁》：“假寐永叹，维忧用老。”可以用高注或《大字典》的书证提前《大词典》的书证。

人数

《吕氏春秋·知度》：“犹大匠之为宫室也，量小大而知材木矣，訾功丈(一作力)而知人数矣。”高注：“訾，相也。相功力丈尺，而知用人数多少也。”

“人数”：人的数目。《大词典》(1册，1054页)、《汉语大词典拾补》153页“人数”：人的数目。《大词典》引《金史》。案：“人数”已见于《朱子语类》卷一〇九：“依旧与他立定额。只是从今起，照前三举内终场人数计之，就这数内立定额数。”笔者案：《吕氏春秋·知度》原文和高注的时间比《朱子语类》更早。

谞

《淮南子·修务》：“今鼓舞者。”高注：“郑者，郑袖，楚怀王之幸姬，善谞攻舞，因名郑舞。”

“谞”，《大词典》(11册，372页)：释义：咏；歌唱。所引书证是南朝宋谢灵运《陇西行》：“善谞以咏，言理成篇。”《大字典》(6卷，4005页)所引书证是《荀子·议兵》：“近者谞讴而乐之，远者竭蹶而趋之。”可以用高注或《大字典》的书证提前《大词典》的书证。

瞽

《淮南子·主术》：“故不言之令，不视之见。”高注：“不言之令，皋陶瘖也。不视之见，师旷瞽也。”

“瞽”，《大词典》(7册，1258页)的释义是：目失明；眼瞎。所引书证为宋无名氏《朝野遗记·显仁后》：“后不能却，为之誓曰：‘吾先归，苟不迎若，有瞽吾目。’”《大字典》(4卷，2516页)的释义是：眼瞎。所引书证为《书·尧典》：“瞽子，父顽，母嚚。”孔传：“无目曰瞽。”可以用高注或《大字典》的书证提前《大词典》的书证。

痛痒

《吕氏春秋·圜道》：“其能使之也，为其感而必知也。”高注：“感者，痛恙也。手足必知其处所，故使之也。”(“痛恙”变为“痛痒”，陈奇猷校改，《吕氏春秋新校释》184页注[三四])

“痛痒”，《大词典》(8册，329页)：亦作“痛痒”。痛觉和痒觉。汉徐幹《中论·考伪》：“惑世盗名之徒因夫民之离圣教日久也，生邪端，造异术……斯术之于斯民也，犹内关之疾也，非有痛痒烦苛于身，情志慧然，不觉疾之已深也。”南朝梁范缜《神灭论》：“手等亦应能有痛痒之知，而无是非之虑。”宋朱熹《答徐居甫书》：“如人疾病，血气不运于四支，则手足顽麻不知痛痒。”

《汉语大词典拾补》174页“痛痒”：痛觉和痒觉。《大词典》附于“痛痒”条。引朱熹《答徐居甫书》一例。案：“痛痒”已见于晋葛洪《抱朴子内篇·塞难》：“人不能自知其体老少痛痒之何故，则彼天亦不能自知其体盈缩灾祥之所以……由此论之，人寿之事，果不在天地。"笔者案：《汉语大词典拾补》所说《大词典》的引例不只朱熹《答徐居甫书》一条，还有汉徐幹的《中论·考伪》和南朝梁范缜的《神灭论》。另高注中"痛痒"一词比晋葛洪《抱朴子内篇·塞难》出现的时间早。

行度

《吕氏春秋·圜道》："月躔二十八宿，轸与角属，圜道也。"高注："躔，舍也。轸，南方鹑尾。角，东方苍龙。行度所经也。"

"行度"：运行的度数。《大词典》(3 册，902 页)所引的书证是《春秋·隐公三年》："王二月己巳，日有食之。"晋杜预注："日月动物，虽行度有大量，不能不小有盈缩，故有虽交会而不食者，或有频交而食者。"可以用高注提前《大词典》的书证时间。

别名(2)

《淮南子·原道》："钓射鹔鹴之谓乐乎?"高注："鹔鹴，鸟名也，长胫绿身，其形似雁。一曰凤皇之别名也。"

"别名"：正名以外的名字；异名。《大词典》(2 册，625 页)所引书证是北魏郦道元《水经注·河水三》："增山者，上郡之别名也。"此词还见于东汉的《白虎通义·五行》卷二："土所以不名时，地，土别名也，比于五行最尊，故不自居部职也。"可以把《大词典》的书证提前到东汉。

子午(3)

《吕氏春秋·有始》："凡四海之内，东西二万八千里，南北二万六千里。"高注："子午为经，卯酉为纬。四海之内，纬长经短。"

"子午"：指南北。古人以"子"为正北，以"午"为正南。《大词典》(4 册，166 页)所引书证是唐苏颋《唐长安西明寺塔碑》："揆阴阳之中，居子午之直，丛依观阁，层立殿堂。"此词已见于《黄帝内经·灵枢经》："岐伯曰：岁有十二月，日有十二辰，子午为经，卯酉为纬。"可以把《大词典》的书证提前到战国末到秦汉间的《黄帝内经》，保留高注是为了理清词语的发展脉络。

我们通过对前代语料的查检，发现可以把高注中一些词语义项的源头再往前推进一步。因为我们目力所限，不可能把每一个词的意义都找到最初的源头，经过我们的工作，可以为今后的研究作一个铺垫。

可以溯源到商代的有 2 个，司徒、瞽，这两个词《大词典》的书证都是东汉后的。

俎豆、积小、囚执①、翮、疔、圭璧、道本、炎上、风雨、潜藏、

① 以上词语《大词典》的书证是东汉的。

密云、和亲、同归[①] 13 个词，就我们现在的研究，可以把源头追溯到西周。

可以溯源到春秋的词与西周的相同，都是 13 个，分别是：堂前、无资、斥泽、实然[②]、假、粟、心平、高台、得知、陷入、常法、善事、旧物[③]。

而溯源到战国的有 73 个，数量比前三个时期明显增加，分别是：眵、狩、瘉、通称、幼少、长短、长公、邪径、谋虑、无足、内守、正性、修治、迁徙、动摇、勇武、塞外、雨水、情心、口辩、枹鼓、逐除、穷尽、重累、修饰、为诈、聘问、蚤成、冤结[④]、凡、锋、谓、参、筏、主、住、言道、人数、别名、牵牛、水泉、继嗣、四远、王伯、冰雪、贪欲、宗本、刑戮、本立、身穷、道行、有幸、举动、相合、意欲、相当、析言、见知、听说、不祥、自足、流沙、勉强、开道、自非、同类、润泽、危害、传代、闲暇、人物、以次、神化[⑤]。

就我们的目力所及，能溯源到西汉的有 93 个，数量最多，它们是：猔、晷、燃、万石、大雪、虚空、三辅、节度、繇赋、分理、阳数、一色、浸渍、讲论、伐取、临下、劳神、因循、痛伤、尊重、怪异、商声、龙文、连珠、文书、藏府、人功、轻薄、广衍、里间、造作、吞灭、神马、容仪、解说、困乏、混沌、猛兽、迫切、纷挐、细布、升天、御马、萌芽、连臂、封爵、采取[⑥]、摧、错、饧、褶、土神、已定、馀绪、子午、清浊、耕器、力学、正乐、木性、奇谋、鸡头、扫除、少有、布散、离怨、克胜、出见、扰民、使用、飞行、表异、汙辱、肃杀、镜水、险塞、唼喋、虚中、荒秽、书文、沧海、激波、多累、关闭、强行、遭难、准平、曲屈、面色、东野、明目、壮大、冰泮[⑦]。

第三节 高注的新词新义与辞书编纂

词汇研究的一个重要作用就是为辞书的编纂积累资料，为人类的不

---

① 以上词语《大词典》的书证是东汉后的。
② 以上词语《大词典》的书证是东汉的。
③ 以上词语《大词典》的书证是东汉后的。
④ 以上词语《大词典》的书证是东汉的。
⑤ 以上词语《大词典》的书证是东汉后的。
⑥ 以上词语《大词典》的书证是东汉的。
⑦ 以上词语《大词典》的书证是东汉后的。

断发展和进步服务。而注释语料的词汇又具有其他语料的词汇不能替代的作用，我们希望我们所做的高注词汇研究也能为辞书的编纂尽一份力。

新词新义的研究，可以为辞书的编纂提供新的词目，为已有的词语增加新的义项，或提前已有的书证。除此之外，还可以为辞书补充书证或纠正现有辞书的缺失，为今后的修订或重新编纂服务。提供新的词目、增加新的义项、提前已有的书证，我们在前两节已经论述，下面我们主要从补充书证和纠正失误两个方面来讨论。

一、可以为《大词典》《大字典》补充书证

母

《淮南子·时则》："其畜羊。"高注："羊土，木之母，故畜之也。"

"母"，《大字典》(4 卷，2380 页)：(一)⑥指能有所滋生的事物。如：酒母；字母；母法；工作母机。《说文》："母，牧也。从女象怀子形。"段注："牧者，养牛人也。以譬人之乳子。引申之，凡能生之以启后者皆曰母。"(614 页下)"滋生"的义项属于引申义，《素问·阴阳类论》："三阴为母。"王冰注："母，所以育养诸子，言滋生也。"[①]《大字典》没有书证，可以用高注或《素问》王冰注补充书证。

公私

《淮南子·原道》："是故无所私而无所公。"高注："公私一也。"

公私：《大词典》(2 册，62 页)的释义是：公家和私人。如：公私两利；公私兼顾。此词见于《列子·天瑞篇》："若之盗，私心也，故得罪。有公私者，亦盗也；亡公私者，亦盗也。"《商君书·修权》："公私之分明，则小人不疾贤，而不肖者不妒功。"可以用以上资料或高注为《大词典》补充书证。

翠鸟

《淮南子·原道》："驰要袅，建翠盖。"高注："翠盖，以翠鸟羽饰盖也。"

"翠鸟"，《大词典》(9 册，661 页)的释义是：鸟名。此词见于《山海经·海经》："有翠鸟，有孔鸟。"《大词典》没有书证，可以用以上资料或高注补充。

大夏

《吕氏春秋·仲春》："中丁，又命乐正，入学习乐。"高注："中旬丁

---

① 宗福邦等主编：《故训汇纂》，1204 页，北京，商务印书馆，2000。

日又入学官习乐。乐所以移风易俗，协和民人也。谓六代之乐《云门》《咸池》《大韶》《大頀》《大夏》《大武》也。《周礼》曰‘以乐教和，则民不乖’，此之谓也。”

“大夏”，《大词典》(2册，1362页)的义项：周代“六舞”之一。相传本为夏禹时代的乐舞。“大夏”作为乐曲名已出现于《周礼·春官宗伯》：“以乐舞教国子，舞《云门》、《大卷》、《大咸》、《大磬》、《大夏》、《大濩》、《大武》。”还见于《庄子·天下》：“黄帝有《咸池》，尧有《大章》，舜有《大韶》，禹有《大夏》，汤有《大濩》，文王有辟雍之乐，武王、周公作《武》。”“大夏”作为乐曲名，不是一般人都熟悉的知识，《大词典》作为工具书应该给出书证，可以增加可信度。《大词典》没有书证，可以用《周礼》《庄子》或高注补充之。

增高

《淮南子·时则》：“行春令则螽蝗为败，暴风来格，秀草不实。”高注：“孟夏当继修增高，助阳长养，而行春时启蛰之令，故致螽蝗之败。”

“增高”，《大词典》(2册，1223页)的释义：增加高度。如：根据卫星遥测，珠穆朗玛峰每年都在增高。“增高”见于《礼记·月令》：“是月也，继长增高，毋有坏堕。”《大词典》没有书证，可以用《礼记》或高注补充。

涂

《淮南子·俶真》：“夫历阳之都，一夕反而为湖。”高注：“其暮，门吏故杀鸡，血涂门阃。”

“涂”：塗抹；粉饰。《大词典》(5册，1235页)：《说文·木部》：“杇，所以塗也。”段玉裁注：“塗者，饰墙也。”参见“塗塈”。《大字典》(3卷，1628页)：粉刷物品。后作“塗”。《说文·木部》：“杇，所以塗也。”段玉裁注：“塗者，饰墙也。”《篇海类编·地理类·水部》：“塗，饰也。”二典都没有书证，可以用高注补充。

协

《吕氏春秋·仲秋》：“乃命有司，趣民收敛，务蓄菜，多积聚。”高注：“有司，于《周礼》为场人。场，协入也。蓄菜，干苴之属也。”

“协”：协助。《大词典》(1册，879页)的书证是《晋书·虞溥传》：“宜崇尚道素，广开学业，以赞协时雍，光扬盛化。”《大字典》(1卷，64页)没有书证，可以用高注提前《大词典》的书证，并为《大字典》补充书证。

二、纠正辞书的失误

现有的辞书是对辞书出版之前的研究成果的总结，社会在不断发展，人类在不断进步，新的研究成果也在不断涌现，所以现有辞书会存在这样或那样的问题。更何况处理纷繁复杂的汉语词汇的词典，存在失误也是在所难免的。后人能做的就是在前人的基础上，把工作继续向前推进。我们通过研究高诱的注释语言，发现了一些问题，以求教于方家。

1.“兔啮”一词《大词典》释义不确

“兔啮”，《大词典》(2册，276页)的释义为：①兔子咬过的草。《淮南子·说林》：“兔啮为蟹。”高诱注：“兔所啮草，灵在其心中，化为蟹。一说，兔啮，虫名。”《大词典》对“兔啮”此义项的解释不正确，此处应释为“虫名”，而不应该释为“兔子咬过的草”，因为在高注中“兔啮”有两种解释，一种作为“兔所啮草，灵在其心中，化为蟹”的意义，在这种意义中，是指“兔子咬过的草”化作了“蟹”，而“蟹”是“小虻虫”。《大词典》在释义时没有把高诱的解释作为整体理解，而是断章取义，只截取了其中的一部分来代表全部的意义，这种解释是不准确的，所以“兔子咬过的草”的意义不能单独作为一个义项单列出来。

2.《吕氏春秋·本味》：“菜之美者，昆仑之蘋。”高注：“蘋，大蘋，水藻也。”中“蘋”工具书注音的分歧及正误问题

“蘋”在不同的工具书中标注的读音不同，有的标[pín]和[píng]两个读音，有的只标一个读音[pín]或[píng]，给读者造成了困惑，“蘋”的正确读音应该是什么？

我们先看一下几种工具书中“蘋”的读音和释义。

“蘋”，《大词典》(9册，614页)列有两个读音，两个义项，即：①蘋[pín][《广韵》符真切，平真，并。][《集韵》毗宾切，平真，并。]亦作“蓂1”。植物名。也称四叶菜、田字草。多年生草本。生浅水中，叶有长柄，柄端四片小叶成田字形。夏秋开小白花。全草入药，也可作猪饲料。《诗·召南·采蘋》：“于以采蘋？南涧之滨。”毛传：“蘋，大蓱也。”②蘋[píng]见“蘋$_2$果”。《大字典》(5卷，3325页)：①[pín]大萍。今称“四叶菜”“田字草”。蕨类植物，蘋科。多年生浅水草本。叶柄长，顶端集生四片小叶，全草入药，也作猪饲料。《诗·召南·采蘋》：“于以采蘋？南涧之滨。”毛传：“蘋，大蓱也。”②[píng][蘋果]。《辞海》(751页)：①“苹㈡”的繁体字。②[píng]植物名。……亦称“四叶菜”“田字草”。《吕氏春秋词典》(781页)：A[píng]，符真切并真韵，一种

水生野菜。《本味》："菜之美者，昆仑之蘋，寿木之华。"《辞源》(1487页)：[pín]，植物名。生浅水中，叶有长柄，柄端四片小叶成田字形，也叫田字草。夏秋开小白花。《现代汉语词典》：①蘋[pín]蕨类植物……也叫田字草。②蘋[píng]：蘋果。

我们从上面所列的释义中可以看出，"蘋"在意义的解释上几种工具书没有分歧，分歧在于读音。同样是"符真切"，《大词典》的读音是[pín]；《吕氏春秋词典》的读音是[píng]；《辞海》只有一个读音[píng]；《辞源》只有一个读音[pín]；《现代汉语词典》有[pín]、[píng]两读，哪一种读音正确呢？"蘋"的中古音来源就是《广韵》的"符真切"和《集韵》的"毗宾切"。我们通过"蘋"中古的反切，看一下应该读什么。

"符"：中古属并母虞韵合口三等平声遇摄。"真"：中古属庄母真韵开口三等平声臻摄。我们根据反切今读规则：切上字为非 zh 类声母，切下字为 zh 类声母字，被切字今读音要＋i 介音，或把 i 变为 e，所以"符真"的今读应为[pín]。

另外，《经典释文·毛诗音义》："蘋：符申反，大萍也。《韩诗》云：沈者曰蘋，浮者曰藻。"[①]《经典释文·尔雅音义》："蘋：毗人反，《说文》作䔥。"[②]其中"毗"：《广韵》房脂切，并母脂部平声三等开口止摄。"毗""符""毘"是声母，等第，开合，声调都相同，而"真"与"申""人"在《广韵》中都属于"真"韵，三等，开口，原为三等的字，有 i 介音，后来失去介音，根据上面的规则，"符申反""毗人反"切出的今音也是[pín]。

《集韵》中的"毗宾切"，《正韵》中的"毘宾切"能切出什么音？"毘"：《广韵》：房脂切，并母脂部平声三等开口止摄。"宾"：中古属帮母真部平声三等开口臻摄。"毗宾切""毘宾切"切出的今音也是[pín]。

我们根据王力先生的归字法，在《韵镜》中查出"符真切"的读音也是[pín]。《〈广韵〉反切今音手册》中也是《广韵》：符真切，今音[pín]，臻真开三等平并。[③] 根据以上的结论，我们可以看出"蘋"的读音应该为[pín]。《大词典》《大字典》《辞源》《现代汉语词典》的读音是正确的，而《辞海》《吕氏春秋词典》的读音是不正确的。

既然"蘋"读[pín]，而且有中古音的来源，意义是指植物名，为什么又出现了"[píng]蘋果"的读音和义项？

我们要考察这个问题，需要从"蘋果"的来源说起，张帆在《频婆果

---

① (唐)陆德明撰，黄焯断句：《经典释文·毛诗音义》，55页，北京，中华书局，1983。

② (唐)陆德明撰，黄焯断句：《经典释文·毛诗音义》，426页，北京，中华书局，1983。

③ 李葆嘉编著：《〈广韵〉反切今音手册》，57页，上海，上海辞书出版社，1997。

考——中国蘋果栽培史之一斑》[①]中详细考察了“蘋果”的栽培历史，认为“汉语中蘋果一名，源于佛经中的‘频婆果’。两果原非一物，其名称的混同，属于中印文化交流中的‘误读’现象。元朝后期，中国绵蘋果的一个新品种由西域输入内地，时人开始借用佛经中的‘频婆果’一名来称呼它，到明朝后期正式出现了蘋果这一名称。岭南地区原有一种亚热带坚果，很早也被称为频婆果，但它与蘋果没有任何关系。”

从张帆的考察中我们可以看出，“蘋果”是一个外来音译词，源于佛经中的“频婆果”。两果原非一物，其名称的混同，属于中印文化交流中的“误读”现象。所以在开始的时候，用字不统一，有“频婆果”“频婆”“苹婆”“平波果”“瓶果”“平波”等不同的叫法，到明朝正式出现了“蘋果”一词，但是没有“苹果”这一写法，因为“苹”在《说文》中已经出现，《说文·艸部》：“苹，蓱也。无根浮水而生者。从艸平声。”段注：“而《毛诗》《夏小正》以苹为萍，皆属假借。许君则苹、蓱、萍三字同物，不谓苹为假借。李善注《高唐赋》引《说文》苹苹，艸皃。音平。符兵切。”(25页上)而《说文·艸部》没有收录“蘋”，收录了“蓍”。“蓍，大蓱也。从艸宾声。”段注：“蓍蘋古今字。”(25页上)陆玑《毛诗草木鸟兽虫鱼疏》：“蘋，今水上浮萍是也。其粗大者谓之蘋，小者曰蓱。”[②]从《说文解字》中我们看出不管是“蘋”还是“苹”，都是指一种蕨类植物，与“苹果”的意义无关。明朝出现“蘋果”一词，但是没有“苹果”这一写法。如果有“苹果”的写法的话，文献中应该能查到，但是我们查检了《四库全书》，发现“蘋果”都是写为“蘋果”，没有写为“苹果”的。由于简化的原因，“蘋”简化为了“苹”，所以“蘋果”也就成了“苹果”，而“蘋果”中的“蘋”就有了[píng]的读音，但是只限于“蘋果”一词。但是这个读音没有中古音的来源，所以在各类工具书中都没有注明此读音的反切。

从上面的论述，我们可以看出“蘋”作为植物名的义项时应读为[pín]，有中古音的来源，在作为“苹果”的义项时应读为[píng]，是一个音译外来词。

3.“水泉”的义项分立不当

水泉：《吕氏春秋·仲冬》：“湛饎必洁，水泉必香。”高注：“湛，渍也。饎，炊也。香，美也。炊必清洁，水泉善则酒美也。湛读‘沖釜’之沖。饎读‘炽火’之炽也。”

---

① 张帆：《频婆果考——中国蘋果栽培史之一斑》，见袁行霈主编：《国学研究》，13卷，217～238页，北京，北京大学出版社，2004。

② 宗福邦等主编：《故训汇纂》，1987页，北京，商务印书馆，2003。

《大词典》(5册，867页)的释义如下：【水泉】①河流与泉流。《吕氏春秋·圜道》："水泉东流，日夜不休。"②特指泉流、泉水。《汉书·翼奉传》："山崩地裂，水泉涌出。"

第一个义项和第二个义项之间意义上是包含关系，第一个义项中的"泉流"就包含了第二个义项中的"泉流、泉水"，如，同是以《吕氏春秋·圜道》"水泉东流，日夜不休"作为例证，《吕氏春秋词典》263页的解释则为泉水，所以《大词典》的第二个义项没有必要单独列出。

对高注的新词新义我们以上进行了较详细的讨论，下面总结一下讨论的结果：

(1)高注中有新词463个，约占高注总词数的6.29%；新义621个，约占高注总词数的8.44%。

(2)《大词典》未收录的新词32个，约占高注新词的6.91%；《大词典》引证为东汉时期的166个，约占高注新词的35.85%；《大词典》引证为东汉之后的265个，约占高注新词的57.24%。

(3)高注中的新义共有621个，其中单音新义97个，约占高注新义的15.62%；复音新义524个，约占高注新义的84.38%。新义中《大词典》引用的书证是东汉时期的有196个，约占高注新义的31.57%；新义中《大词典》引用的书证是东汉以后的有363个，约占高注新义的58.45%。另外还有62个新义可以为《大词典》《大字典》补充义项，约占高注新义的9.98%。

(4)高注中的新词新义在同时代的文献中有些能找到用例，也有一些属于孤证，但总体而言，个人的语言特色不明显，这与郑玄注释语言有郑注用语的显著特色不同。①

高注的新词、新义，按照音序排成两个表，即"附录五"和"附录六"，以备查阅。

---

① 张能甫：《郑玄注释语言词汇研究》，321页，成都，巴蜀书社，2000。

第四章 高诱注同源词研究

第一节　同源词

一、同源字与同源词

同源词是同一语源的词，这些词的读音相同或相近，词义相同或相关。有些著作或文章中称为“同源字”，其实从严格的意义而言，“同源字”和“同源词”所指是相同的，蒋绍愚先生说：“字是记录词或音节的符号，同源的应是‘词’而不是‘字’。但在古汉语中习惯上以‘字’为单位，所说的‘字’实际上往往就是‘词’。在这个意义上，‘同源词’也可以叫‘同源字’。王力先生自己就曾说明：‘我们所谓的同源字，实际上就是同源词。’”①邵文利、杜丽荣也认为：“同源字是同源词的书写形式，一组同源字所记录的是一组同源词。”②王宁先生说：“同源字是同源词的表现形式。”③同源字是同源词的书写形式，既然同源的是“词”而不是“字”，所以我们采用“同源词”的说法。

二、同源词的研究概况

同源词研究的历史悠久，从先秦时代就开始了，汉代刘熙的《释名》

---

① 蒋绍愚：《古汉语词汇纲要》，177 页，北京，商务印书馆，2005。

② 邵文利、杜丽荣：《试论同源字与异体字之畛域》，载《语文研究》，2007(1)。

③ 王宁：《训诂学原理》，130 页，北京，中国国际广播出版社，1996。

运用声训的方法探求事物命名的由来；《说文解字》《白虎通义》中也有运用声训的方法探求语源的例子。汉代的音义联系的探求是同源词研究的开始。宋代的右文说又从汉字形体的角度探讨了汉字音与义的关系。右文说有它合理的成分，“由于形声字的声符有标音示源的作用，同一个声符又可能孳乳出许多形声字，这些形声字中必然有许多会在意义上呈现出传承的关系。……它根据声符探求语源，在一定程度上摒弃了声训的主观臆测，减少了人们对使用该方法研究同源词的可信度的怀疑。”① 但是也有不足之处，王宁先生指出：“右文说的缺欠在于把形声系统与同源系统简单地等同起来，把孳乳造字所形成的局部规律说成了它的总规律，把文字的形与音义的关系一概看作有机和必然，这与语言的社会化本质和文字的符号性特点都是不相符的，造成了理论上的混乱。”②清代王念孙运用因声求义的方法，对汉语同源词的研究也有较大贡献。

近代则出现了章炳麟、刘师培、沈兼士、杨树达、高本汉、黄侃等对词族的探究，并首次有了同源词的定义。他们已经注重从“音近义通”的角度来研究同源词，但在具体的研究中由于意义上的研究还不够深入，所以在音上出现转得过宽的现象。在继承前人的基础上，王力先生成了现代同源词研究的集大成者。他首先对同源词的定义进行严格地规定：“凡音义皆近，音近义同，或义近音同的字，叫做同源字。”③并身体力行写成了《同源字典》，虽然因为没有区分词源意义和词汇意义，在具体的系联中有失误，但其巨大贡献是不可抹煞的。王宁先生在陆宗达先生研究的基础上，提出了科学的词源学的概念，把同源词定义为：“由同一根词直接或间接派生出来、因而有音近义通关系的词叫同源词。”④并区分了词源意义和词汇意义：词源意义是词族滋生过程中由词根带给同族词或由源词直接带给派生词的意义，其作用发生在词义引申、词语派生中，不直接为我们所观察到。它是词源学的研究对象。词汇意义指的是词的概念，它是在言语交流中起作用，直接表达人的意思，是词汇学的研究对象。⑤ 因为二者产生的途径不同，内涵也不同，而判定同源词应以词源意义为标准，不能以词汇意义来衡量。王宁先生还借用西方语义学的方法，运用义素分析法对同源词的核义素和类义素

---

① 袁健惠：《汉语同源词研究方法论略》，载《绵阳师范学院学报》，2007(1)。

② 王宁：《训诂学原理》，133、134页，北京，中国国际广播出版社，1996。

③ 王力：《同源字典》，3页，北京，商务印书馆，1982。

④ 王宁：《训诂学原理》，49页，北京，中国国际广播出版社，1996。

⑤ 黄易青：《上古汉语同源词意义系统研究》，102页，北京，商务印书馆，2007。

进行了分析和探讨，使同源词的研究有了可以操作的方法。

殷寄明、任继昉、陈建初等先生也各自从不同的角度对同源词作了研究。黄易青先生在王宁先生研究的基础上，对上古汉语同源词的意义系统进行了全面地梳理和研究，并对同源词“音近义通”的规律作了全面探讨，试图弄清汉语同源词的相关原理。在同源词的理论探讨上作出了贡献。孟蓬生先生对上古汉语同源词的语音关系作了研究，提出了同源词语音关系的双重性，即聚合性和游离性。可以说是同源词语音关系研究的新突破。

通过同源词研究的历史，我们可以看到这是一个由点到面，由分散到形成系统，并逐渐提高到理论高度的过程，虽然有些问题还没有得到完满地解决，如音转的问题，“音转”的尺度应该怎样把握，在具体的操作中没有一个统一的标准。齐冲天先生曾经说过：“我们有语音学，又有语义学，都很有成就。但是没有人说音义关系学。语音和语义，都是死的，它们自己不会运动，只有把两者结合起来，立即就成了语言中活的词语，活跃在千千万万人的口头上，成了广大人民都能理解的东西了。我想，这音义关系学就是语源学了吧，因为语源必须求得音义两方面的一致。而我们的语源学相对地说，是比较落后的，出的著作恐怕最少，意见分歧也大，他认为同源的，别人往往认为不同源。语源学处于一个面对若干重大疑问、一时难以解决的状态，所以我感到需要的是反思、重新审视、分析总结，我们的缺点是否还在于没有紧紧把握音义之间的联系，这是我们一步也不能离开的基点。”①因为同源词研究的是音与义的活的联系，所以十分复杂，研究的难度也比较大。但是他们的研究为我们提供了可资利用的大量宝贵成果。我们所做的高诱注同源词研究就是在前人研究的基础上，利用他们的研究成果，对高诱注中出现的同源词做一个系统的梳理，这样不仅可以认识高诱注词汇的表层的意义，还可以从更深的层次上理解这些词语之间的联系，有些词语还可能触及到原始的意义。

第二节　高诱注同源词类型分析

我们所确定的高诱注中的330组同源词是根据王力先生的《同源字典》，刘钧杰先生的《同源字典补》《同源字典再补》，并参照同源词的一些判定标准，如蒋绍愚先生指出判定同源词必须严格按照三个条件：

---

① 齐冲天：《〈广雅疏证〉的因声求义与语源学研究》，载《汉字文化》，2006(1)。

(1)读音相同或相近；(2)意义相同或相近；(3)可以证实有同一来源。[①]以及王宁先生的词源意义的标准等得出的。王力先生的“《同源字典》是本世纪具有里程碑性质的语源学著作”。[②] 两位先生在作字典的时候，引用了大量的文献，操作严谨，虽然还存在一些缺漏，如王力先生的《同源字典》的缺漏有：“第一，各组同源字组所收之字基本上是一种平列关系，没有归纳出共同的核心义；第二，对汉字声符兼义的材料全然置之不顾，以致杨树达等人的优秀成果未能吸收；第三，王力先生不赞成先秦有复辅音，这样一来，他观察同源词的时候，视野就会受到限制，把一些本来存在同源关系的词排除在同源词之外。”[③]刘钧杰先生的《同源字典补》《同源字典再补》对于上述的有些问题作了改进，如在每一组同源字的考释前加上了一段文字，简要说明这组字在意义上的联系，并附上了有定论的甲骨文、金文的资料。在有问题的地方，我们单独拿出来讨论。但它们是目前有关同源词的最权威的字典，因此我们以此为参照，对高诱注中出现的同源词进行归纳、总结、分析。因此，下面我们将从语音、意义的关系类型方面进行分析。（我们采用上古 30 韵部，把王力先生 29 部中的冬、侵分为两部；33 声母）

一、高诱注同源词语音类型分析

1. 两词一组(251 组)

(1)声韵均相同(88 组)

安、焉，邦、封，倍、培，宾、殡，裁、才，臿、插，祀、祠，疏、梳，道、道，弟、娣，度、渡，耳、珥，二、贰，富、福，斧、鬴，干、奸，句、鉤，孤、寡，酤、贾，鼓、瞽，古、故，衡、横，歡、懽，昏、婚，混、浑，獲、穫，玑、讥，间、涧，交、绞，角、桷，偕、皆，解、懈，惊、敬，窥、闚，理、吏，歷、曆，栌、垆，买、卖，芒、萌，迷、眯，秒、妙，摩、磨，蘖、孽，弩、砮，旁、房，璞、樸，讫、既，禽、擒，取、娶，全、牷，人、仁，善、膳，上、尚，帅、率，挽、輓，威、畏，巫、舞，物、魅，邪、斜，休、庥，崖、涯，掩、揜，宜、义，宇、竽，鱼、渔，予、与，援、猨，陨、殒，涌、踊，远、辕，震、振，众、螽，白、帛，官、馆，归、鬼，果、蓏，盾、楯，狗、驹，功、贡，懸、縣，连、莲，卒、醉，龃

———

① 蒋绍愚：《古汉语词汇纲要》，176 页，北京，商务印书馆，2005。

② 何九盈：《二十世纪的中国语言学》，71 页，北京，北京大学出版社，2004。

③ 何九盈：《二十世纪的中国语言学》，72 页，北京，北京大学出版社，2004。

龉、鉏鋙，雀、爵，楼、嵝，溢、镒，篁、篓，一、壹

声韵相同的同源词举例如下：

宾、殡

宾：《淮南子·氾论》："夏后氏殡于阼阶之上。"高注："礼，饭于牖下，小敛于户内，大敛于阼阶。在床曰尸，在棺曰柩。殡于宾位，祖于庭，葬于墓也。于阼阶，犹在主位，未忍以宾道远之。"(宾客)

殡：《吕氏春秋·贵公》："行私阿所爱，用竖刀而虫出于户。"高注："阿竖刀之谀，不正适长。其死也，国乱民扰，五子争立，无主丧，六十日乃殡，至使虫流出户也。"(死者停柩以待葬)

"宾"属于帮纽真韵，"殡"属于帮纽真韵，二者声韵完全相同。

獲、穫

獲：《吕氏春秋·诬徒》："亡者亦有嗜乎暴慢也。所嗜不同，故其祸福亦不同。"高注："嗜理义则獲福，嗜暴慢则獲祸，故曰'祸福亦不同'。"(得到、取得)

穫：《吕氏春秋·任地》："孟夏之昔，杀三叶而穫大麦。"高注："昔，终也。三叶，荠、亭历、菥蓂也，是月之季枯死，大麦熟而可穫。大麦，旋麦也。"(收割庄稼)

"獲"属于匣纽铎韵，"穫"属于匣纽铎韵，二者声韵完全相同。

间、涧

间：《吕氏春秋·古乐》："取竹于嶰谿之谷，以生空窍厚钧者、断两节间。"高注："竹生谿谷者，取其厚钧，断两节间，以为律管。"(中间)

涧：《吕氏春秋·察微》："使治乱存亡若高山之与深谿。"高注："有水曰涧，无水曰谿。"(两山间的水沟)

"间"属于见纽元韵，"涧"属于见纽元韵，二者声韵完全相同。

(2)叠韵(66 组)

①声纽旁纽(44 组)

包、胞，猋、漂，並、併，骖、三，仓、藏，长、长，超、跳，複、復，甘、酣，宽、缓，脊、瘠，繫、係，浅、贱，久、旧，决、缺，裂、磔，蹋、蹑，编、篇，高、桥，飨、卿，酒、酋，深、甚，视、示，专、擅，子、嗣，显、见，止、已，御、拒，割、刖，朝、朝，走、趋，甬、钟，扉、騑，违、乖，旧、龟，九、逵，刍、驺，处、渚，皮、破，至、室，罧、涔，庶、诸，商、漳，经、磬

声纽旁纽，韵部叠韵的举例如下：

仓、藏

仓：《吕氏春秋·季春》："天子布德行惠，命有司，发仓窌，赐贫穷，振乏绝。"高注："方者曰仓。穿地曰窌。无财曰贫。鳏寡孤独曰穷。行而无资曰乏。居而无食曰绝。"（储藏粮食的场所）

藏：《吕氏春秋·孟冬》："律中应钟。其数六。"高注："应钟，阴律也。竹管音与应钟和也。阴应于阳，转成其功，万物聚藏，故曰律中应钟。其数六，五行数五，水第一，故曰六也。"（隐藏、潜匿）

"仓"属于清纽阳韵，"藏"属于从纽阳韵，二者属于清从旁纽，阳部叠韵。

甘、酣

甘：《吕氏春秋·本味》："凡味之本，水最为始。五味三材。"高注："五味：咸、苦、酸、辛、甘。三材：水、木、火。"（五味之一，甜味）

酣：《吕氏春秋·分职》："今召客者，酒酣。"高注："召，请也。饮酒合乐为酣。"（饮酒尽兴）

"甘"属于见纽谈韵，"酣"属于匣纽谈韵，二者属于见匣旁纽，谈部叠韵。

②声纽邻纽（13组）

躔、践，掉、摇，皃、靡，集、戢，令、命，土、社，湿、隰，吏、使，豆、竖，探、寻，夜、夕，穿、钻，始、胎

声纽邻纽，韵部叠韵的举例如下：

躔、践

躔：《吕氏春秋·孟春》："孟春之月：日在营室。"高注："孟，长。春，时。夏之正月也。营室，北方宿，卫之分野。是月，日躔此宿。"（日月星辰在黄道上运行）

践：《淮南子·修务》："蝯自纵，好茂叶。"高注："言舞者若蝯，不复践地，好上茂木之枝叶。"（踩；踩踏）

"躔"属于定纽元韵，"践"属于从纽元韵，二者属于定从邻纽，元部叠韵。

湿、隰

湿：《淮南子·天文》："日冬至则水从之，日夏至则火从之，故五月火正而水漏。"高注："火正，火王也，故水渗漏。一说火星正中地。漏，湿也。"（潮湿）

隰：《吕氏春秋·孟春》："善相丘陵阪险原隰。"高注："相，视也。阪险，倾危也。广平曰原。下湿曰隰。"（低湿之地）

"湿"属于审纽缉韵，"隰"属于邪纽缉韵，二者属于审邪邻纽，缉部叠韵。

③声组旁对转(1 组)

翅、枝

翅、枝

翅：《吕氏春秋·精谕》："从蜻游，蜻之至者，百数而不止，前后左右尽蜻也。"高注："蜻，蜻蜓，小虫，细腰四翅，一名白宿。"(翅膀)

枝：《淮南子·时则》："其兵戟。"高注："戟有枝干，象阳布散也。"(旁出)

"翅"属于审纽支韵，"枝"属于群纽支韵，二者审群旁对转，支部叠韵。

④声组准双声(5 组)

冬、终，尸、死，数、速，征、证，至、致

冬、终

冬：《吕氏春秋·季春》："天子焉始乘舟。荐鲔于寝庙，乃为麦祈实。"高注："自冬至此，于是始乘舟，荐，进也。"(冬天)

终：《吕氏春秋·情欲》："古人得道者，生以寿长。"高注："体道无欲象天，天予之福，故必寿长，终其性命。"(终了、结束)

"冬"属于端纽冬韵，"终"属于照纽冬韵，二者属于端照准双声，冬部叠韵。

尸、死

尸：《吕氏春秋·不广》："宁越谓孔青曰：'惜矣，不如归尸以内攻之。'"高注："宁越，赵之中牟人也。言不如归尸于齐，齐人必怨，其将使葬送以尽其财，是所以内攻之也。"(尸体)

死：《吕氏春秋·孟春》："其神句芒。"高注："句芒，少皞氏之裔子曰重，佐木德之帝，死为木官之神。"(生命终止)

"尸"属于审纽脂韵，"死"属于心纽脂韵，二者属于审心准双声，脂部叠韵。

⑤声组关系不好断定(1 组)

黑、墨

黑、墨

黑：《吕氏春秋·孟夏》："乘朱辂，驾赤骈。"高注："顺火德也，骍马黑尾曰骈。"(黑色)

墨：《淮南子·俶真》："镂之以剞劂，杂之以青黄。"高注："剞，巧工钩刀也。劂者，规度刺画墨边笺也。"(用于书写、绘画的黑色颜料)

"黑"属于晓纽职韵，"墨"属于明纽职韵，二者的声组关系不好断定，明部叠韵。

⑥声纽准旁纽(2组)

陈、伸，转、禅

陈、伸

陈:《吕氏春秋·孟春》:“其祀户。祭先脾。”高注:“脾属土。陈俎豆，脾在前，故曰‘祭先脾’。”(陈列、排列)

伸:《淮南子·本经》:“含吐阴阳，伸曳四时。”高注:“伸曳犹伸引，和调之也。”(伸开、挺直)

“陈”属于定纽真韵，“伸”属于审纽真韵，二者属于定审准旁纽，真部叠韵。

(3)双声(65组)

①韵母旁转(20组)

逼、迫，苍、青，荡、动，独、特，焚、燔，含、衔，核、覈，勤、倦，开、启，冷、凉，里、闾，漏、流，谋、谟，挺、杖，员、丸，省、相，靷、延，依、倚，炙、灼，渚、洲

独、特

独:《吕氏春秋·论人》:“惧之以验其特。”高注:“特，独也。虽独不恐。”(独特、特别)

特:《吕氏春秋·季春》:“田猎罼弋，罝罘罗网，餧兽之药，无出九门。”高注:“天子城门十二，东方三门，王气所在处，尚生育，明餧兽之药所不得出也，嫌馀三方九门得出，故特戒之如言‘无’也。”(特别、特异)

“独”属于定纽屋韵，“特”属于定纽职韵，二者属于定纽双声，屋职旁转。

冷、凉

冷:《吕氏春秋·节丧》:“夫玩好货宝，钟鼎壶滥。”高注:“以冰置水浆于其中为滥，取其冷也。”(寒冷)

凉:《淮南子·说林》:“圣人之处乱世，若夏暴而待暮。”高注:“夏，日中甚热。暮，凉时。言圣人居乱世，忍以待凉。”(微寒，清凉)

“冷”属于来纽耕韵，“凉”属于来纽阳韵，二者属于来纽双声，耕阳旁转。

②韵母通转(13组)

帛、币，在、存，基、根，亟、急，克、堪，盲、民，鹏、凤，旗、旂，吾、我，喜、欣，飨、献，执、挚，汝、然

基、根

基:《淮南子·氾论》:“故法制礼义者，治人之具也，而非所以为

治也。”高注：“言法制礼义，可以为治之基耳，非以为治，治在其人之德，犹弓矢射之具也，非耐必中也。中在其人之功。”(事务的根本)

根：《吕氏春秋·至忠》：“夫恶闻忠言，乃自伐之精者也。”高注：“精犹甚。甚于自伐其根者也。”(草木的根)

“基”属于见纽之韵，“根”属于见纽文韵，二者属于见纽双声，之文通转。

吾、我

吾：《战国策·秦策五》：“王后悦其状，高其知，曰：‘吾楚人也，而自子之’。”高注：“夫人，楚女也。故曰：吾楚人而自子之以异人为己子。”(我、我们)

我：《吕氏春秋·淫辞》：“宋王谓其相唐鞅曰：‘寡人所杀戮者众矣，而群臣愈不畏，其故何也?’”高注：“宋王，康王也。言何故不畏我。”(称自己)

“吾”属于疑纽鱼韵，“我”属于疑纽歌韵，二者属于疑纽双声，鱼歌通转。

③韵母旁对转(8组)

改、更，暇、遑，契、刻，陵、陆，如、若，细、碎，翳、隐，遇、迎

改、更

改：《淮南子·精神》：“且人有戒形而无损于心。”高注：“言人形骸有改更而作化也。心谕神，神不损伤也。”(变更、更改)

更：《吕氏春秋·论人》：“言无遗者，集肌肤，不可革也。”高注：“革，更也。”(改变)

“改”属于见纽之韵，“更”属于见纽阳韵，二者属于见纽双声，之阳旁对转。

细、碎

细：《淮南子·天文》：“蚕珥丝而商弦绝。”高注：“商音清，弦细而急，故先绝也。”(微小，与“粗”相对)

碎：《吕氏春秋·长攻》：“反斗而击之，一成，脑涂地。”高注：“首碎，故脑涂地也。”(碎裂、破碎)

“细”属于心纽脂韵，“碎”属于心纽物韵，二者属于心纽双声，脂物旁对转。

④韵母对转(23组)

济、津，界、间，列、离，旁、辅，舍、赦，施、设，擿、提，大、鼍，臭、嗅，咽、噎，鹅、雁，溢、盈，觎、欲，隐、衣，域、

囿，志、识，勃、肥，海、黑，害、祸，荒、壑，枉、迂，模、慕，漉、漏

列、离

列：《吕氏春秋·疑似》："秦襄、晋文之所以劳王劳而赐地也。"高注："幽王为犬戎所败，平王东徙，襄公将兵救周有功，受周故地酆镐，列为诸侯。"(陈列、排列)

离：《战国策·齐策二》："不能相去。"高注："去，离。"(离开、分开)

"列"属于来纽月韵，"离"属于来纽歌韵，二者属于来纽双声，歌月对转。

模、慕

模：《吕氏春秋·贵公》："隰朋之为人也：上志而下求。"高注："志上世贤人而模之也。"(效法、仿效)

慕：《吕氏春秋·审分》："故得道忘人，乃大得人也，夫非其道也。"高注："得道，澹然得无所思虑，故忘人也。而人慕之，此乃所以大得人也。"(羡慕)

"模"属于明纽鱼韵，"慕"属于明纽铎韵，二者属于明纽双声，鱼铎对转。

⑤韵母关系不好确定(1 组)

温、燠

温、燠

温：《吕氏春秋·孟春》："东风解冻。蛰虫始振。"高注："火气温，故东风解冻，冰泮释地。蛰伏之虫乘阳，始振动苏生也。"(暖和)

燠：《吕氏春秋·仲秋》："行夏令，则其国旱，蛰虫不藏，五谷复生。"高注："夏气盛阳，故炎旱，使蛰伏之虫不潜藏，五谷复萌生也。于《洪范五行》为恒燠之征。"(暖、热)

"温"属于影纽文韵，"燠"属于影纽觉韵，二者影纽双声，文觉关系不好确定。

(4)声韵均不同(32 组)

①声纽旁纽，韵母旁对转(2 组)

跛、偏，孔、好

孔、好

孔：《吕氏春秋·仲夏》："是月也，命乐师，修鞀鞞鼓，均琴瑟管箫。"高注："管，一孔，似篴。箫，今之歌竹箫也。"(洞孔)

好：《战国策·宋卫策》："智伯欲伐卫，遗卫君野马四百璧一。"高

注："璧，玉环也，肉倍好曰璧。"(指璧孔或钱孔)

"孔"属于溪纽东韵，"好"属于晓纽幽韵，二者溪晓旁纽，东幽旁对转。

②声纽旁纽，韵母旁转(4 组)

谗、谮，丘、虚，斧、父，枭、鸷

丘、虚

丘：《吕氏春秋·异宝》："而名甚恶。"高注："恶，谓丘名也。"(小土山)

虚：《淮南子·墬形》："上有木禾，其修五寻。"高注："上，昆仑虚上也，五寻长三十五尺。"(山丘，"墟"的古字)

"丘"属于溪纽之韵，"虚"属于晓纽鱼韵，二者属于溪晓旁纽，之鱼旁转。

③声纽旁纽，韵母对转(11 组)

赭、赤，徒、党，空、谷，疗、药，比、密，起、兴，恭、懬，恣、肆，泾、蹊，照、曜，画、卦

赭、赤

赭：《淮南子·精神》："视毛嫱，西施犹颠丑也。"高注："毛嫱、西施皆古之美人，颠头也。方相氏黄金四目，衣赭，稀世之颠貌，非生人也，但其像耳目颠丑，言极丑也。"(颜色名)

赤：《吕氏春秋·季夏》："黑黄苍赤，莫不质良。"高注："妇人善别五色，故命其官使染采也。白与黑谓之黼。黑与赤谓之黻。青与赤谓之文。赤与白谓之章。修其法章，不有差忒，故黑黄苍赤之色皆美善。"(颜色名)

"赭"属于照纽鱼韵，"赤"属于穿纽铎韵，二者属于照穿旁纽，鱼铎对转。

泾、蹊

泾：《淮南子·俶真》："当此之时，峣山崩，三川涸。"高注："三川，泾、渭、汧也。"(水名)

蹊：《吕氏春秋·季夏》："鹰乃学习，腐草化为蚈。"高注："蚈，马蚿也。蚈，读如'蹊径'之蹊。幽州谓之秦渠，一曰萤火也。"(小路)

"泾"属于见纽耕韵，"蹊"属于匣纽支韵，二者见匣旁纽，耕支对转。

④声纽邻纽，韵母对转(3 组)

纯、粹，勉、励，丛、烛

纯、粹

纯：《吕氏春秋·用众》："天下无粹白之狐，而有粹白之裘。"高注："粹，纯。"(精纯、纯粹)

粹：《淮南子·原道》："故机械之心藏于胸中，则纯白不粹，神德不全。"高注："机械，巧诈也。藏之于胸臆之内，故纯白之道不粹，精神专一之德不全也。粹读祸祟之'祟'。"(不杂、纯)

"纯"属于禅纽文韵，"粹"属于心纽物韵，二者禅心邻纽，文物对转。

⑤声纽准双声，韵母对转(3组)

砥、硕，消、铄，祝、祷

祝、祷

祝：《淮南子·氾论》："非敢骄侮，以救其死也。故溺则捽父，祝则名君。"高注："孟子曰：'嫂溺而不拯，是豺狼也。而况父兄乎？故溺则拯之，祝则名君。周人以讳事神，敬之至也。"(祝祷)

祷：《吕氏春秋·慎大》："立成汤之后于宋以奉桑林。"高注："桑山之林，汤所祷也，故使奉之。"(向神祝告祈求福寿)

"祝"属于照纽觉韵，"祷"属于端纽幽韵，二者照端准双声，觉幽对转。

⑥声纽旁纽，韵母通转(2组)

观、瞰，斩、杀

斩、杀

斩：《吕氏春秋·仲秋》："命有司，申严百刑，斩杀必当。"高注："军刑斩，狱刑杀，皆重其事，故曰必当。"(砍)

杀：《吕氏春秋·去私》："而令吏弗诛，腹䵍不可不行墨者之法。"高注："欲必行之，杀其子也。"(杀戮)

"斩"属于庄纽谈韵，"杀"属于山纽月韵，二者庄山旁纽，谈月通转。

⑦声纽邻纽，韵母旁对转(2组)

戚、劳，雀、桡

戚、劳

戚：《吕氏春秋·大乐》："乱世之乐，有似于此。君臣失位，父子失处，夫妇失宜，民人呻吟，其以为乐也，若之何哉？"高注："以民人呻吟叹戚，不可为乐也，故曰：'若之何哉。'"(忧愁、悲伤)

劳：《吕氏春秋·情欲》："尽傅其境内之劳与诸侯之忧于孙叔敖。"高注："事功曰劳。"(辛劳、操劳)

“戚”属于清纽觉韵，“劳”属于来纽宵韵，二者清来邻纽，觉宵旁对转。

⑧声纽邻纽，韵母旁转(1组)

头、首

头、首

头：《淮南子·本经》：“橑檐榱题。”高注：“橑，椽撩也。檐，屋垂也。榱，桷也，题，头也。”(指物体最前面的部分或动物的最前部分)

首：《淮南子·墬形》：“西方有形残之尸。寝居直梦，人死为鬼。”高注：“一说曰：形残之尸，于是以两乳为目，腹脐为口，操干戚以舞。天神断其手，后天帝断其首也。以无梦，故曰寝居直梦。”(头)

“头”属于定纽侯韵，“首”属于审纽幽韵，二者定审邻纽，侯幽旁转。

⑨声纽准双声，韵母旁转(3组)

笼、籯，质、赘，寘、置

寘、置

寘：《吕氏春秋·上德》：“公将尝膳，姬曰：‘所由远，请使人尝之。”高注：“太子自曲沃归膳，故曰所由远。姬施酖于酒，寘毒于肉，故先使人尝之。”(放置、安置)

置：《战国策·齐策三》：“其错之，勿言也。”高注：“错，置。”(搁置；放下)

“寘”属于照纽锡韵，“置”属于端纽职韵，二者端照准双声，锡职旁转。

⑩声纽准双声，韵母通转(1组)

柴、荠

柴、荠

柴：《淮南子·说林》：“钓者静之，罧者扣舟，罩者抑之，罣者举之，为之异，得鱼一也。”高注：“罧者，以柴积水中以取鱼。”(小木散材)

荠：《吕氏春秋·孟夏》：“是月也，聚蓄百药。靡草死。”高注：“是月阳气极，药草成，故聚积之也。靡草，荠、亭历之类。”(植物名)

“柴”属于床纽支韵，“荠”属于从纽脂韵，二者床从准双声，支脂通转。

2. 三词及三词以上的同源词(79组)

(1)声韵均相同(10组)

隘、阸、厄，才、材、财，疮、创、怆，家、居、嫁，夹、颊、荚，名、鸣、铭，痈、壅、拥，竿、绢、干，衡、横、璜，闇、暗、阴、荫

才、材、财

才：《吕氏春秋·功名》："人主贤则豪桀归之。"高注："才过百人曰豪，千人曰桀。"(才能)

材：《吕氏春秋·季夏》："乃命虞人入材苇。"高注："虞人，掌山泽之官。材苇供国用也。"(木材)

财：《吕氏春秋·重己》："论其轻重，富有天下，不可以易之。"高注："论其所轻所重，人虽富有天下之财，不肯以易己之所轻。"(财物)

三者都属于从纽之韵，同音。

闇、暗、阴、荫

闇：《淮南子·墬形》："西北方曰不周之山，曰幽都之门。"高注："幽，闇也。都，聚也。玄冥将始用事，顺阴而聚，故曰幽都之门。"(晦暗)

暗：《淮南子·精神》："休精神而弃知故，觉而若昧，以生而若死。"高注："昧，暗也，猷也。楚人谓猷为昧，谕无知也。"(愚昧)

阴：《吕氏春秋·古乐》："乃之阮隃之阴。"高注："阮隃，山名。山北曰阴。"(山的北面、水的南面)

荫：《吕氏春秋·壹行》："陵上巨木，人以为期，易知故也。"高注："巨木，人所同见也。期会其下，荫休之也，故曰易知故也。(树荫)

四者都属于影纽侵韵，同音

(2)叠韵(20 组)

①声纽旁纽：(9 组)

卑、埤、庳，被、皮、波，边、滨、畔，茎、颈、胫，会、盖、侩，毛、苗、表，脱、税、蜕、夺，反、返、反、翩，筦、管、关、楗

卑、埤、庳

卑：《吕氏春秋·孟冬》："饬丧纪，辨衣裳，审棺椁，之厚薄。"高注："纪，数也。正二十五月服之数，遣送衣裳棺椁，尊者厚，卑者薄，各有等差，故别之。"(低微、低贱)

埤：《吕氏春秋·简选》："诸侯莫之能难，反郑之埤，东卫之亩。"高注："覆郑城埤而取之。"(矮墙)

庳：《淮南子·本经》："舜之时，共工振滔洪水，以薄空桑。"高注："欲壅防百川，滔高堙庳，以害天下者。"(低矮、短)

"卑""庳"都属于帮纽支韵；"埤"属于并纽支韵。三者帮并旁纽，支部叠韵。

筦、管、关、楗

筦：《淮南子·本经》："是以松柏箘露夏槁。"高注："松柏根茂，箘

露竹筦，皆冬生难杀之木。”(古代绕丝的竹管)

管：《吕氏春秋·仲夏》：“是月也，命乐师，修鞀鞞鼓，均琴瑟管箫。”高注：“琴瑟管箫，所以宣音也，故均平之。”(古乐器)

关：《吕氏春秋·当务》：“备说非六王、五伯。”高注：“非者，讥呵其关也。”(门闩)

楗：《吕氏春秋·异用》：“跖与企足得饴，以开闭取楗也。”高注：“跖，盗跖；企足，庄跻也；皆大盗人名也。以饴取人楗牡，开人府藏，窃人财物者也。”(关门的木栓)

“筦”“管”二者属于见纽元韵；楗属于群母元音，同音；“关”属于见纽元韵。四者见群旁纽，元部叠韵。

②声纽邻纽(6组)

是、此、斯，光、影、镜，伤、疮、创，战、颤、惮，贮、储、菹，乘、登、升、腾

光、影、镜

光：《吕氏春秋·期贤》：“明火不独在乎火，在于暗。”高注：“暗冥无所见，火乃光耳，故曰在于暗也。”(光明、明亮)

影：《吕氏春秋·先己》：“善影者不于影于形。”高注：“形正则影正。”(暗像或阴影)

镜：《淮南子·主术》：“借明于鉴以照之，则寸分可得而察也。”高注：“鉴，镜也。分，毛也。一曰疵。”(镜子)

“光”属于见纽阳韵；“影”属于影纽阳韵；“镜”属于见纽阳韵。三者属于见影邻纽，阳部叠韵。

③声纽准双声(2组)

少 shǎo、少 shào、小，生、性、姓

生、性、姓

生：《淮南子·天文》：“岁早旱晚水，小饥，蚕闭，麦熟，民食三升。辰。在丙曰柔兆。”高注：“在丙，言万物皆生枝布叶，故曰柔兆也。”(生长)

性：《吕氏春秋·本生》：“天子之动也，以全天为故者也。”高注：“全犹顺也。天，性也。故，事也。”(人的本性)

姓：《战国策·秦策二》：“费人有与曾子同名族者。”高注：“费，邑名也。名，字。族，姓。”(标志家族系统的称号)

“生”属于山纽耕韵；“性”“姓”二者属于心纽耕韵。三者山心准双声，耕部叠韵。

④声纽准旁纽(3 组)

声、听、圣，第、弟、姨，撞、钟、冲

第、弟、姨

第：《吕氏春秋·季夏》："律中黄钟之宫。其数五。"高注："黄钟，阳律也，竹管音中黄钟之宫也。其数五，五行之数，土第五也。"(序数词)

弟：《吕氏春秋·当染》："武王染于太公望、周公旦。"高注："周公旦，武王之弟也，辅成王，封之于鲁。"(弟弟)

姨：《吕氏春秋·长攻》："乃先佯善蔡侯，而与之谋曰：'吾欲得息，柰何?'蔡侯曰：'息夫人，吾妻之姨也'。"高注："蔡侯，昭侯也。妻之女弟为姨，《传》曰'吾姨也'，此之谓也。"(妻的姐妹)

"第""弟"都属于定纽脂韵；"姨"属于喻纽脂韵。三者定喻准旁纽，脂部叠韵。

(3)双声(17 组)

①韵母通转(5 组)

不、否、弗，何、曷、胡，纡、迂、腕，无、毋、莫、勿、未，按、堰、遏、抑、压、淤、湮、堙

不、否、弗

不：《吕氏春秋·孟春》："田事既饬，先定准直，农乃不惑。"高注："饬，读勑。勑督田事，准定其功，农夫正直不疑惑。"(否定副词，没有)

否：《淮南子·说山》："事固有相待而成者。两人俱溺，不能相拯，一人处陆则可矣。故同不可相治，必待异而后成。"高注："同，谓君所谓可，臣亦曰可，君所谓否，臣亦曰否，犹以水浪济水，谁能食之，是谓同，故不可以相治。异，谓济君之可，替君之否，引之当道，是谓异也，故可以成事也。"(否定副词)

弗：《吕氏春秋·当赏》："右主然守塞，弗入。"高注："右主然，秦守塞吏也。弗内公子连也。"(否定副词)

"不""否"都属于帮纽之韵；"弗"属于帮纽物韵。三者帮纽双声，之物通转。

②韵母对转(3 组)

颠、蠹、踬，谓、曰、云，加、架、驾、盖

加、架、驾、盖

加：《淮南子·原道》："得以利者不能誉，用而败者不能非。收聚畜积而不加富。"高注："收聚畜积，国有常赋也。不加富者，为百姓，

不以为己有也。”(增益)

架：《淮南子·氾论》：“筑土构木，以为宫室。”高注：“构，架也。谓材木相乘架也。”(架设、构筑)

驾：《吕氏春秋·季秋》：“命仆及七驺咸驾，载旍旐舆。”高注：“七驺于《周礼》当为趣马，掌良马驾税之任，无七驺之官也。”(驾车、套车)

盖：《吕氏春秋·节丧》：“羽旄旌旗、如云偻翣以督之，珠玉以佩之，黼黻文章以饬之。”高注：“丧车有羽旄旌旗之饬，有云气之画。偻，盖也。”(盖子)

“加”“架”“驾”三者都属于见纽歌韵；“盖”属于见纽月韵。四者属于见纽双声，歌月对转。

③韵母旁转(4 组)

堕、隤、坠，革、郭、梆，叩、扣、敲，剖、副、劈

堕、隤、坠

堕：《淮南子·说林》：“以一世之度制治天下，譬犹客之乘舟，中流遗其剑，遽契其舟桅。”高注：“堕剑于中流，刻于船舷，言识其于此下失剑也。”(落、落下)

隤：《淮南子·原道》：“先者上高，则后者攀之；先者谕下，则后者蹶之；先者隤陷，则后者以谋；先者败绩，则后者违之。”高注：“隤者车寋，或言跋蹶之‘蹶’也。”(坠下)

坠：《吕氏春秋·音初》：“还反涉汉，梁败，王及蔡公抎于汉中。”高注：“抎，坠，音曰‘颠陨’之陨。”(落、陷入)

“堕”属于定纽歌韵；“隤”属于定纽微韵；“坠”属于定纽物韵。三者定纽双声，歌微物旁转。

④韵母旁对转(5 组)

围、帷、卫，但、徒、直、特，回、还、环、运，柔、揉、弱、肉，冒、蒙、帽、雾、梦、冥、暝、矇

但、徒、直、特

但：《吕氏春秋·孟春》：“还，乃赏公卿诸侯大夫于朝。”高注：“赏，爵禄之赏也。三公至尊，坐而论道，不嫌不赏，故但言卿诸侯大夫者也。”(只、仅)

徒：《吕氏春秋·明理》：“是正坐于夕室也。”高注：“夕室，以喻悲人也。言其室邪夕不正，徒正其坐也。”(徒然、白白地)

直：《吕氏春秋·忠廉》：“夫捽而浮乎江，三入而出，特王子庆忌为之赐而不杀耳。”高注：“特犹直也。”(特、只不过、但)

特：《吕氏春秋·季春》："田猎罼弋，罝罘罗网，餧兽之药，无出九门。"高注："天子城门十二，东方三门，王气所在处，尚生育，明餧兽之药所不得出也，嫌馀三方九门得出，故特戒之如言'无'也。"(特别、特异)

"但"属于定纽元韵；"特"属于定纽职韵；"徒"属于定纽鱼韵；"直"属于定纽职韵。四者定纽双声，"徒"、"但"属于鱼元通转；"徒"、"特"属于鱼职旁对转；"特"、"直"属于职部叠韵。

(4)声韵均不同(32组)

①声纽旁纽，韵母对转(9组)

搏、捕、亡，趣、促、速，大、诞、太，近、幾、畿，筥、籧、筐，热、炊、煗，空、轂、縠，北、背、负，聚、丛、凑、蔟、薮

搏、捕、亡

搏：《吕氏春秋·季夏》："鹰乃学习，腐草化为蚈。"高注："秋节将至，故鹰顺杀气自习肄，为将搏鸷也。"(捕捉)

捕：《吕氏春秋·季冬》："是月也，命渔师始渔，天子亲往。"高注："是月也将捕鱼，故命其长也。天子自行观之。"(捉、拿)

亡：《吕氏春秋·当赏》："若此则人臣争入亡公子矣。此不便主。"高注："如此则诸臣争内亡公子。亡公子得入，则争为君，故于主不便也。"(逃亡、出逃)

"捕"并纽鱼韵；"搏"帮纽铎韵；"亡"明纽阳韵。三者帮并明旁纽，鱼铎阳对转。

热、炊、煗

热：《吕氏春秋·仲春》："行夏令，则国乃大旱，煗气早来，虫螟为害。"高注："夏气炎阳，而行其令，故大旱。火气热，故旱煗也。"(温度高，与"寒"相对)

炊：《吕氏春秋·仲冬》："湛饎必洁，水泉必香。"高注："炊必清洁，水泉善则酒美也。"(烹煮)

煗：《吕氏春秋·仲春》："行夏令，则国乃大旱，煗气早来，虫螟为害。"高注："夏气炎阳，而行其令，故大旱。火气热，故旱煗也。"(温暖、暖和)

"热"日纽月韵；"煗"泥纽元韵；"炊"昌纽歌韵。日泥准双声；昌泥准旁纽；歌月元对转。

②声纽旁纽，韵母旁转(4组)

烦、闷、懑，骼、核、覈，叫、号、嗥，踣、仆、伏、覆

叫、号、嗥

叫：《吕氏春秋·侈乐》："为木革之声则若雷，为金石之声则若霆，为丝竹歌舞之声则若噪。"高注："噪，叫。"(呼喊、叫嚷)

号：《淮南子·原道》："射者扜乌号之弓，弯棊卫之箭。"高注："乌号，桑柘其材坚劲，乌跱其上，及其将飞，枝必挠下，劲能复，起巢乌随之。乌不敢飞，号呼其上。伐其枝以为弓，因曰乌号之弓也。"(大声呼叫)

嗥：《淮南子·览冥》："熊罴匍匐邱山磛岩，虎豹袭穴而不敢咆。"高注："袭，入。咆，嗥。"(吼叫)

"叫"见纽幽韵；"嗥"匣纽幽韵；"号"匣纽宵韵。三者见匣旁纽，幽宵旁转。

③声纽旁纽，韵母通转(5 组)

恨、憾、悔，疆、境、界，枯、渴、槁、涸，壑、谷、坎、陷，刚、强、坚、劲、钜

恨、憾、悔

恨：《吕氏春秋·制乐》："故成汤之时，有谷生于庭，昏而生，比旦其大拱。"高注："故杨子云恨不及其时，车载其金而归也。"(遗憾)

憾：《战国策·齐策三》："君所以得为长者，以吾毁之也。"高注："以吾毁之无憾言，故得为长者。"(遗憾；不满意)

悔：《吕氏春秋·慎行》："行不可不孰，不孰，如赴深谿，虽悔无及。"高注："虽悔行不纯淑，陷入刑辟，无所复及也。"(悔恨、后悔)

"恨"匣纽文韵；"憾"匣纽侵韵；"悔"晓纽之韵。三者晓匣旁纽，之文侵通转。

④声纽邻纽，韵母旁转(1 组)

浸、渐、沾

浸、渐、沾

浸：《淮南子·说林》："瓦以火成，不可以得火；竹以水生，不可以得水。"高注："瓦得火则被，竹得水浸则死。"(泡在液体中)

渐：《淮南子·脩务》："淹浸渍渐靡使然也。"高注："渐于教久，使之柔纵眇劲。"(滋润；润泽)

沾：《淮南子·说山》："雨之集无能沾，待其止而能有濡。"高注："比其至，未能有所沾。止者所止，故能有濡也。"(浸润、沾湿)

"浸"精纽侵韵；"渐"从纽谈韵；"沾"端纽谈韵。三者精从端旁纽，侵谈旁转。

⑤声纽不好确定，韵母通转(1 组)

见、监、临

见、监、临

见：《吕氏春秋·本生》："万人操弓，共射一招，招无不中。"高注："众人所见，会弓射之，故曰无不中也。"(看见)

监：《吕氏春秋·季夏》："是月也，令四监大夫合百县之秩刍，以养牺牲。"高注："四监，监四郡大夫也。"(督察、监视)

临：《吕氏春秋·达郁》："列精子高因步而窥于井，粲然恶丈夫之状也。"高注："临井自照，见不好，故曰恶丈夫之状也。"(由上看下，居高面低)

监，见纽谈韵；临，来纽侵韵；见，见纽元韵。三者声纽关系不好确定，元谈通转。

⑥声纽邻纽，韵母对转(1组)

断、绝、截

断、绝、截

断：《吕氏春秋·孟春》："无变天之道，无绝地之理。无乱人之纪。"高注："变，犹戾也。绝，犹断也。人反德为乱，纪，道也。"(截断、折断)

绝：《吕氏春秋·季春》："修利隄防，道达沟渎，开通道路，无有障塞。"高注："障，壅；塞，绝也。"(断绝)

截：《淮南子·说山》："刀便剃毛，至伐大木，非斧不克。"高注："克，截。"(断、截断)

"断"端纽元韵；"绝"从纽月韵；"截"从纽月韵。三者端从邻纽，元月对转。

⑦声纽准双声，韵母通转(1组)

内、纳、入

内、纳、入

内：《吕氏春秋·本生》："精通乎天地，神覆乎宇宙。"高注："宇宙，区宇之内。言其德大，皆覆被也。"(方位词)

纳：《淮南子·氾论》："处一年，与晋惠公为韩之战。"高注："晋惠公夷吾倍秦纳己之赂，秦兴兵伐晋，战于晋地韩原也。"(贡献；缴纳)

入：《吕氏春秋·孟春》："是月也，命乐正入学习舞。"高注："入学官，教国子讲习羽籥之舞。"(进入)

"内"泥纽物韵；"纳"泥纽缉韵；"入"日纽缉韵。三者泥日准双声，物缉通转。

⑧声纽邻纽，韵母通转(1组)

言、音、议

言、音、议

言：《吕氏春秋·本生》："精通乎天地，神覆乎宇宙。"高注："宇宙，区宇之内。言其德大，皆覆被也。"(说)

音：《淮南子·原道》："耳听朝歌北鄙靡靡之乐。"高注："纣使师涓作鄙邑靡靡之乐也，故师延为晋平公歌之，师旷知之曰，亡国之音也。"(音乐)

议：《吕氏春秋·乐成》："将军还走，北面再拜曰：'中山之举，非臣之力，君之功也。'当此时也，论士殆之日几矣。"高注："论士，议士也。殆，危。几，近。"(评论)

"言"疑纽月韵；"音"影纽侵韵；"议"疑纽歌韵。三者疑影邻纽，元侵通转。

⑨声纽准双声，韵母对转(1组)

折、制、断

折、制、断

折：《吕氏春秋·先识》："不用法式，杀三不辜。"高注："剖比干之心，折材士之股，刳孕妇而观其胞。"(折断)

制：《淮南子·氾论》："古者，有鍪而绻领以王天下者矣。"高注："古者，盖三皇以前也。鍪，头着兜鍪帽，言未知制冠也。"(依式剪裁)

断：《吕氏春秋·孟春》："无变天之道，无绝地之理。无乱人之纪。"高注："变，犹戾也。绝，犹断也。人反德为乱，纪，道也。"(截断、折断)

"折""制"照纽月韵；"断"端纽元韵。三者照端准双声，月元对转。

⑩声纽旁纽，韵母旁对转(7组)

锻、椎、椎，妃、配、比、匹，教、效、学、敩，分、别、板、贫，半、分、泮、别、辨，干、暵、熯、旱、晞，圆、垣、回、围、困、晕

锻、椎、椎

锻：《吕氏春秋·察微》："季氏为之金距。"高注："以利铁作锻距，沓其距上。"(锻造)

椎：《吕氏春秋·简选》："锄櫌白梃，可以胜人之长铫利兵。"高注："櫌，椎，挺，杖也。长铫，长矛也。铫读曰'苇苕'之苕。"(碎土的工具，后作"槌")

椎：《吕氏春秋·达郁》："人皆知说镜之明已也，而恶士之明已也。"高注："镜明见人之丑，而人不椎镜破之，而扢以玄锡，摩以白旃，是说镜之明已也。"(用椎打、击，后作"捶")

"锻"端纽元韵；"椎"定纽微韵。三者端定旁纽，微元旁对转。

⑪声纽准双声，韵母旁转(1 组)

斫、斮、琢

斫、斮、琢

斫：《吕氏春秋·上农》："然后制四时之禁：山不敢伐材下木。"高注："伐，斫也。"(用刀斧砍或削)

斮：《淮南子·主术》："故桓公三举而九合诸侯，纣再举而不得为匹夫，故举错不可不审。"高注："杀比干，斮朝涉之胫也。"(斩、砍)

琢：《淮南子·本经》："羸镂雕琢，诡文回波。"高注："羸镂，文章镂，雕，画也。玉曰琢。皆饰巧也。诡文，奇异之文也。回波，若水波也。"(雕刻加工玉石)

"斫"照纽铎韵；"斮"庄纽铎韵；"琢"端纽屋韵。三者照端庄准双声，屋铎旁转。

从以上的统计中可以看出，双词组的同源词中声韵均相同者最多，声相同而韵微别、韵相同而声微别的次之，声韵均有别者最少。在三词组及三词以上为一组的同源词中，声韵均有别者最多，声相同、韵微别，韵相同、声微别者次之，声韵均相同的者最少，出现此种情况的原因是两两系联时，声韵关系比较近，如果词的数量越多，所有这些词声韵之间的关系就越远。

二、高诱注同源词语义类型分析

1. 语义相同或相近(124 组)

(1)完全同义(39 组)

霸、伯，並、併，在、存，谗、譖，焚、燔，超、跳，改、更，核、覈，克、堪，蹋、蹑，极、穷，谋、谟，鹏、凤，如、若，施、设，深、甚，头、首，数、速，恣、肆，擿、提，吾、我，喜、欣，鹅、雁，挺、杖，依、倚，止、已，遇、迎，予、与，御、拒，志、识，盾、楯，龃龉、鉏鋙，罧、涔，庶、诸，是、此、斯，趣、促、速，浸、渐、霑，裁、才，隘、阨、厄

语义完全相同者举例如下：

在、存

在：《淮南子·本经》："故周鼎著倕，使衔其指，以明大巧之不可为也。"高注："倕，尧之巧工也。周铸鼎，著倕像于鼎，使衔其指。假令倕在见之，伎巧不能复逾，但当衔啮其指，故曰以明巧之不可为也。"(存在、在世)

存：《吕氏春秋·孟夏》："乃命乐师习合礼乐。"高注："礼，所以经国家，定社稷，利人民；乐，所以移风易俗，荡人之邪，存人之正性；故命乐师使习合之。"(存留、存在、生存)

在语音上，"在"属于从纽之部；"存"属于从纽文部。二者从纽双声，韵部之文通转。

"在"，《说文·土部》："在，存也。"《韩非子·喻老》："唯孙叔敖独在。"王先慎集解："存、在义同。"

"存"，《说文·子部》："存，恤问也。"《尔雅·释诂下》："存，察也。"郭璞注："存，即在。"《庄子·德充符》："犹有尊足者存。"成玄英疏："存者，在也。"

"存"，引申意义有"在"的意思，二者可以互训，词源意义相同，都有"在"的意义，因此，二者属于意义相同的同源词。

是、此、斯

是：《吕氏春秋·孟春》："孟春之月：日在营室。"高注："是月，日躔此宿。"(这)

此：《吕氏春秋·本生》："出则以车，入则以辇，务以自佚。"高注："人引车曰辇。出门乘车，入门用辇，此骄佚之务也。"(与"彼"相对)

斯：《战国策·秦策一》："臣闻其言曰：'王欲穷仪于秦乎，臣请助王。"高注："斯君樗里子言也，张仪诬樗里疾以自解说也。'"(指示代词，此)

语音上，"是"禅纽支韵；"此"清纽支韵；"斯"心纽支韵。三者禅清邻纽，清心旁纽；支部叠韵。

"是"，《说文·是部》："是，直也。"《礼记·乐记》："而凝是精粗之体。"孔颖达疏："是谓正也。"《论语·学而》："夫子至于是邦也。"皇侃疏："是，此也。"

"此"，《说文·此部》："此，止也。"《助字辨略》卷三："此，是也，兹也，彼之对也。"《大戴礼记·文王宫人》："此见于外。"孔广森补注："此，斯也。"

"斯"，《说文·斤部》："斯，析也。"《经传释词》卷八："斯犹是也。诗七月曰：朋酒斯飨。公刘曰：于京斯依。又曰：于豳斯馆。"《尔雅·释诂》："斯，此也。"

"是""此""斯"可以互训，核心义素都是指示代词，所以三者属于同义的同源词。

(2)微别(85组)

邦、封，逼、迫，猋、漂，纯、粹，徒、党，掉、摇，独、特，度、渡，苍、青，含、衔，暇、遑，赭、赤，混、浑，亟、急，繫、係，荐、祭，解、懈，勤、倦，观、瞰，契、刻，窥、闚，冷、凉，勉、励，令、命，比、密，摩、磨，旗、旂，丘、虚，全、牷，斩、杀，舍、赦，挽、輓，温、燠，显、见，飨、献，省、相，休、庥，掩、揜，翳、隐，溢、盈，覦、欲，震、振，质、贽，寘、置，炙、灼，渚、洲，走、趋，执、挚，穿、钻，果、蓏，皀、鵕，祝、祷，不、否、弗，大、诞、太，颠、蹎、蹶，堕、隤、坠，烦、闷、懑，叫、号、嗥，何、曷、胡，恨、憾、悔，近、幾、畿，见、监、临，疆、境、界，断、绝、截，茎、颈、胫，笞、籧、筐，叩、扣、敲，剖、副、劈，伤、疮、创，谓、曰、云，战、颤、惮，折、制、断，贮、储、菹，闇、暗、阴，荫，踣、仆、伏，覆，但、特、徒、直，枯、渴、槁、涸，半、分、泮、别、辨，聚、丛、凑、蔟、薮，干、暵、熯、旱、晞，刚、强、坚、劲、钜，无、毋、莫、勿、未，歡、懽，教、效、学、敩，安、焉

同源词意义微别者举例如下：

枯、渴、槁、涸

枯：《吕氏春秋·孟夏》：“行冬令则草木早枯后乃大水败其城郭。”高注：“行冬寒固闭之令，故草木早枯，大水坏其城郭，奸时逆行之征也。”（草木枯槁）

渴：《淮南子·墬形》：“夸父弃其策，是为邓林。”高注：“夸父，神兽也。饮河、渭不足，将饮西海，未至，道渴死。见《山海经》。”（口干想喝水）

槁：《淮南子·俶真》：“神伤乎喜怒思虑之患者，神尽而形有馀。故罢马之死也，剥之若槁。”高注：“罢老气力竭尽，故若槁也。”（干枯之物）

涸：《淮南子·时则》：“行夏令则其国乃旱，蛰虫不藏，五谷皆复生。”高注：“行炎阳之令，故旱涸。气热，故蛰虫不藏，使五谷复生。”（水枯竭）

语音上，“枯”溪纽鱼韵；“渴”溪纽月韵；“槁”见纽宵韵；“涸”匣纽铎韵。四者声纽属旁纽，韵部属对转和旁转关系。

“枯”，《说文·木部》：“枯，槁也。”《慧琳音义》卷四十一：“枯槁。”注引《说文》：“枯，亦槁也。”《玄应音义》卷五：“枯槁。”注引《字林》：“枯，木枯也。”

“渴”，《说文·水部》：“渴，尽也。”段注：“渴、竭古今字，古水竭字多用渴。”

“槁”，《荀子・劝学》：“虽有槁暴。”杨倞注：“槁，枯也。”《荀子・王霸》：“若振槁然。”杨倞注：“槁，枯叶也。”《史记・礼书》：“举若振槁。”司马贞索隐：“槁，干叶也。”

“涸”，《说文・水部》：“涸，渴也。”《文选・陆机〈文赋〉》：“豁若涸流。”李善注：“涸，水尽也。”《吕氏春秋・慎大》：“商涸旱。”高诱注：“涸，枯也。”

四者核心义素都是“尽”，类义素稍有不同，“枯”“槁”指木或叶等植物中的水分尽了，“渴”“涸”指的是江河或其他地方的水分尽。因此，四者属于意义稍有区别的一组同源词。

冷、凉

冷：《吕氏春秋・节丧》：“夫玩好货宝，钟鼎壶滥。”高注：“以冰置水浆于其中为滥，取其冷也。”(寒冷)

凉：《淮南子・说林》：“圣人之处乱世，若夏暴而待暮。”高注：“夏，日中甚热。暮，凉时。言圣人居乱世，忍以待凉。”(微寒，清凉)

在语音上，“冷”属于来纽耕韵；“凉”属于来纽阳韵。二者声纽属双声，韵部属旁转。

“冷”，《说文・仌部》：“冷，寒也。”《慧琳音义》卷四：“冷煗。”注引《字书》：“冷，小寒也。”

凉：《说文・水部》：“凉，薄也。”《列子・汤问》：“日初出沧沧凉。”殷敬顺释文引《字林》：“凉，微寒也。”《书・洪范》：“曰燠曰寒。”孔颖达疏：“凉是冷之始也。”

“冷”“凉”在核心义素“温度低”上是相同的，在类义素上有点区别，“冷”的类义素指温度低的程度比“凉”要深一些。

2. 语义相关(206 组)

(1)具有共同的性质或作用(93 组)

句、鉤，儿、麛，孤、寡，古、故，宽、缓，玑、讥，獲、穫，间、涧，浅、贱，偕、皆，陵、陆，漏、流，戚、劳，列、离，秒、妙，旁、房，旁、辅，编、篇，璞、朴，讫、既，恭、悫，陈、伸，湿、隰，细、碎，探、寻，豆、竖，邪、斜，泾、蹊，崖、涯，宇、竿，援、猨，涌、踊，远、辕，众、螽，勃、肥，扉、骈，违、乖，归、鬼，荒、壑，狗、驹，九、逵，丛、烛，至、室，功、贡，枉、迂，连、莲，卒、醉，画、卦，溢、镒，漉、漏，经、磬，卑、埤、庳，被、皮、波，边、滨、畔，才、材、财，疮、创、怆，革、郭、椁，光、影、镜，夹、颊、荚，会、盖、侩，名、鸣、铭，少 shǎo、少 shào、小，围、帷、卫，痈、壅、拥，纡、迂、腕，第、弟、娣，竿、绢、干，衡、横、璜，妃、配、比、匹，乘、登、升、腾，脱、税tuō、蜕、夺，反（还归）、返、反（翻转）、翩，加、架、驾、盖，壑、谷、坎、陷，筦、管、关、楗，回、还、环、运，斫、斮、琢，圆、垣、回、围、困、晕，柴、茨，界、间，海、黑，处、渚，懸、縣，汝、然，家、居、嫁，毛、苗、表，热、炊、烦，言、音、议，空、轂、縠，柔、揉、弱、肉，分、别、板、贫，冒、蒙、帽、雾、梦、冥、瞑、矇，按、堰、遏、抑、压、淤、湮、堙

古、故

古：《吕氏春秋·尽数》："夫以汤止沸，沸愈不止，去其火则止矣。故巫医毒药，逐除治之，故古之人贱之也，为其末也。"高注："古之人治正性保天命者也。"（古代）

故：《吕氏春秋·安死》："舜葬于纪市，不变其肆。"高注："市肆如故，言不烦民也。"（旧）

语音上，"古"属见纽鱼韵；"故"属见纽鱼韵。二者同音。

"古"，《说文·古部》："古，故也。"《尔雅·释言》："振，古也。"邢昺疏："古，言久故也。"《诗·邶风·日月》："逝不古处。"陈奂传疏："古处，犹言旧所耳。"

"故"，《说文·攴部》："故，使为之也。"《左传·昭公三年》："丰氏故主韩氏。"杜预注："故，犹旧也。"《孟子·梁惠王下》："所谓故国者。"赵岐注："故者，旧也。"

"古""故"在核心义素"久"上是相同的，"古"的类义素侧重在时间上，"故"的类义素则侧重在事物使用时间久而变旧。

加、架、驾、盖

加：《淮南子·原道》："得以利者不能誉，用而败者不能非。收聚畜积而不加富。"高注："收聚畜积，国有常赋也。不加富者，为百姓，不以为己有也。"（增益）

架：《淮南子·氾论》："筑土构木，以为宫室。"高注："构，架也。谓材木相乘架也。"（架设、构筑）

驾：《吕氏春秋·季秋》："命仆及七驺咸驾，载旍旐舆。"高注："七驺于《周礼》当为趣马，掌良马驾税之任，无七驺之官也。"（驾车、套车）

盖：《吕氏春秋·节丧》："羽旄旌旗、如云偻翣以督之，珠玉以佩之，黼黻文章以饬之。"高注："丧车有羽旄旌旗之饬，有云气之画。偻，盖也。"（盖子）

语音上，"加"属于见纽歌韵；"架"属于见纽歌韵；"驾"属于见纽歌韵；"盖"属于见纽月韵。四者属于见纽双声，歌月对转。

“加”，《说文·力部》：“加，语相增加也。”《助字辨略》卷二：“孟子：寡人之民不加多。”刘淇案：“加，增多之辞也。”《广韵·麻韵》：“加，增也。”

“架”，《淮南子·本经》：“大夏曾加。”高诱注：“架，材木相乘架也。”《慧琳音义》卷二十一引《慧苑音义》：“架险航深。”注：“架，谓置物在高悬虚之上也。”《说文·言部》：“诬，加也。”段玉裁注：“古无架字，以加为之。”

“驾”，《说文·马部》：“驾，马在轭中。”段玉裁注：“驾之言以车加于马也。”《尔雅·释言》：“襄，驾也。”郝懿行义疏：“驾，加也。”

“盖”，《说文·艸部》：“盖，苫也。”《左传·庄公三十二年》：“能投盖于稷门。”杜预注：“盖，覆也。”《释名·释车》：“盖，在上覆盖人也。”《释名·释言语》：“盖，加也，加物上也。”

四者的核心义素都是“增加”，类义素稍有区别，“加”的类义素是指“言语”，“架”的类义素是“材木”，“驾”的类义素是“车马”，“盖”的类义素是“草属”。因此，四者属于具有共同性质的同源词。

(2)具有泛指特指或抽象具体的关系(50组)

帛、币，宾、殡，跛、偏，倍、培，仓、藏，躔、践，祀、祠，疏、梳，弟、娣，冬、终，荡、动，富、福，複、復，干、奸，基、根，酤、贾，甘、酣，孔、好，衡、横，昏、婚，包、胞，集、戢，交、绞，决、缺，开、启，里、闾，裂、磔，迷、眯，蘖、孽，起、兴，取、娶，高、桥，善、膳，上、尚，土、社，消、铄，转、禅，子、嗣，大、鼍，物、魅，夜、夕，靷、延，宜、义，笼、籯，域、囿，割、刖，旧、龟，始、胎，生、性、姓，北、背、负

冬、终

冬：《吕氏春秋·季春》：“天子焉始乘舟。荐鲔于寝庙，乃为麦祈实。”高注：“自冬至此，于是始乘舟，荐，进也。”(冬天)

终：《吕氏春秋·情欲》：“古人得道者，生以寿长。”高注：“体道无欲象天，天予之福，故必寿长，终其性命。”(终了、结束)

“冬”“终”属于端照准双声，冬部叠韵。

“冬”，《说文·仌部》：“冬，四时尽也。”段玉裁注：“冬之为言终也。”《释名·释天》：“冬，终也，物终成也。”《说文·仌部》桂馥义证引《三礼义宗》：“冬，终也，立冬之时，万物终成。”

“终”，《说文·糸部》：“终，绿丝也。”《孟子·告子下》：“是君臣父子兄弟终去仁义怀利以相接。”焦循正义：“终，尽也。”《国语·周语上》：“庶人终食。”韦昭注：“终，毕也。”《吕氏春秋·季秋》：“此谓一终。”高

诱注："终，一岁十二月终也。"

"冬""终"核心义素都是"尽"，"冬"类义素指季节；"终"类义素可以用于抽象事物的尽，因此，"冬""终"是属于具体和抽象关系的同源词。

生、性、姓

生：《淮南子·天文》："岁早旱晚水，小饥，蚕闭，麦熟，民食三升。辰。在丙曰柔兆。"高注："在丙，言万物皆生枝布叶，故曰柔兆也。"(生长)

性：《吕氏春秋·本生》："天子之动也，以全天为故者也。"高注："全犹顺也。天，性也。故，事也。"(人的本性)

姓：《战国策·秦策二》："费人有与曾子同名族者。"高注："费，邑名也。名，字。族，姓。"(标志家族系统的称号)

"生"山纽耕韵；"性"、"姓"心纽耕韵。三者山心准双声，耕部叠韵。

"生"，《说文·生部》："生，进也。象艸木生出土上。"《庄子·天运》："故若混逐丛生。"成玄英疏："生，出也。"《素问·阴阳应象大论》："酸生肝。"王冰注："生，谓生长也。"

"性"，《说文·心部》："性，人之阳气性善者也。"《论语·阳货》："性相近也。"皇侃疏："性者，生也。"《论衡·本性》："性，生而然者也。"

"姓"，《说文·女部》："姓，人所生也。……春秋传曰：天子因生以赐姓。"《白虎通义·姓名》："姓，生也。人所禀天气所以生者也。"

"生""性""姓"的核心义素都是"生"，而类义素不同，"生"的类义素是表示草木或动物的出生，是具体的；"性""姓"的类义素表示的是人的气质或禀性的出生，是抽象的，因此它们属于具体与抽象关系的同源词。

(3)数目(2组)

骖、三，二、贰

骖、三

骖：《吕氏春秋·爱士》："昔者秦缪公乘马而车为败，右服失而野人取之。"高注："四马车，两马在中为服，《诗》曰'两服上襄'是也。两马在边为骖，《诗》曰'两骖如舞'是也。"(辕马外侧拉套的马)

三：《吕氏春秋·孟春》："天子三推，三公五推，卿诸侯大夫九推。"高注："礼以三为文，故天子三推，谓一发也。"(数词)

“骖”属于清纽侵韵；“三”属于心纽侵韵。二者属于清心旁纽，侵部叠韵。

“骖”，《说文·马部》：“骖，驾三马也。”段玉裁注：“盖古者驾四，两服马夹辀在中，左右各一，騑马左右皆可以三数之，故谓之骖。”《汉书·文帝纪》：“乃令宋昌骖乘也”颜师古注：“骖者，三也。”《左传·桓公三年》：“骖絓而止。”孔颖达疏：“初驾马者，以二马夹辕而已，又驾一马，以两服为骖，故谓之骖。”《诗·郑风·大叔于田》：“两骖如舞。”朱熹集传：“车衡外两马曰骖。”

“三”，《说文·三部》：“三，天、地、人之道也。”《广韵·谈韵》：“三，数名。”《论语·先进》：“南容三复白圭。”刘宝楠正义：“古人言数之多，自三始。”《史记·律书》：“数始于一，终于十，成于三。”

“骖”“三”核心义素都用三来涵盖整个集体。而“骖”的类义素表示特指，即马；“三”的类义素表示的是泛指，即除马之外的所有东西。二者都与数字“三”有关。

(4)色彩(3组)

黑、墨，栌、垆，白、帛

黑、墨

黑：《吕氏春秋·孟夏》：“乘朱辂，驾赤骊。”高注：“顺火德也，骍马黑尾曰骊。”(黑色)

墨：《淮南子·俶真》：“镂之以剞劂，杂之以青黄。”高注：“剞，巧工钩刀也。劂者，规度刺画墨边笺也。”(用于书写、绘画的黑色颜料)

“黑”属于晓纽职韵；“墨”属于明纽职韵。王力先生说：“‘黑’的古音可能是 mxək，故与‘墨’mək 同源。”①

“黑”，《说文·黑部》：“黑，火所熏之色也。”《广韵·德韵》：“黑，北方色也。”

“墨”，《说文·土部》：“墨，书墨也。”桂馥义证引苏易简《文房四谱》：“墨者，黑土也。”《孟子·滕文公上》：“面深墨。”赵岐注：“墨，黑也。”

“黑”“墨”的核心义素都是黑色，所以二者属于同源关系。

(5)工具(5组)

臿、插，疗、药，隐、衣，锻、椎(槌)、椎(捶)，斧、父

① 王力：《同源字典》，253页，北京，商务印书馆，1982。

疗、药

疗：《吕氏春秋·荡兵》："譬之若水火然。"高注："水以疗汤，火以热食，兵以除乱，夫何偃也？故曰若水火然。"（止、解除）

药：《吕氏春秋·季春》："田猎罼弋，罝罘罗网，餧兽之药，无出九门。"高注："天子城门十二，东方三门，王气所在处，尚生育，明餧兽之药所不得出也，嫌馀三方九门得出，故特戒之如言'无'也。"（药物）

"疗"属于来纽宵韵；"药"属于喻纽药韵。二者属于来喻准双声，宵药对转。

"疗"，《说文·疒部》："㾋，治也。或从尞。"朱骏声《通训定声》："疗，谓治病。"《集韵·药韵》："疗，病消曰疗。"

"药"，《说文·艸部》："药，治病艸。"《玉篇·艸部》引《说文》曰："药，治疾之草总名。"《孔子家语·正论》："不如吾闻而药之。"王肃注："药，治疗也。"

"疗""药"的核心义素都与疾病有关，"药"是"疗"的工具，二者同出一源，属于同源关系。

（6）形似（10组）

翅、枝，砥、碛，斧、黼，鼓、瞽，角、桷，芒、萌，员、丸，甬、钟，雀、爵，篧、罳

翅、枝

翅：《吕氏春秋·精谕》："从蜻游，蜻之至者，百数而不止，前后左右尽蜻也。"高注："蜻，蜻蜓，小虫，细腰四翅，一名白宿。"（翅膀）

枝：《淮南子·时则》："其兵戟。"高注："戟有枝干，象阳布散也。"（旁出）

"翅"属于照纽支韵；"枝"属于审纽支韵。二者照母同纽，支部叠韵。

"翅"，《玉篇·羽部》："翅，翼也。"《慧琳音义》卷四"无翅"注："鸟之两羽曰翅。"

"枝"，《说文·木部》："枝，木别生条也。"《易·系辞下》："中心疑者其辞枝。"孔颖达疏："枝，谓树枝也。"

"翅""枝"的核心义素都是指从主体"斜出"的旁支，"翅"的类义素是指鸟，"枝"的类义素是指树木，二者在形状上相似。

（7）对象（8组）

道、导，耳、珥，盲、民，託、宅，咽、噎，鱼、渔，声、听、圣，撞、钟、冲

鱼、渔

鱼：《吕氏春秋・季夏》："是月也，令渔师伐蛟取鼍，升龟取鼋。"高注："渔师，掌鱼官也。"（水生脊椎动物）

渔：《吕氏春秋・季春》："命舟牧覆舟，五覆五反，乃告舟备具于天子焉。"高注："舟牧，主舟官也。是月天子将乘舟始渔，恐有穿漏，反覆视之，五覆五反，慎之至也。"（捕鱼）

"鱼"属于疑纽鱼韵；"渔"属于疑纽鱼韵，二者同音。

"鱼"，《说文・鱼部》："鱼，水虫也。象形。"《尚书大传》卷二："时则有鱼孽。"郑玄注："鱼，虫之生于水而游于水者也。"《左传・隐公元年》："公将如棠观鱼者。"陆德明释文："本亦作渔者。"

"渔"，《说文・鱻部》："渔，搏鱼也。"《易・系辞下》："以田以渔。"陆德明释文引马云："取兽曰佃，取鱼曰渔。"《易・系辞下》："以田以渔"。陆德明释文："渔，本亦作鱼。"

"鱼""渔"的核心义素都指"鱼"，"渔"是以"鱼"为对象，二者同出一源，属于同源词。

（8）因果（8组）

久、旧，尸、死，专、擅，威、畏，照、曜，商、漳，模、慕，捕、搏、亡

久、旧

久：《吕氏春秋・义赏》："郢人之以两版垣也，吴起变之而见恶。"高注："吴起，卫人也，楚以为将。变其两版，教之用四，楚俗习久见怨也。"（时间长）

旧：《吕氏春秋・知度》："故有道之主，因而不为。"高注："因循旧法，不改为。"（从前的、古老的）

"久"属于见纽之韵；"旧"属于群纽之韵。二者属于见群旁纽，之部叠韵。

"久"，《说文・久部》："久，以后灸之。象人两胫后有距。"《庄子・秋水》："夫不为顷久推移。"成玄英疏："久，多时也。"《吕氏春秋・诬徒》："虽贤者犹不能久。"高诱注："久，长也。"《广韵・有韵》："久，长久也。"《文选・班固〈答宾戏〉》："时暗而久章者。"李善注引项岱曰："久，旧也。"《尔雅・释诂下》："曩，久也。"郝懿行义疏："久、旧亦通。故书云旧劳于人，史记鲁世家作久劳于外；舅为小人，作久为小人。"

"旧"，《说文・萑部》："旧，雎旧，旧留也。"段玉裁注："旧，今字为新旧字。"《书・无逸》："时旧劳于外。"孔颖达疏："旧，久也。"

"久""旧"的核心义素都是指"时间长"，二者同出一源，存在因果关

系，因为时间久，所以变旧，所以它们属于因果关系的同源词。

(9)某种行为、性质及具有这种行为性质的人或事(6组)

理、吏，飨、卿，酒、酋，人、仁，吏、使，巫、舞

酒、酋

酒：《吕氏春秋·孟春》："反，执爵于太寝。"高注："爵，饮爵。太寝，祖庙也。示归功于先祖，故于庙饮酒也。"

酋：《吕氏春秋·仲冬》："乃命大酋，秫稻必齐，麹蘖必时。"高注："大酋，主酒官也。酋酝米麹，使之化熟，故谓之酋。"

"酒""酋"属于精从旁纽，幽部叠韵。

"酒"，《说文·酉部》："酒，就也，所以就人性之善恶。"《释名·释饮食》："酒，酉也，酿之米麹酉泽，久而味美也。"《礼记·少仪》："其以乘壶酒。"郑玄注："酒谓清也，糟也。"《玉篇·酉部》："酒，杜康所作。"《广韵·有韵》："酒，酒醴。"

"酋"，《说文·酋部》："酋，绎酒也。从酉，水半见于上。礼有大酋，掌酒官也。"《玉篇·酋部》："酋，酒官也。"《读书杂志·墨子第三·天志下》："妇人以为春酋。"王念孙按："酒官谓之酋者，以其掌酒也。然则女奴之掌酒者，亦得谓之酋也。"

"酒""酋"的核心义素都指"酒"，"酋"是掌"酒"之官，二者同出一源，它们是属于"某种行为、性质及具有这种行为性质的人或事"关系的同源词。

(10)动作的施受关系(5组)

买、卖，禽、擒，视、示，帅、率，臭、嗅

买、卖

买：《吕氏春秋·贵当》："欲得良狗，则家贫无以。"高注："无以买狗。"(购进、以钱购物)

卖：《淮南子·说山》："郢人有鬻其母，为请于买者曰：'此母老矣！幸善食之而勿苦。'"高注："鬻，卖也。食，养也。"(以货物换钱，与"买"相对)

"买"属于明纽支韵；"卖"属于明纽支韵，二者同音。

"买"，《说文·贝部》："买，市也。"《玉篇·贝部》："买，市买也。"《急就篇》卷二："贳贷卖买贩肆便。"颜师古注："出曰卖，入曰买。"

"卖"，《说文·出部》："卖，出物货也。"《玉篇·出部》："卖，出物也。"《慧琳音义》卷八："衒卖。"注引《集训》："卖，出物以交易也。"《希麟音义》卷八："称卖。"注引《切韵》云："卖，货卖也。"

"买""卖"的核心义素都是"货物"，二者是属于动作施受关系的同源词。

(11)使动关系(2 组)

内、纳、入，至、致

至、致

至：《吕氏春秋·重己》："故有道者，不察所召，而察其召之者。"高注："所召，仁与义也。推行仁义，寿长自至，故曰'不察所召'也。召之者，不行仁义，残亡应行而至，故曰'察其召之'也。"(到)

致：《吕氏春秋·先己》："《诗》曰：'执辔如组。'"高注："组读'组织'之组。夫组织之匠，成文于手，犹良御执辔于手而调马口，以致万里也。"(使达到、到达)

"至"属于照纽质韵；"致"属于端纽质韵。二者属于照端准双声，质部叠韵。

"至"，《说文·至部》："至，鸟飞从高下至地也。"《说文·见部》"亲，至也。"段玉裁注："到其地曰至，情意恳到曰至。"《楚辞·九章·抽思》："夫何极而不至兮。"朱熹集注："至，到也。"《周礼·考工记·弓人》："覆之而角至。"孙诒让正义引戴震云："古字至、致通。"

"致"，《说文·夂部》："致，送诣也。"《汉书·武帝纪》："存问致赐。"颜师古注："致，送至也。"《易·困·象传》："君子以致命遂志。"焦循章句："致，至也。"

"至""致"的核心义素都是"到"，"至"是"致"使动的结果，二者属于有使动关系的同源词。

(12)其他关系(14 组)

长 cháng、长 zhǎng，脊、瘠，济、津，惊、敬，歷、曆，弩、砮，陨、殒(委婉语)，朝 zhāo、朝 cháo，征、证，官、馆，害、祸，刍、驺，皮、破，楼，嵝

济、津

济：《吕氏春秋·音初》："辛馀靡振王北济，又反振蔡公。"高注："由此言之，昭王为没于汉，辛馀靡焉得振王比济哉?"(渡河)

津：《战国策·秦策一》："挟荆，以东弱齐燕，决白马之口，以流魏氏。"高注："白马，津名。"(渡口)

"济"属于精纽脂韵；"津"属于精纽真韵。二者属于精母双声，脂真对转。

"济"，《说文·水部》："济，水。出常山房子赞皇山，东入泜。"《诗·邶风·匏有苦叶》："济有深涉。"毛传："济，渡也。"《易·既济》："既济。"郑玄注："济，度也。"《左传·宣公十二年》："以中军佐济。"杜预注："济，渡河。"

“津”，《说文·水部》：“津，水渡也。”《论语·微子》：“使子路问津焉。”皇侃疏：“津，渡水处也。”《资治通鉴·后梁纪一》：“关津辄执送所属。”胡三省注：“津，济度必由之要处。”《希麟音义》卷十“津涯”注引《说文》：“津，济也。”《希麟音义》卷十“津涯”注引郭璞曰：“津，涉也。谓涉渡也。”

“济”“津”的核心义素都是“渡”；“济”的类义素是“渡河的动作”，“津”的类义素是“渡河的地方”。

第三节　高诱注对《同源字典》及系列字典的修正和补充

在汉语同源词研究日益深入的今天，我们应该批判地继承前人的研究成果，吸收其合理的成分，验证其不合理的部分，并用现代的理论对其辨析和改正，使其发挥应有的作用。黄易青先生指出：“从认识论上说，实践，认识，再实践，再认识……循环往复以至无穷，是人类对客观世界认识发展的普遍规律。从实践上说，传统词源研究已经积累了丰富的同源词材料作为我们分析的出发点，可以在此基础上总结、验证、修正、推绎。”①根据王宁、黄易青先生的研究，认为传统的同源词研究存在着把词汇意义和词源意义混淆的缺陷，因此系联的同源词有些失当之处。“这种情况在王力先生的《同源字典》中也存在。他说：‘同源字必然是同义词，或意义相关的词。’‘所谓同义，是说这个词的某一意义和那个词的某一意义相同。’正因如此，王力先生认为‘音义皆近的同义词’‘在同源词中占很大的数量。’……如果用词汇意义取代词源意义，在判定同源关系时就会把没有同源关系的同义词判定为同源词，从而导致声音关系的‘转’多了一些。”②因此，我们想用现在同源词研究的一些成果对王力先生的《同源字典》及刘钧杰先生的《同源字典补》《同源字典再补》进行一些修正和补充。

一、高诱注对《同源字典》及系列字典的修正

1. 薦、祭

“薦”精纽元韵；“祭”精纽月韵。二者精纽双声，元月对转。它们都有“进献”之义。《同源字典》(539 页)把“进、薦、祭”系联为一组同源词。

---

① 黄易青：《上古汉语同源词意义系统研究》，130 页，北京，商务印书馆，2007。

② 黄易青：《上古汉语同源词意义系统研究》，104 页，北京，商务印书馆，2007。

笔者认为此处"荐"不应该处在此组同源词中，我们先看"薦"的意义，《说文·廌部》："薦，兽之所食艸。"《庄子·齐物论》："麋鹿食薦"。《左传·宣公十四年》："诛而薦贿。"杜预注："薦，进也。"《战国策·中山策》："善以微计荐中山君久矣。"高诱注："薦，进也。"

《说文·廌部》段玉裁注："凡注家云薦进也者，皆荐之假借字，荐者借也，故引申之义为进也陈也。"《史记·历书》："祸菑薦至。"司马贞索隐："薦，古荐字，假借用耳。"《说文·廌部》朱骏声通训定声："薦，假借为荐。"

"薦"的本义是草名，作为"进"的意义时是假借为"荐"，也就是说"进献"的意义不是"薦"的引申义，而是它的假借义。王宁先生认为："首先从被系联的同源字中，排除借字和借义。因为借字反映的是另一个意义毫不相干的同音词而借义则是由他词中转移过来的，如果以借义来系源，便会混淆同源与假借，把借字系联到意义无关的词群中去。"① 徐通锵先生的历史比较法分为四个步骤：搜集整理资料、剔除借词；找出语音对应关系、确定同源成分；根据语音对应规律，弄清语言发展的时间层次；构拟原始形式。② 二位先生都把排除借词、借义作为系联同源词的一个重要步骤，因此，我们认为作为假借义的"薦"不应该与"进、祭"系联为同源词。

2. 空、縠

"空"属于溪纽东韵；"縠"属于见纽屋韵。二者属于见溪旁纽，东屋对转。

《同源字典补》(102 页)把"空、椌、蛩、壳、縠"系联为一组同源词，著者认为："空虚无物叫空；蝉蜕是空壳，叫蛩；以木制成的中空乐器柷也叫椌；壳是坚硬而中空的外皮；縠是粮食总称，其子实必有壳。"③在这组同源词中，通过著者的解释，我们可以看出著者是以"中空"作为核心义素来系联的，笔者以为"空、椌、蛩、壳"的核心义素，只有"縠"的核心义素不符合"中空"的这个条件。这组同源词高诱注中只出现了"空、縠"，所以我们在此只讨论这二者的同源关系。

"空"，《说文·穴部》："空，窍也。"段玉裁注："空，今俗语所谓孔也。"《春秋繁露·精华》："见空空而博贯之"凌曙注引《释文》："空，垒空小穴也。"

---

① 王宁：《训诂学原理》，141 页，北京，中国国际广播出版社，1996。

② 徐通锵：《历史语言学》，72 页，北京，商务印书馆，1991。

③ 刘钧杰：《同源字典补》，102 页，北京，商务印书馆，1999。

“穀”，《说文·禾部》：“穀，续也。百穀之总名。”《玉篇·禾部》：“穀，五穀也。”《诗·小雅·小弁》：“民莫不穀。”郑玄注：“穀，养也。”《汉书·五行志中之下》：“穀，犹善也。”《说文·禾部》段玉裁注：“穀，引申为善也。”《类篇·殳部》：“縠，乳子也。”《庄子·骈拇》：“臧与縠二人相与牧羊而俱亡其羊。”成玄英疏引《孟子》云：“縠，孺子也。”《庄子·骈拇》：“臧与縠二人相与牧羊而俱亡其羊。”成玄英疏引扬雄云：“縠，良家子也。”

通过我们上文所引的“空”“穀”二字的注，可以看出“空”有“孔”“穴”之义，所以有“中空”这个义素，而“谷”著者认为“穀，其子实必有壳”，虽然“子实有壳”，但“穀”本身并没有“孔”“穴”的意义，所以也没有“中空”这个义素。因为“穀”不具备“中空”这个核心义素，所以不应该把“穀”系联在这组同源词中。

3. 极、穷

《同源字典》以“极、穷”为同源词。“极”属于群纽职韵；“穷”属于群纽侵韵。二者群纽双声，职侵通转。

“极”，《说文·木部》：“极，栋也。”《左传·昭公十二年》：“不得其极。”孔颖达疏：“极训为中。”《荀子·王霸》：“主之所极然帅群臣而首乡之者。”王先谦集解引郝懿行曰：“极与亟、极并同。”

“穷”，《说文·穴部》：“穷，极也。”《论语·尧曰》：“四海困穷。”皇侃疏：“穷，尽也。”《诗·卫风·考槃序》：“使贤者退而穷处”郑玄笺：“穷，犹终也。”

王宁、黄易青先生认为：“事实上，‘极’的本义是古代房屋的最高大梁，它以居中极而得名，与‘亟’、‘革’等字同源，其词源意义是‘空间紧迫’(‘时间促迫’)。‘穷’与‘究’等字同源，词源意义是‘(封闭空间的)尽头’。因此，‘极’和‘穷’虽有共同的义项‘顶端’，因而能够互训，但来源是不同的。”①我们同意二位先生的观点，认为“极”“穷”不是同源词，王力先生之所以把它们系联为同源词，是因为混淆了词源意义“时、空间紧迫”“(封闭空间的)尽头”和词汇意义“顶端”，所以我们在系联同源词时一定要分清词源意义和词汇意义。

4. 语、言

语音上，“语”属疑纽鱼韵；“言”属疑纽元韵。二者疑纽双声，鱼元通转。《同源字典》(138 页)以“语”“言”同源。

“语”，《说文·言部》：“言，论也。”《诗·大雅·公刘》：“于时语

① 王宁、黄易青：《词源意义与词汇意义论析》，载《北京师范大学学报》，2002(4)。

语。"孔颖达疏："论难曰语，谓二人相对。"《礼记·中庸》："故君子语大。"郑玄注："语，犹说也。"

"言"，《说文·言部》："言，直言曰言，论难曰语。"《尔雅·释诂下》："话，言也。"郝懿行义疏："言、语二字，对文则别，散则通也。"《诗·小雅·宾之初筵》："匪言勿言。"马瑞辰传笺通释："自言谓之言，以言问人亦谓之言。"《吕氏春秋·大乐》："其可与言乐乎。"高诱注："言，说也。"

王宁、黄易青先生认为："'言'与'谚'同源，以'交相传递'为词源意义；而'语'与'五'、'午'、'迕'、'牾'、'晤'等字同源，以'交迕、交逆'为词源意义。二者不同源，它们只是在'说话'这个词汇意义上构成同义词。正因为词源意义不同，才使它们的区别表现在'言'是主动说话，'语'是对话。"①

我们同意他们的观点，系联同源词应该以词源意义为标准，而不能以词汇意义为标准。

二、高诱注对《同源字典》及系列字典的补充

1. 欺、谲

欺：《吕氏春秋·审己》："使人告鲁侯曰：'柳下季以为是，请因受之。'"高注："齐侯使人告鲁君，言柳下季以为是岑鼎，请因受之也。疑鲁君欺之，而信柳下季。"

谲：《战国策·秦策一》："商君还归，惠王车裂之，秦人不怜。"高注："一曰，魏以其谲公子卬而没其军，魏人怨而不纳，故惠王车裂之。"

"欺"，《说文·欠部》："欺，诈欺也。""谲"，《说文·言部》"谲，权诈也。益梁曰谬。欺天下曰谲。""谲"指"诡诈；欺诳"，《论语·宪问》："晋文公谲而不正，齐桓公正而不谲。"何晏集解引郑玄曰："谲者，诈也。""欺"指一般的欺诈，而"谲"指政治欺骗。"欺"与"谲"都有变更正规、正道，"谲"在初时尚未含有贬义，与"欺"略有区别。二者的词源意义是相同的，即都是"诈"，只不过类义素所指的范围不同，"欺"指的范围大，"谲"只用于政治方面。所以二者的意义微别。

我们再看二者的语音关系，"欺"为溪纽咍韵，"谲"为见纽屑韵。纽近，韵旁对转。②

---

① 王宁、黄易青：《词源意义与词汇意义论析》，载《北京师范大学学报》，2002(4)。

② 王宁：《训诂学原理》，130页，北京，中国国际广播出版社，1996。

从语音和语义方面看，二者是属于同源关系，《同源字典》及系列字典都没有收录，我们认为应该补充这一组同源词。

2. 半、分、泮、别、辨

《同源字典》(523 页)把“半、分、泮、别、辨”作为同源词，这一组同源词在高诱注中均已出现。

半:《吕氏春秋·贵生》:“所谓亏生者，六欲分得其宜也。”高注:“分，半也。”

分:《吕氏春秋·季夏》:“是月也，令四监大夫合百县之秩刍，以养牺牲。”高注:“周制，天子畿内方千里，分为百县，县有四郡，郡有鄙，故《春秋传》曰:‘上大夫受县，下大夫受郡。’”

泮:《淮南子·墬形》:“故南方有不死之草，北方有不释之冰。”高注:“南方温，故草有不死者。北方寒，故冰有不泮释者。”

别:《淮南子·天文》:“岁有小兵，蚕登，稻昌，菽麦不为，民食三升。未。在己曰屠维。”高注:“在己，言万物各成其性，故曰屠维。屠，别。维，离也。”

辨:《吕氏春秋·尊师》:“时辨说，以论道。”高注:“辨别道之义理。”

高诱注中还出现了“叛”，我们认为“叛”与“半、分、泮、别、辨”也属于同源关系。

叛:《吕氏春秋·尊师》:“听从不尽力，命之曰背；说义不称师，命之曰叛。”高注:“背，戾也。叛，换也。言学者听从不尽其力，犹民背国，说义不称其师，犹臣叛君。”

在语音方面，“半”帮纽元韵；“分”帮纽文韵；“泮”滂纽元韵；“别”帮纽月韵；“辨”并纽元韵；“叛”并纽元韵。韵部属于对转或旁转；纽都属于旁纽关系。语音关系比较近。

在语义方面，“半、分、泮、别、辨”作为一组同源词的相同的词源意义是“分、别”，而“叛”，《说文·半部》:“叛，半也。从半，反声。”《玉篇·半部》:“叛，别也。”“叛”有“背叛”义，《书·大诰序》:“武王崩，三监及淮夷叛。”“叛”有“分离”之义，是因为“半”有“分割、分离”而有半，引申为背离而造的形声字。因此，在“分、别”的词源意义上，“叛”与“半、分、泮、别、辨”是相同的，所以“叛”也应与“半、分、泮、别、辨”系联在一起，成为一组同源词。

3. 数 shuò(通“速”)、数 shǔ、数 shù

《同源字典》(299 页)把数 shuò 与“速”列为同源词。

数 shuò、数 shǔ、数 shù，在高诱注中均出现，是一组同形的同源词。

数 shuò：《吕氏春秋・孟春》："行秋令，则民大疫，疾风暴雨数至，藜莠蓬蒿并兴。"高注："金生水，与水相干，故风雨数至、荒秽滋生，是以藜莠蓬蒿并兴。"(屡次，多次)

数 shǔ：《吕氏春秋・禁塞》："此七君者，大为无道不义：所残杀无罪之民者，不可为万数。"高注："万人一数之，言多不可胜数。"(计算、查点)

数 shù：《淮南子・说山》："为孔子之穷于陈、蔡而废六艺，则惑。"高注："六艺，礼、乐、射、御、书、数。"(算数、数学，古代六艺之一)

这组同源词是因为词义的引申而变为多义，而且同时发生了音变，但文字上没有造新的字形而是沿用了旧的形体。在上古音系统中，"数 shuò"山纽屋韵；"数 shǔ"、"数 shù"山纽侯韵。声纽相同，分属两个韵。发展到《广韵》时代，由于语音的变化，韵部已经分属三个韵部，"数 shuò"属觉韵，"数 shǔ"属麌韵，"数 shù"属遇韵。是否发生音变，是区分多义词和同源派生词的主要条件。[①] 发生音变的是同源词，所以这组词是属于同形的同源词。《同源字典》及系列字典应补充此组同源词。

4. 弓、宫

弓：《吕氏春秋・本生》："万人操弓，共射一招，招无不中。"高注："招，埻的也。众人所见，会弓射之，故曰无不中也。"(弓箭)

宫：《淮南子・天文》："不周风至则修宫室，修边城。"高注："立冬节，土功其始，故治宫室。缮修边城，备寇难也。"(古代对房屋、居室的通称)

"宫"、"弓"在语音上属见纽双声，冬蒸旁转。语音关系比较近。

"弓"，《说文・弓部》："弓，以近穷远，象形。"《释名・释兵》："弓，穷也，张之穷隆然也。"

"宫"，《说文・宫部》："宫，室也。"《礼记・曲礼上》："三十曰壮，有室。"孔颖达疏："通而言之，则宫室通名；别而言之，论其四面穹隆则曰宫，因其贮物充实则曰室。"

"弓"在外形上是弯曲之物，"宫"顶部隆起，也是弯曲的，因此，二者在得名之源上都与"弯曲"有关系。"弓"、"宫"语音关系比较近，得名之源上相同，因此，二者属于同源词。《同源字典》及系列字典都没有列。

---

① 王宁：《训诂学原理》，132 页，北京，中国国际广播出版社，1996。

5. 光、广

光：《吕氏春秋·期贤》："明火不独在乎火，在于暗。"高注："暗冥无所见，火乃光耳，故曰在于暗也。"(光明、明亮)

广：《淮南子·览冥》："尚佯冀州之际，径蹑都广，入日抑节。"高注："蹑，至也。都广，东南之山名也，众帝所自上下也。言凤皇过广都之野，送日入于抑节之地，言其翔之广也。"(大)

语音上，"光"属于见纽阳韵；"广"也属于见纽阳韵，二者是同音关系。

语义方面，"光"，《说文·火部》："光，明也。从火，在人上，光明意也。"《释名·释天》："光，晃也，晃晃然也。亦言广也，所照广远也。"《经义述闻·易·谦彖传》："谦尊而光。"王引之案："光之言广也，大也。"

"广"，《说文·广部》："广，殿之大屋也。"段注："覆乎上者曰屋，无四壁而上有大覆盖，其所通者宏远矣，是曰广。"

"光"是光明义，引申指广、远，"广"就是广大、宏远之义，光明义与广远义是相通的，因此，"光"与"广"是同源关系，而且"光"是"广"的源词。①《同源字典》及系列字典都没有列。

6. 消、秒、削

消：《吕氏春秋·去宥》："人之老也，形益衰。"高注："衰，肌肤消也。"

秒：《淮南子·天文》："秋分蔈定，蔈定而禾熟。"高注："'蔈'读如《诗》'有貓有虎'之'貓'，古文作'秒'也。"

削：《吕氏春秋·重言》："成王与唐叔虞燕居，援梧叶以为珪，而授唐叔虞曰：'余以此封女。'"高注："削桐叶以为珪冒以授叔虞。"

"消"属于心纽宵韵；"秒"属于明纽宵韵；"削"属于心纽药韵。语音关系，宵药对转，明纽与心纽的关系较远。但是我们可以通过它们之间的意义关系来确定它们属于同源词。

"消"，《说文·水部》："消，尽也。"段注："消，未尽而将尽也。"《释名·释言语》："消，削也，言减削也。"

"秒"，《说文·禾部》："秒，禾芒也。"《慧琳音义》卷七十八"剁秒"注："秒，幡竿端头也。"

"削"，《说文·刀部》："削，鞞也。一曰析也。"《方言》卷九："剑削，自关而东或谓之削。"段注："削，凡侵削、削弱皆其引申之义也。"

王宁先生用义素分析法分析了它们意义的内部结构：

秒＝/禾类/＋/芒末端渐小处/

---

① 王宁：《训诂学原理》，137页，北京，中国国际广播出版社，1996。

消＝/施于水/＋/使之小/

削＝/以刀施之/＋/使之小/①

王宁先生分析这组同源词的意义关系，名词“秒”的核义素是/尖端——渐小/，动词“消”“削”的核心义素是/使之小/，/尖端——渐小/与/使之小/是语义的相关关系，这组同源词都是从“小”得声的。我们确定同源词的条件是音、义都要考虑，由于语言的变化发展既有系统性，又有特殊性，表现在同源词的确定上，就有语音的聚合性和游离性。所谓同源词语音关系的“聚合性”，就是指一组同源词的语音相对集中地聚集在若干声纽(或若干声类)以及若干韵部(或若干韵类)的情形。而同源词语音关系的“游离性”是指一部分同源词跟本组的大部分同源词语音关系相对较远的情形。② 此组同源词中，明纽和心纽的关系较远就属于同源词语音关系的游离性，这是依据上古音的现阶段的研究成果得出来的，随着上古音研究的深入，也许会发现明纽和心纽之间新的关系。

7. 天、顶、题

天：《吕氏春秋·本生》：“若天地然。”高注：“其德如天无不覆，如地无不载，故曰‘若天地然’也。”

顶：《淮南子·精神》：“子求行年五十有四，而病伛偻，脊管高于顶。”高注：“子求，楚人也。偻，脊管下窍也。高于顶，出头上也。”

题：《淮南子·原道》：“原道训。”高注：“原，本也。本道根真，包裹天地，以历万物，故曰原道，因以题篇。”

“天”属于透纽真韵；“顶”属于端纽耕韵；“题”属于定纽支韵。语音上，端透定旁纽，支耕对转，支耕真通转。语音关系比较近。

“天”，《说文·一部》：“天，颠也，至高无上。”段注：“然则天亦可为凡颠之称，臣于君、子于父、妻于夫、民于食皆曰天，是也。”

“顶”，《说文·页部》：“顶，颠也。”段注：“顶，引申为凡在最上之称。”《淮南子·修务》：“今不称九天之顶。”高诱注：“顶，极高。”

“题”，《说文·页部》：“题，頟也。”段注：“题，引申为凡居前之称。”“题，题目。”《礼记·文王世子》：“教世子。”郑玄注：“亦题上事。”

这组同源词的核心义素就是“最前、最高”，类义素有的指人，有的指动物。

8. 二、耳、而

二：《吕氏春秋·当染》：“汤染于伊尹，仲虺。”高注：“汤，契后十二

① 王宁：《训诂学原理》，149页，北京，中国国际广播出版社，1996。

② 孟蓬生：《论同源词语音关系的双重性》，载《古籍整理研究学刊》，2000(6)。

世孙王癸之子也，名天乙。伊尹，汤相，《诗》云'实惟阿衡，实左右商王'；仲虺居薛，为汤之左相；皆贤德也。《孟子》曰：'王者师臣也。'"

耳：《吕氏春秋·贵生》："耳虽欲声，目虽欲色，鼻虽欲芬香，口虽欲滋味，害于生则止。在四官者不欲。"高注："止，禁也。四官，耳目鼻口也。"

而：《战国策·秦策一》："商君还归，惠王车裂之，秦人不怜。"高注："一曰，魏以其谲公子卬而没其军，魏人怨而不纳，故惠王车裂之。"

"二"属于日纽脂韵；"耳"属于日纽之韵；"而"属于日纽之韵。它们的语音关系，日纽双声，脂韵与之韵关系较远。王宁先生说："在字源问题上，音近与音转之说，都是一种平面比较的说法。而从历史的观点看，同源字之间的音近是来自音变的……这种音变的轨迹越长，同源词之间的语音差异就越大，纽或韵距离远些是并不奇怪的。"①

我们再看三者之间的语义关系：

"二"，《说文·二部》："二，地之数也。从偶一。"《素问·三部九候论》："一者天，二者地，三者人。"引申为"两样；不同"，《荀子·富国》："故曰上一则下一矣，上二则下二矣。"

"耳"，《说文·耳部》："耳，主听也。象形。"引申为"位置在两旁者"。如：耳房；耳门。

"而"，《说文·而部》："而，颊毛也。象毛之形。"徐锴系传："而，像颊毛连属而下也。"

"二"是"地"之数，是从混沌状态到天地分开之后的结果，所以有"分立"的意义；"耳"因为分别在人脸的两侧，所以也有"分立"之义；"而"是指人的颊毛，颊毛也是分立在人脸两侧的，因此，"二"、"耳"、"而"的词源意义都有"分立"之义，三者属于一组同源词。就它们的语音而言，韵部关系有点远，也应该是属于同源词语音关系游离性的一类。遇到这种情况，我们应该从意义出发，找出它们之间确实存在同源关系，再从词汇的系统性考虑，确定它们之间的同源关系。孟蓬生先生说："对汉语词汇语义系统的全面考察可以帮助我们认识语义关系上处于孤立地位的同源词，对于这些处于孤立地位的词，我们应该另找出路，而不能从语音关系出发将它们框死，从而导致语义关系的牵强附会。"②《同源字典》及系列字典应补充此组同源词。

① 王宁：《训诂学原理》，140、141页，北京，中国国际广播出版社，1996。

② 孟蓬生：《论同源词语音关系的双重性》，载《古籍整理研究学刊》，2000(6)。

第四节 小 结

任何问题的研究都是既需要基础工作，又要上升到理论的高度，同源词的研究也不例外。何九盈先生指出："但绝对不能说'证明哪些词之间有无同源关系'不是'最重要的'。"[①]我们所做的高诱注同源词研究属于基础性的工作，是证明高诱注中哪些词有同源关系，这样既可以探讨同源词之间音义的关系，为同源词的理论研究提供基础性的资料，又可以深入理解这些同源词之间深层的意义联系和系统关系，把词放在意义系统中理解也可以进一步推进语义学的发展。

高注同源词的语音关系：

(1)两词一组同源词中声韵均相同的 88 组，叠韵的 66 组，双声的 65 组，而声韵均不相同的 32 组。这说明在同源词中或者声相同，或者韵相同，或者声韵均相同，这几种情况占两词一组同源词的 87.25%，声韵均不同的占 12.75%。这说明声音的相同或相近是同源词的重要条件。

(2)三词及以上的同源词声韵均相同的 10 组，叠韵的 20 组，双声的 17 组，这说明在同源词中或者声相同，或者韵相同，或者声韵均相同，这几种情况占三词及以上同源词的 59.49%，声韵均不同的 32 组，占 40.51%。说明词在引申和派生的过程中，引申或派生得越多或越远，发生音变的可能性越大，声音的关系也就越远。

高注同源词的语义关系：

(1)语义完全相同 39 组，意义微别 85 组，语义相关 206 组。语义完全相同的少，微别或相关的多，说明如果有分别的交际需要，才可能产生分化，出现同源词。

(2)语义相关的同源词 206 组中，具有共同性质的同源词 93 组，占语义相关同源词的 45.15%，说明在引申、分化的过程中语义向相似的方向发展，相反或相对的情况也有，但比较少。

---

① 黄易青：《上古汉语同源词意义系统研究·序一》，3 页，北京，商务印书馆，2007。

第五章 结语

我们对高诱注释语言词汇的研究，是从断代入手、从专人入手解剖了词汇史上一只小小的"麻雀"，从中可以管窥东汉词汇发展的一些情况。这是词汇史研究最基础的工作，可以为汉语词汇史和汉语史的研究积累资料。江蓝生先生指出："汉语史研究有两项基础性的工作必须做。一是有计划、有选择地开展各代的专书研究，全面考察、描写其中的语言现象。专书研究是断代研究的基础，而断代研究又是整个汉语史研究的基础。另一项是系统开展词汇史尤其是常用词演变史的研究。"蒋绍愚先生指出："汉语历史词汇的研究就应该这样扎扎实实地从基础工作做起，把一些重要的文献的词汇面貌，或一个时期的词汇面貌弄清楚，一点一点的积累起来，就可以显示出汉语词汇历史发展的轮廓。"①通过我们的研究，可以得出高诱注释语言词汇的基本情况：

高注中有单音词 2769 个，复音词 4587 个。单音词约占总词数的 37.65％，复音词约占 62.35％，通过单复音词的比例，我们可以看出东汉时期词汇复音化的程度已经很高。这与上古汉语以单音词为主的情况不同，说明到东汉时期，语言随着社会发展发生了很大的变化。出现这种结果，可能与注释语料的性质也有一定的关系。单音词中单义词的比例大于多义词，由此可以看出词语义项的负荷过重，就会向复音词发展，多义项的词多发展为复音词，所以会出现在高注单音词中的单义词多于多义词的现象。复音词中九种构词形式都已完备，从这个侧面也可

① 蒋绍愚：《序》，见胡敕瑞：《〈论衡〉与东汉佛典词语比较研究》，3 页，成都，巴蜀书社，2002。

以折射出词汇复音化已经达到较高水平。因为复音词的构词方式不是同时产生的，九种构词方式从开始产生到发展完备，经历了一个漫长的过程。伴随九种构词方式的产生，各种类型的复音词也大量涌现。复音词大量涌现就打破了上古汉语以单音词为主的局面，并转入复音词占主导地位的格局。

高注 463 个新词中，单音新词只有 11 个，仅占新词的 2.38%，复音词 452 个，约占新词的 97.62%。新兴词语中，复音词占有绝对的优势，这从另一个侧面反映出东汉时期词汇复音化程度高的趋势。高注新义有 621 个，约占总词数的 8.44%。新义的大量出现，说明社会的发展、佛经的传入等因素对词语的表述能力提出了新的要求，为了满足此需求，除创造新词语之外，还在原有词语的基础上增加新的义项，来增强语言的表达功能。当然，这都是词语产生的外部原因，内部原因还在于词语本身的系统性、韵律性以及语音、语法、词汇之间的关系等方面规律的制约作用。

高注同源词 330 组，双词 251 组，双词同源词中双声、叠韵、声韵均相同，这几种情况占双词同源词的 87.25%，声韵均不同的占 12.75%。这说明声音的相同或相近是同源词的重要条件。三词及三词以上 79 组，其中双声、叠韵、声韵均相同，占三词及三词以上为一组同源词的 59.49%，声韵均不同的占 40.51%。说明词在引申和派生的过程中，引申或派生得越多或越远，发生音变的可能性越大，声音的关系也就越远。同源词的语义关系中，意义微别和相关的占多数，说明如果有分别的交际需要，才可能产生分化，出现同源词。语义相关的同源词中，具有共同性质的同源词数量最多，占语义相关同源词的 45.15%，说明在引申、分化的过程中语义向相似的方向发展，相反或相对的情况也有，但比较少。

因为高诱注释语言在流传过程中造成的特殊性，我们花费了较多的时间和精力对语料进行了考辨工作，使我们的研究建立在比较稳固的基础上。经过我们的努力，不能说已经囊括了高注的全部语汇，高诱的注释语言应该说我们已经掌握了 95%以上，这一数量对于反映高注词汇的基本面貌是足够的。其余的高注语汇，我们想今后尽力解决，因为这是一项难度很大的工作，有些问题，经过几代人的努力还没有解决，随着研究的深入或地下出土文献的发掘，期待有一天，我们的问题能够得到圆满解决。

通过研究，对高诱注释语料的词汇，我们有了一个总体的把握，如单复音词的情况、新词新义的状况。柳士镇先生指出："断代语法可以有两种写作方式。一种是全面的静态描写，将某一时期出现的语法形式穷尽地排列出来进行系统研究，这能够反映该时期语法规律的全貌。另一种则属于动态的描写，着重从发展与新生的角度来论述某一时期的语法现象，这能够突出该时期语法规律的特点。"①词汇研究与此相同，我们所做的高注研究，是属于前一种，总体而言，是属于一种共时的、静态的描写。为了反映高注词汇的特色，我们也与同期和前后时期的一些研究成果进行了比较，如涉及了郑玄注的个别词语，前后时期的注释语料词汇中的个别现象，以及前后时期大量单、复音词的数据的比较，还探求了一些词语更早的源头。运用义素分析的方法梳理了高注中一些词义的发展演变轨迹。这些都是属于历时的研究，但是由于受所选语料性质的限制，以及时间和水平的关系，这方面我们做得还很不够。有些能够反映词汇面貌的东西，我们没有涉及，如没有通过词频的统计来反映高注基本词汇和常用词汇，以及它们在前后时期的发展演变情况，同义词和反义词的问题我们也没有谈到，同时期很有特色的佛典语料也没能涉及等。另外，我们对语料进行了详细地描写和分析，胡敕瑞认为："在语言研究中，描写至为重要，科学、全面、细致的描写本身就是一种研究。然而，描写并不是研究的全部，描写并不等于解释。"②但是对于解释的工作，我们做得很不够，只有通过解释，才能探求词语发展过程中一些带有规律性的东西，并以此发掘出词汇和词义发展演变的理论问题，这些都是我们今后努力的方向。

---

① 柳士镇：《魏晋南北朝历史语法》，4页，南京，南京大学出版社，1992。

② 胡敕瑞：《〈论衡〉与东汉佛典词语比较研究》，171页，成都，巴蜀书社，2002。

附录一

高诱注释语言单音词表

说明：我们把高注中的单音词按照音序排成两个表，一个是不含专有词的单音词表，单音词表中的词都带有释义，可以看出这些单音词在高注中的意义。词形相同、读音不同的标注读音。一个是单音专有词表，单音专有词表也是一种资料，可以为其他研究目的服务。词后的篇名为高诱注的出处。下表同。

A

哀：同情、怜悯 《吕·贵公》

隘：狭窄、狭小 《淮·览冥》

阨：ài，险要之地 《吕·爱类》

爱：喜欢 《吕·重己》

安：于是、乃 《淮·时则》

安：表疑问，怎么 《吕·本生》

安：安定、安全 《吕·重己》

闇：晦暗 《淮·墬形》

岸：崖岸 《淮·俶真》

按：用手向下压 《淮·精神》

暗：愚昧 《淮·精神》

翱：飞翔 《淮·览冥》

夭：ǎo，麋子 《吕·孟春》

傲：骄傲、高傲 《吕·下贤》

B

八：数词 《吕·孟春》

拔：抽取、拽出 《吕·贵卒》

跋：通“拔”。迅疾 《淮·说林》

罢：bà，停止 《吕·达郁》

霸：霸主 《吕·情欲》

伯：bà，春秋时诸侯的盟主 《战·秦策四》

白：禀报，回复 《吕·孟夏》

白：颜色 《吕·季夏》

百：十的十倍 《吕·用众》

拜：表示恭敬的一种礼节 《淮·精神》

败：毁坏、伤害 《吕·孟春》

班：颁布 《吕·孟冬》

板：木板 《淮·说林》

半：二分之一 《吕·贵生》

办：成、成功 《淮·主术》

邦：国 《吕·仲冬》

谤：指责别人的过失 《吕·离俗》

蛖：bàng，贝类 《淮·说山》

包：包容；包含 《淮·本经》

胞：bāo，胎衣 《吕·先识》

雹：冰雹 《淮·时则》

保：保佑 《吕·尽数》

饱：满足了食量 《淮·主术》

宝：珍贵的东西 《吕·召类》

抱：用手臂围住 《吕·本生》

报：报答 《吕·爱士》

暴：bào，暴露、显露 《吕·任数》

卑：低微、低贱 《吕·孟冬》

悲：悲痛、伤心 《吕·贵生》

北：与“南”相对 《吕·仲秋》

贝：贝壳 《淮·主术》

背：脊背 《吕·求人》

倍：倍数 《吕·慎势》

悖：昏乱、惑乱、迷惑 《吕·诬徒》

被：表被动，让，为　《吕・贵卒》
被：被子　《吕・明理》
备：完备　《淮・原道》
奔：急走、跑　《淮・说林》
本：草木的根　《吕・功名》
本：本来、原来　《淮・原道》
坌：尘埃等粉状物粘着于他物　《淮・览冥》
崩：败坏　《淮・览冥》
逼：逼迫、威胁　《战・中山策》
鼻：鼻子　《吕・贵生》
比：每　《吕・仲秋》
比：比较；考校　《吕・重己》
比：待到、等到　《吕・至忠》
比：亲近、和睦　《吕・贵信》
彼：人称代词，他　《淮・原道》
俾：bǐ，使　《吕・孟秋》
笔：毛笔　《淮・本经》
鄙：边邑、边境　《淮・修务》
必：必然、一定　《吕・贵公》
庇：蔽于某物之下　《淮・本经》
畀：给与　《战・秦策四》
毕：完成、完结　《吕・孟冬》
毕：统统、全部　《吕・季秋》
庳：低矮、短　《淮・本经》
闭：关闭　《吕・仲夏》
辟：bì，退避、躲避　《战・秦策一》
辟：bì，倍　《吕・任地》
币：馈赠的礼品　《吕・贵生》
弊：破旧　《吕・达郁》
碧：青玉　《吕・必己》
蔽：遮盖、蒙蔽　《吕・慎行》
壁：墙壁　《淮・时则》
嬖：宠爱　《淮・精神》
避：躲开、迴避　《吕・古乐》
跛：仆倒　《吕・贵卒》

臂：胳膊 《淮・原道》
砭：用石针刺穴治病。引申为刺 《淮・说山》
编：编织 《淮・原道》
边：边缘 《吕・爱士》
鞭：鞭打；敲打 《淮・览冥》
贬：降职 《吕・务本》
褊：狭小、不宽广 《吕・先己》
便：即，就 《战・秦策一》
便：灵便、轻捷 《战・齐策一》
遍：普遍 《吕・季春》
辨：争论、辩论 《吕・尊师》
变：变化 《淮・说林》
猋：暴风、旋风 《淮・览冥》
表：外衣 《吕・忠廉》
别：另外；另外的 《战・西周策》
别：分开、离析 《淮・天文》
宾：宾客 《淮・氾论》
滨：水边 《吕・本味》
鬓：脸旁靠近耳朵的头发 《淮・修务》
殡：死者停柩以待葬 《吕・贵公》
冰：水结成的固体 《吕・贵生》
兵：兵器 《吕・音律》
柄：器物的把 《淮・俶真》
並：合併、聚合 《淮・览冥》
並：一起 《战・秦策四》
並：平列 《淮・主术》
併：並排、並列 《淮・本经》
病：疾病 《吕・贵公》
剥：去掉外皮 《淮・说山》
波：波浪、波涛 《淮・本经》
拨：拨开 《淮・说山》
帛：丝织品的总称 《吕・去尤》
勃：通“悖”。乖戾，乱 《淮・精神》
勃：盛 《吕・重己》
博：广泛；普遍 《淮・氾论》

搏：捕捉　《吕・季夏》
驳：毛色不纯　《淮・说山》
踣：向前仆倒　《淮・说山》
薄：蚕箔　《吕・季春》
薄：草木丛生处　《淮・俶真》
跛：跛行，走起路来身体不平衡　《吕・明理》
卜：占卜　《吕・仲春》
捕：捉、拿　《吕・季冬》
补：修旧补损　《淮・览冥》
不：没有　《吕・孟春》
布：可制衣物的材料　《吕・仲夏》
步：脚步　《淮・精神》
部：军队等的领导机构或其所在地　《战・中山策》

C

才：才能　《吕・功名》
材：木材　《吕・季夏》
财：财物　《吕・重己》
裁：通“纔”，仅仅　《吕・长见》
裁：裁制，剪裁　《淮・主术》
纔：仅仅　《吕・别类》
采：同“棌”，柞木　《淮・精神》
采：彩色　《吕・季夏》
菜：蔬菜　《吕・仲冬》
参：参与、参加　《吕・季春》
骖：辕马外侧拉套的马　《吕・爱士》
残：毁灭、毁坏　《吕・遇合》
惭：羞愧　《吕・勤学》
憯：忧伤　《淮・天文》
仓：储藏粮食的场所　《吕・季春》
苍：青黑色　《吕・季夏》
藏：cáng，隐藏、潜匿　《吕・孟冬》
操：拿、持　《吕・当务》
曹：等辈；侪类；同类　《淮・说山》
褿：包裹婴儿的衣、被。亦指婴儿的尿　《淮・说林》
草：草木　《吕・仲冬》

侧：旁边 《吕·辩土》
测：量度；测量 《淮·本经》
策：驱赶骡马役畜的鞭棒 《淮·主术》
涔：cén，雨多，涝渍 《淮·览冥》
臿：插地起土的工具。即锹 《淮·氾论》
插：刺入、穿入 《吕·季秋》
察：考察、视察 《吕·季夏》
苴：chá，枯草 《吕·仲秋》
差：chā，差错 《吕·孟春》
差：cī，次第、等级 《淮·时则》
诧：夸耀 《吕·下贤》
柴：小木散材 《淮·说林》
躔：日月星辰在黄道上运行 《吕·孟春》
谗：奸邪、奸诈 《吕·离谓》
产：生、产生、生长 《吕·音初》
谄：奉承 《吕·诬徒》
颤：颤动 《淮·说山》
昌：兴盛、昌盛 《吕·审时》
长：长久、永久 《淮·精神》
常：常规、准则 《吕·勤学》
常：经常、常常 《吕·士容》
尝：曾经 《吕·不屈》
尝：品尝 《吕·孟夏》
倡：盛 《淮·修务》
倡：发声先唱、领唱 《吕·淫辞》
超：越过 《淮·主术》
巢：鸟窝 《吕·季冬》
朝：cháo，指诸侯定期朝见天子，报告封国情况 《淮·主术》
车：车子 《吕·本生》
坼：裂开、分裂 《吕·仲冬》
彻：透、渗透 《淮·天文》
臣：臣子 《吕·当染》
沈：古代祭川泽曰沈。因向水中投祭品，故名，通“沉”
《淮·说山》
沈：chén，沉没、没入水中 《吕·勤学》

辰：星辰 《淮·时则》
陈：陈列、排列 《吕·孟春》
尘：飞扬的尘土 《淮·说山》
称：称量、测物体的轻重 《淮·说山》
盛：chéng，以器装物 《吕·禁塞》
成：完成、成功 《吕·情欲》
承：接受 《吕·本生》
城：城墙 《吕·仲夏》
乘：乘坐 《吕·本生》
诚：心志专一 《吕·精通》
诚：确实 《吕·知士》
诚：假如 《吕·高义》
澂：水清而静，“澄”的古字 《淮·墬形》
眵：眼眶有病或眼睑生眵 《吕·尽数》
笞：鞭笞 《吕·仲春》
池：池塘 《吕·重己》
持：握住、把握、拿着 《吕·爱士》
驰：疾走、奔驰 《吕·离俗》
迟：缓慢 《吕·别类》
尺：长度单位 《吕·具备》
耻：羞愧 《战·秦策五》
豉：豆豉 《吕·当务》
齿：泛指牙齿 《淮·原道》
斥：贬斥、疏远 《吕·尊师》
赤：颜色 《吕·季夏》
勅：告诫 《吕·孟春》
翅：翅膀 《吕·精谕》
敕：整饬 《吕·季春》
饬：chì，整治、整顿 《吕·贵当》
炽：火旺盛 《吕·本味》
充：覆盖 《淮·原道》
冲：冲击 《吕·明理》
虫：昆虫的通称 《吕·审时》
重：chóng，重叠 《吕·音初》
宠：尊崇 《淮·说林》

抽：引、拉 《吕·节丧》
仇：仇敌 《吕·论人》
愁：忧虑、忧愁 《吕·必己》
畴：已耕作的田地 《吕·辩土》
雠：仇敌、仇人 《吕·正名》
丑：样子难看 《吕·去尤》
出：自内而外，与“入”、“进”相对 《吕·孟夏》
初：始 《吕·孟春》
除：清除、除掉 《吕·尽数》
刍：喂牲畜的草 《吕·季夏》
储：指储存的粮食或其他物资 《淮·主术》
处：chǔ，居于、处在 《吕·孟春》
处：chǔ，指女子居家或未嫁 《淮·说山》
触：接触 《淮·修务》
畜：借为“触”，碰撞 《吕·过理》
绌：通“黜”。贬退；排斥；废除 《淮·本经》
川：河流 《淮·俶真》
穿：凿通、挖掘 《吕·季春》
船：水上运输工具 《淮·主术》
传：传播、流布、流传 《吕·情欲》
椽：椽子 《淮·精神》
疮：疮疖；溃疡 《淮·说林》
床：卧具 《淮·本经》
创：溃疡 《淮·说山》
怆：悲伤 《淮·天文》
吹：撮口用力出气 《淮·墬形》
炊：烹煮 《吕·仲冬》
垂：悬挂 《淮·氾论》
棰：棍杖 《吕·审为》
锤：重量单位 《淮·说山》
椎：chuí，用椎打、击，后作“捶” 《吕·达郁》
椎：chuí，碎土的工具，后作“槌” 《吕·简选》
春：春季 《吕·仲夏》
纯：精纯、纯粹 《吕·用众》
镦：矛戟柄末的平底金属套 《淮·原道》

辍：中途停止、中断　《吕·离谓》
髊：cī，骴骨　《吕·孟春》
疵：缺点　《淮·主术》
祠：祭祀　《淮·墬形》
词：虚词，语助词　《淮·精神》
慈：磁性，通“磁”　《吕·精通》
慈：上爱下；父母爱子女　《淮·说山》
雌：雌性，与雄对　《吕·开春》
辞：文词　《吕·行论》
此：与“彼”相对　《吕·本生》
跐：踏、踩　《淮·时则》
次：留宿；停留　《战·齐策三》
次：量词，次数　《吕·孟春》
刺：用尖锐的东西扎　《吕·季春》
赐：赏赐　《吕·去私》
从：由　《吕·孟春》
从：cóng，跟从　《吕·季春》
藂：聚集、丛生　《淮·原道》
丛：丛生的草木　《淮·俶真》
湊：通“辏”。车轮的辐集中于毂上　《淮·主术》
怚：cū，粗心；粗暴　《淮·氾论》
粗：糙米；粗粮　《淮·精神》
促：急、紧迫　《淮·原道》
趣：cù，赶快、赶紧　《吕·具备》
酢：cù，酸涩　《淮·修务》
蔟：从聚、堆积　《吕·孟春》
蹵：踩、踏　《淮·氾论》
篡：强力夺取　《淮·氾论》
窜：藏匿、藏伏　《吕·异宝》
摧：推　《淮·修务》
脆：脆弱、单薄　《吕·仲夏》
悴：忧愁、忧伤　《淮·氾论》
粹：不杂、纯　《淮·原道》
存：存留、存在、生存　《吕·孟夏》
寸：长度名　《吕·仲夏》

撮：抓取 《淮·览冥》
痤：痈 《淮·说山》
错：泛指镶嵌或绘绣 《淮·本经》
D
答：回话、回答 《吕·顺说》
达：到达、达到 《淮·主术》
靼：柔软的皮革 《淮·汜论》
大：大，与“小”相对 《吕·本生》
大：表示程度深 《吕·孟冬》
代：代替 《吕·仲春》
待：等待、等候 《吕·孟春》
殆：大概 《吕·去私》
带：束衣的带子 《吕·季秋》
戴：把东西加在头上或用头顶着 《淮·览冥》
戴：通“载”，装饰 《淮·主术》
担：肩挑 《淮·汜论》
禅：dān，单衣 《吕·淫辞》
旦：天亮 《淮·俶真》
但：只、仅 《吕·孟春》
啗：使吃、请吃 《淮·说山》
萏：联绵词，组成“菡萏” 《淮·本经》
诞：虚妄、荒诞 《淮·墬形》
弹：dàn，弹弓 《吕·过理》
惮：害怕、畏惧 《吕·安死》
澹：dàn，安定、安静 《淮·精神》
石：dàn，十斗为一石 《吕·适音》
当：dāng，助动词，应该 《吕·孟春》
当：dāng，在 《吕·忠廉》
当：dāng，将、将要 《淮·精神》
当：dàng，恰当、适宜 《吕·本生》
党：朋党 《吕·先己》
荡：震荡；激荡 《淮·本经》
刀：泛指屠宰、砍削、切割用的工具 《淮·本经》
倒：颠倒、逆 《吕·重己》
道：教导、诱导、劝导 《吕·决胜》

蹈：踏　《吕·重言》
祷：向神祝告祈求福寿　《吕·慎大》
到：来到、至、到达　《淮·俶真》
到：通“倒”。颠倒　《淮·说林》
悼：哀痛、伤心　《吕·诬徒》
盗：侵犯　《吕·慎小》
道：道路　《吕·论人》
翿：dào，以羽毛为饰的旗　《吕·仲夏》
得：获得、得到　《吕·孟春》
德：道德　《吕·勤学》
登：踏上　《吕·适威》
等：相同　《吕·审己》
等：用于名词或并列词后表同类事物没有列举尽　《吕·审为》
隄：堤坝　《吕·尊师》
滴：量词　《淮·天文》
镝：箭头　《淮·主术》
敌：敌人　《吕·禁塞》
籴：买进谷物　《吕·长攻》
底：物体最下的部位　《吕·功名》
抵：值；相当；比　《淮·时则》
砥：磨刀石　《吕·精通》
地：大地，与天相对　《吕·季春》
弟：弟弟　《吕·当染》
帝：君主　《淮·原道》
娣：dì，古代姐妹共嫁一夫，长为姒，幼为娣　《淮·精神》
第：序数词　《吕·季夏》
颠：颠仆；跌倒　《淮·精神》
典：典籍　《淮·精神》
点：小黑点　《淮·主术》
殿：高大房屋的通称　《淮·本经》
电：闪电　《吕·仲春》
凋：植物枯败脱落　《吕·慎人》
吊：慰问　《吕·振乱》
掉：摆动、摇动　《淮·览冥》
钓：垂钓　《吕·长见》

调：戏曲和歌曲的乐律；调子 《淮·说林》
调：坚 《吕·仲冬》
牒：重叠；折叠 《淮·本经》
顶：人体的最上端 《淮·精神》
鼎：古代炊器 《吕·本味》
定：安定、平定 《吕·谨听》
冬：冬天 《吕·季春》
东：与“西”相对 《吕·安死》
冻：冰 《吕·孟冬》
动：行动；采取行动 《战·秦策四》
豆：古代食器 《淮·氾论》
窦：孔穴、洞 《吕·审分》
鬭：战斗、争斗 《吕·贵公》
都：国都 《吕·怀宠》
督：督促、催促 《吕·处方》
毒：毒物 《吕·上德》
独：独特、特别 《吕·论人》
独：仅仅、唯独 《吕·简选》
犊：小牛 《吕·季春》
读：诵读 《淮·原道》
堵：古代筑墙的计量单位名 《淮·原道》
睹：察看 《吕·召类》
覩：看见、察看 《吕·荡兵》
度：丈量、计算 《淮·览冥》
度：过江湖，通“渡” 《吕·长攻》
度：计量长度的标准 《淮·本经》
渡：通过江河 《吕·安死》
端：顶部、末梢 《淮·天文》
短：空间距离小 《吕·明理》
锻：锻造 《吕·察微》
断：截断、折断 《吕·孟春》
对：应答、回答 《吕·禁塞》
蹲：坐 《淮·精神》
沌：模糊、不分明 《淮·天文》
钝：不锋利 《吕·用民》

顿：毁坏、败落 《淮·览冥》
楯：dùn，古兵器，盾牌 《吕·仲夏》
遁：失 《淮·精神》
多：数量大 《吕·孟春》
掇：duó，停止 《淮·本经》
夺：强取 《吕·荡兵》
铎：古代乐器，大铃的一种 《淮·时则》
埵：duǒ，风箱的出风铁管 《淮·本经》
惰：懈怠、怠慢 《吕·处方》
堕：duò，落、落下 《淮·说林》

E

阿：曲从、迎合 《吕·贵公》
鹅：家禽，羽毛白色或灰色 《淮·俶真》
恶：è，罪过、罪恶 《吕·当染》
厄：灾难、困苦 《战·中山策》
遏：抑制、阻止 《吕·论人》
饿：饥之甚 《吕·报更》
恩：德泽；恩惠 《战·秦策五》
而：表因果，因而，所以 《战·秦策一》
儿：婴孩 《吕·重己》
胹：ér，煮熟 《吕·应言》
耳：耳朵 《吕·贵生》
耳：表停顿或结束 《吕·审为》
珥：ěr，珠玉做的耳饰。也叫瑱、当 《淮·天文》
珥：èr，吐 《淮·览冥》
饵：钓鱼或诱捕其他禽兽的食物 《战·秦策五》
二：数词 《吕·当染》
贰：违背、背叛 《战·中山策》

F

发：发射 《吕·用众》
发：表动作的次数 《吕·孟春》
乏：缺少、缺乏 《吕·季春》
伐：砍伐 《淮·原道》
筏：木筏 《淮·说山》
罚：罪行 《淮·时则》

法：法令 《吕·孟春》
发：头发 《淮·墬形》
凡：平常、普通 《吕·振乱》
烦：烦躁；烦闷 《淮·原道》
蕃：生息、繁殖 《淮·时则》
燔：fán，烧 《吕·重己》
繁：多 《吕·孟春》
反：反而 《吕·重己》
反：还归、返 《吕·行论》
反：翻转 《吕·明理》
返：还、回归 《淮·俶真》
犯：进攻、侵犯 《吕·慎小》
饭：饭含 《淮·氾论》
方：并列 《吕·贵公》
方：正 《吕·孟秋》
方：方向、方位 《淮·原道》
芳：草香。亦泛指香，香气 《淮·氾论》
防：堤岸、堤坝 《吕·爱类》
妨：迷信者所谓犯克 《淮·说山》
房：房屋 《吕·孟春》
倣：仿效、效法 《吕·君守》
纺：用纺丝的方法织成的丝织品 《吕·淫辞》
放：仿效；类比 《淮·本经》
放：驱逐、流放 《淮·原道》
妃：配偶、妻子(帝喾之妃) 《淮·墬形》
非：副词，不、不是 《吕·孟春》
非：动词，否定 《吕·重己》
飞：鸟飞、飞翔 《吕·季春》
扉：门扇 《吕·行论》
骓：驾在车辕两旁的马 《吕·执一》
肥：肥胖、丰满 《吕·过理》
诽：从旁指责过失 《淮·本经》
沸：液体烧滚的状态 《吕·尽数》
肺：指用作食物的动物的肺脏 《淮·时则》
费：花费、耗费 《吕·不广》

废：毁坏　《吕・音律》
分：分开、划分　《吕・季夏》
分：计时单位或长度单位　《淮・天文》
氛：凶象之气　《淮・说山》
纷：丝带　《战・宋卫策》
焚：烧、焚烧　《吕・分职》
坟：坟墓　《吕・孟冬》
粉：粉末　《吕・仲秋》
奋：震动　《淮・天文》
粪：施肥　《吕・季夏》
封：fēng，加封　《吕・贵公》
封：fèng，菰根　《淮・天文》
风：空气流动的现象　《吕・古乐》
锋：刀、剑的尖锐部分　《淮・氾论》
丰：丰收　《吕・爱类》
讽：劝谏　《吕・务本》
奉：送给、赠与　《吕・长攻》
否：否定副词　《淮・说山》
不：fǒu，通“否”　《淮・览冥》
夫：丈夫　《吕・怀宠》
夫：用于句首，表发端　《吕・本生》
肤：人或动物体表的一层组织，即皮肤　《淮・俶真》
弗：fú，否定副词，不　《吕・当赏》
俛：fǔ，直　《吕・别类》
孚：fū，谷粒的壳　《淮・主术》
伏：卧　《吕・仲夏》
伏：沉积　《吕・仲春》
扶：扶持，护持　《淮・览冥》
拂：逆、违背　《淮・俶真》
拂：振动、抖动　《吕・季春》
服：居中的两匹马　《吕・爱士》
服：服从、归服　《吕・行论》
莩：芦苇中的白色薄膜　《淮・俶真》
俘：俘获　《吕・先己》
枹：鼓槌　《吕・知士》

祓：除灾、去邪而举行的祭礼　《吕·赞能》
浮：漂在液体表面或空中。与“沉”相对　《淮·墬形》
桴：鼓槌　《吕·贵生》
符：预言祸福之书　《吕·观表》
幅：布帛的宽度　《淮·本经》
福：福气　《吕·情欲》
复：重复、重叠　《吕·节丧》
辐：车轮中凑集于中心毂上的直木　《淮·主术》
黻：青黑相间的花纹　《淮·时则》
府：古代国家收藏财货或文书的地方　《淮·主术》
拊：器物柄把　《淮·主术》
斧：古兵器　《吕·仲夏》
釜：古炊器　《淮·墬形》
脯：干肉　《吕·过理》
腐：腐烂、腐臭　《淮·时则》
辅：车轮外旁增缚夹毂的两条直木，用以增强轮辐载重支　《吕·先己》
抚：安抚　《吕·贵公》
黼：白黑相间的花纹　《淮·时则》
父：父亲　《吕·当染》
付：托付　《吕·贵生》
附：依傍　《战·齐策一》
阜：丰厚、富有　《淮·说林》
负：以背载物　《淮·俶真》
副：fù，副车，辅助的　《吕·孟春》
妇：妇女　《吕·淫辞》
傅：附；依附　《淮·说山》
傅：师傅　《战·秦策一》
傅：涂搽　《淮·览冥》
富：财物多，与“穷”相对　《吕·贵当》
复：再、又　《吕·孟春》
复：还、返回　《吕·季春》
腹：肚子　《吕·过理》
赋：赋税　《吕·下贤》
覆：翻转、翻倒　《吕·简选》

G

改：变更、更改　《淮·精神》
盖：大概　《吕·仲春》
盖：盖子　《吕·节丧》
干：燥　《吕·仲秋》
干：干犯、冲犯　《吕·季夏》
甘：五味之一，甜味　《吕·本味》
肝：肝脏　《吕·孟秋》
竿：竹竿　《淮·氾论》
敢：有勇气、有胆量做某事　《吕·勤学》
感：感动、触动　《淮·说山》
骭：胫骨。亦指小腿　《淮·俶真》
榦：主干　《淮·时则》
干：gàn，指人和动物的胁　《淮·本经》
刚：坚硬，与“柔”相对　《吕·大乐》
高：与“下”相对　《吕·重己》
膏：脂肪　《淮·俶真》
槔：桔槔　《淮·主术》
篙：撑船的竹竿或木杆　《淮·说林》
槁：干枯之物　《淮·俶真》
告：告知、告诉　《淮·氾论》
戈：古兵器　《吕·慎大》
割：分割、割取　《吕·孟秋》
歌：唱歌　《吕·大乐》
謌：咏；歌唱　《淮·修务》
革：兽革　《吕·赞能》
格：方框　《吕·明理》
葛：植物名　《吕·孟夏》
蛤：有介壳的软体动物　《吕·孟冬》
隔：间隔　《吕·孟春》
骼：枯骨　《吕·孟春》
个：正堂两旁的屋舍　《淮·本经》
各：各自　《吕·孟春》
根：草木的根　《吕·至忠》
更：再、又　《战·宋卫策》

更：改变 《吕·论人》
耕：耕地 《吕·仲春》
羹：肉、菜的带汁食物 《吕·季夏》
工：工匠 《吕·孟冬》
弓：弓箭 《吕·本生》
公：公正、公平 《吕·贵公》
功：精善、坚美 《淮·时则》
功：功劳、功效 《吕·孟春》
攻：攻击、进攻 《吕·精通》
供：供给、供应 《吕·孟春》
宫：古代对房屋、居室的通称 《淮·天文》
恭：恭敬、有礼貌 《吕·慎大》
共：共同、一起 《吕·明理》
贡：进贡 《战·西周策》
句：gōu，弯曲 《淮·本经》
沟：田间水道 《吕·乐成》
钩：带钩 《淮·说林》
苟：苟且、随便 《吕·尊师》
苟：假如；如果；只要 《战·中山策》
彀：gòu，箭靶 《吕·尽数》
诟：怒 《战·秦策二》
构：图谋 《吕·义赏》
姑：婆婆 《淮·览冥》
孤：幼年丧父或父母双亡 《淮·原道》
辜：罪 《吕·审分》
酤：买酒 《淮·说林》
毂：车轮的中心部位 《淮·主术》
古：古代 《吕·尽数》
贾：gǔ，做买卖 《战·秦策五》
扢：摩、揩擦 《吕·达郁》
谷：山谷 《淮·修务》
股：大腿 《吕·仲夏》
骨：骨头 《吕·任数》
罟：网 《吕·季春》
鼓：打击乐器 《吕·季春》

谷：粮食作物的总称　《吕·孟夏》

瞽：目失明、眼瞎　《淮·主术》

固：一再；执意、坚决地　《战·齐策一》

固：坚固　《吕·孟夏》

故：缘故　《吕·审己》

故：旧　《吕·安死》

故：所以、因此　《吕·明理》

故：故意　《吕·至忠》

梏：刑具名　《吕·仲春》

顾：回首、回视　《淮·俶真》

抓：扑打　《淮·主术》

瓜：葫芦科植物。种类甚多。果实可作蔬菜或水果，有的还可作杂粮和饲料。亦指这类植物的果实　《淮·说林》

刮：摩、擦　《淮·精神》

寡：少　《吕·论威》

卦：卦象，占卜的符号　《吕·孟秋》

挂：悬挂、下垂　《淮·主术》

乖：反常、谬误　《淮·氾论》

怪：奇异、罕见　《淮·主术》

官：官府　《吕·审应》

冠：guān，帽　《吕·仲秋》

冠：guàn，古代男子成年的加冠礼　《淮·氾论》

棺：棺材　《吕·节丧》

关：门闩　《吕·当务》

鳏：成年无妻或丧妻的人　《淮·时则》

观：观察、察看、看　《吕·适威》

筦：古代绕丝的竹管　《淮·本经》

管：古乐器　《吕·仲夏》

馆：馆舍、客舍　《吕·知士》

贯：通、串通　《淮·原道》

灌：灌溉、浇水　《吕·季夏》

光：光明、明亮　《吕·期贤》

广：大　《淮·览冥》

圭：玉制礼器　《淮·原道》

珪：代指官位　《吕·重言》

规：谋求；谋划 《淮·主术》
归：特指出嫁女儿返回娘家 《战·西周策》
瓌：美石或珠 《吕·过理》
轨：车子两轮间的距离 《吕·勿躬》
鬼：人神 《吕·顺民》
晷：日影 《吕·功名》
攱：搁置 《淮·时则》
匮：guì，藏 《吕·上德》
贵：显贵、位尊 《吕·孟冬》
跪：屈膝，单膝或双膝着地，臀部擡起 《淮·修务》
郭：外城 《吕·贵直》
国：国都 《吕·孟夏》
果：果实，草本植物的果实 《吕·重己》
果：果真、确实 《吕·恃君》
椁：古代套于棺外的大棺 《吕·节丧》
裹：携带 《淮·修务》
过：经过 《吕·季秋》
H
骸：身体 《淮·俶真》
海：大海 《吕·圜道》
醢：肉酱 《吕·本味》
害：损害、伤害 《吕·重己》
酣：饮酒尽兴 《吕·分职》
含：置于口中 《吕·仲夏》
寒：寒冷 《吕·季春》
扞：抵御、抵抗 《吕·报更》
旱：干旱 《吕·仲春》
悍：形容猛烈 《淮·墬形》
暵：干旱 《吕·任地》
熯：干燥、干枯 《淮·天文》
憾：遗憾；不满意 《战·齐策三》
颔：下巴 《淮·说山》
航：两船相并而成的方舟 《淮·氾论》
蒿：野草 《吕·仲冬》
豪：长而细的毛 《淮·本经》

豪：才能杰出的　《吕·功名》
嗥：吼叫　《淮·览冥》
好：hǎo，指女子貌美　《淮·说山》
好：hào，喜爱、喜好　《吕·贵公》
好：hào，孔。指璧孔或钱孔　《战·宋卫策》
耗：亏损；消耗　《淮·说山》
号：háo，大声呼叫　《淮·原道》
号：hào，号令、号召　《淮·天文》
呵：责骂、喝斥　《战·秦策五》
苛：hē，谴责、诘问　《吕·离俗》
合：一起　《吕·孟夏》
合：聚合、会合　《吕·慎行》
何：疑问代词。什么　《战·秦策四》
劾：审理、判决　《淮·本经》
和：适中、恰到好处　《吕·本味》
曷：疑问代词，怎么　《吕·禁塞》
核：果实中心保护果仁的硬壳　《吕·古乐》
涸：水枯竭　《淮·时则》
翮：hé，鸟的翅膀　《淮·时则》
覈：即“核”　《吕·仲夏》
和：调和　《吕·孝行》
贺：庆贺、祝贺　《吕·不侵》
壑：山谷　《淮·天文》
黑：黑色　《吕·孟夏》
恨：遗憾　《吕·制乐》
恒：长久　《吕·仲秋》
横：héng，指横的方向　《淮·修务》
横：hèng，放纵　《吕·仲夏》
衡：车辕前的横木　《吕·孟春》
薨：称诸侯死　《吕·务本》
虹：彩虹　《吕·季春》
鸿：大　《淮·隆形》
后：皇后　《吕·季春》
厚：厚，与“薄”相对　《吕·重己》
后：表次序，与先对　《吕·情欲》

候：等候 《吕·尊师》
乎：语气助词，表选择，“呢” 《吕·贵公》
呼：呼叫、呼喊 《吕·功名》
忽：迅速 《吕·重己》
胡：疑问代词，怎么 《吕·论威》
斛：量词 《淮·说山》
湖：积水的大泊 《淮·俶真》
縠：绉纱 《淮·修务》
虎：动物名 《吕·仲夏》
互：交互 《淮·俶真》
户：门户 《吕·孟冬》
瓠：葫芦 《吕·仲夏》
华：huā，种子植物的繁殖器官 《淮·墬形》
华：huá，彩色的 《淮·俶真》
猾：扰乱、侵犯 《淮·氾论》
铧：huá，锹 《淮·精神》
化：改变、变化 《吕·贵直》
画：划分 《淮·本经》
怀：怀藏 《吕·勤学》
坏：败坏、衰亡 《淮·氾论》
懽：欢喜 《战·秦策二》
歡：喜悦、高兴 《吕·大乐》
还：却，反而 《淮·说林》
还：返回 《吕·孟夏》
环：环绕、包围 《吕·本味》
缓：宽松 《淮·本经》
浣：洗涤 《淮·说山》
患：担忧、忧虑 《吕·尽数》
换：背叛 《吕·尊师》
豢：犬豕 《吕·季冬》
荒：荒地、荒野 《吕·论大》
黄：颜色 《吕·功名》
遑：闲暇 《吕·精通》
簧：簧片 《吕·仲夏》
堕：huī，损毁、败坏 《淮·本经》

灰：芦苇灰 《淮·览冥》
抝：指挥 《淮·览冥》
回：迴旋 《淮·览冥》
迴：环绕、围绕 《淮·氾论》
悔：悔恨、后悔 《吕·慎行》
晦：每月的最后一天 《吕·季夏》
喙：鸟、兽的嘴 《吕·仲春》
惠：施予恩惠 《战·中山策》
惠：聪慧，通“慧” 《淮·主术》
会：聚合 《吕·本生》
毁：毁坏、破坏 《吕·尊师》
讳：避讳 《吕·贵公》
秽：杂草 《吕·任地》
昏：目不明；昏花 《淮·精神》
昬：傍晚，即“昏” 《淮·主术》
婚：男女结为夫妇 《淮·氾论》
睧：目光暗淡 《淮·修务》
阍：守门 《淮·俶真》
浑：混浊 《吕·音初》
魂：魂魄(人之阳精) 《吕·禁塞》
混：hún，浑浊不清 《淮·天文》
混：hùn，齐同，共同 《淮·俶真》
活：生命存在 《吕·重己》
火：物体燃烧时所发的光和焰 《吕·过理》
或：又 《淮·原道》
或：有人 《淮·精神》
货：财物 《吕·情欲》
惑：迷惑 《吕·有度》
祸：灾祸 《吕·本生》
獲：得到、取得 《吕·诬徒》
獲：引申为疾速，急速 《淮·天文》
穫：收割庄稼 《吕·任地》
镬：无足鼎 《淮·说山》

J

肌：皮肤 《吕·本生》

迹：痕迹 《淮·原道》
饥：荒年、饥年 《吕·仲夏》
基：事务的根本 《淮·氾论》
箕：簸箕 《淮·氾论》
畿：王都所辖的千里地面 《吕·季夏》
稽：延误、延迟 《吕·博志》
机：征兆 《吕·异宝》
激：冲击 《淮·览冥》
玑：不圆的珠子 《吕·重己》
积：累积、堆叠 《吕·仲夏》
击：敲打 《吕·贵公》
鸡：家禽 《吕·用众》
讥：讥刺、非议 《吕·大乐》
饥：年成很差或颗粒无收 《吕·明理》
幾：近、接近 《吕·当务》
齎：送 《战·西周策》
羈：套上笼头 《淮·说山》
羈：通译之官，通东方之语者曰羈 《吕·慎势》
及：追赶、赶上 《淮·览冥》
吉：吉利、吉祥 《淮·时则》
即：就是 《战·秦策四》
即：就、接近、靠近 《吕·士节》
亟：急速 《吕·振乱》
急：急速、急躁 《吕·贵生》
急：猛烈；剧烈 《战·秦策四》
疾：疾病 《吕·仲春》
戢：收藏兵器 《战·秦策一》
棘：酸枣树 《吕·仲夏》
棘：通“瘠”。瘠薄 《吕·季春》
极：犹甚，最，很，狠 《淮·精神》
极：达到最高点 《吕·情欲》
殛：诛杀 《吕·行论》
集：集合、聚集 《吕·圜道》
嫉：冲犯、憎恶 《吕·明理》
瘠：不肥沃 《吕·任地》

己：自己　《吕·重己》
给：供给、供养　《吕·情欲》
脊：脊背　《吕·仲夏》
戟：古兵器　《吕·仲夏》
挤：挤压　《淮·氾论》
忌：禁忌、忌讳　《淮·氾论》
芰：菱角　《吕·季秋》
季：末，一个时期的末了　《吕·先己》
既：既然　《淮·精神》
洎：往锅里添水　《吕·应言》
纪：治理、综理　《吕·务本》
计：计算、结算　《吕·精论》
记：记录　《淮·氾论》
寄：托付　《吕·不广》
祭：祭祀　《吕·仲春》
际：交界；连接　《淮·俶真》
暨：至、到　《吕·本生》
冀：希望、盼望　《吕·圜道》
济：渡河　《吕·音初》
繫：拴缚　《吕·仲夏》
继：延续、继承　《吕·圜道》
加：架造、营构，通“架”　《吕·仲夏》
加：增益　《淮·原道》
夹：辅佐　《淮·天文》
家：家庭　《吕·孟夏》
葭：初生的芦苇　《淮·览冥》
嘉：美、善　《吕·音律》
荚：豆荚类的壳　《吕·审时》
颊：脸颊　《淮·说林》
甲：用金属、皮革制成的护身符　《吕·爱士》
假：虚假　《吕·知度》
架：架设、构筑　《淮·氾论》
嫁：女子出嫁　《吕·上农》
稼：谷物、庄稼　《吕·尊师》
驾：驾车、套车　《吕·季秋》

奸：干犯，扰乱　《淮·时则》
肩：肩膀　《淮·墬形》
姦：奸邪、罪恶　《吕·孟秋》
兼：同时具有或涉及几种事物或若干方面　《淮·俶真》
坚：牢固、坚硬　《吕·季秋》
间：jiān，中间　《吕·古乐》
间：jiàn，离间　《淮·修务》
监：督察、监视　《吕·季夏》
笺：本指狭条形小竹片，古代无纸，用简策，有所表识，削竹为小笺，系之于简　《淮·俶真》
减：减少、衰减　《吕·上农》
俭：节俭、节省　《吕·召类》
翦：用剪刀铰　《淮·原道》
检：约束、限制　《淮·氾论》
简：捐弃；剔除　《淮·氾论》
见：助动词：被　《吕·重己》
见：看见　《吕·本生》
建：建立、创立　《吕·不苟》
楗：关门的木栓　《吕·异用》
僭：超过本分　《吕·去私》
渐：jiān，滋润；润泽　《淮·修务》
渐：jiàn，逐渐　《淮·原道》
滥：jiàn，大盆　《吕·节丧》
剑：古兵器　《吕·察今》
涧：两山间的水沟　《吕·察微》
贱：价格低　《淮·俶真》
践：踩；踩踏　《淮·修务》
荐：进献　《吕·仲春》
谏：规劝　《吕·诬徒》
鑒：古器名　《吕·贵生》
僵：僵仆　《吕·顺民》
疆：边界　《吕·上农》
蒋：植物名。菰。即茭白　《淮·原道》
将：jiāng，将要、就要　《吕·当赏》
降：jiàng，降落、落下　《吕·音初》

将：jiàng，将领　《吕·义赏》
匠：匠人　《吕·先己》
酱：调味品　《吕·当务》
交：错杂、交错　《淮·墬形》
郊：城郊　《淮·时则》
焦：五臭之一，焦味　《吕·孟夏》
蛟：龙属　《吕·季夏》
胶：黏性物质　《淮·说山》
骄：骄傲、骄纵　《吕·乐成》
角：骨角　《淮·精神》
狡：狡猾　《战·秦策四》
绞：用两股以上条状物拧成一根绳索　《淮·主术》
脚：人或动物的脚　《淮·俶真》
矫：纠正　《淮·修务》
徼：jiào，边界　《吕·有始》
徼：jiào，巡视　《吕·悔过》
叫：呼喊、叫嚷　《吕·侈乐》
窌：地窖　《吕·季春》
教：jiāo，令　《战·秦策一》
教：jiào，教导、指点　《战·秦策一》
窖：地窖。储藏物品的地洞或坑　《淮·时则》
醮：女子嫁人　《淮·原道》
皆：都、全　《吕·辩土》
接：接触、交往　《吕·知士》
阶：台阶　《淮·氾论》
嗟：叹辞，表悲伤　《吕·行论》
桀：杰出的人才　《战·齐策三》
捷：迅速、敏捷　《吕·简选》
杰：才智超群之人　《吕·孟夏》
结：用线、绳、草等条状物打结或编织　《淮·主术》
节：骨节　《吕·孟冬》
截：断、截断　《淮·说山》
竭：穷尽、用尽　《吕·慎势》
洁：清洁、干净　《淮·时则》
解：jiě，用刀分割动物或人的肢体　《淮·本经》

介：jiè，佐助 《战·秦策二》
介：jiè，个 《淮·说林》
戒：警戒 《吕·贵直》
界：地界、边界 《淮·墬形》
借：凭借、利用 《淮·说山》
今：现在 《吕·孟春》
斤：重量单位 《吕·务大》
金：黄金 《吕·孟春》
津：渡口 《战·秦策一》
矜：矛或戟的柄 《淮·说林》
觔：同“斤” 《淮·说林》
筋：肌腱或附在骨头上的韧带 《吕·正名》
锦：有彩色花纹的丝织品 《吕·贵因》
谨：恭敬 《淮·氾论》
尽：用尽、竭尽 《吕·尊师》
尽：皆、全部 《吕·情欲》
近：殆、大概 《吕·高义》
近：接近、靠近 《吕·士节》
劲：力量、气力 《淮·原道》
浸：泡在液体中 《淮·说林》
进：向前、前进 《吕·行论》
禁：禁止 《吕·仲春》
墐：用泥土涂塞 《吕·季秋》
京：京观 《吕·不广》
茎：植物的一部分 《淮·说山》
旌：旗子 《淮·原道》
经：南北向的道路或土地 《吕·有始》
精：通“睛” 《淮·修务》
精：纯一、精诚 《淮·俶真》
惊：惊慌、恐惧 《淮·修务》
井：水井 《吕·孟冬》
颈：颈项 《淮·原道》
径：jīng，经过、行经 《战·秦策五》
径：jìng，捷速 《淮·时则》
竟：奏乐完毕 《淮·修务》

竟：终于、到底　《吕·审己》
胫：人的小腿　《淮·俶真》
敬：恭敬、端肃　《淮·墬形》
境：疆界　《吕·不屈》
静：平静、安静　《吕·仲冬》
镜：镜子　《淮·主术》
竞：角逐、争竞　《吕·知分》
纠：jiū，督察　《吕·孟春》
纠：缠绕；纠缠　《淮·原道》
九：数词　《吕·孟春》
久：时间长　《吕·义赏》
酒：饮料名　《吕·孟春》
咎：灾祸　《吕·重己》
柩：已装尸体的棺材　《淮·氾论》
救：援助　《吕·季春》
就：趋、趋向　《淮·天文》
僦：雇佣　《淮·说林》
廏：马房，同“廄”　《吕·禁塞》
旧：从前的、古老的　《吕·知度》
居：居住　《吕·情欲》
拘：拘禁、囚禁　《吕·首时》
罝：捕兔网。泛指捕兽的网　《淮·主术》
筥：圆形的盛物竹器　《淮·时则》
榘：曲尺　《淮·览冥》
举：举起　《吕·用众》
句：句子　《吕·本生》
拒：拒绝、抵制　《吕·长利》
具：器具　《吕·节丧》
俱：都、一起　《吕·明理》
俱：具备、具有　《淮·说林》
距：鸡爪　《吕·察微》
距：通“拒”，抵挡、抵御　《吕·先识》
钜：巨大　《吕·适音》
聚：聚集　《吕·去私》
踞：倨傲　《淮·说山》

屦：jù，鞋 《吕·至忠》
惧：恐惧、害怕 《吕·论威》
捐：舍弃 《吕·上农》
卷：把物弯转成圆筒形 《淮·原道》
倦：疲惫劳累 《吕·勿躬》
绢：平纹的生丝织物，似缣而疏，挺括滑爽 《淮·原道》
决：排除壅塞、疏通河道 《吕·古乐》
捔：jué，暗昧 《淮·说林》
掘：挖掘 《吕·权勋》
桷：jué，方形的椽子 《淮·本经》
厥：其，表指示作用 《吕·明理》
臄：鸟尾上的肉 《吕·本味》
绝：断绝 《吕·季春》
爵：盛酒器 《吕·当务》
谲：jué，欺诳 《战·秦策一》
觉：jué，领悟、明白 《吕·情欲》
觉：jiào，睡醒、清醒 《吕·安死》
攫：鸟兽以爪抓取 《淮·说林》
玃：攫取、搏击 《吕·本味》
君：古代大夫以上、据有土地的各级统治者的通称 《淮·俶真》
均：皆、都 《淮·墬形》
均：均平、公正 《吕·孟夏》
军：军队 《吕·仲秋》
钧：均等、平均 《吕·仲春》
钧：三十斤为一钧 《吕·适音》
俊：才德超卓之人 《吕·孟夏》

K

开：打开 《吕·仲春》
铠：铠甲 《吕·爱士》
堪：经得起、胜任 《吕·季秋》
坎：坑。地面凹陷处 《淮·主术》
瞰：窥视；侦伺 《战·秦策二》
糠：皮或壳 《吕·重己》
亢：抵挡、匹敌 《战·秦策四》
亢：极、过甚 《淮·览冥》

炕：干涸、干渴　《吕·仲冬》
考：考察、考核　《吕·审应》
犒：犒赏　《吕·孟冬》
苛：kē，繁细、苛刻　《吕·贵公》
柯：草木的枝茎　《淮·俶真》
科：考较；查核　《淮·说山》
可：助动词：能、可以　《吕·圜道》
渴：口干想喝水　《淮·墬形》
克：战胜、制伏　《吕·简选》
刻：刻镂　《淮·俶真》
刻：漏壶的计时单位　《吕·仲夏》
客：宾客　《吕·高义》
克：战胜、制伏　《吕·至忠》
堁：尘土　《淮·说山》
肯：助动词：乐意、愿意　《吕·安死》
垦：开垦　《战·秦策一》
坑：活埋　《吕·应言》
阬：kēng，活埋，通“坑”　《吕·介立》
空：空虚，中无所有　《淮·览冥》
孔：洞孔　《吕·仲夏》
恐：担心、恐惧　《吕·贵生》
口：嘴巴　《吕·贵生》
叩：敲、打　《淮·览冥》
扣：敲击　《吕·爱士》
寇：侵略者　《吕·壅塞》
鷇：kòu，由母哺食的幼鸟　《淮·时则》
刳：剖开　《吕·古乐》
枯：草木枯槁　《吕·孟夏》
哭：因悲伤痛苦或情绪激动而流泪、发声　《淮·精神》
苦：五味之一，与“甘”相对　《吕·孟夏》
库：储藏战车兵甲的屋舍　《淮·时则》
酷：气、味浓烈　《吕·尽数》
夸：夸大　《吕·不侵》
快：满足、惬意　《吕·本生》
块：土块　《淮·氾论》

侩：牙侩。旧时买卖的居间人　《淮·氾论》
哙：通“快”。畅快；快意　《淮·精神》
宽：舒缓、延缓　《淮·本经》
匡：辅佐、辅助　《吕·骄恣》
筐：筐子　《吕·季春》
狂：疯癫，精神失常　《淮·精神》
况：何况、况且　《吕·贵公》
旷：远离、疏远　《吕·长见》
窥：暗中偷看　《吕·重己》
亏：缺损　《吕·贵生》
窥：从夹缝、小孔或隐蔽处偷看　《淮·精神》
逵：四通八达的道路　《淮·说林》
揆：度量、揣度　《吕·听言》
魁：大，杰出　《吕·勤学》
愧：羞惭　《淮·说林》
溃：溃乱、逃散　《吕·先识》
蒉：草织的盛器　《淮·说山》
焜：明亮；光耀　《淮·本经》
困：窘迫　《吕·用众》

L

剌：违背　《淮·说林》
来：由彼处到此处，与“往”相对　《吕·孟春》
赖：依靠、凭借　《淮·氾论》
癞：恶疮；顽癣；麻风　《淮·精神》
籁：竹制管乐器　《淮·本经》
滥：过度、没有节制　《吕·论威》
烂：灼伤、烫伤　《吕·过理》
廊：厅堂周围的屋　《淮·本经》
浪：波浪　《淮·墬形》
牢：栏圈　《吕·仲秋》
劳：辛劳、操劳　《吕·情欲》
劳：慰劳　《吕·孟春》
老：年岁大　《淮·览冥》
潦：雨水大貌　《淮·俶真》
烙：用高温的金属烧灼　《吕·顺民》

酪：用牛羊马等的乳汁炼制成的食品　《淮·原道》
勒：雕刻　《吕·孟冬》
乐：lè，快乐、欢乐　《吕·先识》
雷：雷声　《吕·重己》
蔂：léi，登山用具　《淮·修务》
蔂：lěi，藤　《淮·修务》
羸：通“儡”。丧败；损毁　《淮·修务》
羸：困惫　《吕·不屈》
絫：堆叠、积聚　《吕·节丧》
磥：比喻人才有卓越才能　《吕·谨听》
累：lèi，牵累、连累　《吕·侈乐》
类：古代祭名　《淮·本经》
类：种类　《吕·季春》
纇：疵病，缺点　《淮·说林》
冷：寒冷　《吕·节丧》
离：离开、分开　《战·齐策二》
理：治理；整理　《淮·原道》
里：里面、内部　《吕·过理》
礼：敬神　《吕·仲春》
力：力量　《吕·用众》
立：立刻　《吕·荡兵》
立：站立　《淮·修务》
吏：古代对官员的通称　《吕·当赏》
利：锋利、锐利　《吕·音律》
戾：弯曲　《淮·原道》
戾：扭捩，拗折　《淮·本经》
栗：板栗　《吕·恃君》
粒：稻谷之粒　《吕·任数》
厉：磨砺　《吕·遇合》
励：劝勉、鼓励　《吕·达郁》
曆：推算日月星辰之运行以定岁时节气的方法　《淮·修务》
歷：经过、越过　《吕·长攻》
丽：附着、依附　《吕·孟秋》
枥：马槽　《吕·权勋》
连：联合、连络　《战·秦策四》

连：表示包括，全部在内 《淮·时则》
廉：廉洁、不苟取 《吕·孝行》
莲：荷 《淮·说山》
联：连接 《淮·本经》
镰：镰刀 《淮·氾论》
敛：征收、索取 《淮·氾论》
楝：落叶乔木 《淮·时则》
练：生丝织品 《淮·氾论》
良：善、好 《吕·恃君》
良：精良、精善 《吕·先己》
梁：屋梁 《淮·主术》
凉：微寒，清凉 《淮·说林》
粮：粮食 《战·西周》
两：数词 《淮·说山》
量：liáng，衡量；估计 《淮·原道》
量：liàng，量器 《吕·仲秋》
燎：烘烤 《吕·士节》
疗：止、解除 《吕·荡兵》
瞭：了解，明了 《淮·说林》
料：清查、清理 《淮·时则》
列：陈列、排列 《吕·疑似》
埒：liè，界限、边际 《淮·精神》
烈：甚。厉害；猛烈 《淮·俶真》
裂：绽开；龟裂 《淮·原道》
猎：打猎 《吕·音初》
鬣：马颈上的长毛 《吕·孟秋》
林：成片的竹、木 《吕·安死》
邻：指邻居；邻国；邻境 《淮·说山》
燐：燐火 《淮·氾论》
临：由上看下，居高面低 《吕·达郁》
辚：门槛 《淮·说山》
鳞：动物表层的衍生物 《吕·孟春》
悋：吝啬 《吕·尊师》
赁：出卖劳力；受雇 《淮·本经》
陵：大土山 《吕·士容》

凌：侵犯、欺侮　　《吕·仲秋》
铃：木铎　　《吕·仲春》
灵：神灵　　《淮·说山》
领：衣领　　《淮·氾论》
令：号令　　《吕·孟春》
流：流动　　《吕·圜道》
留：使不离开　　《吕·情欲》
六：数词　　《吕·仲夏》
笼：盛物的器具　　《淮·精神》
聋：听觉失灵或闭塞　　《吕·本生》
楼：城墙或土台上的建筑物　　《淮·天文》
嵝：山顶　　《淮·原道》
漏：液体、气体、光线渗出或透出　　《吕·孝行》
镂：雕刻　　《淮·本经》
露：露水　　《吕·求人》
露：羸弱；瘦弱　　《战·秦策一》
垆：黑色或黄黑色坚硬质粗不黏的土壤　　《吕·任地》
芦：芦苇　　《淮·修务》
鑪：炉。盛火的器具。作冶炼、取暖、烹饪等用　　《淮·本经》
卤：通“橹”。大盾　　《战·中山策》
虏：俘获　　《吕·察微》
陆：陆地　　《吕·有始》
禄：俸禄　　《吕·季秋》
僇：通“戮”，杀戮　　《吕·上农》
赂：赠送的财物　　《吕·先己》
路：道路　　《吕·介立》
辂：车　　《吕·季秋》
漉：使干涸、竭尽　　《淮·本经》
戮：杀　　《吕·开春》
闾：民户居住处、里门　　《吕·怀宠》
偻：lǚ，驼背　　《淮·说山》
吕：阴律　　《吕·察传》
侣：伴侣　　《淮·天文》
履：踩踏　　《吕·慎大》
褛：衣襟　　《吕·明理》

缕：线状物 《吕·直谏》
律：乐律、音律 《吕·察传》
绿：颜色名 《淮·原道》
虑：思考、谋划 《吕·疑似》
挛：牵系不断；连缀 《淮·主术》
卵：蛋 《吕·音初》
乱：混乱、无秩序 《吕·孟春》
掠：劫掠、夺取 《吕·荡兵》
略：简略 《吕·荡兵》
擽：lüè，敲击 《吕·仲夏》
纶：粗丝线 《淮·说山》
轮：车轮 《吕·君守》
论：议论 《战·宋卫策》
蠃：蚌属 《淮·说山》
蓏：luǒ，瓜类植物的果实 《吕·仲夏》
裸：赤身露体 《吕·孟秋》
络：网状之物 《淮·览冥》
落：草木叶脱落、脱落 《吕·古乐》
格：luò，零落 《淮·时则》
M
马："码"的古字。筹码 《淮·说林》
骂：以恶言加人，斥责 《战·秦策二》
埋：埋葬 《吕·知接》
买：购进、以钱购物 《吕·贵当》
脉：血管 《吕·先己》
卖：以货物换钱，与"买"相对 《淮·说山》
迈：超越、超出 《吕·乐成》
满：充满、布满 《吕·制乐》
慢：怠慢、不敬 《吕·遇合》
芒：稻麦子实外壳上长的细刺 《吕·审时》
盲：失明 《吕·本生》
毛：人或动物表皮所生的毛 《吕·孟秋》
矛：兵器 《吕·季秋》
茅：野草 《吕·召类》
皃：容颜；状貌 《战·秦策五》

茂：茂盛　《吕·先己》
冒：通“懋”。勉力　《淮·修务》
冒：顶着，不顾　《淮·氾论》
冒：覆盖、笼罩　《吕·知接》
帽：帽子　《淮·氾论》
貌：形状、姿态　《淮·修务》
没：死，通“殁”　《吕·首时》
没：沉没　《吕·勤学》
梅：梅树的果实　《淮·俶真》
美：美丽、美观　《吕·本生》
昧：暗、昏暗　《淮·原道》
媚：爱、喜爱　《淮·主术》
寐：睡、入睡　《淮·俶真》
魅：精怪　《吕·论大》
门：出入口　《吕·仲夏》
闷：憋闷　《吕·论威》
懑：闷胀，通“鞔”　《吕·重己》
氓：草野之民　《淮·修务》
萌：萌芽　《吕·荡兵》
梦：做梦　《淮·览冥》
盟：古代诸侯为释疑取信而对神立誓缔约的一种仪礼。多杀牲歃血　《淮·精神》
矇：目失明　《吕·达郁》
蒙：覆盖　《吕·贵公》
猛：猛烈　《吕·仲夏》
麛：鹿子　《吕·孟春》
迷：迷惑、辨别不清　《淮·说山》
弥：更加　《吕·慎势》
靡：糜烂、腐烂　《淮·原道》
米：去皮的谷实　《吕·审时》
眯：杂物入目使视线不清　《淮·说林》
密：慎密；秘密　《淮·氾论》
密：坚固、稠密　《吕·孟冬》
密：荷的地下茎　《淮·说山》
免：赦免　《吕·开春》

勉：尽力、努力 《淮·修务》
眄：斜视、不正眼看 《淮·修务》
湎：沉溺 《吕·过理》
面：脸 《吕·慎势》
苗：禾苗 《吕·任地》
秒：禾芒 《淮·天文》
妙：miǎo，远 《淮·修务》
妙：miào，精微、奥妙 《淮·说林》
庙：宗庙 《吕·孟春》
灭：死亡 《吕·知接》
民：百姓 《吕·孟春》
敏：通达、聪慧 《吕·观世》
闵：哀伤、怜念 《淮·说林》
湣：怜悯、哀怜 《战·秦策一》
名：名字 《吕·当染》
明：明亮、光明 《吕·本生》
冥：昏暗、不明 《吕·明理》
暝：昏暗 《吕·音初》
铭：镂刻 《吕·求人》
鸣：鸟兽昆虫叫 《吕·孟春》
瞑：闭、合 《淮·墬形》
螟：螟蛾的幼虫 《吕·明理》
命：命令、下令 《吕·孟春》
缪：错误、乖误 《吕·有度》
谬：谬误、差错 《吕·制乐》
模：效法、仿效 《吕·贵公》
摩：摩擦；挨挤；靠近 《淮·俶真》
磨：磨治、磨擦 《淮·说林》
谟：谋划 《淮·修务》
末：物的端、尾 《吕·功名》
沫：水泡 《淮·俶真》
莫：否定副词，不 《吕·圜道》
漠：沙漠 《吕·仲秋》
墨：用于书写、绘画的黑色颜料 《淮·俶真》
默：静默、不语，同“嘿” 《淮·说山》

谋：谋划、商量 《吕·义赏》
鹈：鸟名 《淮·时则》
母：母亲 《淮·览冥》
牡：鸟兽的雄性 《淮·时则》
亩：我国地积单位 《吕·季夏》
木：树，木本植物的通称 《战·宋卫策》
目：眼睛 《吕·重己》
牧：放牧、饲养 《吕·季春》
墓：坟墓 《淮·本经》
幕：帷幔 《淮·氾论》
睦：亲善、和睦 《战·齐策三》
慕：羡慕 《吕·审分》
暮：日落时、傍晚 《吕·仲夏》

N

拏：持拿 《吕·本味》
内：nà，接纳、容纳 《吕·季春》
内：nèi，方位词 《吕·本生》
纳：贡献；缴纳 《淮·氾论》
乃：才 《战·秦策四》
耐：能 《淮·精神》
男：男子 《淮·氾论》
南：方位词 《吕·仲夏》
难：nán，困难 《战·秦策一》
难：nàn，危难 《吕·贵生》
囊：袋子 《吕·禁塞》
曩：先时，以前 《吕·察今》
桡：náo，枉曲 《吕·仲秋》
挠：náo，挥动，摇动 《淮·修务》
譊：náo，争辩、争论 《淮·原道》
淖：nào，稀泥浆状、流体 《吕·别类》
能：才能、能力 《吕·审分》
泥：和着水的土 《吕·仲秋》
臡：有骨的肉酱 《吕·本味》
儗：比拟 《淮·原道》
拟：效法；摹拟 《淮·本经》

逆：颠倒 《吕·似顺》
匿：隐藏、隐瞒 《吕·孟冬》
昵：亲热、亲近 《战·中山策》
溺：沉于水 《吕·决胜》
年：时间单位 《吕·任地》
辇：人拉之车 《吕·本生》
念：想、思考 《吕·贵公》
鸟：飞禽的总称 《吕·季春》
孽：灾害 《吕·明理》
孽：后代 《战·宋卫策》
蘖：草木砍伐后长出的新芽 《淮·俶真》
啮：咬、啃 《吕·离谓》
糵：酿酒剂 《吕·重己》
巘：高貌 《吕·过理》
蹑：踩、踏 《淮·原道》
宁：安宁 《吕·音律》
凝：凝结、凝固、积聚 《淮·原道》
冰：níng，结冰、凝结 《吕·孟冬》
佞：逞口才 《淮·主术》
农：农事、农业 《淮·时则》
弄：玩耍、游戏 《吕·精论》
耨：nòu，用耨除草 《淮·氾论》
奴：奴隶 《吕·开春》
弩：用机械发箭的弓 《淮·原道》
砮：石制的箭镞 《吕·贵直》
怒：愤怒、生气 《吕·适音》
女：nǚ，女性、女人 《淮·览冥》
虐：残害、侵凌 《淮·氾论》
燠：温暖、暖和 《吕·仲春》
诺：应允、答应 《吕·首时》

O

瓯：盆盂一类的瓦器 《淮·俶真》
讴：徒歌、齐声歌唱 《淮·氾论》
偶：偶然、偶尔 《战·宋卫策》
藕：荷的根茎 《淮·本经》

P

拍：用手掌拍打　《吕·重己》
俳：指表演杂戏的人，俳优　《淮·说山》
排：古代鼓风吹火之器　《淮·本经》
攀：摘取　《吕·下贤》
槃：盘子　《淮·说林》
泮：融解　《淮·墬形》
叛：背叛　《吕·尊师》
畔：通“叛”，违背、背离　《吕·观表》
畔：田界　《吕·孟春》
旁：旁边　《吕·明理》
傍：páng，广　《淮·氾论》
胞：pāo，膀胱　《淮·说林》
庖：厨师　《吕·本味》
培：培土修葺、加固　《吕·孟秋》
佩：佩戴、佩挂　《吕·孟春》
配：配合　《吕·季春》
渍：pēn，水波涌动，喷水　《淮·览冥》
烹：煮　《吕·应言》
棚：栈　《淮·说山》
鹏：传说中最大的鸟　《战·宋卫策》
坯：土坯　《吕·贵生》
劈：破开　《战·宋卫策》
辟：开辟、开拓　《淮·修务》
皮：人的皮肤或动植物体表面的一层组织　《淮·天文》
疲：疲乏、困倦　《淮·览冥》
脾：pí，内脏　《吕·孟春》
罢：pí，疲劳、疲困　《吕·论人》
匹：相当　《吕·诬徒》
譬：比喻、比方　《淮·俶真》
埤：pì，矮墙　《吕·简选》
俾：pì，视　《淮·氾论》
辟：pì，开辟、开拓　《战·西周策》
副：pì，割裂、剖分，与“愊”同　《淮·修务》
偏：不居中、边侧　《吕·淫辞》

篇：成部著作中的一个组成部分 《淮·原道》
翩：通“偏”。反貌 《淮·说林》
漂：浮，浮游 《战·中山策》
缥：浅绿色 《淮·说山》
瞥：视，目光掠过 《淮·说林》
贫：贫困 《吕·季春》
嫔：嫔妃 《吕·仲春》
品：种类 《淮·氾论》
牝：雌性的鸟兽 《吕·孟春》
聘：聘请 《吕·情欲》
冯：píng，徒涉、趟水 《吕·安死》
平：平和、宁静 《吕·离俗》
屏：隐藏 《吕·贵直》
屏：照壁 《淮·主术》
迫：逼近、接近 《吕·明理》
破：破裂、破碎 《吕·达郁》
颇：甚；很 《淮·俶真》
魄：魂魄(人之阴精) 《吕·禁塞》
剖：剖开、破开 《吕·古乐》
仆：向前扑倒、倒伏 《吕·辩土》
仆：驾驭车马的人 《吕·行论》
璞：含玉的石头，未雕琢的玉 《淮·览冥》
朴：未经加工成器的木材 《淮·本经》
曝：曝晒 《吕·制乐》
暴：pù，晒 《吕·仲夏》

Q

七：数词 《吕·孟夏》
妻：妻子 《吕·上农》
棲：禽鸟歇宿 《淮·时则》
戚：忧愁、悲伤，通“慽” 《吕·大乐》
期：“期服”的省称，“期服”即“丧服”，“期”同“朞” 《淮·说山》
期：约定 《吕·怀宠》
欺：欺骗、欺诈 《吕·审己》
漆：漆树汁制成的涂料 《吕·仲夏》
其：将、将要 《吕·重己》

其：指代第三人称，他(她、它)或他(她、它)们 《淮·原道》
奇：珍奇、稀奇 《淮·主术》
枝：qí，旁出 《淮·时则》
祇：地神 《吕·季冬》
祈：向天或神求祷 《吕·仲夏》
旂：两龙并在竿头悬铃的旗 《吕·孟春》
蚑：动物徐行 《淮·说林》
碕：曲折的河岸 《淮·本经》
旗：旗帜 《吕·孟春》
齐：一致 《吕·贵公》
脐：肚脐 《淮·墬形》
乞：祈求、请求 《淮·览冥》
起：用在动词后。表示向上 《淮·时则》
起：起立、站起 《淮·原道》
启：开拓、开创 《吕·季夏》
绮：有花纹的丝织品 《淮·本经》
契：用刀刻 《吕·察今》
气：空气 《吕·孟春》
讫：完毕 《吕·行论》
弃：抛弃、放弃 《吕·大乐》
湆：qì，肉汁 《吕·适音》
器：器具 《吕·季春》
洽：浸润 《吕·圜道》
千：数词 《吕·孟夏》
牵：拉、挽 《淮·本经》
迁：迁居、迁移 《吕·先识》
涔：qián，积柴于水中以捕鱼 《淮·说林》
前：与后相对 《吕·季春》
钱：钱币 《淮·主术》
浅：水不深 《吕·达郁》
慊：不满足、遗憾 《战·秦策四》
遣：释放 《战·秦策四》
潜：隐藏、隐蔽 《吕·圜道》
欠：倦时张口呵气，打呵欠 《淮·说山》
堑：沟壕 《淮·氾论》

强：强迫、勉强 《淮·说山》
强：强盛、强大 《战·西周策》
墙：墙壁 《淮·精神》
墝：瘠薄的田地 《淮·原道》
敲：敲击 《淮·修务》
橇：古代在泥土上行驶的一种交通工具 《淮·修务》
桥：桥梁 《淮·主术》
巧：机巧、灵巧 《吕·重己》
切：用刀把物品分成若干部分 《淮·本经》
切：摩擦、接触 《淮·墬形》
茄：荷梗 《淮·说山》
且：将要 《吕·本生》
且：连词。而且；并且。表递进 《战·秦策二》
妾：正妻之外的妻子 《淮·氾论》
怯：胆小、怯懦 《吕·简选》
窃：偷盗 《吕·异用》
窃：副词。偷偷地；暗地里 《淮·说林》
侵：进攻、侵犯 《吕·孟秋》
亲：亲人、亲戚 《吕·振乱》
亲：亲自、躬亲 《吕·孟春》
琴：乐器名 《吕·本生》
禽：俘获、制伏 《吕·简选》
勤：劳倦、辛苦 《吕·本味》
擒：捕捉、捉拿 《吕·知化》
寝：睡、卧 《淮·精神》
青：颜色 《吕·季春》
清：水明澈 《淮·览冥》
倾：倾斜 《淮·原道》
轻：分量小，与“重”相对 《吕·圜道》
情：感情 《淮·本经》
黥：黥刑、墨刑 《战·秦策一》
顷：顷刻 《吕·去私》
顷：面积单位之一 《吕·过理》
请：请求 《吕·离俗》
磬：古代打击乐器 《淮·天文》

穷：终端、终极　《吕·论人》
丘：小土山　《吕·异宝》
秋：秋季　《吕·仲夏》
囚：囚禁　《吕·贵公》
求：探索、探求　《淮·原道》
酋：短、近　《淮·氾论》
蛷：患蠼螋疮　《淮·说林》
趍：qū，疾行；奔跑　《淮·修务》
曲：蚕箔　《淮·时则》
曲：乐曲　《淮·原道》
屈：屈服、忍受屈辱　《吕·士节》
区：区域　《淮·原道》
诎：屈服、折服　《吕·勿躬》
趋：qū，疾行、奔跑　《吕·论威》
躯：身体　《吕·本味》
麴：qū，酿酒剂　《吕·重己》
驱：驱逐、赶走　《吕·士节》
渠：人工开凿的水道；濠沟　《战·秦策四》
籧：圆形竹器　《吕·仲夏》
衢：大路　《淮·俶真》
取：拿　《吕·仲春》
娶：男子结婚　《吕·当务》
去：离开　《吕·仲春》
全：保全　《吕·诚廉》
泉：泉水　《吕·圜道》
牷：色纯而完整的祭牲　《吕·仲秋》
权：权柄、权力　《吕·似顺》
犬：狗　《淮·时则》
甽：quǎn，田间的小水沟　《吕·任地》
劝：劝导、劝说　《吕·贵生》
缺：残破、残缺　《吕·必己》
却：退，使退　《吕·慎大》
埆：què，土地不平而贫瘠　《淮·修务》
悫：què，诚实、忠厚　《吕·下贤》
阙：通“缺”，过失　《吕·先己》

困：圆形谷仓 《吕·仲秋》
群：同类动物聚集而成的群 《吕·季春》
R
然：如此，这样 《吕·本生》
然：用于形容词或副词词尾，表状态 《吕·本味》
燃：焚烧 《淮·天文》
染：用染料着色 《吕·季夏》
壤：地 《吕·辩土》
攘：rǎng，盗取、窃取 《淮·氾论》
让：责备、责问 《吕·疑似》
桡：ráo，船桨 《淮·说林》
饶：馀；剩 《战·秦策五》
娆：烦扰 《淮·原道》
扰：混乱、烦乱 《淮·本经》
扰：驯养 《淮·说林》
绕：围绕、环绕 《吕·节丧》
热：温度高，与“寒”相对 《吕·仲春》
人：人的通称 《吕·孟春》
仁：仁爱 《吕·重己》
忍：忍心、狠心 《吕·节丧》
刃：刀锋、刀口 《吕·任地》
仞：长度单位，七尺 《吕·功名》
任：rén，古代南方民族的一种乐曲 《淮·时则》
任：rèn，担保 《吕·仲秋》
韧：坚韧、柔韧 《吕·仲冬》
妊：怀孕、身孕 《淮·本经》
认：辨认 《吕·淫辞》
日：每天、一天天 《吕·重己》
日：太阳 《淮·原道》
戎：军队、士兵 《淮·时则》
容：容纳、收容 《吕·审分》
容：容饰、打扮 《淮·本经》
搑：róng，推捣 《淮·览冥》
荣：草木的花 《淮·时则》
柔：软、弱，与“刚”相对 《吕·大乐》

揉：使木弯曲或伸直 《淮·原道》
糅：混杂、混合 《淮·本经》
蹂：搓揉 《淮·览冥》
肉：供食用的动物肉 《吕·适音》
肉：当中有孔的圆形物之边体 《战·宋卫策》
如：却 《淮·本经》
如：像、如同、比得上 《吕·情欲》
茹：腐臭 《淮·说山》
儒：儒家 《淮·说山》
濡：rú，浸渍、沾湿 《吕·勤学》
汝：你 《吕·权勋》
乳：乳房 《淮·墬形》
辱：耻辱 《吕·忠廉》
入：进入 《吕·孟春》
蓐：草席、草垫子 《淮·览冥》
堧：ruán，空地、边缘馀地 《吕·任地》
濡：ruǎn，柔软、柔弱 《淮·说山》
锐：锋利；锐利 《淮·览冥》
润：滋润 《吕·辩土》
若：如、像 《吕·本生》
若：假如、如果 《战·秦策一》
弱：柔软 《吕·高义》
S
靸：sǎ，古代小儿穿的鞋子 《淮·氾论》
洒：东西散落下来 《战·齐策三》
塞：sāi，堵塞、填塞 《吕·季秋》
塞：sài，险要之处 《战·西周策》
三：数词 《吕·孟春》
散：sǎn，散乱、杂乱 《淮·修务》
散：sàn，分散 《吕·孟春》
颡：额头 《淮·说林》
丧：sāng，哀丧死者的礼仪 《吕·安死》
丧：sàng，丧失、失去 《淮·本经》
臊：腥臭的气味 《吕·本味》
色：脸色、表情 《淮·说山》

沙：沙土《吕·必己》
杀：杀戮《吕·去私》
唽：流血《战·齐策三》
箑：shà，扇子《淮·精神》
翣：古代出殡时的棺饰，状如掌扇《淮·氾论》
山：地面上由土石构成的隆起部分《吕·仲冬》
膻：草食动物的气味《吕·本味》
扇：shān，摇动扇子或扇状物以生风《淮·说林》
扇：shàn，扇翣《吕·有度》
善：好、美好《吕·先己》
擅：擅自、随意《吕·悔过》
擅：独揽、专《淮·主术》
膳：饭食《吕·上德》
赡：充足、富足《吕·审分》
淡：shàn，充满、供给《吕·上德》
禅：shàn，以帝位让人《吕·当务》
商：贩卖货物《吕·仲秋》
伤：创伤《淮·天文》
裳：下衣《吕·仲秋》
赏：赏赐《吕·孟春》
上：方位词《吕·仲夏》
上：崇尚、看重，通“尚”《吕·下贤》
尚：尚且《淮·本经》
尚：崇尚、尊崇《吕·孟春》
烧：焚烧、燃烧《吕·忠廉》
少：shǎo，数量少《淮·原道》
少：shào，年幼的人《吕·音律》
舌：舌头《吕·仲夏》
舍：shě，舍弃《吕·振乱》
舍：shè，音乐声《吕·古乐》
舍：shè，处所《吕·论人》
社：神社(祭土地神)《吕·仲春》
射：射、用力弹出《吕·孟春》
涉：渡水《吕·察今》
设：假设《战·秦策四》

设：设置、安排 《吕·先己》
赦：宽免罪过 《吕·仲春》
摄：提起、牵引 《淮·墬形》
申：申明 《吕·仲冬》
伸：伸开、挺直 《淮·本经》
身：身体 《吕·本生》
深：甚、很、非常 《吕·知士》
深：指从上到下或从外到内的距离 《淮·览冥》
神：精神 《淮·精神》
审：细察、明察 《吕·贵生》
渖：汁 《淮·原道》
甚：厉害、严重 《淮·原道》
甚：很、非常 《吕·重己》
肾：肾脏 《吕·孟冬》
慎：谨慎、慎重 《吕·仲夏》
罧：shèn，积柴于水中以捕鱼 《淮·说林》
升：上升 《吕·仲春》
生：生长 《淮·天文》
牲：供祭祀用的家畜 《吕·孟冬》
笙：管乐器 《吕·仲夏》
声：声音 《吕·重己》
绳：绳子 《吕·明理》
省：减少、节俭 《吕·季春》
乘：shèng，量词 《吕·简选》
盛：shèng，旺盛、兴盛 《吕·论威》
胜：shèng，古代妇女的首饰 《淮·览冥》
胜：shèng，战胜、胜利 《战·秦策一》
胜：shèng，尽 《吕·禁塞》
胜：shèng，能够承受，禁得起 《吕·适威》
圣：超越凡人者 《吕·离俗》
尸：古代祭祀时代死者受祭的人 《淮·主术》
尸：尸体 《吕·不广》
失：丧失、丢掉 《吕·本生》
施：设置、安放 《吕·先己》
师：老师 《吕·勤学》

湿：潮湿 《淮·天文》
十：数词 《战·中山策》
石：乐器名 《吕·仲夏》
石：石头 《吕·精通》
拾：捡取 《战·秦策一》
食：泛指食物 《吕·季春》
时：时常、经常 《吕·恃君》
时：季节 《吕·孟春》
实：充足、富裕 《淮·本经》
识：shí，知道、了解 《吕·君守》
史：史册、历史 《淮·氾论》
矢：兵器，即箭 《吕·季秋》
豕：猪 《吕·明理》
使：派遣 《吕·孟春》
始：开始、开端 《淮·原道》
士：贤德之人 《吕·季春》
氏：姓氏 《吕·论威》
世：父死子继为一世 《吕·圜道》
仕：做官、任职、使任职 《吕·听言》
市：临时或定期的贸易活动 《吕·仲秋》
示：把事物摆出来或指出来给人看 《淮·览冥》
饬：shì，装饰 《吕·节丧》
事：职守、责任 《淮·俶真》
侍：陪同或伺候 《吕·知士》
室：房屋 《吕·季夏》
恃：依赖、凭借 《吕·君守》
拭：揩、擦 《吕·观表》
是：正确 《淮·原道》
是：这 《吕·孟春》
是：系词 《吕·孟春》
视：看、察看 《吕·孟春》
势：权力、权势 《吕·慎势》
嗜：喜欢、爱好 《吕·诬徒》
试：检验、检试 《淮·时则》
轼：车厢前的横木 《吕·孟春》

饰：修饰、装饰 《吕·孟春》
誓：盟约、誓言 《淮·说山》
适：恰好、正好 《吕·长见》
适：去、往 《吕·召类》
适：适合 《吕·情欲》
噬：啗食、吃 《吕·当务》
谥：谥号 《吕·首时》
螫：毒虫或蛇咬刺 《淮·说山》
释：解释、说明 《吕·有始》
收：收回 《吕·审为》
手：人之上肢 《吕·仲春》
守：职守 《淮·俶真》
首：头 《淮·墬形》
首：首位，第一 《吕·义赏》
受：遭受 《吕·不侵》
售：卖、卖出 《吕·召类》
授：接受("受"陈校改为"授") 《吕·去私》
授：授予、给予 《吕·怀宠》
寿：长寿；活得岁数大 《战·秦策五》
绶：丝带 《淮·修务》
豫：shū，舒展、宽舒 《吕·孟冬》
书：书写、记载 《吕·自知》
梳：以梳理发 《淮·修务》
疎：稀疏、稀少 《淮·时则》
疏：开浚、开通 《吕·爱类》
舒：伸展 《吕·仲春》
输：输送 《吕·有始》
孰：疑问代词，哪 《淮·说山》
熟：食物加热到可以食用的程度 《淮·时则》
熟：表示程度深 《淮·天文》
赎：抵消或弥补过失 《淮·说山》
暑：热、炎热 《吕·大乐》
属：种米 《吕·仲夏》
数：shuò，屡次、多次 《吕·孟春》
数：shuò，通"速"。快 《淮·氾论》

数：shǔ，计算、查点 《吕·禁塞》
数：shù，算数、数学，古代六艺之一 《淮·说山》
束：用于计量捆在一起的东西 《淮·本经》
述：记述、叙述 《淮·氾论》
恕：宽宥；原谅 《淮·主术》
庶：众多 《吕·任地》
术：方法、手段 《吕·荡兵》
裋：shù，粗布衣服 《淮·览冥》
竖：直立 《吕·必己》
刷：清除、除掉 《淮·本经》
衰：衰微、衰退 《吕·季夏》
帅：统帅、统领 《吕·悔过》
率：率领、带领 《吕·仲春》
霜：地面的白色冰晶 《吕·孟冬》
双：两个 《淮·俶真》
孀：寡妇 《淮·原道》
谁：疑问代词 《吕·贵公》
水：是无色、无臭、无味的液体 《吕·功名》
税：税收 《吕·孟夏》
顺：顺应、顺从 《吕·孟春》
瞚：shùn，眼珠转动、眨眼 《吕·安死》
说：shuì，劝说别人听从自己的意见 《淮·氾论》
说：shuō，解释 《吕·仲春》
朔：农历每月初一 《吕·季夏》
铄：熔化、销铄 《淮·览冥》
司：主管 《吕·孟春》
私：与“公”相对，属于个人的 《淮·时则》
思：思索、考虑 《吕·季夏》
斯：指示代词，此 《战·秦策一》
丝：蚕丝 《吕·季春》
死：生命终止 《吕·孟春》
四：数词 《战·宋卫策》
似：像、类似 《吕·禁塞》
祀：对神鬼、祖先所进行的祭礼 《吕·孟春》
嗣：子孙、后代 《淮·墬形》

肆：纵恣 《吕·振乱》
竦：高耸 《淮·原道》
送：送行、送别 《淮·览冥》
讼：公开、明白 《淮·原道》
讼：诉讼(争财) 《吕·孟秋》
薮：草木茂盛的沼泽地 《吕·仲冬》
苏：苏醒、复活 《吕·仲春》
俗：风俗、习俗 《吕·音初》
素：白色生绢 《淮·修务》
速：迅速 《吕·辩土》
宿：sù，住宿、过夜 《吕·本生》
肃：萎缩、肃杀 《淮·时则》
酸：因疾病或疲劳引起的筋肉微痛而无力的感觉 《淮·修务》
酸：酸味 《吕·孟春》
算：谋划 《淮·览冥》
虽：虽然 《吕·重己》
随：跟从、追从 《吕·审为》
祟：鬼神祸害人 《淮·俶真》
歳：年，亦作歲 《吕·制乐》
遂：完成、成功 《淮·精神》
遂：于是、就 《吕·本生》
碎：碎裂、破碎 《吕·长攻》
燧：古代取火用具。木燧，按季节用不同的木料制成，钻以取火 《淮·时则》
邃：深 《淮·主术》
孙：儿子的儿子 《战·西周策》
损：毁、坏 《淮·说山》
戏：suō，酒樽 《吕·简选》
缩：减缩 《淮·俶真》
所：指示代词，组成“所”字结构 《吕·勤学》
所：处所 《吕·明理》
索：绳索 《吕·节丧》

T

他：别的、另外的 《淮·本经》
挞：tà，用鞭子或棍子打 《吕·行论》

踏：兽的小腿 《吕·本味》
蹋：踩、践踏 《吕·重言》
漯：tà，低湿、潮湿 《吕·季夏》
遝：tà，重叠 《吕·察微》
胎：胚胎 《吕·古乐》
台：高土台 《吕·重己》
儓：tài，愚钝 《淮·氾论》
太：表示程度过分 《吕·适音》
泰：骄纵 《吕·贵生》
贪：不知满足地追求 《吕·论威》
弹：tán，弹击；叩打 《淮·览冥》
坛：tán，通“廛”。古代指一家所居的房地 《淮·说林》
炭：木炭 《吕·季秋》
探：取、摸取 《淮·氾论》
歎：叹息 《吕·大乐》
汤：热水 《吕·尽数》
堂：堂屋 《吕·季夏》
滔：激荡、振荡 《淮·本经》
逃：逃避、躲避 《吕·功名》
鞀：táo，有柄的小鼓 《吕·自知》
讨：征讨 《吕·行论》
特：特别、特异 《吕·季春》
腾：上升 《吕·季春》
剔：分解骨肉 《淮·本经》
梯：供上、下的用具或设备 《战·宋卫策》
啼：悲哀地哭泣 《淮·说山》
提：掷击；投抛 《淮·说林》
提：拎起 《淮·俶真》
蹏：马、牛、羊、猪等动物生在趾端的角质物 《淮·氾论》
题：题名，命名 《淮·原道》
体：形体 《吕·适威》
替：停止 《淮·说山》
天：天空 《吕·本生》
畋：打猎 《吕·有始》
甜：像糖或蜜的味道 《吕·重己》

填：堵填 《淮·墬形》
瑱：耳饰 《淮·修务》
苕：tiáo，苇苕 《吕·简选》
条：枝条 《吕·审时》
调：调和、调配 《淮·本经》
调：协调 《吕·达郁》
佻：tiào，轻疾，轻而快 《淮·主术》
跳：跳跃 《淮·原道》
铁：一种金属 《吕·怀宠》
听：以耳受声 《吕·贵公》
庭：厅堂 《淮·氾论》
渟：tíng，水聚集不流 《淮·览冥》
挺：直、公正 《吕·孟春》
通：开辟、疏通 《吕·仲秋》
通：普遍、皆、共 《吕·安死》
同：相同 《吕·重己》
同：共同、一起 《淮·修务》
桶：容器 《吕·仲夏》
筒：管 《淮·本经》
统：治理；管理 《淮·原道》
痛：悲痛、悲伤 《吕·侈乐》
投：掷、扔 《淮·说林》
头：方位词后缀 《淮·时则》
头：指物体最前面的部分或动物的最前部分 《淮·本经》
突：烟囱 《淮·说山》
徒：弟子，门徒 《吕·当染》
徒：徒然、白白地 《吕·明理》
塗：涂抹；粉饰 《淮·俶真》
屠：宰杀(牲畜) 《淮·修务》
塗：道路 《吕·淫辞》
塗：涂抹、涂塞 《吕·仲冬》
图：图画。画成的形象、肖像 《淮·修务》
土：泥土 《吕·孟夏》
吐：使物从口中出来 《淮·墬形》
推：向外用力使物体移动 《淮·天文》

隤：tuí，坠下 《淮·原道》
蹪：tuí，颠仆，跌倒 《淮·修务》
退：退卻、后退 《淮·天文》
蜕：蝉、蛇等脱皮 《淮·俶真》
吞：咽下 《吕·音初》
屯：戍守、驻扎 《吕·权勋》
侻：tuō，简易 《淮·本经》
托：寄托、寄寓 《淮·天文》
税：tuō，解、脱下，通“脱” 《淮·说山》
脱：脱落、掉下 《淮·主术》
橐：tuó，古代冶炼时用以鼓风吹火的装置，犹今之风箱 《淮·本经》
柝：开拓，通“拓” 《淮·原道》

W

窐：凹陷 《淮·说林》
窊：下凹；低陷 《淮·精神》
瓦：陶制品 《吕·用众》
外：外面 《吕·孟春》
丸：圆球形的物体 《淮·主术》
完：保全、使完整 《吕·振乱》
顽：愚顽、愚妄、贪婪 《吕·慎大》
挽：拉、牵引 《淮·氾论》
晚：迟 《吕·谨听》
輓：牵引 《吕·顺说》
腕：臂下端与手掌相连可以活动的部分 《淮·主术》
万：数词 《吕·务大》
亡：逃亡、出逃 《吕·当赏》
王：帝王 《吕·本生》
往：去 《吕·审应》
枉：不正 《淮·本经》
网：打鱼捕兽的工具 《吕·季春》
妄：虚妄、不实 《吕·任数》
忘：忘记 《吕·节丧》
望：远望 《战·齐策三》
危：危险、危急 《吕·似顺》

威：显示的使人畏惧慑服的力量　《淮・说林》
微：微妙、精微　《吕・大乐》
韦：柔软的皮革　《吕・禁塞》
唯：只有、仅　《吕・骄恣》
帷：帷幕　《吕・首时》
惟：私下考虑　《吕・似顺》
惟：只、只有　《淮・时则》
围：包围　《吕・爱士》
为：wéi，充当、担任　《战・秦策一》
为：wéi，将　《战・秦策一》
为：wéi，用于程度副词后，加强语气　《吕・振乱》
为：wéi，被　《战・西周策》
为：wèi，为了，表目的　《战・西周策》
违：违背、违反　《吕・振乱》
维：隅、角落　《淮・天文》
维：维系　《淮・原道》
骫：wěi，萎死　《吕・报更》
尾：尾巴　《吕・孟夏》
委：委任、委派　《吕・不二》
痏：疮　《吕・至忠》
猥：繁多　《吕・仲春》
苇：芦苇　《吕・季夏》
伪：伪装、假装　《吕・忠廉》
纬：东西向的道路或土地　《吕・有始》
未：没有　《吕・审时》
位：位置　《吕・孟春》
味：味道　《吕・孟夏》
畏：害怕、畏惧　《吕・孟夏》
卫：保卫、卫护　《吕・忠廉》
谓：说、对……说　《吕・禁塞》
遗：wèi，给予、馈赠　《吕・察微》
餧：喂养　《吕・季春》
鐀：wèi，古代的一种鼎　《淮・说林》
温：暖和　《吕・孟春》
文：纹理、花纹　《淮・览冥》
闻：听见、听说　《吕・本生》

刎：杀、割 《淮·精神》
问：询问、诘问 《淮·俶真》
瓮：陶制小口大腹的汲水罐 《吕·本味》
我：称自己 《吕·淫辞》
卧：睡；躺 《淮·说山》
握：量词。指一手所能执持的量或一拳的长度 《淮·原道》
污：不清洁、肮脏 《淮·墬形》
巫：负责祭祀的女司职 《吕·侈乐》
屋：屋顶 《吕·召类》
诬：欺骗 《吕·振乱》
毋：表否定，不 《吕·直谏》
吾：我、我们 《战·秦策五》
无：不 《吕·孟春》
无：没有 《吕·本生》
五：数词 《吕·孟夏》
武：武力 《吕·上德》
侮：轻慢、轻贱 《吕·不侵》
舞：舞蹈 《吕·孟春》
勿：不要，表禁止 《吕·贵公》
物：泛指万物 《吕·孟春》
务：必须、一定 《吕·贵公》
务：从事、致力 《淮·本经》
悟：通“寤”。睡醒 《淮·墬形》
误：错误 《淮·天文》
恶：wù，讨厌、憎恨 《吕·勤学》
雾：雾气 《吕·仲冬》
骛：疾速行进；驰骋 《淮·主术》

X

夕：傍晚 《吕·别类》
西：方位词 《吕·孟春》
西：往西、向西 《淮·修务》
希：稀疏 《吕·辩土》
昔：过去，与“今”相对 《吕·季夏》
析：剖、辟 《吕·论威》
息：停止、停息 《吕·圜道》

晞：干、干燥　《吕·禁塞》
悉：尽、全　《吕·行论》
惜：爱惜、珍惜　《吕·长利》
腊：xī，干肉　《吕·本味》
睎：望　《吕·处方》
膝：膝盖　《淮·俶真》
蹊：xī，小路　《吕·季夏》
熺：炊　《淮·时则》
谿：山间的流水通道　《吕·察微》
席：坐卧铺垫用具　《淮·览冥》
褶：xí，裤褶服中的上衣　《淮·氾论》
习：学习　《吕·仲春》
觋：xí，男巫　《淮·精神》
隰：xí，低湿之地　《吕·孟春》
袭：继承、沿袭　《战·秦策五》
洗：用水涤除污垢　《淮·俶真》
徙：迁移、移居　《吕·制乐》
喜：喜悦、高兴　《吕·适音》
係：束缚；捆绑　《淮·主术》
细：微小，与“粗”相对　《淮·天文》
戏：开玩笑、嬉戏　《淮·墬形》
狭：窄　《吕·权勋》
暇：闲暇　《吕·先己》
瑕：瑕疵　《淮·本经》
下：用在动词后。表示动作由高处到低处　《淮·墬形》
下：位置在低处，与“高”相对　《吕·季夏》
夏：夏季　《吕·仲夏》
夏：古代汉民族自称，也称华夏、诸夏　《淮·览冥》
仙：神仙　《吕·慎行》
先：表次序，与后对　《吕·情欲》
鲜：少　《吕·壅塞》
弦：弓弦　《吕·壅塞》
闲：xián，闲暇　《淮·时则》
咸：皆、都　《吕·孟夏》
涎：贪羡、贪图　《吕·过理》

嗛：剩馀 《吕·季春》
嗛：不满 《淮·时则》
衔：含在嘴里；用嘴咬着 《淮·览冥》
贤：有德行、多才能 《吕·情欲》
咸：咸味 《吕·孟冬》
险：险阻；阻塞 《吕·上德》
幰：车帷 《淮·氾论》
显：明 《吕·仲夏》
限：界限 《淮·俶真》
陷：陷入 《吕·仲夏》
献：献祭 《吕·孟夏》
见：xiàn，出现、显露 《吕·荡兵》
相：xiāng，互相 《吕·孟春》
相：xiàng，看、观察 《战·西周策》
香：本指谷物熟后的气味，引申指一切好闻的气味，芳香 《淮·说山》
鄉：偏向、偏爱 《淮·精神》
祥：吉凶的预兆 《吕·异用》
降：xiáng，投降 《吕·论威》
翔：飞翔 《吕·观表》
详：审察、明察 《吕·察微》
享：鬼神享用祭品 《吕·贵公》
响：xiǎng，回声 《吕·功名》
饗：用酒食款待、宴请 《吕·达郁》
饗：祭祀鬼神 《吕·适音》
向：xiàng，从前、原来 《吕·察今》
向：表示动作的方向 《淮·精神》
向：面对、朝着 《吕·仲夏》
巷：里弄、胡同 《淮·精神》
象：大象，兽名 《吕·本味》
象：通译之官，通南方之语者曰象 《吕·慎势》
像：肖像 《淮·览冥》
像：似乎、好像 《淮·氾论》
削：用刀斜切 《吕·重言》
消：减削 《吕·去宥》

箫：乐器名　《吕·仲夏》
小：小，与“大”相对　《吕·重己》
小：短暂；暂时　《淮·修务》
晓：明白、了解　《淮·墬形》
孝：孝顺　《吕·孟夏》
効：验证、证明，即效　《淮·主术》
效：模仿、师法　《吕·诬徒》
笑：显露愉悦的表情，发出欣喜的声音　《吕·大乐》
啸：尖利而悠长的响声　《吕·辩土》
斅：效法；模仿　《淮·本经》
夹：xié，依恃，通“挟”　《吕·仲春》
邪：邪僻　《吕·论人》
协：协助　《吕·仲秋》
胁：逼迫，威吓　《淮·说山》
脇：肋骨　《淮·说林》
偕：俱、同、一起　《吕·知士》
斜：不正；歪斜　《战·宋卫策》
写：模仿、仿效　《吕·本生》
泄：漏出、泄漏　《吕·慎小》
解：xiè，懈怠　《吕·本味》
械：刑具　《吕·孟秋》
榭：台榭　《吕·重己》
懈：懈怠、懒惰　《吕·节丧》
谢：辞卻、辞职　《战·齐策一》
心：心脏　《吕·贵生》
辛：五味之一，辣味　《吕·孟秋》
欣：喜悦、欣幸　《吕·精论》
新：没有用过，与“旧”相对　《吕·季春》
薪：柴火　《淮·主术》
信：诚实　《吕·本生》
衅：xìn，缝隙、裂痕　《淮·精神》
星：发射或反射光的天体　《淮·原道》
腥：腥气　《吕·孟秋》
兴：兴起　《吕·孟春》
刑：惩罚、处罚　《吕·孟秋》

饧：xíng，饴糖 《吕·异用》
行：行走 《吕·音初》
形：形象、面貌 《淮·原道》
省：xǐng，察看、巡视 《吕·音初》
姓：标志家族系统的称号 《战·秦策二》
幸：侥幸、幸运 《吕·不屈》
性：人的本性 《吕·本生》
凶：凶险，不吉利，与“吉”相对 《吕·论威》
兄：哥哥 《吕·孟秋》
凶：猛 《吕·处方》
匈：躯干的一部分，同“胸” 《淮·墬形》
雄：雄性，与雌对 《吕·开春》
休：休息 《吕·季秋》
修：修饰、装饰 《淮·览冥》
羞：以为耻辱 《吕·士容》
庥：xiū，在树荫下休息 《淮·精神》
脩：干枯 《淮·天文》
脩：修理、整治，通“修” 《淮·天文》
朽：腐烂 《吕·孟冬》
宿：xiǔ，用以计算夜 《淮·俶真》
宿：xiù，星宿 《吕·孟春》
臭：xiù，气味 《吕·孟夏》
嗅：xiù，用鼻子辨别气味 《吕·适音》
秀：禾类植物开花抽穗 《淮·时则》
袖：衣袖 《吕·知接》
绣：绘画、纹饰 《吕·仲秋》
虚：山丘，“墟”的古字 《淮·墬形》
须：等待 《吕·仲春》
鬚：胡须 《淮·墬形》
徐：慢、缓慢 《吕·审分》
休：xǔ，通“煦”。以气温之 《淮·说山》
许：答应、许可 《吕·知士》
序：次序，同“叙” 《吕·慎人》
恤：忧虑、忧患 《淮·精神》
畜：饲养 《吕·重己》

叙：次第、次序　《淮·俶真》
絮：粗棉絮　《吕·必己》
续：继续、接着　《吕·诚廉》
宣：周遍，普遍　《淮·修务》
宣：显示、宣扬　《战·秦策四》
儇：xuān，乖巧、聪明　《吕·士容》
縣：挂　《淮·主术》
玄：黑色　《吕·达郁》
旋：转动、旋转　《吕·别类》
懸：吊挂、系挂　《吕·禁塞》
选：选择、挑选　《淮·本经》
眩：迷惑、迷乱　《吕·本生》
穴：洞窟　《淮·原道》
学：学习　《吕·尊师》
雪：空中降落的白色晶体　《吕·孟冬》
血：血液　《吕·禁塞》
熏：用火烟熏炙　《淮·原道》
勳：功勋、功劳　《淮·时则》
旬：十日一旬　《吕·季春》
循：遵从、遵循　《吕·似顺》
迅：迅速　《吕·本味》
徇：通“殉”，为某一种目的而死　《吕·当务》
殉：以人从葬　《战·秦策二》
逊：谦虚；恭顺　《战·宋卫策》

Y

压：从上向下加以重力　《淮·本经》
牙：车辋　《吕·权勋》
崖：岸边　《吕·有始》
涯：水边、岸　《淮·天文》
雅：正，合乎标准、规范　《吕·大乐》
咽：消化和呼吸的通道　《淮·墬形》
焉：疑问代词，怎么　《吕·慎小》
焉：语气词。表示停顿。用于句尾　《淮·原道》
焉：代词。相当于“之”“此”　《战·宋卫策》
湮：抑塞不畅　《淮·氾论》

延：延续、延长 《吕·制乐》
延：通“綖”。覆在冕上的布 《淮·主术》
言：说 《吕·本生》
炎：热 《吕·孟冬》
簷：屋檐 《吕·审为》
颜：形貌 《淮·修务》
严：严厉、严格 《淮·氾论》
盐：食盐 《淮·墬形》
奄：yān，阉人、宦官 《吕·当赏》
奄：yǎn，通“暗” 《战·秦策四》
偃：仰卧、安卧 《吕·贵卒》
掩：关闭、合上 《淮·时则》
眼：眼睛 《淮·俶真》
揜：遮蔽、掩盖 《吕·长攻》
堰：低坝 《吕·季夏》
厌：满足 《吕·禁塞》
燕：宴请、宴饮 《吕·行论》
验：特征 《吕·观表》
豔：艳丽，特指人的容色美好动人 《淮·精神》
央：止、尽 《吕·知化》
殃：灾难 《吕·音初》
佯：假装 《淮·本经》
阳：山的南面、水的北面 《吕·古乐》
扬：飞起、飘扬 《淮·原道》
仰：抬头、脸朝上 《吕·明理》
养：供给食物及生活必需品 《吕·举难》
徼：yāo，求取 《吕·爱类》
夭：yāo，短命早死，命短 《吕·尽数》
妖：反常、怪异的事情 《吕·明理》
邀：请求、谋求 《吕·遇合》
肴：熟肉 《吕·孟冬》
摇：摇动、摆动 《吕·自知》
遥：距离远 《淮·氾论》
繇：通“徭”。徭役 《淮·精神》
要：yāo，约束、禁止 《淮·原道》

要：yào，纲要、要点 《淮·氾论》
曜：明亮、光辉 《吕·有始》
药：药物 《吕·季春》
暍：yē，热、暑热 《淮·说林》
噎：阻塞，积聚不散 《淮·修务》
耶：助词。用于句末或句中。表示选择 《战·秦策四》
邪：yé，语气助词，表疑问 《吕·自知》
也：语气助词，表判断 《吕·孟春》
冶：冶炼金属 《淮·览冥》
野：郊外 《吕·季春》
夜：与“昼”相对 《吕·本生》
叶：植物的器官 《吕·季春》
业：学业 《吕·诬徒》
谒：晋见、拜见 《吕·适威》
一：一旦；一经 《淮·俶真》
一：数词 《吕·仲秋》
役：yī，事 《战·秦策二》
衣：上衣 《吕·仲秋》
依：倚靠 《吕·尽数》
壹：专一 《吕·诬徒》
医：医生 《淮·说林》
宜：适宜、合适 《吕·孟夏》
宜：应该、应当 《淮·天文》
姨：妻的姐妹 《吕·长攻》
移：转移 《淮·精神》
疑：怀疑、不相信 《淮·俶真》
仪：表率、标准、准则 《淮·主术》
遗：遗失、丢失 《战·秦策一》
颐：下巴 《淮·精神》
已：已经 《吕·论威》
已：停止 《淮·原道》
以：用、拿 《吕·孟春》
以：在句中的作用相当于一个音节，不表义 《战·西周策》
以：因为 《吕·求人》
以：使用、运用 《吕·赞能》

倚：凭靠 《淮·精神》
刈：割取 《吕·任地》
亦：也 《吕·本生》
佚：安闲、安乐 《吕·士节》
抑：抑制、阻止 《淮·说山》
佾：古代乐舞的行列 《吕·察微》
易：改变、更改 《淮·原道》
易：容易 《吕·情欲》
疫：疠鬼 《吕·季冬》
益：多 《吕·察传》
益：更加 《吕·贵生》
异：区别、分开 《吕·慎大》
逸：逃亡、逃跑 《淮·原道》
轶：后车超前车，引申为超越 《淮·览冥》
意：意思，见解 《吕·知接》
溢：水满而流出 《吕·行论》
义：合宜的道德准则或行为 《吕·重己》
裔：边远的地方 《吕·知度》
诣：前往、到 《吕·审为》
瘗：埋物祭土 《吕·任地》
谊：同“义”，符合正义或道德规范 《淮·氾论》
射：yì，厌弃 《淮·天文》
劓：yì，割鼻 《战·秦策一》
忆：臆度 《吕·任数》
薏：莲子的心 《淮·说山》
翳：遮蔽 《吕·士容》
翼：鸟类或昆虫的翅膀 《淮·俶真》
艺：技艺 《吕·尽数》
镒：二十两为一镒 《吕·异宝》
译：通译之官，通北方之语者曰译。 《吕·慎势》
议：评论 《吕·乐成》
因：引进动作发生的凭借和条件 《吕·首时》
因：依靠、凭借 《吕·论威》
因：就、于是 《吕·贵卒》
音：音乐 《淮·原道》

阴：山的北面、水的南面　《吕·古乐》
堙：填、堵塞　《淮·本经》
禋：泛指祭祀　《淮·览冥》
荫：树荫　《吕·壹行》
瘖：失声　《吕·本生》
垠：界限、边际　《淮·俶真》
淫：奢华、盛大　《吕·侈乐》
尹：治理、主管　《吕·开春》
引：牵引、拉　《吕·重己》
饮：喝、喝酒　《吕·孟春》
靷：引车前行的皮带　《吕·召类》
隐：掩蔽、隐瞒　《吕·当务》
印：官印　《淮·说林》
荫：遮蔽　《吕·怀宠》
櫽：屋栋　《淮·主术》
英：花　《吕·孟夏》
应：应声、回应　《吕·功名》
缨：系冠的带子　《吕·离俗》
迎：迎接　《吕·孟春》
盈：满、充满　《淮·原道》
荧：光微弱貌　《淮·本经》
萦：回旋缠绕　《淮·原道》
籯：箱笼等类盛器　《淮·汜论》
赢：充盈　《吕·孟秋》
影：暗像或阴影　《吕·先己》
颖：yǐng，带芒的谷穗　《吕·辩土》
媵：yìng，随嫁之女　《吕·本味》
痈：恶疮　《淮·说山》
雍：堵塞　《淮·俶真》
壅：堵塞　《吕·季春》
拥：遮蔽　《淮·脩务》
痈：肿疡　《淮·说林》
勇：勇敢、勇猛　《吕·当务》
涌：泉水向上喷出　《吕·仲冬》
踊：向上跳；跳跃　《淮·本经》

用：使用、任用 《吕·本生》
忧：忧愁、忧虑 《吕·情欲》
优：博 《吕·用众》
尤：特异、突出 《吕·诬徒》
由：经由、经过 《吕·先己》
由：通“犹”，如同、好像 《战·秦策一》
由：自、从 《吕·孟春》
遊：游览、游玩、云游 《吕·察今》
游：通“淫”。发情 《淮·时则》
游：人或动物在水中行动 《淮·修务》
犹：好比、如同 《吕·孟春》
犹：还、仍 《吕·离俗》
友：朋友 《吕·士节》
有：表示存在 《吕·孟春》
牖：窗户 《吕·下贤》
右：右边 《吕·音初》
幼：年纪较小的人 《吕·论威》
囿：帝王的园林 《吕·重己》
迂：迂回；曲折 《淮·氾论》
纡：系结 《吕·仲冬》
淤：淤积 《吕·必己》
于：对、对于 《吕·季夏》
于：至、到 《战·西周策》
予：赐予、给予 《吕·情欲》
于：与、跟、同 《淮·原道》
竽：竹制簧管乐器 《淮·说山》
隅：角落 《战·宋卫策》
腴：谓土地肥沃 《战·秦策四》
愚：愚昧、愚笨 《吕·博志》
渔：捕鱼 《吕·季春》
谀：谀媚 《吕·贵公》
馀：丰足、宽裕 《淮·览冥》
觎：企求、希望获得 《淮·俶真》
踰：超过 《吕·去私》
舆：车厢 《吕·君守》

宇：四方上下的空间 《淮·原道》
羽：羽毛 《吕·孟夏》
雨：从云层中降向地面的水 《吕·季夏》
圉：养马、畜养 《淮·览冥》
与：被 《淮·说山》
与：给予 《吕·功名》
语：yǔ，话、语言 《淮·墬形》
语：yù，告诉 《吕·情欲》
澳：yù，隅 《淮·览冥》
玉：美石 《吕·重己》
育：生育 《吕·过理》
浴：洗身、洗澡 《淮·修务》
域：范围 《淮·氾论》
欲：欲望 《吕·贵生》
喻：比喻 《吕·本生》
喻：告知 《吕·情欲》
御：驾驭车马 《吕·用民》
遇：相逢 《吕·士节》
偶：yù，寄；寄托，通"寓" 《淮·览冥》
愈：更加、越 《淮·说山》
愈：病情痊愈 《吕·爱士》
妪：老年妇女 《淮·俶真》
狱：诉讼 《吕·孟秋》
瘉：治愈 《淮·俶真》
豫：yù，预备、事先准备 《淮·时则》
燠：暖、热 《吕·仲秋》
谕：比喻、比拟 《吕·情欲》
禦：阻止、禁止 《吕·节丧》
誉：称赞、赞美 《淮·本经》
鬻：卖 《吕·贵公》
渊：深潭 《淮·原道》
垣：墙 《吕·义赏》
员：圆形，同"圆" 《战·秦策一》
援：牵拉、牵引 《淮·原道》
园：园圃 《吕·重己》

圆：环形，同“圜” 《吕·仲秋》
源：水源 《吕·圜道》
缘：物之边沿 《淮·天文》
圜：饱满 《吕·重己》
辕：车前架牲口的直木 《吕·君守》
远：距离长、时间久 《吕·尽数》
苑：帝王打猎的场所 《吕·重己》
怨：怨恨、仇恨 《吕·情欲》
愿：愿望、心愿 《淮·本经》
曰：说、说道 《淮·俶真》
约：yào，总要、纲要 《吕·具备》
约：yuē，少；省减；简约 《淮·主术》
约：yuē，以语言或文字订立共同应遵守的条件 《战·秦策一》
乐：yuè，音乐 《吕·本生》
月：月亮 《吕·精通》
刖：砍掉脚或脚趾 《淮·览冥》
说：yuè，喜悦、高兴，同“悦” 《吕·情欲》
说：yuè，喜好、喜欢 《淮·原道》
悦：欢乐、喜悦 《吕·禁塞》
越：楚方言，指树荫 《淮·精神》
越：跨过、越过 《吕·论威》
阅：逐一点数 《淮·时则》
籥：通“钥”。锁钥 《吕·孟冬》
云：说 《吕·季夏》
雲：由水滴、冰晶聚集形成的在空中悬浮的物体 《吕·圜道》
陨：坠落 《吕·功名》
殒：损毁、死亡 《吕·审为》
賈：坠落 《吕·决胜》
孕：怀胎 《淮·原道》
运：运行 《吕·圜道》
晕：日月周围的光圈 《吕·明理》
熨：烫、烘烤 《吕·顺民》
蕴：积聚；蓄藏 《淮·俶真》

Z

帀：旋转一周 《淮·天文》

襍：混杂、参杂，同“杂” 《淮·本经》
灾：灾害 《吕·侈乐》
哉：语气助词，表示感叹 《淮·精神》
载：运载、装运 《吕·孟春》
再：两次，第二次 《淮·主术》
在：存在、在世 《淮·本经》
在：处于 《吕·仲春》
簪：绾髻的首饰 《淮·说林》
臧：善、好 《淮·氾论》
葬：掩埋尸体 《战·秦策二》
藏：zàng，内脏 《吕·孟春》
遭：逢、遇到 《吕·勤学》
凿：挖掘、开凿 《吕·古乐》
早：在一定的时间之前 《吕·音律》
蚤：通“早”，与“迟”相对 《吕·季冬》
皁：草斗的简称，即栎实 《淮·墬形》
造：制造、制作、创制 《吕·荡兵》
燥：干燥 《吕·重己》
譟：叫嚷、喧闹 《淮·说林》
躁：急疾；迅速 《淮·修务》
灶：炉灶 《吕·孟夏》
则：表承接，后面表结果，就 《战·西周策》
则：效法 《吕·慎大》
责：索取、求取 《淮·本经》
择：挑选 《吕·孟春》
泽：光亮、润泽 《淮·天文》
昃：zè，日西斜 《吕·首时》
贼：害、伤害 《吕·明理》
譖：诬陷 《吕·过理》
增：增加 《吕·孟夏》
憎：厌恶、憎恨 《吕·大乐》
诈：欺骗 《吕·应言》
宅：住处、住所 《吕·举难》
沾：浸润、沾湿 《淮·说山》
占：占卜 《吕·制乐》

斩：砍 《吕·仲秋》
蹍：zhǎn，踩、践踏 《淮·本经》
栈：编木制成的垫子 《淮·说山》
战：作战 《吕·决胜》
战：恐惧、发抖 《吕·审应》
张：展开、张开 《淮·原道》
章：诗歌或乐曲的段落 《战·秦策四》
掌：掌管 《吕·仲夏》
长：年纪较大的人 《吕·论威》
丈：量词 《吕·论大》
杖：手杖、拐杖 《淮·俶真》
障：阻塞、阻挡 《吕·君守》
朝：zhāo，早晨 《吕·顺民》
招：打手势呼人 《淮·原道》
招：举 《淮·主术》
召：召唤、召见 《淮·览冥》
兆：甲骨上预示吉凶的裂纹 《吕·孟冬》
照：光线照射、照耀 《吕·士容》
折：折断 《吕·观世》
哲：明智 《吕·先己》
辄：每每；总是 《淮·俶真》
磔：zhé，割牲祭神 《吕·季春》
蛰：冬眠 《吕·孟夏》
者：用在名词后，标明语音的停顿，表判断 《吕·孟春》
者：代词，用在动词、形容词或主谓词组后等组成者字结构
《吕·圜道》
赭：颜色名 《淮·精神》
珍：泛指贵重之物 《淮·墬形》
贞：无牝牡之合 《淮·说山》
真：实质、根本，自然之本性、本原 《吕·先己》
针：缝纫工具 《吕·用众》
葴：植物名，马兰 《淮·览冥》
斟：舀取 《吕·任数》
榛：丛木 《淮·主术》
箴：针 《淮·氾论》

枕：以头枕物　《吕·重己》
酖：毒酒　《吕·上德》
振：救济　《吕·音初》
振：摇动　《吕·仲春》
赈：救济　《淮·主术》
震：响雷　《吕·仲秋》
镇：镇守　《淮·修务》
栚：桑器名　《吕·季春》
徵：征讨、征伐　《淮·修务》
争：争夺　《吕·孟秋》
蒸：细小的木柴　《淮·主术》
征：预兆　《吕·孟夏》
拯：上举、从低处引出　《淮·氾论》
整：整齐　《吕·孟秋》
正：当中、不偏斜　《吕·壅塞》
正：正在。表示动作的进行或状态的持续　《淮·墬形》
政：政事　《吕·务本》
证：验证、证实　《吕·审己》
之：这、这个　《淮·本经》
之：往、至　《吕·壅塞》
之：的　《吕·孟春》
枝：枝条　《淮·原道》
知：与“智”同　《吕·用众》
知：见解、知识　《淮·俶真》
胝：皮厚成趼；手脚掌上的趼　《淮·修务》
脂：脂肪、油脂　《淮·原道》
只：单　《淮·墬形》
织：制作布帛的总称　《淮·说林》
直：特、只不过、但　《吕·忠廉》
直：当；对着　《吕·有始》
执：拘捕　《淮·说林》
执：通“絷”，拴住马足　《淮·时则》
植：户植。门外闭时用以加锁的中立直木　《淮·本经》
殖：孳生、繁殖、生长　《吕·明理》
职：职位　《战·秦策一》

止：停止、终止 《淮·原道》
指：手指 《吕·重己》
至：极 《吕·孟夏》
至：到 《吕·重己》
志：志向、志愿 《吕·贵生》
志：通“志”，记载 《吕·慎大》
制：依式剪裁；断切 《淮·氾论》
治：治理、整治 《吕·孟春》
炙：烤 《淮·俶真》
桎：刑具名 《吕·仲春》
秩：俸禄 《吕·季秋》
致：使达到、到达 《吕·先己》
紩：zhì，缝 《淮·氾论》
智：智慧 《吕·诬徒》
寘：放置、安置 《吕·上德》
置：搁置；放下 《战·齐策三》
跱：立，即峙 《淮·原道》
滞：滞留 《吕·圜道》
疐：牵绊；颠仆 《淮·原道》
挚：搏击、攫取 《吕·孟秋》
质：以财物抵押或留人质担保 《战·秦策五》
擿：zhāi，选取、摘取 《淮·本经》
擿：zhì，投掷 《淮·说林》
擿：zhì，搔 《淮·修务》
识：zhì，记、做记号 《吕·察今》
贽：贽物以求见、赠送 《吕·仲春》
碩：柱下石础 《淮·说林》
踬：跌倒 《吕·慎小》
鸷：击搏 《淮·时则》
中：zhōng，内，与“外”相对 《吕·孟夏》
中：zhòng，符合 《吕·仲春》
忠：忠诚 《吕·圜道》
终：最终、到底、终究 《吕·忠廉》
终：终了、结束 《吕·情欲》
塚：坟墓 《吕·安死》

肿：肌肉浮胀 《吕·尽数》
种：zhǒng，种子 《吕·辩土》
种：zhòng，种植 《吕·任地》
踵：泛指脚 《淮·墬形》
重：zhòng，分量重，与“轻”相对 《吕·圜道》
重：zhòng，副词。表示程度深，相当于“极”、“甚” 《淮·说林》
众：众人、群众 《淮·时则》
州：行政区划 《淮·天文》
舟：船 《吕·季春》
周：合、适合 《淮·说林》
周：环绕 《吕·士节》
洲：水中的陆地 《淮·览冥》
轴：轮轴 《吕·君守》
肘：上下臂相接处可以弯曲的部位 《战·秦策四》
宙：古往今来的时间 《淮·原道》
胄：古代帝王或贵族的后裔 《吕·正名》
昼：白天 《吕·原乱》
珠：珍珠 《吕·重己》
诛：讨伐 《战·西周策》
铢：重量单位 《吕·应言》
诸：众： 《吕·季冬》
诸：代词“之”和介词“于”的合音 《吕·审己》
竹：竹子 《吕·仲夏》
逐：驱逐 《吕·仲秋》
烛：火炬、火把 《淮·墬形》
蠋：鳞翅目昆虫的幼虫 《淮·说林》
主：主人 《淮·览冥》
渚：zhǔ，水中的小块陆地 《淮·墬形》
住：停留；留 《战·秦策五》
助：帮助 《吕·先己》
注：流入、灌入 《吕·有始》
注：通“柱”。支撑 《淮·览冥》
柱：zhǔ，支撑、拄持 《淮·览冥》
柱：zhù，柱子 《吕·召类》
柷：打击乐器 《吕·仲夏》

祝：zhòu，诅咒 《淮·说林》
祝：zhù，祝祷 《淮·氾论》
着：zhe，紧接动词后，表示动作、状态的持续 《淮·精神》
著：zhù，明显、显著 《吕·荡兵》
著：zhuó，附着、依附 《吕·孟冬》
贮：储存；收藏 《淮·说林》
箸：穿着 《淮·修务》
筑：修建、建造 《吕·本生》
铸：熔炼金属或以液态非金属材料浇制成器的统称 《淮·原道》
爪：鸟兽的脚 《淮·原道》
专：专一、集中 《吕·听言》
抟：zhuān，专一 《淮·天文》
颛：善良 《吕·怀宠》
转：zhuǎn，移动 《战·齐策三》
转：zhuàn，旋转 《吕·大乐》
壮：强壮、盛大 《吕·孟冬》
状：形状 《吕·大乐》
戇：zhuàng，愚、傻 《淮·本经》
撞：敲击 《淮·氾论》
追：追赶 《吕·听言》
甀：zhuì，罂、甕之类的陶器 《淮·氾论》
坠：落、陷入 《吕·音初》
缀：缝合、连缀 《吕·去尤》
赘：抵押、典质 《吕·知接》
准：标准、准则 《吕·用民》
埻：箭靶 《吕·尽数》
準：平 《吕·孟春》
拙：笨拙、迟钝 《吕·荡兵》
捉：握、持 《吕·慎大》
灼：烧、炙 《吕·制乐》
族：同宗的不同分支 《吕·论威》
祖：死者将葬时之祭。泛指为死者作祭 《淮·氾论》
缴：zhuó，系在箭上的生丝绳，射鸟用 《淮·说山》
斫：用刀斧砍或削 《吕·上农》
酌：挹取、舀 《吕·情欲》

斮：斩、砍 《淮・主术》
琢：雕刻加工玉石 《淮・本经》
浊：混浊，与“清”相对 《吕・本生》
擢：拔取、抽取 《吕・正名》
濯：洗涤 《淮・览冥》
濯：大、盛大 《吕・慎人》
咨：征询、商议 《吕・骄恣》
姿：容貌、姿态 《淮・修务》
资：货物、钱财 《淮・原道》
谘：商议、征询 《淮・修务》
锱：重量单位 《淮・说山》
菑：zī，茂密的草丛 《淮・本经》
子：儿女 《吕・勤学》
訾：衡量；计量 《淮・原道》
字：人之名字 《吕・去私》
自：自己，作状语或主语 《吕・本生》
自：自然、当然 《淮・原道》
自：从 《吕・仲春》
恣：放纵、放肆 《吕・禁塞》
胔：zì，肉还没有烂尽的骨殖 《淮・说林》
渍：浸泡 《淮・时则》
宗：宗主 《淮・主术》
踪：踪迹 《吕・必已》
总：总括 《吕・贵公》
纵：放纵、听任 《淮・修务》
纵：合纵，与“横”相对 《吕・不侵》
陬：山角 《吕・有始》
驺：zōu，古代掌管养马驾车的人 《淮・原道》
走：奔跑 《吕・论威》
奏：演奏、吹奏 《淮・俶真》
菹：zū，醃菜 《吕・遇合》
葅：zū，古代一种酷刑，把人剁成肉酱 《淮・俶真》
足：助动词：值得、足以 《吕・知分》
足：人之下肢、动物的腿脚 《吕・仲春》
足：充分、充足、足够 《战・秦策四》

卒：到最后 《吕·音律》
卒：士卒 《吕·简选》
缵：通“欑”。从聚 《淮·修务》
俎：切肉用的砧板 《吕·具备》
钻：穿孔、打眼 《淮·览冥》
最：指居于首要地位的人或事物 《淮·天文》
最：程度超过同类的人或事物 《吕·察微》
罪：罪愆；犯法的行为 《淮·主术》
醉：饮酒过量，神志不清 《吕·贵公》
尊：酒器 《淮·俶真》
鐏：戈柄末圆球形金属套 《淮·说林》
昨：前一天，隔天 《淮·原道》
捽：zuó，抓住头发，亦泛指抓、揪 《淮·氾论》
左：与“右”相对 《淮·氾论》
佐：辅助、帮助 《吕·慎势》
作：兴起、发生 《淮·本经》
坐：坐下 《吕·明理》
坐：因为，由于 《战·秦策二》
阼：zuò，借指帝位 《淮·氾论》
祚：zuò，福气 《吕·振乱》
胙：zuò，酬报 《吕·上德》

附录二

高诱注释语言单音专有词表

A

艾：植物名　《淮・原道》

鴳：鸟名　《吕・季春》

卬：人名　《吕・应言》

鼇：大鳖或大龟　《淮・览冥》

B

柏：木名　《淮・氾论》

豹：兽名　《淮・墬形》

鲍：人名　《吕・当染》

鄙：周代行政单位名　《吕・季夏》

郯：地名　《吕・义赏》

毕：星名　《吕・孟秋》

璧：玉器名　《吕・季冬》

躄：病名　《吕・重己》

獱：动物名　《淮・时则》

辨：人名　《战・齐策一》

杓：biāo，北斗柄部的三颗星　《淮・天文》

彪：人名　《吕・去私》

鼈：甲鱼　《吕・本味》

邠：地名　《吕・先识》

丙：天干　《淮・天文》

伯：伯劳，鸟名 《吕·仲夏》
伯：爵位 《吕·下贤》
镈：古代乐器 《吕·上德》
C
蔡：国名 《战·西周策》
蚕：昆虫名 《吕·季春》
曹：国名 《战·秦策五》
豺：兽名 《淮·时则》
蝉：昆虫名 《吕·仲夏》
产：人名 《吕·求人》
陈：国名 《战·秦策五》
称：量器名 《吕·仲春》
程：姓 《淮·主术》
鸱：猫头鹰一种 《吕·季春》
侈：人名 《战·西周策》
赤：人名 《吕·忠廉》
舂：chōng，传说中的山名 《淮·天文》
崇：国名 《吕·当染》
犨：chōu，人名 《吕·骄恣》
仇：人名 《吕·疑似》
雠：人名 《吕·长见》
丑：地支名 《淮·天文》
雏：小鸡 《吕·仲夏》
楚：国名 《吕·情欲》
楚：人名 《战·秦策四》
倕：人名 《吕·重己》
赐：人名 《淮·主术》
蟌：cōng，蜻蜓 《淮·说林》
蔟：còu，乐律名 《淮·天文》
D
代：地名 《淮·墬形》
聃：人名 《淮·修务》
到：人名 《吕·慎势》
稻：粮食名 《吕·仲冬》
狄：少数民族 《吕·功名》

荻：多年生草本植物，与芦同类 《淮·说林》
翟：dí，墨子之名 《吕·当染》
嫡：嫡子 《淮·精神》
蔏：植物名 《淮·说林》
篴：管乐器名 《淮·时则》
氐：少数民族名 《吕·义赏》
雕：大型猛兽 《吕·本味》
雕：猛禽 《淮·说林》
丁：天干第四位 《吕·季秋》
斗：量器名 《吕·仲秋》
豆：植物名 《吕·孟夏》
兑：卦名 《吕·有始》
盾：兵器名 《淮·时则》
F
发：人名 《吕·当染》
范：姓 《战·秦策四》
肥：人名 《淮·说山》
汾：水名 《淮·墬形》
丰：地名 《吕·首时》
沣：水名 《淮·墬形》
凤：神鸟 《吕·孟夏》
凫：野鸭 《吕·论威》
G
该：人名 《吕·孟秋》
丐：人名 《吕·开春》
皋：人名 《吕·音初》
艮：卦名 《吕·有始》
宫：五声之一 《吕·孝行》
狗：畜名，犬 《吕·季秋》
菰：植物名 《淮·原道》
筦：姓 《淮·俶真》
管：人名 《吕·当染》
龟：动物名 《吕·制乐》
癸：人名 《吕·当染》
癸：天干名 《吕·孟春》

鲧：人名　《吕・开春》
鲧：人名　《吕・当染》
呙：guō，姓　《淮・说山》
郭：国名　《战・秦策一》
虢：国名　《吕・慎人》
虢：人名　《吕・当染》
H
亥：地支名　《吕・孟春》
韩：国名　《淮・天文》
汉：朝代　《吕・本生》
汉：水名　《吕・音初》
镐：hào，地名　《吕・首时》
禾：粟，泛指庄稼　《吕・必己》
和：姓　《淮・说山》
河：黄河　《吕・有始》
蝎：hé，木中之虫　《吕・达郁》
鹤：鸟名　《淮・说山》
恒：人名　《吕・长见》
衡：量器名　《吕・仲秋》
侯：官名　《吕・当染》
喉：器官名　《吕・功名》
弧：古星名　《淮・时则》
狐：狐狸　《吕・决胜》
胡：古代称北方和西方的民族如匈奴　《淮・主术》
胡：人名　《吕・当染》
虎：人名　《吕・当染》
华：树名　《淮・精神》
淮：水名　《吕・孟冬》
驩：人名　《吕・悔过》
桓：王名　《战・西周策》
皇：神鸟名　《吕・开春》
璜：玉器名　《淮・精神》
蝗：蝗虫　《吕・孟夏》
燬：人名　《吕・上德》

J

姬：姓 《淮·说林》

姬：人名 《吕·上德》

鸡：家禽名 《淮·俶真》

汲：地名 《吕·当染》

稷：粮食名 《吕·季夏》

稷：人名 《吕·下贤》

冀：地名 《吕·仲春》

济：古水名 《吕·有始》

骥：骏马 《吕·当务》

建：星宿名 《吕·有始》

涧：水名 《淮·本经》

箭：古兵器 《吕·慎大》

江：长江 《吕·异宝》

姜：姓 《吕·孟夏》

蒋：人名 《吕·先己》

绛：地名 《吕·原乱》

角：五声之一 《吕·孝行》

桀：王名 《吕·重己》

晋：国名 《吕·当染》

泾：水名 《淮·俶真》

景：姓 《战·齐策三》

驹：少壮的马 《吕·季春》

橘：果木名 《吕·本味》

莒：地名 《淮·精神》

爵：官名 《吕·当染》

爵：鸟名 《吕·季秋》

郡：行政单位名 《吕·季夏》

K

亢：星宿名 《淮·精神》

孔：孔子 《淮·主术》

蒯：kuǎi，草名 《吕·贵生》

哙：王名 《吕·应言》

奎：星宿名 《吕·仲春》

魁：北斗七星第一至第四星 《淮·天文》

夔：人名　《吕·开春》
坤：卦名　《吕·孟春》
括：人名，指赵括　《战·秦策一》
L
犁：指杂色牛　《淮·说山》
黎：人名　《淮·时则》
骊：纯黑色的马　《吕·孟冬》
李：果木名　《吕·仲秋》
里：古代行政组织单位　《吕·期贤》
鲤：鲤鱼　《淮·时则》
鲤：人名　《战·齐策三》
栎：木名　《淮·时则》
连：人名　《吕·当赏》
廉：姓　《淮·修务》
梁：地名　《吕·应言》
僚：人名　《吕·论威》
邻：古行政单位　《吕·季秋》
麟：麒麟　《淮·本经》
蔺：地名　《吕·审应》
刘：姓　《淮·原道》
鹨：雏鸡　《吕·仲夏》
龙：神异动物　《吕·孟春》
娄：星宿名　《淮·天文》
栌：果名，柑橘　《吕·本味》
鲁：国名　《吕·贵公》
鹿：动物名　《吕·季春》
稑：\|\|，后种先熟的谷物　《吕·任地》
吕：姓　《吕·贵直》
旅：人名　《吕·当染》
旅：古代军队的编制，五百人　《吕·季秋》
履：人名　《淮·说林》
鸾：鸟名　《淮·墬形》
罗：植物名　《吕·有始》
洛：地名　《淮·时则》
雒：地名　《吕·季春》

骆：骆马　《淮·时则》

M

麻：植物名　《吕·仲秋》

马：动物名　《吕·孟夏》

麦：植物名　《吕·季春》

蛮：少数民族　《吕·功名》

卯：地支名　《淮·天文》

昧：人名　《淮·时则》

蒙：地名　《吕·必己》

麋：哺乳动物　《淮·墬形》

芈：mǐ，姓　《淮·览冥》

沔：水名　《淮·墬形》

墨：墨子　《淮·主术》

谋：书名　《吕·慎势》

N

奈：果木名　《淮·天文》

蜰：小虻虫　《淮·说林》

蜺：ní，副虹　《淮·天文》

呐：人名　《吕·察微》

蘖：酿酒用的发酵剂　《吕·仲冬》

牛：动物名　《吕·季夏》

O

耦：地名　《吕·必己》

P

沛：地名　《吕·慎行》

蓬：草名　《淮·原道》

罴：熊的一种　《淮·墬形》

嚭：pǐ，人名　《吕·当染》

蘋：水藻名　《吕·本味》

蒲：植物名　《淮·天文》

蒲：地名　《战·宋卫策》

濮：古地名　《淮·原道》

Q

岐：山名　《吕·古乐》

萁：木名　《淮·时则》

齐：国名　《吕·当染》
錡：人名　《吕·骄恣》
起：人名　《战·中山策》
契：人名　《吕·当染》
荠：植物名　《吕·孟夏》
汧：qiān，水名　《淮·俶真》
虔：人名　《吕·求人》
乾：卦名　《吕·孟春》
黚：人名　《吕·慎小》
芡：水生植物名　《淮·说山》
羌：少数民族名　《吕·义赏》
乔：人名　《淮·墬形》
侵：人名　《吕·顺说》
芹：蔬菜名　《吕·本味》
秦：国名　《战·西周策》
溱：水名　《吕·本生》
卿：官名　《吕·孟春》
蛩：蟋蟀，通“蛬”　《吕·季夏》
虬：无角龙　《淮·览冥》
酋：掌酒之官　《吕·仲冬》
屈：地名　《淮·精神》
雀：麻雀　《吕·贵生》
鹊：鸟名　《淮·时则》
群：姓　《吕·知分》

R

禳：祭名。古代除邪、去灾的祭祀　《吕·季春》
壬：人名　《吕·慎势》
任：人名　《淮·氾论》
任：姓　《吕·君守》
戎：少数民族　《吕·功名》
芮：国名　《淮·精神》
蜹：虫名　《吕·功名》

S

桑：木名　《吕·季春》
瑟：乐器名　《淮·俶真》

商：人名 《淮·原道》
商：五声之一 《吕·孝行》
商：诸侯国宋的别称 《吕·处方》
尚：人名 《吕·当染》
奢：人名 《战·齐策三》
蛇：爬行动物 《吕·仲夏》
社：古代地区单位 《淮·精神》
莘：shēn，地名 《吕·本味》
申：地支 《吕·不侵》
申：姓 《淮·览冥》
申：人名 《战·宋卫策》
沈：姓 《吕·当染》
审：人名 《吕·慎势》
蟺：蟾蠩 《淮·原道》
师：古代军队的编制，二千五百人，泛指军队 《吕·季秋》
蓍：草名 《战·秦策一》
诗：经典名 《淮·氾论》
虱：虱子 《淮·说林》
兽：野兽 《吕·季春》
菽：豆类的总称 《淮·修务》
疏：泛指蔬菜 《淮·主术》
秫：shú，粮食名 《吕·仲冬》
黍：shǔ，植物名 《吕·重己》
鼠：老鼠 《吕·审时》
树：树木 《吕·疑似》
舜：人名 《吕·本生》
舜：木槿 《淮·时则》
斯：人名 《淮·说山》
巳：地支 《淮·天文》
兕：兽名(原字“先”，陈奇猷改) 《吕·精通》
耜：翻土工具 《吕·任地》
驷：人名 《吕·去私》
松：人名 《淮·墬形》
宋：国名 《吕·季夏》
粟：谷物名 《吕·任地》

随：国名　《淮·修务》
孙：姓　《吕·当染》
隼：sǔn，鸟名　《吕·季夏》
T
獭：哺乳动物　《淮·时则》
沓：tà，人名　《吕·审应》
汤：王名　《吕·重己》
唐：人名　《吕·当染》
唐：朝代名，尧所建陶唐　《淮·氾论》
棠：地名　《淮·修务》
僮：地名　《淮·说山》
铜：金属名　《淮·本经》
突：劣马　《淮·氾论》
兔：动物名　《吕·季春》
鼍：tuó，扬子鳄　《吕·论大》
W
宛：人之字　《吕·慎行》
望：人名　《战·秦策一》
围：人名　《吕·慎行》
洧：wěi，水名　《吕·本生》
鲔：wěi，鱼名　《吕·论大》
未：地支名　《淮·天文》
胃：星宿名　《淮·天文》
尉：军官名　《淮·时则》
渭：水名　《淮·俶真》
卫：国名　《吕·孟春》
魏：国名　《吕·当染》
温：地名　《吕·不广》
文：姓　《吕·尊师》
文：人名　《吕·当染》
㖧：wěn，人名　《战·秦策四》
沃：国名　《吕·本味》
乌：鸟名　《淮·原道》
吴：国名　《吕·论威》
梧：梧桐　《战·宋卫策》

午：地支 《淮·天文》
伍：人名 《吕·当染》
鹜：家鸭 《淮·墬形》
X
釐：xī，姓 《吕·贵因》
犀：动物名 《淮·主术》
锡：金属名 《吕·达郁》
县：行政单位 《吕·孟夏》
乡：行政单位 《吕·孟夏》
湘：地名 《淮·墬形》
襄：人名 《吕·上德》
向：人名，指泠向 《战·秦策一》
降：xiàng，星宿名 《吕·有始》
枭：鸟名，猫头鹰的一种 《吕·分职》
鸮：鸟名。又称猫头鹰 《淮·说山》
谢：姓 《淮·修务》
蟹：动物名 《淮·览冥》
辛：人名 《吕·当染》
骍：xīng，赤色马 《吕·孟夏》
邢：国名 《吕·简选》
杏：木名 《淮·时则》
熊：兽名 《吕·季夏》
戌：地支 《淮·天文》
徐：地名 《吕·季春》
许：古国名 《战·秦策五》
薛：地名 《吕·当染》
埙：xūn，吹奏乐器 《淮·天文》
薰：香草名 《淮·说山》
寻：古长度单位，八尺 《吕·悔过》
巽：卦名 《吕·有始》
Y
燕：国名 《吕·孟春》
兖：地名 《淮·时则》
偃：姓 《淮·氾论》
偃：人名 《吕·禁塞》

雁：候鸟名 《吕·仲秋》
鸆：鸩雀。鹑的一种 《淮·精神》
羊：动物名 《吕·孟春》
杨：指人，杨子 《淮·氾论》
杨：植物名 《淮·时则》
姚：姓 《淮·览冥》
尧：王名 《吕·本生》
铫：yáo，国名 《淮·主术》
鳐：鱼名，文鳐鱼 《吕·本味》
鷖：yī，鸥的别名 《淮·墬形》
夷：少数民族 《吕·功名》
乙：天干名 《淮·天文》
邑：行政区域名 《吕·禁塞》
羿：人名 《吕·用众》
殷：国名 《吕·情欲》
寅：地支名 《淮·氾论》
寅：人名 《吕·当染》
婴：人名 《淮·精神》
莺：鸟名 《淮·时则》
鹰：鸟名 《吕·季夏》
鷪：鸟名 《吕·仲夏》
嬴：姓 《吕·分职》
郢：地名 《战·秦策一》
颍：水名 《吕·离俗》
鄘：地名 《淮·天文》
甬：量器名 《吕·仲秋》
幽：地名 《吕·仲春》
柚：果木名 《吕·本味》
酉：地支名 《淮·天文》
狖：长尾猿 《淮·说林》
诱：人名 《淮·天文》
鱼：水生脊椎动物 《吕·季夏》
榆：树名 《淮·时则》
虞：国名 《吕·尊师》
禹：王名 《吕·重己》

圉：人名　《淮·精神》
蜮：yù，食禾苗的害虫　《吕·任地》
豫：地名　《淮·时则》
元：人名　《吕·当赏》
猨：灵长类动物，即猿　《淮·览冥》
鼋：大鳖　《吕·季夏》
騵：赤身白腹的马　《淮·主术》
越：国名　《吕·季春》
籥：古管乐器　《吕·遇合》

Z

宰：官名　《吕·至忠》
鄼：周代郊外地方组织单位　《淮·时则》
蚤：跳蚤　《淮·原道》
翟：姓　《淮·原道》
沾：地名　《淮·墬形》
鳣：鱼名　《吕·季春》
鹯：猛兽名　《淮·墬形》
漳：水名　《淮·墬形》
麞：动物名　《吕·本味》
赵：国名　《吕·功名》
辄：人名　《淮·主术》
柘：木名　《吕·季春》
镇：即土星　《淮·本经》
徵：五声之一　《吕·孝行》
郑：国名　《吕·务本》
枳：果木名　《吕·本味》
觯：地名　《吕·谨听》
稙：先种的谷物　《吕·仲夏》
雉：野鸡　《吕·决胜》
鸷：凶猛的鸟　《吕·季夏》
螽：虫名，指蝗　《吕·不屈》
锺：古容量单位　《吕·仲秋》
镛：古代乐器　《淮·天文》
重：先种后熟的谷物　《吕·任地》
周：朝代　《吕·本生》

纣：王名　　《吕·重己》
传：书名　　《战·秦策一》
卓：人名　　《吕·原乱》
粢：zī，谷物名　　《吕·仲秋》
梓：树木名　　《淮·览冥》
邹：地名　　《吕·当染》

附录三

高诱注释语言复音词表

说明：我们把高注中的复音词按照音序排成了两个表，一个是不含专有词的复音词表，复音词表中词形相同、读音不同的标注读音，意义不同的标注意义。一个是复音专有词表，复音专有词也是一种资料，可以为其他研究目的服务。

A

哀悲：《淮·览冥》

哀戚：《淮·本经》

哀情：《淮·本经》

哀思：《吕·首时》

隘险：《淮·俶真》

爱恶：《吕·知度》

爱敬：《淮·本经》

爱利：《吕·顺说》

爱惜：《战·秦策一》

爱憎：《淮·本经》

安固：《吕·恃君》

安国：《吕·报更》

安静：《淮·主术》

安居：《吕·审为》

安乐：《吕·义赏》

安利：《吕·先己》

安宁：《吕·孝行》

安强：《战·秦策四》

安上：《淮·时则》

安身：《吕·仲春》

安危：《战·秦策五》

安卧：《淮·精神》

安详：《淮·说山》

安行：《吕·务大》

安养：《吕·音律》

安逸：《吕·振乱》

安坐：《吕·精通》

暗冥：《吕·期贤》

暗行：《吕·尊师》

遨翔：《淮·俶真》

翱翔：《淮·俶真》

B

八法：《吕·孟春》

八方：《淮·原道》
八风：《淮·墬形》
八卦：《吕·古乐》
八纮：《淮·墬形》
八音：《吕·季春》
八螾：《淮·氾论》
拔擢：《淮·俶真》
伯者：《淮·本经》
伯主：《战·秦策五》
霸功：《吕·情欲》
霸国：《吕·首时》
霸事：《战·秦策一》
霸术：《吕·首时》
霸王：《吕·骄恣》
白骨：《吕·孟春》
白汗：《淮·精神》
白路：《吕·孟秋》
白衣：《吕·决胜》
百川：《淮·本经》
百工：《吕·季秋》
百穀：《吕·君守》
百官：《吕·先己》
百君：《吕·仲夏》
百鸟：《吕·仲夏》
百人：《吕·功名》
百世：《吕·高义》
百事：《吕·仲秋》
百祀：《吕·季冬》
百万：《吕·介立》
百王：《吕·功名》
百物：《吕·孟春》
百县：《吕·仲夏》
百姓：《吕·高义》
百原：《淮·时则》
百中：《吕·具备》
败谷：《淮·时则》
败国：《吕·季冬》
败坏：《淮·时则》
败亡：《吕·先己》
颁宣：《淮·本经》
邦国：《吕·务本》
蚌蛤：《吕·精通》
谤讪：《吕·情欲》
包覆：《吕·下贤》
包裹：《淮·原道》
褒大：《淮·本经》
褒衣：《淮·氾论》
雹霰：《吕·仲夏》
保安：《吕·报更》
保守：《吕·孟夏》
保真：《淮·俶真》
宝赂：《吕·节丧》
宝器：《战·秦策一》
豹胎：《淮·说山》
报偿：《战·秦策二》
报雠：《吕·论威》
报功：《吕·季冬》
报怨：《淮·氾论》
暴风：《淮·时则》
暴骸：《吕·安死》
暴害：《吕·仲夏》
暴虎：《吕·安死》
暴疾：《吕·孟夏》
暴劫：《吕·至忠》
暴露：《淮·氾论》
暴乱：《吕·当务》
暴慢：《吕·诬徒》
暴虐：《吕·情欲》
暴物：《淮·本经》
暴雨：《淮·览冥》

陂池：《淮·本经》
卑服：《战·秦策四》
卑谦：《吕·报更》
卑污：《淮·说山》
卑小：《吕·精通》
悲哀：《吕·明理》
悲思：《淮·天文》
北地：《淮·墬形》
北方：《吕·孟春》
北宫：《淮·时则》
北国：《吕·音初》
北极：《吕·孟春》
北境：《吕·慎行》
北面：《吕·下贤》
北山：《淮·俶真》
北向：《吕·孟冬》
背叛：《吕·尊师》
倍反：《吕·知士》
倍日：《吕·慎势》
悖惑：《吕·处方》
悖逆：《吕·正名》
被服：《吕·慎势》
被害：《淮·俶真》
备藏：《淮·主术》
备患：《吕·本生》
备具：《淮·氾论》
备豫：《淮·说山》
誖谬：《吕·务本》
奔北：《吕·慎小》
本道：《淮·原道》
本国：《吕·慎势》
本立：《吕·不广》
本情：《吕·审分》
本性：《吕·尊师》
本意：《淮·氾论》
逼迫：《吕·骄恣》
鼻孔：《淮·墬形》
彼此：《淮·原道》
鄙野：《吕·贵直》
鄙邑：《吕·行论》
庳小：《吕·博志》
闭藏：《吕·仲夏》
闭固：《吕·仲春》
闭结：《吕·重己》
闭口：《吕·贵因》
闭塞：《吕·尽数》
愎过：《吕·似顺》
辟带：《淮·本经》
辟难：《吕·知士》
辟雍：《淮·本经》
辟(bì)远：《吕·大乐》
币帛：《吕·季春》
弊恶：《吕·贵直》
弊衣：《吕·顺说》
蔽贤：《吕·孟夏》
嬖人：《淮·览冥》
避害：《吕·任数》
避乱：《吕·慎大》
避难：《吕·介立》
避丸：《吕·过理》
边城：《淮·天文》
边境：《吕·用众》
鞭策：《淮·原道》
笾豆：《吕·贵公》
便利：《吕·情欲》
便习：《淮·俶真》
遍布：《吕·圜道》
遍照：《淮·本经》
辨变：《淮·时则》
辨别：《吕·尊师》

辨反：《吕·仲夏》
辨人：《吕·听言》
辩士：《战·秦策五》
辨说：《吕·长见》
辩别：《淮·修务》
辩辞：《淮·主术》
辩慧：《淮·主术》
辩口：《淮·主术》
辩敏：《吕·知接》
辩说：《吕·顺说》
变动：《吕·音律》
变革：《吕·似顺》
变化：《吕·贵直》
变难：《战·秦策二》
变俗：《淮·原道》
变易：《吕·仲夏》
变诈：《吕·明理》
标的：《吕·尽数》
表里：《淮·天文》
表木：《淮·主术》
表异：《吕·慎大》
别号：《吕·古乐》
别名：《淮·原道》
别异：《吕·恃君》
宾服：《战·秦策一》
宾客：《吕·仲夏》
宾礼：《吕·论人》
宾位：《淮·氾论》
冰冻：《吕·仲夏》
冰泮：《吕·孟春》
冰室：《吕·仲春》
冰霜：《吕·孟冬》
冰雪：《吕·仲春》
兵车：《吕·音初》
兵府：《淮·时则》
兵革：《吕·季冬》
兵谋：《吕·不二》
兵器：《吕·季春》
兵刃：《淮·氾论》
兵戎：《吕·仲春》
兵事：《吕·不二》
兵死：《淮·说林》
兵象：《吕·仲秋》
并兼：《淮·说山》
并用：《吕·荡兵》
病人：《淮·说林》
波水：《淮·览冥》
剥割：《战·齐策一》
播穀：《淮·天文》
播植：《淮·说林》
播种：《淮·时则》
孛星：《淮·天文》
勃焉：《吕·重己》
博大：《吕·过理》
博求：《淮·时则》
博学：《淮·俶真》
搏虎：《吕·安死》
搏执：《吕·孟秋》
薄蚀：《吕·明理》
薄刑：《吕·孟夏》
薄葬：《吕·节丧》
欂栌：《淮·精神》
跛蹇：《淮·览冥》
卜筮：《淮·说林》
补过：《吕·任数》
不法：《吕·圜道》
不果：《吕·期贤》
不好：《吕·重己》
不和：《吕·孟春》
不皇：《吕·先己》

不解：《淮・本经》
不觉：《淮・本经》
不群：《吕・论人》
不仁：《吕・情欲》
不忍：《吕・论人》
不如：《吕・重己》
不胜：《吕・重己》
不时：《淮・本经》
不顺：《吕・重己》
不通：《吕・尽数》
不为：《吕・论人》
不息：《吕・情欲》
不暇：《淮・说山》
不祥：《吕・季春》
不肖：《吕・至忠》
不行：《吕・重己》
不幸：《吕・振乱》
不言：《吕・本生》
不意：《淮・修务》
不义：《吕・贵生》
不育：《吕・季夏》
不正：《吕・贵公》
不治：《吕・贵生》
不作：《吕・季春》
布散：《吕・季春》
布施：《吕・季秋》
布衣：《吕・行论》
布政：《淮・本经》
布种：《淮・原道》
布总：《吕・审应》
步趋：《淮・览冥》
步行：《吕・首时》
步卒：《淮・修务》
簿领：《吕・季春》
簿书：《吕・具备》

C

猜疑：《吕・明理》
材木：《淮・本经》
材士：《吕・古乐》
材行：《吕・诬徒》
材秀：《吕・勤学》
财币：《战・秦策四》
财贿：《吕・赞能》
财利：《吕・顺说》
财赂：《吕・仲秋》
财实：《吕・顺说》
财物：《吕・异用》
采采：《淮・俶真》
采取：《淮・览冥》
采色：《淮・俶真》
采实：《淮・本经》
采饰：《淮・精神》
参天：《淮・说山》
残暴：《吕・情欲》
残害：《吕・诬徒》
残亡：《吕・重己》
残贼：《吕・简选》
蚕事：《吕・季春》
沧海：《淮・氾论》
苍璧：《吕・重己》
藏府：《淮・主术》
藏匿：《吕・审分》
操戈：《淮・览冥》
漕运：《淮・主术》
草莽：《淮・览冥》
草木：《吕・孟春》
侧身：《淮・氾论》
侧室：《淮・修务》
测度：《淮・说林》
差等：《淮・时则》

差忒：《吕・大乐》
柴薪：《吕・季冬》
缠结：《淮・本经》
谗人：《战・秦策四》
谗杀：《战・秦策五》
谗邪：《吕・慎行》
谗谀：《淮・主术》
谗贼：《淮・说林》
铲灭：《吕・权勋》
谄人：《淮・氾论》
谄谀：《吕・论人》
昌本：《吕・遇合》
昌盛：《吕・谨听》
尚(cháng)佯：《淮・览冥》
长短：《吕・用众》
长久：《吕・本生》
长矛：《吕・简选》
长年：《淮・说山》
长生：《吕・贵生》
长叹：《淮・览冥》
长养：《吕・孟春》
长夜：《淮・精神》
长育：《淮・原道》
长远：《战・秦策二》
常处：《吕・圜道》
常道：《吕・仲夏》
常法：《淮・时则》
常赋：《淮・原道》
常祭：《淮・天文》
常事：《淮・原道》
常所：《淮・精神》
常行：《吕・季冬》
常言：《淮・说山》
常尊：《吕・季夏》
尝试：《战・秦策二》
场人：《吕・仲秋》
倡优：《吕・分职》
唱歌：《吕・顺说》
怅然：《淮・览冥》
畅月：《吕・仲冬》
超越：《吕・必己》
朝贺：《淮・时则》
朝肆：《淮・氾论》
朝廷：《淮・本经》
朝政：《吕・音律》
车服：《吕・怀宠》
车毂：《吕・权勋》
车戟：《淮・氾论》
车甲：《吕・不广》
车裂：《吕・不二》
车轮：《淮・原道》
车人：《淮・说林》
车箱：《淮・氾论》
车载：《吕・制乐》
瞋怒：《吕・知化》
臣道：《淮・主术》
臣伏：《战・秦策四》
臣事：《吕・首时》
臣下：《吕・荡兵》
沈浮：《淮・览冥》
沈没：《吕・精论》
沈抑：《淮・精神》
沈阴：《吕・季春》
湛(chén)没：《吕・诬徒》
陈兵：《吕・慎势》
陈设：《淮・时则》
尘埃：《淮・天文》
尘堁：《淮・说林》
称锤：《吕・仲春》
称美：《吕・当染》

称托：《淮・修务》
称誉：《淮・说山》
成功：《吕・孟夏》
成和：《吕・圜道》
成济：《淮・墬形》
成就：《淮・修务》
成军：《淮・主术》
成名：《淮・主术》
成人：《吕・察今》
成身：《吕・尊师》
成事：《吕・慎小》
成熟：《吕・孟春》
成遂：《吕・贵公》
成为：《吕・审为》
成文：《吕・先己》
成形：《吕・大乐》
成性：《淮・时则》
城池：《吕・行论》
城郭：《吕・孟夏》
乘驾：《淮・本经》
诚身：《淮・主术》
诚实：《淮・说山》
诚信：《吕・慎势》
笞掠：《淮・时则》
鸱夷：《吕・必己》
癡狂：《淮・时则》
池泽：《淮・时则》
持身：《吕・贵生》
持盈：《吕・本生》
驰传：《淮・览冥》
驰驱：《淮・修务》
驰骛：《淮・览冥》
迟久：《吕・贵卒》
迟速：《吕・孟春》
耻辱：《吕・过理》
齿列：《吕・孟冬》
斥境：《淮・说山》
斥泽：《淮・精神》
斥逐：《战・秦策五》
赤心：《淮・时则》
赤衣：《淮・修务》
炽盛：《淮・天文》
充仞：《吕・务本》
充盈：《淮・本经》
冲车：《吕・召类》
冲突：《吕・召类》
崇侈：《吕・去私》
崇用：《淮・氾论》
重累(絫)：《淮・氾论》
虫流：《吕・务本》
虫螟：《吕・仲春》
宠禄：《战・宋卫策》
宠人：《淮・修务》
宠用：《吕・遇合》
仇雠：《吕・情欲》
愁戚：《吕・精通》
愁怨：《吕・高义》
丑耻：《吕・首时》
丑恶：《吕・遇合》
臭败：《吕・尽数》
臭味：《吕・孟冬》
出奔：《淮・说山》
出兵：《战・秦策一》
出见：《吕・季秋》
出境：《吕・长见》
出令：《吕・行论》
出门：《吕・本生》
出母：《淮・说山》
出溺：《淮・氾论》
出入：《吕・仲夏》

出生：《吕·仲春》
出师：《淮·主术》
出死：《淮·说林》
出亡：《战·中山策》
出游：《淮·墬形》
出走：《战·齐策一》
初时：《战·秦策四》
初始：《战·秦策四》
除愈：《吕·至忠》
刍槁：《淮·氾论》
刍狗：《淮·说山》
刍豢：《吕·仲秋》
刍牧：《战·秦策四》
楮叶：《吕·季春》
处所：《吕·圜道》
处物：《吕·任数》
处子：《吕·音初》
滀水：《淮·览冥》
黜远：《吕·贵因》
触犯：《淮·修务》
川谷：《淮·本经》
川禽：《吕·本味》
川泽：《吕·孟春》
穿漏：《吕·季春》
船𧫑：《吕·知度》
船人：《吕·必己》
船头：《淮·本经》
传车：《吕·士节》
传代：《淮·修务》
传位：《吕·士容》
传闻：《淮·本经》
传语：《吕·达郁》
喘息：《淮·主术》
创基：《淮·说山》
创夷：《淮·览冥》
炊饭：《战·秦策一》
炊火：《淮·说山》
垂拱：《吕·审分》
垂衣：《吕·季秋》
垂珠：《淮·主术》
椎杀：《战·齐策三》
春分：《吕·孟夏》
春节：《吕·季冬》
春气：《淮·时则》
春生：《吕·本味》
春温：《淮·览冥》
春阳：《吕·仲春》
春酝：《吕·孟夏》
辐辐：《淮·说山》
纯白：《淮·原道》
纯厚：《淮·俶真》
纯朴：《吕·知度》
纯淑：《吕·慎行》
纯熟：《淮·精神》
纯阳：《淮·天文》
纯一：《淮·说山》
纯阴：《吕·求人》
雌雄：《吕·古乐》
辞令：《吕·制乐》
辞让：《淮·本经》
辞谢：《吕·首时》
次第：《吕·必己》
次叙：《淮·原道》
赐死：《战·秦策五》
赐姓：《吕·长见》
赐予：《淮·时则》
从弟：《吕·贵卒》
从父：《吕·当赏》
从嫁：《淮·本经》
从声：《淮·天文》

从学：《吕·离谓》
从义：《吕·长见》
从者：《吕·达郁》
从正：《吕·义赏》
聪慧：《吕·孟夏》
聪明：《吕·先己》
丛脞：《吕·士容》
丛生：《淮·说林》
腠理：《吕·先己》
麤犻：《淮·天文》
麤恶：《淮·说林》
麤疏：《吕·异宝》
篡国：《吕·正名》
窜藏：《淮·览冥》
脆弱：《淮·天文》
存亡：《吕·荡兵》
存慰：《淮·时则》
存恤：《吕·仲春》
忖度：《战·秦策四》
错镂：《淮·本经》
D
达道：《吕·似顺》
达见：《吕·季冬》
达显：《吕·慎人》
达义：《吕·似顺》
大宝：《吕·用众》
大兵：《吕·仲冬》
大病：《吕·似顺》
大臣：《吕·季冬》
大带：《淮·氾论》
大盗：《吕·异用》
大道：《淮·览冥》
大服：《吕·察传》
大福：《吕·知分》
大圭：《淮·说山》
大归：《淮·氾论》
大国：《吕·壹行》
大海：《淮·墬形》
大寒：《吕·季冬》
大壑：《淮·原道》
大祭：《吕·察微》
大将：《吕·简选》
大敛：《淮·氾论》
大乱：《吕·不苟》
大美：《淮·俶真》
大明：《吕·有始》
大冥：《吕·求人》
大器：《淮·本经》
大人国：《淮·时则》
大任：《淮·氾论》
大山：《淮·墬形》
大射：《淮·氾论》
大牲：《吕·赞能》
大事：《吕·季夏》
大暑：《吕·季夏》
大数：《吕·孟冬》
大水：《吕·季秋》
大通：《淮·修务》
大王：《吕·顺说》
大物：《吕·论大》
大贤：《吕·季春》
大飨：《吕·季秋》
大小：《淮·天文》
大行：《吕·勤学》
大勇：《吕·贵公》
大用：《吕·遇合》
大忧：《吕·情欲》
大有：《吕·异宝》
大愚：《淮·说山》
大雨：《吕·音律》

大泽：《吕·孟秋》
大丈夫：《淮·俶真》
大知：《淮·说山》
大智：《吕·别类》
大众：《淮·时则》
带钩：《吕·贵卒》
带剑：《淮·墬形》
戴角：《吕·博志》
戴仰：《淮·原道》
单醪：《吕·察微》
旦暮：《吕·知士》
啖食：《吕·贵直》
淡然：《吕·审分》
当道：《淮·说山》
当阳：《吕·勿躬》
刀钩：《淮·氾论》
刀剑：《淮·原道》
倒悬：《吕·荡兵》
导引：《淮·精神》
蹈义：《吕·贵生》
蹈正：《吕·达郁》
祷祠：《吕·孟冬》
祷祈：《吕·季春》
到逆：《吕·重己》
盗取：《淮·氾论》
盗窃：《吕·遇合》
盗贼：《吕·季秋》
道本：《吕·圜道》
道德：《吕·重言》
道家：《淮·原道》
道里：《战·秦策二》
道理：《吕·知士》
道路：《吕·仲夏》
道人：《淮·精神》
道术：《吕·博志》
道数：《吕·壅塞》
道死：《淮·天文》
道行：《吕·务大》
道性：《淮·俶真》
道引：《吕·必己》
得道：《吕·必己》
得名：《淮·本经》
得人：《吕·求人》
得胜：《吕·荡兵》
得失：《淮·本经》
得死：《吕·爱士》
得仙：《淮·览冥》
得意：《淮·览冥》
得知：《吕·慎大》
得志：《吕·务大》
得罪：《吕·贵生》
德道：《淮·俶真》
德化：《淮·氾论》
德教：《吕·义赏》
德行：《吕·本生》
德义：《吕·慎大》
德泽：《淮·原道》
登成：《淮·时则》
登穀：《淮·天文》
等差：《吕·孟冬》
等级：《吕·孟冬》
低卬：《淮·说山》
隄防：《吕·孟秋》
嫡长：《吕·贵公》
敌国：《吕·先己》
地德：《淮·天文》
地利：《淮·说山》
地气：《吕·孟冬》
地图：《吕·仲冬》
地中：《吕·先识》

弟子：《吕·尊师》
帝籍：《吕·季秋》
帝名：《吕·古乐》
帝王：《吕·当染》
第一：《吕·本味》
第四：《淮·俶真》
第五：《淮·俶真》
第七：《淮·本经》
颠顿：《吕·慎小》
颠蹶：《吕·贵直》
典祀：《淮·时则》
凋伤：《淮·时则》
雕落：《淮·原道》
雕伤：《淮·天文》
雕画：《吕·过理》
雕饰：《吕·知度》
雕琢：《淮·精神》
吊恤：《吕·振乱》
钓鱼：《淮·说林》
蹀足：《吕·古乐》
丁壮：《吕·爱类》
鼎俎：《淮·说山》
定业：《吕·任数》
冬藏：《吕·季秋》
冬令：《吕·季秋》
东北：《吕·有始》
东帝：《淮·天文》
东方：《吕·季夏》
东风：《吕·当染》
东国：《战·西周策》
东海：《吕·本味》
东极：《吕·任数》
东郊：《吕·孟春》
东流：《吕·有始》
东门：《吕·季冬》
东亩：《吕·简选》
东南：《吕·有始》
东头：《吕·孟夏》
东西：《淮·墬形》
东徙：《吕·疑似》
东向：《吕·孟春》
东野：《战·秦策四》
东岳：《吕·有始》
洞达：《淮·修务》
冻闭：《淮·时则》
冻裂：《吕·仲冬》
动摇：《吕·节丧》
动用：《淮·俶真》
动作：《吕·有始》
栋梁：《淮·览冥》
都邑：《吕·安死》
毒杀：《吕·勤学》
毒药：《吕·尽数》
独当：《吕·勿躬》
独见：《淮·主术》
独享：《吕·察微》
独行：《淮·主术》
读书：《淮·说林》
堵墙：《吕·处方》
笃病：《淮·览冥》
笃疾：《淮·时则》
度法：《淮·氾论》
度量：《淮·时则》
端然：《淮·说山》
端正：《吕·孟春》
短长：《吕·仲秋》
短命：《战·秦策五》
短气：《淮·主术》
断割：《吕·孟秋》
断绝：《吕·正名》

断刑：《淮·时则》
对战：《淮·览冥》
钝弊：《淮·修务》
钝惛：《淮·修务》
钝闵：《淮·原道》
顿仆：《淮·览冥》
顿颡：《吕·重己》
多累：《吕·功名》
多力：《吕·仲夏》
多少：《吕·季秋》
多士：《吕·报更》
多事：《淮·说林》
多寿：《淮·说山》
陊落：《淮·天文》
惰窳：《吕·孟春》
堕地：《吕·过理》
堕落：《吕·季夏》
E
阿媚：《吕·不苟》
阿顺：《吕·审己》
阿私：《淮·说山》
阿意：《吕·诬徒》
阿主：《吕·君守》
恶疮：《吕·尽数》
恶名：《吕·功名》
恶人：《淮·说山》
恶生：《淮·精神》
恶谥：《吕·审分》
恶血：《淮·说山》
恶衣：《吕·顺说》
阨窘：《战·齐策三》
阨塞：《吕·慎行》
恩赐：《淮·本经》
恩德：《淮·本经》
恩惠：《吕·情欲》
恩泽：《淮·天文》
而今：《吕·顺民》
而况：《淮·氾论》
而已：《吕·重己》
耳疾：《吕·尽数》
耳目：《吕·士容》
二三：《淮·原道》
二世：《吕·审分》
二心：《淮·原道》
F
发动：《淮·览冥》
发掘：《吕·节丧》
发谋：《吕·贵卒》
发起：《吕·恃君》
发散：《淮·主术》
发声：《吕·仲春》
发泄：《吕·孟冬》
伐木：《吕·季秋》
伐取：《吕·仲冬》
伐智：《吕·骄恣》
法度：《吕·孟冬》
法服：《吕·乐成》
法律：《淮·主术》
法式：《吕·适威》
法室：《吕·孟秋》
法天：《吕·本生》
法效：《淮·俶真》
法则：《吕·侈乐》
法章：《吕·季夏》
法制：《吕·尊师》
凡民：《吕·谨听》
凡人：《吕·贵公》
烦肠：《淮·墬形》
烦苛：《淮·览冥》
烦闷：《淮·修务》

烦扰：《淮·原道》
烦数：《淮·览冥》
蕃庶：《吕·孟春》
蕃殖：《淮·俶真》
繁茂：《淮·时则》
繁养：《淮·天文》
矾石：《淮·俶真》
反本：《淮·原道》
反侧：《淮·原道》
反德：《吕·孟春》
反坫：《淮·俶真》
反覆：《吕·季春》
反顾：《吕·博志》
反间：《战·秦策五》
反戾：《吕·重己》
反命：《吕·报更》
反舌：《吕·功名》
反易：《淮·时则》
反踵：《淮·氾论》
犯法：《淮·氾论》
犯害：《淮·主术》
犯禁：《淮·主术》
饭牛：《吕·直谏》
方寸：《吕·乐成》
方刚：《淮·墬形》
方折：《淮·墬形》
方者：《吕·季春》
方直：《淮·俶真》
防御：《吕·论人》
妨害：《吕·季夏》
房室：《吕·仲冬》
仿佛：《淮·原道》
仿斅：《淮·本经》
放发：《淮·氾论》
放弑：《吕·离俗》
放恣：《淮·主术》
非常：《淮·原道》
非道：《吕·审分》
非度：《吕·安死》
非时：《淮·览冥》
非笑：《吕·慎小》
非义：《吕·士容》
非罪：《吕·慎小》
飞荡：《吕·论威》
飞阁：《淮·本经》
飞鸟：《吕·季春》
飞腾：《淮·精神》
飞行：《吕·季冬》
飞扬：《淮·天文》
騑骖：《淮·览冥》
肥醲：《淮·主术》
肥肉：《吕·重己》
肥盛：《淮·时则》
肥泽：《淮·说山》
诽谤：《吕·长利》
诽怨：《吕·贵因》
诽訾：《吕·乐成》
沸湧：《淮·墬形》
废顿：《淮·览冥》
废弃：《吕·别类》
废兴：《吕·荡兵》
分别：《淮·修务》
分寸：《战·齐策三》
分国：《吕·报更》
分合：《淮·原道》
分理：《吕·开春》
分两：《淮·氾论》
分裂：《吕·季秋》
分明：《吕·先己》
分齐：《吕·本味》

分土：《吕·慎势》
芬香：《吕·去私》
氛雾：《淮·时则》
氛祥：《淮·时则》
忿戾：《淮·修务》
奋击：《吕·决胜》
奋厉：《淮·说林》
奋迅：《淮·时则》
封禅：《淮·说林》
封崇：《吕·慎大》
封建：《淮·天文》
封疆：《吕·开春》
封爵：《淮·时则》
封邑：《淮·时则》
封殖：《淮·本经》
风合：《吕·季春》
风角：《吕·不二》
风气：《淮·时则》
风声：《淮·原道》
风雨：《吕·慎人》
风灾：《吕·仲秋》
锋芒：《淮·天文》
锋刃：《淮·原道》
锋锐：《淮·时则》
丰碑：《吕·求人》
丰满：《吕·审时》
丰熟：《淮·主术》
缝际：《淮·俶真》
奉戴：《吕·恃君》
奉公：《吕·上德》
奉使：《吕·当赏》
奉事：《吕·行论》
奉行：《淮·修务》
夫妇：《淮·氾论》
夫人：《淮·氾论》
伏虎：《淮·俶真》
伏甲：《吕·报更》
伏流：《淮·墬形》
伏轼：《吕·期贤》
伏蛰：《淮·天文》
伏罪：《吕·行论》
孚甲：《淮·天文》
扶持：《吕·辩土》
扶摇：《淮·览冥》
拂戾：《淮·精神》
服从：《吕·赞能》
服猛：《吕·仲春》
服行：《吕·先己》
服远：《吕·贵公》
枹鼓：《淮·主术》
祓除：《吕·本味》
符信：《战·齐策三》
福利：《吕·博志》
福祥：《吕·仲秋》
福祚：《淮·说山》
複道：《淮·本经》
複屋：《淮·本经》
邑佐：《吕·勿躬》
俛仰：《淮·主术》
頫仰：《淮·原道》
府藏：《吕·异用》
府库：《淮·本经》
斧斤：《吕·仲冬》
俯伏：《吕·决胜》
俯近：《吕·仲秋》
釜甂：《吕·安死》
釜镬：《淮·时则》
辅相：《淮·主术》
辅翼：《吕·长利》
抚民：《吕·先己》

篚篋：《吕·贵公》
黼黻：《吕·节丧》
父老：《吕·贵公》
父马：《吕·季春》
父牛：《吕·季春》
付属：《淮·氾论》
附从：《吕·察微》
附益：《战·齐策一》
负败：《吕·论威》
负冰：《吕·孟春》
负儋：《淮·氾论》
妇德：《吕·遇合》
妇人：《吕·季夏》
妇氏：《吕·不屈》
傅相：《淮·修务》
富贵：《吕·本生》
富厚：《吕·诬徒》
富民：《吕·务本》
富人：《淮·氾论》
富有：《吕·重己》
复餔：《吕·高义》
复反：《淮·精神》
复归：《淮·精神》
复国：《吕·为欲》
复生：《吕·季冬》
复始：《吕·务本》
复思：《淮·原道》
复重：《吕·审为》
腹疾：《吕·当染》
腹心：《战·秦策二》
赋敛：《吕·季春》
赋命：《吕·圜道》
覆被：《吕·本生》
覆藏：《吕·孟春》
覆舟：《淮·说林》

G

改更：《吕·行论》
改置：《吕·圜道》
盖覆：《吕·仲夏》
盖屋：《淮·说山》
乾燥：《吕·别类》
干度：《吕·本生》
干乱：《淮·俶真》
干逆：《吕·仲秋》
干戚：《吕·仲夏》
干时：《吕·季夏》
感动：《吕·离谓》
感念：《吕·知分》
感伤：《淮·览冥》
骭毛：《淮·氾论》
刚彊：《淮·天文》
刚气：《吕·求人》
刚柔：《淮·氾论》
刚土：《吕·任地》
纲纪：《吕·明理》
高敞：《淮·墬形》
高处：《淮·说林》
高大：《吕·节丧》
高飞：《淮·俶真》
高洁：《吕·贵生》
高峻：《淮·原道》
高美：《吕·重言》
高名：《战·秦策五》
高明：《吕·任地》
高年：《吕·怀宠》
高山：《淮·说山》
高台：《吕·过理》
高位：《吕·本生》
高下：《淮·时则》
高显：《淮·说山》

高翔:《淮·时则》
高远:《吕·士容》
膏润:《战·秦策四》
膏泽:《吕·介立》
槁落:《吕·孟春》
槁木:《淮·精神》
槁死:《淮·本经》
缟素:《吕·审应》
告急:《战·秦策四》
告朔:《吕·孟春》
割地:《吕·先识》
歌声:《吕·淫辞》
歌吟:《战·秦策二》
革更:《吕·明理》
根本:《淮·俶真》
根苗:《吕·任地》
更次:《吕·孝行》
更立:《吕·知士》
更生:《吕·孟秋》
更始:《吕·季冬》
更易:《吕·任数》
耕稼:《吕·安死》
耕农:《吕·上农》
耕耨:《吕·长攻》
耕器:《吕·孟春》
耕植:《吕·爱类》
耕作:《淮·本经》
工官:《吕·季春》
工役:《吕·音律》
弓弩:《淮·墬形》
弓矢:《吕·仲春》
弓韬:《吕·仲春》
公侯:《吕·报更》
公家:《吕·举难》
公平:《吕·贵公》
公卿:《吕·重己》
公社:《吕·孟冬》
公室:《吕·骄恣》
公私:《淮·原道》
公孙:《吕·长见》
公田:《吕·务本》
公正:《吕·务本》
公子:《吕·当染》
功德:《吕·季秋》
功劳:《淮·天文》
功名:《吕·先己》
功赏:《淮·原道》
功实:《吕·务本》
功业:《吕·慎势》
功用:《战·秦策五》
功致:《吕·精通》
攻伐:《吕·振乱》
攻难:《吕·论人》
攻玉:《淮·说山》
攻战:《吕·长攻》
供事:《吕·季秋》
宫墙:《吕·别类》
宫商:《吕·贵公》
宫室:《吕·去私》
共养:《吕·仲秋》
共御:《吕·明理》
贡金:《淮·俶真》
贡珍:《吕·本味》
句萌:《淮·时则》
沟渎:《吕·音律》
沟壑:《吕·节丧》
钩刀:《淮·俶真》
钩饵:《淮·览冥》
钩绳:《淮·原道》
苟从:《吕·知分》

苟活：《吕・过理》
苟免：《吕・士节》
苟且：《吕・士节》
苟生：《吕・贵生》
姑息：《吕・先识》
孤独：《吕・慎大》
孤寡：《吕・仲春》
孤特：《吕・离俗》
瓠瓠：《吕・孟夏》
沽酒：《淮・时则》
古记：《吕・贵公》
古今：《吕・不二》
古礼：《吕・适音》
古诗：《淮・俶真》
古书：《吕・至忠》
古文：《战・秦策一》
谷风：《淮・天文》
股肱：《吕・长利》
骨法：《淮・精神》
骨骸：《淮・精神》
骨节：《淮・说林》
骨肉：《淮・原道》
鼓刀：《淮・说林》
鼓瑟：《淮・说山》
鼓翼：《吕・仲夏》
穀食：《淮・主术》
穀实：《吕・季夏》
瞽师：《吕・重己》
故迹：《淮・说山》
瓜瓠：《吕・仲冬》
寡妇：《淮・原道》
寡人：《吕・本生》
乖别：《吕・疑似》
怪物：《吕・明理》
怪异：《吕・论大》
官方：《淮・说山》
官府：《吕・务本》
官禄：《战・秦策五》
官实：《吕・行论》
官事：《吕・审分》
官职：《吕・勿躬》
冠带：《吕・仲秋》
棺椁：《吕・孟冬》
棺题：《吕・开春》
关闭：《淮・精神》
关弓：《吕・壅塞》
关楗：《淮・说山》
关梁：《淮・天文》
关塞：《淮・说林》
关市：《吕・仲秋》
观见：《淮・览冥》
观目：《战・宋卫策》
观视：《吕・首时》
观望：《淮・本经》
观渔：《淮・原道》
管音：《淮・时则》
惯习：《吕・审应》
爟火：《吕・赞能》
光被：《淮・俶真》
光辉：《淮・览冥》
光明：《吕・圜道》
光鼬：《淮・说山》
广侈：《淮・说山》
广大：《吕・士容》
广平：《吕・季春》
广虚：《吕・贵卒》
广衍：《淮・本经》
圭璧：《吕・仲春》
规度：《淮・俶真》
规画：《淮・说山》

规矩：《淮・原道》
规求：《吕・情欲》
瑰奇：《吕・侈乐》
龟策：《吕・孟冬》
龟兆：《战・秦策一》
归功：《吕・孟春》
归雁：《淮・览冥》
归政：《淮・氾论》
轨度：《淮・时则》
鬼病：《吕・知接》
鬼神：《吕・尊师》
鬼物：《吕・知接》
诡辩：《吕・离谓》
诡变：《吕・义赏》
诡怪：《吕・季春》
诡言：《战・秦策五》
诡异：《吕・侈乐》
贵本：《吕・适音》
贵德：《吕・勤学》
贵富：《吕・忠廉》
贵家：《淮・说山》
贵贱：《吕・本生》
贵人：《吕・重己》
郭门：《吕・直谏》
国朝：《淮・氾论》
国都：《吕・明理》
国法：《吕・季冬》
国风：《吕・音初》
国家：《吕・孟夏》
国君：《吕・期贤》
国乱：《吕・不二》
国民：《淮・修务》
国人：《吕・孟春》
国社：《吕・孟冬》
国史：《吕・士容》
国士：《吕・爱士》
国事：《吕・首时》
国嗣：《淮・氾论》
国危：《吕・察微》
国用：《淮・氾论》
国政：《淮・精神》
国子：《吕・孟春》
果实：《吕・仲夏》
蜾蠃：《淮・说山》
过半：《淮・览冥》
过差：《吕・尽数》
过节：《吕・情欲》
过绝：《吕・观表》
过客：《淮・精神》
过去：《淮・览冥》
过失：《吕・自知》
过制：《吕・本生》

H

海滨：《淮・墬形》
海内：《吕・不苟》
海上：《吕・恃君》
海神：《淮・说林》
海外：《吕・有始》
醢酱：《吕・本味》
害伤：《吕・季春》
酣乐：《吕・达郁》
含怀：《淮・俶真》
含生：《淮・天文》
含养：《吕・季夏》
寒蝉：《吕・孟秋》
寒风：《吕・季夏》
寒饥：《淮・主术》
寒疾：《吕・重己》
寒气：《吕・仲春》
寒暑：《吕・君守》

寒水：《淮・墬形》
寒肃：《淮・时则》
寒雪：《淮・原道》
扞御：《战・西周策》
汗漫：《淮・俶真》
旱祭：《淮・时则》
行列：《吕・辩土》
毫发：《吕・处方》
毫分：《吕・有度》
毫毛：《吕・本味》
豪末：《淮・俶真》
豪英：《吕・知分》
好丑：《吕・达郁》
好色：《吕・去私》
好尚：《吕・情欲》
好生：《吕・情欲》
好问：《吕・审分》
好憎：《吕・知度》
昊天：《吕・古乐》
浩大：《淮・俶真》
浩浩：《吕・下贤》
耗减：《淮・墬形》
皓乐：《淮・原道》
号呼：《淮・原道》
号泣：《淮・说山》
呵问：《淮・时则》
禾稼：《吕・季夏》
禾穗：《吕・审时》
合从：《吕・开春》
合和：《淮・本经》
合会：《淮・俶真》
合聚：《淮・主术》
合乐：《吕・长攻》
合流：《淮・墬形》
合气：《淮・俶真》
合同：《淮・精神》
合土：《吕・禁塞》
合药：《吕・别类》
何等：《吕・审己》
何如：《吕・知接》
何以：《吕・禁塞》
和成：《吕・仲夏》
和调：《吕・季冬》
和风：《吕・任地》
和合：《淮・天文》
和民：《吕・季春》
和气：《淮・俶真》
和亲：《淮・精神》
和柔：《吕・孟春》
和声：《吕・适音》
和适：《吕・重己》
和同：《战・秦策一》
和味：《淮・说山》
和谐：《吕・古乐》
和悦：《吕・长利》
阖扇：《淮・天文》
黑云：《淮・览冥》
横吹：《吕・仲夏》
横戈：《吕・慎势》
洪水：《吕・古乐》
鸿鸟：《淮・说林》
侯伯：《淮・原道》
侯王：《淮・说山》
后妃：《吕・仲春》
后土：《吕・仲春》
厚德：《战・中山策》
厚敛：《吕・士容》
厚亡：《吕・士容》
厚味：《吕・知分》
厚葬：《吕・节丧》

后年：《淮·天文》
后世：《吕·孟春》
后王：《吕·知士》
候时：《吕·孟春》
呼鸣：《淮·时则》
忽怳：《淮·原道》
忽焉：《吕·重己》
胡粉：《吕·用众》
胡人：《淮·主术》
虎狼：《战·西周策》
互文：《淮·说山》
户口：《淮·时则》
户庭：《吕·君守》
户限：《淮·说林》
护助：《吕·怀宠》
华茂：《淮·时则》
华藻：《吕·知度》
滑乱：《淮·原道》
化生：《淮·说林》
化育：《吕·勿躬》
化泽：《淮·说林》
化治：《吕·情欲》
化作：《吕·本味》
画界：《吕·慎势》
怀藏：《吕·知接》
怀给：《淮·主术》
怀来：《淮·时则》
怀妊：《吕·仲夏》
怀胎：《淮·原道》
怀远：《淮·原道》
怀怨：《吕·振乱》
坏散：《吕·慎大》
欢和：《淮·时则》
欢心：《吕·顺民》
欢悦：《吕·尊师》
还反：《淮·览冥》
还顾：《淮·原道》
还归：《吕·首时》
还踵：《战·中山策》
缓气：《吕·慎行》
患难：《战·齐策二》
荒秽：《淮·时则》
荒裔：《吕·精通》
皇帝：《淮·天文》
皇后：《战·秦策五》
皇天：《淮·氾论》
黄口：《淮·天文》
黄泉：《吕·仲冬》
黄云：《淮·览冥》
黄垆：《淮·览冥》
黄色：《吕·达郁》
惶恐：《吕·孟春》
煌煌：《淮·天文》
蝗虫：《吕·审时》
灰土：《淮·精神》
虺蛇：《淮·本经》
回流：《淮·原道》
回旋：《淮·俶真》
彗孛：《淮·俶真》
毁败：《吕·士容》
毁害：《战·秦策四》
毁缺：《淮·氾论》
毁伤：《吕·仲秋》
毁折：《吕·孟秋》
讳恶：《吕·不屈》
昏旦：《吕·孟春》
昏明：《吕·荡兵》
昏主：《吕·知接》
婚姻：《淮·氾论》
混沌：《淮·俶真》

火炽：《吕·别类》
火德：《吕·孟夏》
火精：《吕·明理》
火令：《吕·孟春》
火母：《吕·孟春》
火气：《吕·孟春》
火日：《吕·孟夏》
火色：《吕·应同》
火神：《淮·时则》
火王：《淮·天文》
火性：《吕·孟夏》
火烟：《淮·说山》
火灾：《吕·孟秋》
或人：《淮·修务》
货财：《淮·天文》
货贿：《吕·本生》
惑乱：《吕·当赏》
惑主：《吕·分职》
祸福：《吕·本生》
穫刈：《吕·任地》

J

肌肤：《吕·去宥》
饥穷：《吕·仲春》
畿内：《吕·季夏》
稽迟：《吕·开春》
稽古：《淮·精神》
稽留：《战·宋卫策》
稽首：《淮·精神》
机关：《淮·原道》
激波：《淮·氾论》
激楚：《淮·说林》
激扬：《淮·本经》
积财：《淮·览冥》
积德：《吕·慎大》
积聚：《吕·季冬》
积累：《吕·察微》
积时：《淮·修务》
积思：《淮·修务》
积委：《吕·慎小》
积小：《吕·别类》
积行：《吕·慎大》
积阳：《吕·求人》
积阴：《淮·原道》
击刺：《吕·顺说》
击剑：《淮·主术》
绩用：《淮·修务》
讥刺：《吕·观世》
讥呵：《吕·当务》
吉日：《吕·季春》
吉祥：《淮·俶真》
吉凶：《吕·季夏》
吉兆：《淮·览冥》
汲汲：《淮·修务》
即位：《吕·禁塞》
急疾：《吕·论威》
急流：《淮·俶真》
急务：《淮·氾论》
疾病：《吕·尽数》
疾颠：《吕·知分》
疾风：《淮·览冥》
疾击：《淮·说林》
疾痨：《吕·仲冬》
疾流：《淮·览冥》
疾世：《淮·氾论》
疾速：《吕·诬徒》
疾行：《淮·修务》
疾迅：《淮·说山》
疾言：《吕·骄恣》
疾疫：《吕·季春》
棘楚：《吕·应同》

棘刺：《吕·仲夏》
极丑：《淮·精神》
极尽：《吕·下贤》
极目：《吕·孝行》
极言：《淮·览冥》
极阳：《吕·仲春》
极夜：《淮·精神》
集聚：《战·秦策四》
瘠土：《吕·任地》
籍田：《吕·孟春》
几杖：《吕·仲秋》
几何：《淮·说林》
伎巧：《淮·本经》
技巧：《吕·离谓》
纪极：《吕·当染》
寂静：《吕·仲冬》
寂寞：《淮·俶真》
寄托：《吕·无义》
祭礼：《吕·孟夏》
祭鸟：《吕·孟秋》
祭兽：《吕·季秋》
祭祀：《吕·季夏》
祭星：《淮·氾论》
祭鱼：《吕·孟春》
祭主：《淮·主术》
济济：《淮·本经》
济民：《吕·贵公》
系囚：《淮·本经》
继世：《吕·当务》
继嗣：《吕·仲春》
继位：《吕·首时》
加诬：《战·秦策一》
夹钟：《吕·仲春》
家臣：《吕·当染》
家门：《吕·审分》
家人：《吕·适威》
浃日：《吕·审为》
猳玃：《吕·察传》
嘉穀：《吕·必己》
嘉美：《吕·本味》
嘉苗：《吕·孟春》
甲虫：《淮·时则》
甲第：《吕·知士》
甲胄：《吕·过理》
甲子：《吕·简选》
贾值：《淮·说山》
假道：《吕·精论》
假令：《吕·本生》
稼穑：《吕·孟春》
肩髀：《淮·说林》
奸轨：《吕·先己》
奸谋：《吕·季秋》
奸人：《淮·氾论》
奸邪：《吕·孟秋》
兼爱：《吕·审应》
兼人：《吕·报更》
兼善：《吕·慎人》
兼土：《吕·首时》
坚冰：《淮·原道》
坚固：《吕·情欲》
坚劲：《淮·原道》
坚牢：《吕·仲冬》
坚致：《淮·氾论》
监门：《战·秦策五》
监视：《吕·孟春》
艰难：《淮·本经》
减竭：《吕·仲冬》
俭节：《吕·召类》
俭葬：《吕·安死》
蹇难：《吕·圜道》

简慢：《吕·孝行》
简选：《吕·音律》
简易：《淮·本经》
简择：《吕·季冬》
见爱：《吕·知士》
见恶：《吕·知士》
见疑：《吕·必己》
见遇：《吕·遇合》
见知：《吕·恃君》
建策：《吕·慎势》
建国：《吕·务本》
建侯：《淮·天文》
建置：《淮·时则》
僭称：《吕·怀宠》
僭号：《吕·首时》
剑拊：《淮·主术》
箭矢：《淮·览冥》
贱人：《吕·爱士》
贱物：《吕·勿躬》
践绳：《吕·知分》
谏正：《吕·壅塞》
江海：《吕·下贤》
江汉：《吕·重己》
江湖：《淮·本经》
僵仆：《吕·辩土》
疆界：《淮·天文》
疆畔：《吕·孟春》
讲论：《吕·勤学》
讲武：《淮·时则》
讲习：《吕·孟春》
交错：《淮·本经》
交横：《淮·览冥》
交会：《战·秦策五》
交接：《淮·原道》
交龙：《吕·孟春》
交气：《吕·孟冬》
交友：《吕·尊师》
交战：《吕·爱士》
交争：《淮·原道》
郊外：《吕·季春》
蛟龙：《淮·原道》
骄暴：《吕·开春》
骄侈：《战·秦策五》
骄慢：《吕·期贤》
骄人：《吕·贵生》
骄奢：《淮·精神》
骄盛：《战·秦策五》
骄侮：《吕·勤学》
骄佚：《吕·本生》
骄逸：《战·秦策五》
骄淫：《吕·圜道》
骄盈：《战·秦策四》
骄约：《战·秦策五》
骄恣：《吕·报更》
角门：《淮·墬形》
佼健：《淮·览冥》
狡狗：《吕·适威》
狡害：《吕·恃君》
狡猾：《淮·原道》
叫呼：《吕·有始》
教导：《吕·仲冬》
教化：《淮·修务》
教令：《吕·慎小》
教象：《吕·审为》
教育：《吕·贵公》
教谕：《淮·览冥》
教诏：《吕·审分》
窖藏：《淮·时则》
阶陛：《吕·重言》
嗟叹：《吕·行论》

劫夺：《吕·至忠》
劫掠：《吕·仲春》
劫迫：《淮·说林》
劫胁：《淮·俶真》
捷疾：《吕·勤学》
结绳：《淮·氾论》
节度：《吕·明理》
节解：《吕·季秋》
节乐：《吕·仲夏》
诘屈：《淮·本经》
竭力：《吕·慎小》
竭智：《吕·不侵》
洁白：《吕·审分》
解冻：《吕·孟春》
解堕：《吕·仲夏》
解故：《淮·原道》
解落：《淮·时则》
解散：《战·齐策一》
解说(tuō)：《战·秦策一》
解衣：《吕·长利》
介虫：《淮·天文》
介甲：《吕·孟秋》
戒敕：《淮·时则》
戒惧：《吕·贵直》
戒慎：《吕·仲春》
界畔：《吕·季夏》
今年：《淮·原道》
今日：《淮·主术》
今时：《战·秦策四》
今世：《吕·贵生》
今岁：《淮·说山》
斤斧：《吕·季秋》
金杯：《淮·天文》
金帛：《吕·孟秋》
金断：《淮·时则》
金铎：《吕·仲春》
金精：《淮·天文》
金流：《吕·别类》
金气：《吕·孟夏》
金邱：《淮·墬形》
金人：《淮·氾论》
金石：《淮·时则》
金畜：《吕·孟秋》
金玉：《淮·本经》
金柱：《淮·俶真》
金尊：《淮·俶真》
津关：《淮·修务》
矜大：《吕·情欲》
矜伐：《吕·贵公》
矜寡：《吕·慎大》
矜恤：《吕·孟冬》
矜庄：《战·秦策一》
筋角：《淮·墬形》
尽规：《吕·骄恣》
尽节：《吕·慎小》
尽力：《吕·不侵》
尽头：《淮·本经》
尽物：《淮·主术》
尽言：《吕·直谏》
尽止：《淮·天文》
尽忠：《吕·任数》
谨敬：《淮·览冥》
谨悉：《淮·说林》
近臣：《淮·时则》
近世：《淮·修务》
近习：《吕·任数》
劲疾：《战·齐策一》
浸潭：《淮·原道》
浸渍：《吕·季春》
进道：《淮·说山》

进攻：《战・西周策》
进军：《战・齐策三》
进退：《吕・简选》
进围：《战・齐策三》
进用：《吕・贵因》
进御：《吕・仲夏》
禁暴：《吕・听言》
禁绝：《吕・仲冬》
禁令：《吕・孟秋》
禁杀：《淮・说山》
禁卫：《吕・振乱》
禁御：《吕・重己》
禁止：《吕・孟秋》
禁制：《淮・精神》
京观：《吕・禁塞》
京丘：《吕・禁塞》
荆棘：《淮・修务》
旌旗：《吕・节丧》
经过：《淮・时则》
经纬：《淮・墬形》
经营：《吕・求人》
经由：《淮・修务》
精诚：《吕・精通》
精光：《淮・墬形》
精核：《吕・诬徒》
精洁：《吕・士容》
精妙：《吕・爱士》
精气：《吕・达郁》
精锐：《战・齐策一》
精神：《吕・情欲》
精通：《淮・览冥》
精微：《淮・览冥》
精详：《吕・仲夏》
精至：《吕・诬徒》
鲸鲵：《淮・览冥》
惊怖：《吕・情欲》
惊惮：《吕・决胜》
惊动：《吕・明理》
惊惶：《吕・明理》
惊惧：《吕・至忠》
惊人：《吕・遇合》
井田：《吕・务本》
景云：《淮・天文》
径路：《吕・孟春》
敬慎：《吕・行论》
敬重：《战・西周策》
静漠：《淮・说山》
镜水：《淮・原道》
炯炯：《淮・氾论》
鸠杖：《吕・仲秋》
九成：《吕・季春》
九德：《淮・俶真》
九地：《淮・俶真》
九法：《吕・勿躬》
九命：《吕・孟秋》
九窍：《吕・当染》
九天：《淮・俶真》
九土：《淮・时则》
九野：《淮・天文》
九州：《吕・荡兵》
久留：《吕・首时》
久习：《吕・义赏》
久远：《吕・论大》
酒池：《淮・本经》
酒官：《吕・仲冬》
酒爵：《战・秦策五》
酒醴：《吕・上农》
酒器：《吕・权勋》
酒人：《淮・说林》
酒肉：《淮・氾论》

咎过：《吕·重己》
咎殃：《吕·报更》
咎征：《吕·制乐》
柩车：《淮·说山》
救火：《淮·说山》
救命：《吕·功名》
救守：《吕·振乱》
救助：《战·秦策四》
就草：《淮·本经》
就车：《吕·报更》
就利：《吕·任数》
就新：《淮·天文》
旧物：《淮·说山》
居官：《吕·安死》
居摄：《吕·察微》
居先：《淮·原道》
居宇：《吕·季夏》
居职：《吕·知接》
居中：《淮·本经》
拘执：《战·秦策五》
罝罦：《淮·主术》
驹犊：《淮·天文》
鞠衣：《吕·季春》
桔皋：《吕·本味》
菊花：《吕·季春》
沮泽：《战·齐策三》
举动：《吕·勿躬》
举国：《吕·不侵》
举事：《淮·说山》
举用：《吕·孟夏》
举踵：《吕·精通》
举重：《吕·淫辞》
举足：《淮·氾论》
举坐：《淮·说林》
鉏鋙：《吕·仲夏》
齟齬：《淮·俶真》
距踊：《吕·悔过》
具存：《淮·精神》
倨傲：《淮·修务》
聚合：《淮·俶真》
聚会：《淮·俶真》
聚积：《吕·孟夏》
聚众：《吕·上农》
蠲洁：《吕·孟春》
卷鉦：《淮·修务》
眷然：《淮·氾论》
绝粮：《淮·说山》
绝灭：《吕·尊师》
绝气：《吕·论威》
绝殊：《吕·离谓》
绝望：《吕·功名》
绝远：《吕·长利》
爵号：《吕·审分》
爵禄：《吕·孟春》
爵命：《淮·氾论》
爵位：《吕·务本》
觉悟：《淮·说山》
觉知：《吕·论人》
君长：《吕·恃君》
君臣：《吕·圜道》
君道：《吕·恃君》
君德：《吕·情欲》
君国：《吕·务大》
君命：《吕·悔过》
君亲：《吕·贵生》
君人：《吕·先己》
君上：《吕·至忠》
君王：《吕·至忠》
君位：《吕·士容》
君子：《吕·尊师》

均平：《吕·仲夏》
军功：《淮·主术》
军将：《吕·孟秋》
军旅：《吕·音律》
军师：《吕·应同》
军械：《吕·慎大》
军营：《吕·明理》
峻法：《吕·功名》
箘露：《淮·本经》
骏马：《吕·权勋》
K
开闭：《淮·说山》
开道：《淮·精神》
开辟：《淮·俶真》
开通：《吕·去宥》
欬嗽：《淮·时则》
亢阳：《淮·时则》
亢燥：《吕·孟秋》
考度：《淮·氾论》
苛峭：《战·秦策四》
可哀：《吕·论人》
可否：《淮·氾论》
可贵：《吕·慎行》
可以：《吕·本生》
克定：《战·秦策四》
克复：《吕·慎人》
克破：《吕·权勋》
克胜：《吕·论威》
克谐：《吕·季春》
刻画：《淮·原道》
刻镂：《淮·俶真》
刻削：《淮·俶真》
刻舟：《吕·察今》
客位：《吕·安死》
客星：《淮·天文》
空桑：《吕·本味》
空闲：《吕·仲冬》
空虚：《吕·有度》
空中：《淮·时则》
孔窍：《淮·氾论》
孔穴：《吕·慎小》
恐惧：《吕·慎大》
控告：《吕·振乱》
口辩：《淮·本经》
口腹：《吕·孝行》
口实：《吕·节丧》
寇害：《吕·仲春》
寇难：《淮·天文》
寇贼：《吕·季夏》
枯槁：《吕·音律》
枯旱：《吕·孟秋》
枯死：《吕·任地》
哭泣：《淮·本经》
窟伏：《淮·天文》
窟室：《淮·氾论》
苦菜：《吕·孟夏》
苦毒：《吕·振乱》
苦痛：《吕·首时》
苦雨：《吕·孟夏》
噲人：《吕·尊师》
宽和：《淮·时则》
宽猛：《淮·氾论》
宽饶：《吕·爱士》
宽仁：《吕·孟春》
宽舒：《淮·时则》
匡弼：《淮·主术》
匡牀：《淮·主术》
匡君：《吕·任数》
匡正：《吕·君守》
狂悖：《吕·大乐》

狂癡：《吕·仲春》
狂人：《吕·论威》
狂言：《吕·君守》
亏缺：《淮·时则》
揆度：《吕·本味》
溃漏：《吕·慎小》
昆弟：《吕·当赏》
困乏：《淮·原道》
困苦：《战·秦策四》
L
腊毒：《吕·知分》
来附：《吕·开春》
来事：《淮·氾论》
来下：《吕·季春》
来至：《吕·不屈》
蓝青：《吕·仲夏》
澜漫：《淮·本经》
览观：《淮·览冥》
滥炎：《吕·适威》
烂肠：《吕·重己》
朖然：《吕·士容》
牢坚：《战·秦策一》
劳力：《淮·修务》
劳谦：《战·秦策五》
劳神：《吕·勿躬》
劳问：《战·秦策五》
劳逸：《淮·原道》
老妇：《战·秦策五》
老人：《吕·仲秋》
老妪：《淮·俶真》
老者：《淮·说林》
潦水：《淮·俶真》
勒铭：《吕·孟冬》
乐道：《吕·慎人》
乐生：《吕·孝行》
乐士：《吕·报更》
乐易：《吕·知分》
乐于：《淮·本经》
雷电：《吕·仲春》
雷同：《淮·俶真》
雷雨：《淮·说林》
羸瘠：《吕·任地》
耒耜：《吕·孟春》
磥落：《吕·谨听》
儡儡然：《淮·俶真》
垒壁：《吕·似顺》
累世：《战·齐策三》
累胝：《战·宋卫策》
藜羹：《吕·任数》
藜莠：《淮·时则》
离爱：《淮·本经》
离局：《淮·主术》
离嵝：《淮·原道》
离叛：《吕·举难》
离散：《吕·慎大》
离违：《淮·精神》
离怨：《吕·振乱》
黧黑：《吕·贵生》
里间：《淮·说山》
里门：《吕·仲夏》
里陌：《吕·贵公》
里谚：《吕·审分》
理官：《吕·仲春》
理讼：《淮·主术》
理物：《吕·遇合》
理义：《吕·勤学》
礼乐：《吕·季秋》
礼律：《吕·审分》
礼让：《吕·务本》
礼容：《淮·览冥》

礼食：《淮・说山》
礼贤：《吕・报更》
礼义：《吕・振乱》
鲤鱼：《吕・孟春》
力士：《吕・重己》
力学：《吕・尊师》
力役：《吕・勿躬》
立德：《淮・氾论》
立功：《淮・氾论》
立节：《淮・修务》
立名：《吕・谨听》
立言：《淮・氾论》
立义：《吕・孝行》
吏人：《淮・氾论》
利兵：《淮・氾论》
利病：《淮・氾论》
利害：《淮・精神》
利剑：《吕・当务》
利金：《淮・修务》
利民：《吕・贵公》
利用：《吕・任地》
利欲：《吕・尽数》
厉鬼：《淮・说山》
厝日：《吕・季秋》
厝术：《淮・本经》
歴级：《吕・安死》
歴世：《吕・精论》
歴行：《吕・不苟》
砺石：《淮・修务》
连臂：《淮・墬形》
连缠：《淮・本经》
连持：《淮・天文》
连横：《吕・开春》
连环：《淮・主术》
连理：《淮・俶真》
连珠：《淮・本经》
廉隅：《淮・修务》
良工：《淮・氾论》
良弓：《吕・具备》
良将：《吕・察微》
良马：《吕・季秋》
良士：《战・齐策一》
良药：《吕・荡兵》
良医：《吕・察贤》
两旁：《吕・明理》
两仪：《吕・恃君》
量力：《吕・遇合》
聊赖：《战・秦策一》
寥寥：《吕・情欲》
疗病：《淮・说山》
疗疾：《吕・先己》
了了：《淮・说山》
列土：《淮・时则》
列位：《吕・季冬》
林木：《吕・明理》
淋雨：《吕・季秋》
邻人：《淮・说山》
霖雨：《淮・时则》
临命：《吕・务本》
临下：《吕・顺说》
临终：《吕・务本》
鳞虫：《淮・墬形》
鳞甲：《吕・季夏》
禀受：《淮・说山》
凛烈：《吕・精通》
悋啬：《吕・士容》
泠风：《吕・辩土》
凌傲：《吕・论威》
凌室：《吕・季冬》
聆聆：《淮・精神》

零落:《吕·仲夏》
灵光:《淮·墬形》
灵门:《淮·览冥》
流膏:《淮·原道》
流潦:《淮·俶真》
流迁:《吕·明理》
流沙:《淮·墬形》
流水:《吕·怀宠》
流俗:《吕·士容》
流亡:《吕·孟冬》
流行:《吕·情欲》
流血:《战·中山策》
流言:《吕·审分》
流逸:《吕·本生》
留意:《吕·观世》
六代:《吕·仲春》
六典:《吕·孟春》
六服:《吕·季春》
六国:《战·秦策二》
六合:《淮·原道》
六乐:《吕·季春》
六吕:《吕·古乐》
六律:《吕·古乐》
六气:《吕·察传》
六亲:《吕·论人》
六寝:《吕·仲冬》
六王:《吕·当务》
六畜:《淮·氾论》
龙文:《淮·本经》
偻俯:《吕·明理》
蝼蚁:《吕·慎势》
漏水:《吕·仲夏》
露水:《淮·时则》
垆土:《淮·墬形》
芦苻:《淮·俶真》
炉炭:《吕·重己》
漉池:《淮·主术》
戮人:《吕·应同》
闾里:《吕·慎大》
闾邑:《吕·慎小》
旅旅:《淮·时则》
履行:《吕·报更》
律管:《吕·古乐》
律坐:《吕·不二》
鸾辂:《吕·孟春》
鸾鸟:《吕·孟春》
乱国:《吕·明理》
乱惑:《吕·明理》
乱气:《淮·览冥》
乱人:《吕·当染》
乱世:《吕·首时》
乱头:《淮·览冥》
乱政:《吕·明理》
乱主:《吕·振乱》
略取:《吕·首时》
伦匹:《淮·原道》
论量:《吕·论人》
论人:《吕·先己》
论说:《吕·振乱》
倮虫:《吕·季夏》
倮葬:《吕·节丧》
落落:《淮·天文》

M

马祸:《吕·明理》
马衣:《淮·览冥》
脉理:《吕·重己》
满密:《吕·适音》
满溢:《吕·圜道》
漫胡:《吕·精通》
芒芒:《吕·应同》

毛布：《淮·览冥》
毛虫：《吕·孟秋》
茅土：《吕·孟夏》
旄牛：《吕·本味》
卯酉：《吕·有始》
茂盛：《吕·慎人》
没溺：《吕·孝行》
没入：《吕·开春》
没身：《吕·观世》
媒人：《淮·说山》
霉黑：《淮·说山》
美材：《淮·览冥》
美地：《淮·精神》
美好：《吕·过理》
美金：《淮·墬形》
美丽：《吕·达郁》
美名：《吕·召类》
美女：《吕·贵直》
美人：《淮·精神》
美色：《吕·本生》
美善：《吕·季夏》
美味：《吕·当染》
昧昧：《吕·应同》
门户：《淮·览冥》
门阃：《淮·俶真》
门吏：《淮·俶真》
门闾：《吕·仲冬》
门阙：《吕·仲冬》
门人：《吕·知士》
门扇：《吕·仲春》
门庭：《吕·开春》
萌动：《淮·天文》
萌生：《吕·仲秋》
萌芽：《淮·天文》
萌兆：《淮·俶真》
梦见：《吕·博志》
盟会：《吕·季夏》
盟誓：《战·齐策三》
懵懵：《吕·介立》
猛厉：《淮·时则》
猛兽：《淮·说林》
蒙暗：《吕·勿躬》
蒙笼：《淮·修务》
糜烂：《吕·不屈》
麋鹿：《吕·恃君》
糜粥：《吕·仲秋》
靡靡：《吕·本生》
麛裘：《吕·乐成》
米麴：《吕·仲冬》
弭口：《战·秦策二》
弭毛：《吕·决胜》
密石：《淮·精神》
密事：《吕·精论》
密雲：《淮·俶真》
密致：《淮·说林》
免身：《吕·报更》
免脱：《战·齐策三》
勉力：《战·中山策》
勉强：《淮·精神》
面色：《淮·修务》
面向：《战·齐策一》
苗裔：《淮·修务》
苗胤：《吕·遇合》
眇劲：《淮·修务》
庙堂：《吕·论威》
灭没：《吕·遇合》
灭身：《吕·疑似》
灭亡：《吕·本生》
灭息：《淮·俶真》
民气：《吕·怀宠》

民人：《吕·贵公》
民事：《吕·仲秋》
民物：《淮·氾论》
民心：《吕·顺民》
民业：《吕·先己》
民意：《吕·异用》
民欲：《吕·慎大》
民怨：《吕·孟冬》
泯泯：《吕·慎大》
名倡：《淮·俶真》
名德：《吕·勤学》
名号：《淮·精神》
名利：《淮·俶真》
名声：《吕·观世》
名实：《吕·审分》
名誉：《吕·君守》
明朝：《淮·览冥》
明道：《淮·修务》
明德：《吕·季春》
明火：《淮·说山》
明君：《吕·恃君》
明明：《淮·原道》
明目：《吕·用众》
明年：《吕·爱士》
明人：《淮·精神》
明日：《淮·主术》
明识：《吕·恃君》
明世：《吕·遇合》
明水：《吕·适音》
明堂：《吕·孟春》
明微：《吕·论人》
明验：《淮·修务》
明月珠：《淮·览冥》
明珠：《吕·重己》
冥冥：《吕·仲冬》
溟涬：《淮·本经》
鸣条：《淮·俶真》
命数：《吕·季秋》
缪误：《吕·贵生》
谬言：《吕·重言》
摸索：《淮·俶真》
模范：《吕·贵公》
摩灭：《淮·精神》
末世：《吕·用民》
墨者：《吕·上德》
谋臣：《吕·骄恣》
谋害：《吕·顺说》
谋计：《吕·知接》
谋虑：《吕·骄恣》
谋术：《吕·简选》
谋约：《战·秦策一》
母弟：《吕·不广》
牡籥：《淮·氾论》
木德：《吕·孟春》
木铎：《吕·仲春》
木官：《吕·孟春》
木气：《吕·孟春》
木王：《吕·孟春》
木性：《吕·季夏》
木正：《吕·孟冬》
木榷：《吕·仲夏》
目疾：《吕·尽数》
目送：《吕·士容》
目眩：《淮·俶真》
沐浴：《淮·修务》
N
内道：《吕·有始》
内景：《淮·精神》
内省：《吕·务本》
内守：《吕·尽数》

内心:《吕·音初》
内行:《吕·下贤》
内政:《吕·遇合》
纳忠:《吕·圜道》
奈何:《吕·知度》
南方:《吕·孟春》
南宫:《淮·时则》
南极:《吕·任数》
南郊:《吕·孟夏》
南面:《淮·氾论》
南乡:《吕·孟夏》
南音:《吕·音初》
难得:《吕·情欲》
挠弱:《淮·原道》
能(nài)寒:《吕·过理》
能文:《淮·说山》
泥坯:《淮·精神》
拟像:《淮·本经》
逆耳:《吕·直谏》
逆寒疾:《吕·尽数》
逆流:《吕·爱类》
逆时:《吕·尽数》
逆天:《淮·本经》
逆行:《吕·孟夏》
溺死:《吕·爱类》
年穀:《淮·主术》
年少:《淮·修务》
念虑:《淮·说山》
鸟网:《吕·季春》
齧缺:《淮·修务》
宁神:《吕·审为》
凝竭:《淮·时则》
佞谄:《吕·观世》
佞臣:《淮·说山》
佞人:《淮·说林》
农大夫:《吕·孟春》
农夫:《吕·孟春》
农耕:《淮·时则》
农功:《吕·音律》
农郊:《吕·孟春》
农民:《吕·季冬》
农圃:《吕·尊师》
农事:《吕·仲春》
农殖:《吕·必己》
驽马:《淮·修务》
驽骀:《吕·贵卒》
怒水:《淮·本经》
女弟:《吕·长攻》
女乐:《淮·精神》
女童:《吕·首时》
女灾:《吕·季夏》
女子:《淮·墬形》
疟疾:《吕·孟秋》
暖风:《吕·季秋》
O
讴歌:《吕·顺说》
P
攀援:《淮·说山》
槃跚:《淮·修务》
盘龙:《淮·本经》
盘纡:《吕·有始》
盘盂:《吕·求人》
蟠龙:《淮·本经》
泮宫:《淮·本经》
畔界:《淮·俶真》
滂沱:《吕·孟秋》
旁求:《淮·览冥》
旁礴:《吕·季冬》
炮烙:《吕·顺民》
佩玉:《吕·孟春》

瞥策：《吕・不二》
烹煮：《战・齐策一》
朋友：《淮・主术》
蓬蒿：《吕・孟春》
披衣：《淮・俶真》
被褐：《吕・用众》
被发：《淮・墬形》
皮币：《淮・时则》
皮弁：《吕・仲秋》
皮衣：《淮・氾论》
罢老：《淮・俶真》
罢怯：《吕・审分》
疲困：《淮・览冥》
疲民：《淮・主术》
匹敌：《吕・圜道》
匹夫：《吕・行论》
擗踊：《淮・本经》
睥睨：《淮・修务》
辟若：《淮・俶真》
辟土：《淮・说山》
偏裨（原为“备”，陈奇猷校改）：《吕・察微》
偏见：《吕・知度》
偏枯：《吕・别类》
偏丧：《淮・原道》
偏远：《吕・君守》
漂浮：《战・中山策》
漂没：《吕・慎小》
贫贱：《吕・本生》
贫陋：《吕・下贤》
贫穷：《吕・不广》
频伸：《淮・精神》
品味：《吕・本味》
品物：《吕・仲夏》
牝牡：《淮・说山》
聘问：《淮・天文》
冯(píng)河：《吕・安死》
冯翼：《淮・天文》
平除：《吕・似顺》
平旦：《淮・天文》
平地：《淮・览冥》
平和：《淮・原道》
平解：《淮・修务》
平静：《吕・先己》
平均：《淮・原道》
平易：《吕・贵公》
平狱：《淮・主术》
平直：《淮・时则》
屏去：《吕・仲冬》
屏摄：《淮・时则》
评议：《淮・时则》
迫切：《淮・精神》
破败：《吕・慎小》
破律：《吕・淫辞》
破灭：《吕・君守》
破亡：《吕・本生》
破甕：《吕・下贤》
匍匐：《吕・恃君》
濮上：《吕・本生》
Q
七出：《吕・遇合》
妻子：《吕・忠廉》
朞年（期年）：《吕・慎人》
期会：《吕・壹行》
期日：《吕・明理》
棲宿：《吕・季秋》
欺诈：《吕・情欲》
其实：《吕・去私》
其他：《吕・安死》

其馀：《淮・本经》
其中：《吕・圜道》
奇表：《吕・观表》
奇材：《淮・主术》
奇谋：《吕・论大》
奇异：《淮・俶真》
祈穀：《吕・仲春》
祈祈：《吕・务本》
祈雨：《吕・仲夏》
蚑行：《淮・原道》
旗章：《吕・恃君》
齐和：《吕・仲夏》
齐衰：《淮・精神》
齐一：《吕・务本》
乞人：《淮・说山》
企望：《吕・顺说》
企踵：《吕・精通》
起军：《吕・先识》
泣血：《淮・览冥》
气节：《吕・贵信》
气力：《吕・任地》
气息：《淮・原道》
弃逐：《战・秦策二》
器物：《淮・览冥》
器用：《淮・本经》
千伯（阡陌）：《吕・离俗》
千乘：《吕・下贤》
千钧：《吕・用众》
千里：《吕・贵公》
千里马：《吕・察今》
迁徙：《吕・季夏》
谦称：《吕・君守》
前马：《吕・乐成》
前却：《淮・氾论》
前世：《吕・仲夏》
乾坤：《淮・精神》
钳口：《淮・本经》
黔首：《吕・大乐》
遣送：《吕・孟冬》
潜藏：《吕・仲秋》
潜伏：《淮・览冥》
谴告：《淮・天文》
彊（强）力：《吕・不屈》
彊大：《吕・召类》
强盛：《吕・壅塞》
强行：《淮・本经》
襁负：《吕・明理》
桥梁：《淮・说山》
燋（qiáo）夭：《淮・本经》
巧工：《吕・慎大》
巧匠：《淮・本经》
巧媚：《吕・士容》
巧佞：《吕・情欲》
巧饰：《淮・原道》
巧伪：《吕・士容》
巧笑：《淮・修务》
巧诈：《吕・诬徒》
侵夺：《吕・禁塞》
侵犯：《淮・本经》
侵陵：《淮・时则》
侵削：《吕・先己》
亲附：《淮・览冥》
亲耕：《吕・季春》
亲近：《吕・情欲》
亲戚：《吕・振乱》
亲桑：《吕・季春》
亲手：《吕・赞能》
亲疏：《吕・音律》
琴瑟：《吕・本生》
禽荒：《淮・俶真》

禽獲：《吕・慎小》
禽兽：《吕・明理》
禽制：《淮・主术》
勤苦：《吕・爱类》
勤劳：《吕・首时》
勤心：《吕・察微》
寝疾：《淮・墬形》
寝庙：《吕・季春》
寝堂：《吕・知接》
青色：《淮・氾论》
青石：《淮・墬形》
卿士：《吕・当染》
清和：《淮・说山》
清净：《吕・慎大》
清静：《吕・情欲》
清酒：《淮・说林》
清凉：《淮・修务》
清明：《淮・说山》
清水：《淮・墬形》
清浊：《吕・仲冬》
倾听：《吕・先己》
倾危：《吕・孟春》
倾邪：《吕・季秋》
倾陨：《吕・壹行》
轻薄：《淮・精神》
轻系：《淮・天文》
轻利：《吕・审为》
轻略：《吕・士容》
轻慢：《吕・勤学》
轻少：《吕・报更》
轻身：《吕・诚廉》
轻疏：《吕・孝行》
轻微：《吕・仲春》
轻物：《淮・修务》
轻易：《吕・本味》
轻重：《吕・音律》
轻舟：《吕・悔过》
情色：《淮・说林》
情实：《吕・下贤》
情心：《淮・精神》
情性：《吕・重己》
情欲：《吕・禁塞》
顷亩：《淮・精神》
请雨：《淮・说山》
庆善：《吕・孟春》
庆赏：《吕・恃君》
穷达：《吕・慎人》
穷极：《吕・慎人》
穷贱：《淮・原道》
穷竭：《淮・原道》
穷尽：《淮・本经》
穷困：《吕・离俗》
穷难：《淮・说林》
穷巷：《淮・修务》
丘陵：《淮・墬形》
丘垄：《淮・氾论》
丘墟：《吕・贵直》
秋豪：《淮・俶真》
秋节：《淮・时则》
秋气：《吕・孟秋》
秋收：《吕・本味》
秋霜：《吕・决胜》
囚执：《淮・主术》
求福：《吕・仲夏》
求和：《战・宋卫策》
求救：《战・西周策》
求生：《吕・知分》
求索：《淮・俶真》
求贤：《吕・知接》
求雨：《淮・说林》

躯窒：《吕・季秋》
曲从：《吕・孟冬》
曲惠：《吕・贵公》
曲领：《淮・氾论》
曲媚：《吕・达郁》
曲挠：《吕・离俗》
曲巧：《淮・俶真》
曲屈：《淮・本经》
曲屋：《淮・本经》
曲直：《吕・季春》
屈服：《吕・论威》
屈竭：《淮・精神》
屈辱：《吕・慎行》
屈伸：《淮・原道》
屈折：《吕・士容》
区隅：《吕・季春》
区宇：《吕・本生》
趋时：《淮・原道》
趋走：《吕・勿躬》
麴蘖：《淮・时则》
驱使：《战・秦策五》
驱逐：《吕・季春》
蘧篨：《淮・本经》
籧篨：《淮・本经》
取合：《淮・览冥》
取容：《吕・孟冬》
取舍：《吕・士容》
取怨：《吕・孟冬》
龋齿：《吕・应言》
去年：《淮・原道》
全德：《吕・君守》
全具：《吕・仲秋》
全生：《吕・本生》
全数：《淮・时则》
全性：《淮・俶真》
全众：《战・齐策一》
泉水：《吕・本味》
泉源：《吕・仲夏》
拳勇：《吕・简选》
铨衡：《淮・主术》
权变：《淮・说林》
权宠：《战・秦策二》
权谲：《淮・说山》
权量：《淮・氾论》
权势：《吕・诬徒》
权重：《吕・长见》
劝力：《吕・淫辞》
缺失：《战・齐策三》
阙失：《吕・长攻》
囷仓：《吕・仲秋》
R
然后：《吕・尊师》
壤地：《战・秦策四》
让位：《淮・精神》
饶多：《淮・俶真》
饶富：《淮・说林》
扰动：《吕・仲春》
扰民：《吕・安死》
蛲(ràо)动：《淮・原道》
热食：《吕・荡兵》
热汤：《吕・季夏》
人臣：《吕・审分》
人道：《吕・明理》
人功：《吕・季夏》
人国：《淮・说山》
人和：《淮・说山》
人家：《淮・时则》
人间：《淮・原道》
人君：《吕・君守》
人面：《吕・本味》

人民：《吕·论人》
人情：《吕·察传》
人人：《吕·论人》
人神：《吕·顺民》
人事：《吕·安死》
人数：《吕·慎势》
人物：《淮·说林》
人心：《淮·原道》
人形：《淮·俶真》
人性：《淮·本经》
人主：《吕·恃君》
人爪：《淮·主术》
仁爱：《淮·修务》
仁德：《吕·音律》
仁恩：《吕·孟春》
仁化：《淮·原道》
仁惠：《吕·简选》
仁人：《吕·长利》
仁心：《吕·察微》
仁义：《吕·贵生》
忍丑：《吕·达郁》
任身：《吕·本味》
任用：《淮·览冥》
日旦：《淮·氾论》
日暮：《吕·不侵》
日夕：《吕·长利》
日夜：《吕·仲秋》
日用：《吕·勿躬》
日月：《吕·孟春》
日中：《吕·首时》
戎兵：《吕·孟秋》
戎旅：《淮·时则》
戎马：《淮·览冥》
容饰：《淮·览冥》
容说：《吕·遇合》
容体：《淮·览冥》
容仪：《淮·说山》
容与：《淮·精神》
容止：《吕·仲春》
荣华：指茂盛的花
《淮·时则》
荣名：《吕·离俗》
荣势：《淮·原道》
荣卫：《吕·达郁》
荣显：《淮·俶真》
荣幸：《淮·原道》
柔惠：《淮·时则》
柔弱：《淮·修务》
肉酱：《吕·行论》
肉玃：《吕·本味》
肉汁：《吕·应言》
挐首：《淮·览冥》
如此：《吕·壅塞》
如何：《吕·行论》
如期：《吕·至忠》
如是：《吕·应言》
如之何：《吕·壅塞》
濡湿：《淮·俶真》
入朝：《吕·应言》
入道：《淮·览冥》
入门：《吕·本生》
入学：《吕·季秋》
瑞应：《淮·览冥》
锐利：《吕·简选》
润溽：《吕·季夏》
润泽：《淮·说山》
若士：《淮·俶真》
弱土：《吕·任地》
焫烛：《淮·原道》
蒻席：《淮·主术》

S
塞绝：《吕・孟冬》
塞外：《淮・墬形》
塞责：《吕・无义》
参(sān)和：《淮・本经》
三代：《吕・开春》
三公：《吕・孟春》
三关：《吕・当染》
三军：《淮・说山》
三孔：《淮・说山》
三老五更：《淮・氾论》
三牲：《吕・仲春》
三推：《吕・孟春》
三王：《淮・本经》
散布：《吕・仲春》
散地：《战・中山策》
散落：《吕・季夏》
散舒：《淮・天文》
散越：《吕・孟冬》
桑间：《淮・原道》
桑椹：《淮・览冥》
桑榆：《淮・说林》
桑柘：《淮・原道》
丧车：《吕・节丧》
丧服：《吕・音律》
丧国：《吕・审应》
丧纪：《吕・贵公》
丧礼：《淮・本经》
丧事：《吕・知接》
丧亡：《吕・仲冬》
臊腥：《吕・本味》
扫除：《吕・贵公》
色象：《淮・俶真》
色泽：《吕・重己》
沙漠：《吕・孟春》
杀伐：《吕・应同》
杀害：《吕・怀宠》
杀戮：《吕・孟夏》
杀气：《吕・季春》
杀身：《吕・士节》
杀生：《吕・审分》
唼喋：《淮・俶真》
歃血：《淮・氾论》
山川：《淮・墬形》
山关：《战・齐策三》
山林：《吕・孟春》
山陵：《吕・禁塞》
山木：《吕・季夏》
山泉：《吕・本味》
山行：《淮・修务》
山形：《战・西周策》
山穴：《淮・原道》
山泽：《吕・季夏》
埏埴：《吕・君守》
扇迫：《吕・辩土》
扇翣：《吕・节丧》
禅代：《淮・墬形》
禅受：《吕・不屈》
禅位：《吕・圜道》
善否：《淮・主术》
善名：《吕・功名》
善事：《淮・本经》
善性：《吕・尽数》
善言：《吕・听言》
善政：《吕・察微》
善终：《吕・达郁》
缮脩：《淮・天文》
商歌：《吕・直谏》
商旅：《吕・仲秋》
伤败：《战・秦策一》

伤创：《吕·孟秋》
伤悼：《淮·本经》
伤害：《吕·孟春》
伤毁：《淮·俶真》
伤生：《吕·审为》
伤折：《吕·辩土》
殇子：《吕·察今》
赏赐：《淮·时则》
赏罚：《吕·壅塞》
上达：《吕·圜道》
上德：《吕·似顺》
上风：《淮·览冥》
上功：《吕·季春》
上古：《吕·恃君》
上将：《吕·简选》
上客：《淮·说山》
上令：《淮·本经》
上路：《淮·主术》
上命：《吕·音律》
上气：《淮·时则》
上升：《吕·季秋》
上世：《吕·贵公》
上术：《淮·主术》
上堂：《吕·安死》
上天：《淮·览冥》
上通：《淮·览冥》
上位：《吕·怀宠》
上旬：《吕·仲春》
上肴：《淮·精神》
尚武：《吕·季秋》
烧灰：《吕·上农》
烧田：《淮·主术》
少阳：《吕·孟春》
少有：《吕·仲春》
少主：《淮·修务》
少子：《淮·精神》
少女：《淮·修务》
奢侈：《吕·去私》
舌头：《淮·修务》
蛇䱇(shàn)：《淮·览冥》
舍人：《淮·氾论》
舍止：《吕·孟春》
社稷：《吕·孟夏》
射覆：《淮·精神》
射天：《吕·禁塞》
射御：《吕·本味》
设备：《吕·壅塞》
设守：《吕·禁塞》
设位：《淮·精神》
赦贷：《吕·怀宠》
慑怖：《战·秦策五》
慑惧：《淮·精神》
摄取：《战·齐策三》
摄政：《吕·长见》
身穷：《吕·察微》
身形：《吕·长利》
呻吟：《吕·大乐》
深峻：《淮·天文》
深浅：《战·中山策》
深邃：《吕·仲冬》
深微：《淮·说山》
深谿：《吕·慎行》
深隐：《淮·氾论》
深渊：《吕·本味》
深知：《吕·谨听》
深重：《战·秦策二》
神仓：《吕·季秋》
神龟：《淮·说山》
神化：《淮·览冥》
神马：《淮·俶真》

神明：《淮·精神》
神祇：《吕·季秋》
神气：《淮·览冥》
神人：《吕·贵公》
神圣：《淮·墬形》
神兽：《淮·墬形》
神物：《淮·俶真》
神性：《吕·知分》
慎行：《淮·氾论》
渗漏：《淮·天文》
升降：《吕·本生》
升天：《淮·原道》
升遐：《吕·本味》
升陟：《吕·君守》
生出：《吕·仲冬》
生存：《吕·情欲》
生道：《吕·重己》
生华：《淮·时则》
生命：《吕·知士》
生气：《淮·时则》
生人：《淮·精神》
生杀：《吕·任地》
生生：《淮·精神》
生性：《吕·本生》
生养：《淮·时则》
生育：《吕·仲春》
生植：《淮·主术》
生子：《吕·仲春》
笙竽：《淮·时则》
声名：《淮·俶真》
声气：《淮·说山》
声色：《吕·当染》
声势：《战·齐策一》
声音：《吕·适音》
绳直：《淮·说林》
省减：《淮·时则》
省文：《吕·季冬》
盛德：《吕·孟春》
盛冬：《吕·孟冬》
盛服：《战·秦策五》
盛乐：《吕·仲夏》
盛衰：《吕·不侵》
盛阳：《吕·孟夏》
盛壮：《淮·天文》
胜负：《吕·爱士》
圣道：《淮·修务》
圣德：《吕·慎人》
圣帝：《吕·用众》
圣君：《淮·览冥》
圣人：《吕·贵生》
圣贤：《吕·论大》
尸素：《吕·贵生》
失当：《淮·主术》
失道：《淮·览冥》
失国：《吕·权勋》
失过：《吕·谨听》
失火：《淮·说山》
失礼：《吕·安死》
失明：《淮·精神》
失饪：《吕·本味》
失声：《淮·览冥》
失序：《淮·本经》
失言：《吕·达郁》
失职：《淮·修务》
失志：《淮·览冥》
失中：《吕·壅塞》
施行：《吕·重己》
施用：《吕·孟春》
施与：《战·中山策》
师道：《吕·勤学》

师法:《吕·谨听》
师徒:《吕·长攻》
师友:《吕·下贤》
十二辰:《吕·孟春》
十六相:《淮·说山》
十月:《淮·氾论》
食气:《吕·重己》
食肉:《吕·安死》
食时:《淮·氾论》
时候:《吕·孟春》
时令:《吕·季冬》
时气:《淮·时则》
时人:《淮·天文》
时适:《淮·说林》
时行:《吕·重己》
时雪:《淮·时则》
时雨:《吕·季夏》
实然:《淮·说山》
识味:《吕·精论》
矢石:《吕·贵直》
矢鏃:《淮·墬形》
使令:《吕·审分》
使命:《吕·孟秋》
使用:《吕·长见》
使者:《吕·慎大》
士民:《吕·怀宠》
士卒:《吕·察微》
世传:《淮·修务》
世妇:《吕·仲春》
世间:《淮·氾论》
世人:《吕·本生》
世世:《吕·圜道》
世主:《吕·似顺》
世子:《吕·审应》
市侩:《淮·氾论》
市吏:《淮·氾论》
市门:《吕·制乐》
市民:《吕·行论》
市肆:《吕·安死》
示人:《吕·节丧》
示众:《吕·任数》
事功:《吕·情欲》
事类:《吕·仲秋》
事情:《吕·振乱》
事实:《吕·本生》
事事:《吕·先己》
事务:《淮·说山》
侍见:《吕·仲春》
侍者:《吕·达郁》
室家:《淮·说山》
恃赖:《吕·士容》
恃险:《吕·长利》
是故:《吕·贵生》
是以:《吕·孟春》
视听:《吕·士容》
势力:《吕·审时》
势位:《淮·原道》
嗜欲:《吕·侈乐》
饰好:《吕·审应》
适宜:《吕·适威》
适中:《吕·辩土》
适子:《淮·时则》
适足:《战·中山策》
螫毒:《淮·本经》
释神:《淮·主术》
收藏:《吕·孟秋》
收聚:《吕·音律》
收敛:《淮·天文》
收纳:《淮·天文》
收去:《吕·季秋》

收入：《吕·季春》
收掌：《吕·季冬》
守备：《吕·慎大》
守门：《吕·音初》
守塞：《吕·当赏》
守慎：《吕·重己》
守死：《吕·贵生》
守虚：《淮·精神》
首疾：《吕·尽数》
受禅：《淮·原道》
受教：《吕·务大》
受禄：《吕·务本》
受命：《吕·古乐》
受赏：《吕·异宝》
受业：《淮·氾论》
寿命：《吕·尽数》
寿终：《淮·俶真》
瘦瘠：《吕·贵生》
兽罟：《吕·上农》
书契：《淮·本经》
书社：《吕·慎大》
书文：《淮·本经》
书意：《吕·尊师》
殊绝：《淮·览冥》
疏道：《淮·修务》
疏镂：《吕·孟春》
疏远：《吕·情欲》
舒迟：《吕·审分》
蔬菜：《吕·君守》
输力：《吕·务本》
输写：《吕·知接》
熟食：《吕·本味》
黍稷：《吕·任地》
黍酒：《吕·权勋》
束帛：《吕·仲春》
束脯：《吕·报更》
束缚：《吕·直谏》
束薪：《淮·说山》
庶弟：《战·齐策一》
庶人：《吕·达郁》
庶物：《淮·时则》
庶兄：《淮·主术》
庶子：《吕·知士》
术数：《吕·去宥》
数中：《吕·去私》
树德：《吕·当务》
树木：《淮·本经》
衰德：《淮·氾论》
衰废：《吕·遇合》
衰倦：《吕·论人》
衰老：《吕·顺民》
衰乱：《吕·务本》
衰世：《淮·精神》
率(shuài)德：《淮·主术》
率义：《吕·正名》
霜雪：《淮·原道》
孀妇：《淮·修务》
水草：《吕·任地》
水道：《淮·本经》
水官：《淮·本经》
水华：《淮·说山》
水浆：《吕·节丧》
水精：《淮·览冥》
水居：《吕·本味》
水潦：《吕·孟春》
水鸟：《淮·说林》
水气：《淮·览冥》
水禽：《吕·孟春》
水泉：《吕·仲冬》
水色：《吕·应同》

水神：《吕·孟冬》
水势：《淮·本经》
水物：《淮·天文》
水险：《淮·俶真》
水行：《淮·修务》
水性：《淮·原道》
水畜：《吕·孟夏》
水厓：《淮·原道》
水涯：《吕·本味》
水银：《淮·墬形》
水灾：《吕·爱类》
水藻：《吕·本味》
水泽：《淮·天文》
税敛：《吕·孟冬》
顺善：《淮·说山》
顺时：《吕·尽数》
顺说：《吕·顺民》
顺行：《吕·孝行》
顺性：《吕·先己》
顺阳：《吕·仲夏》
说乐：《淮·俶真》
说言：《吕·禁塞》
朔日：《吕·季夏》
私爱：《战·西周策》
私财：《吕·遇合》
私好：《吕·贵公》
私会：《吕·本生》
私田：《吕·务本》
私为：《吕·贵公》
私邪：《吕·圜道》
私邑：《吕·诚廉》
私族：《吕·无义》
思虑：《吕·尊师》
思谋：《淮·说林》
思慕：《淮·本经》
思念：《淮·精神》
丝竹：《淮·时则》
缌麻：《淮·氾论》
死灰：《淮·精神》
死难：《淮·时则》
死人：《吕·节丧》
死伤：《战·秦策二》
死生：《吕·贵公》
死亡：《吕·论威》
死战：《吕·爱士》
驷乘：《吕·悔过》
四表：《吕·功名》
四出：《吕·孟春》
四方：《吕·仲夏》
四海：《吕·有始》
四角：《淮·天文》
四界：《吕·季夏》
四境：《吕·孟夏》
四面：《吕·孟春》
四上：《吕·知分》
四时：《吕·尊师》
四维：《淮·原道》
四凶：《淮·说山》
四夷：《吕·知度》
四远：《吕·去私》
四肢：《吕·审时》
祀典：《吕·季冬》
嗣君：《战·宋卫策》
肆行：《吕·安死》
松柏：《吕·慎人》
松脂：《淮·说山》
送葬：《吕·节丧》
薮泽：《淮·墬形》
苏生：《吕·孟春》
俗间：《淮·说林》

俗乐：《淮・原道》
俗人：《吕・贵生》
俗主：《吕・当染》
素积：《吕・仲秋》
素朴：《吕・士容》
素题：《淮・精神》
速疾：《吕・适威》
宿度：《吕・孟春》
宿会：《淮・原道》
宿止：《淮・天文》
诉告：《战・齐策三》
肃棘：《吕・尽数》
肃然：《吕・适音》
肃杀：《吕・仲春》
算计：《淮・俶真》
随后：《吕・任数》
随事：《淮・原道》
岁岁：《淮・原道》
岁终：《淮・天文》
损伤：《淮・精神》
所出：《吕・仲夏》
所为：所作，作为《淮・原道》
所谓：《淮・原道》
所宜：《吕・先己》
所以：连词，表因果《淮・原道》
所以：用以，用来《吕・本生》
所有：《淮・氾论》
所愿：《吕・勤学》
所子：《吕・简选》

T

他故：《战・宋卫策》
他人：《吕・制乐》
他日：《战・秦策一》
胎养：《吕・季冬》
胎育：《吕・仲夏》
太和：《淮・览冥》
太极：《淮・览冥》
太牢：《吕・仲春》
太庙：《吕・孟春》
太平：《吕・长见》
太上：《淮・主术》
太室：《淮・时则》
太阳：《吕・孟秋》
太阴：《吕・孟春》
太子：《吕・知士》
太宗：《淮・览冥》
贪暴：《吕・任数》
贪利：《吕・异宝》
贪禄：《吕・长利》
贪淫：《淮・原道》
贪欲：《吕・本生》
坛场：《淮・时则》
叹辞（词）：《吕・知化》
堂前：《吕・召类》
堂宇：《吕・季秋》
逃走：《战・秦策二》
桃李：《吕・仲春》
陶化：《淮・本经》
陶人：《淮・原道》
陶瓦：《淮・氾论》
陶冶：《吕・君守》
讨暴：《吕・孟秋》
讨逐：《吕・安死》
特命：《淮・时则》
特牛：《淮・时则》
腾蛇：《淮・览冥》
腾跃：《战・秦策四》
体道：《吕・情欲》
体解：《吕・孟冬》
体正：《吕・审己》

惕然：《淮·原道》
天常：《吕·重己》
天道：《吕·论人》
天地：《吕·孟春》
天帝：《吕·孟春》
天官：《吕·季秋》
天门：《淮·精神》
天命：《吕·应同》
天年：《淮·精神》
天气：《淮·墬形》
天壤：《淮·精神》
天上：《淮·时则》
天神：《吕·顺民》
天时：《吕·仲秋》
天素：《淮·原道》
天文：《吕·审分》
天下：《吕·孟春》
天性：《吕·上德》
天殃：《吕·季夏》
天阳：《吕·仲秋》
天意：《淮·原道》
天子：《吕·孟春》
天宗：《吕·孟冬》
田车：《吕·季秋》
田畴：《吕·季夏》
田猎：《吕·任数》
田马：《吕·季秋》
田器：《吕·怀宠》
田事：《吕·孟春》
恬淡：《淮·原道》
恬澹：《淮·说山》
恬和：《淮·原道》
恬漠：《淮·精神》
恬卧：《淮·主术》
条贯：《吕·孝行》
条枚：《吕·知分》
调和：《吕·贵公》
调谐：《淮·览冥》
调匀：《淮·修务》
跳动：《吕·尽数》
跳踉：《淮·精神》
铁刃：《淮·氾论》
听从：《吕·荡兵》
听命：《战·中山策》
听说：《吕·别类》
听用：《吕·不屈》
听治：《战·齐策一》
听罪：《战·秦策四》
挺生：《吕·任地》
通称：《吕·去私》
通达：《吕·孟春》
通洞：《吕·精通》
通沟：《淮·精神》
通国：《吕·论大》
通合：《吕·勿躬》
通和：《吕·察传》
通精：《淮·时则》
通理：《淮·俶真》
通利：《吕·先己》
通流：《淮·墬形》
通谋：《吕·精论》
通气：《淮·精神》
通水：《淮·时则》
通塗：《吕·孟冬》
通物：《淮·说山》
通义：《吕·离俗》
通治：《淮·说林》
同德：《淮·原道》
同归：《淮·本经》
同类：《淮·说山》

同气：《吕・应同》
同行：《淮・修务》
同形：《淮・览冥》
同姓：《吕・先己》
同异：《吕・处方》
同忧：《吕・慎大》
同志：《淮・原道》
同罪：《战・宋卫策》
童蒙：《吕・勤学》
铜盘：《淮・天文》
瞳子：《淮・主术》
统一：《吕・有始》
统御：《淮・主术》
痛伤：《吕・长利》
痛痒：《吕・圜道》
投醪：《吕・顺民》
投袂：《淮・主术》
投弃：《吕・乐成》
头痛疾：《吕・尽数》
突胸仰向疾：《吕・尽数》
徒处：《战・秦策一》
徒众：《淮・俶真》
屠钓：《淮・氾论》
图籍：《淮・览冥》
土地：《吕・孟秋》
土缶：《淮・氾论》
土工：《淮・天文》
土鼓：《吕・贵生》
土疆：《吕・季夏》
土笼：《淮・说山》
土木：《吕・去私》
土牛：《吕・季冬》
土王：《淮・墬形》
土物：《吕・应同》
兔罟：《淮・时则》
兔网：《吕・季春》
推行：《吕・重己》
推移：《吕・简选》
隤陷：《淮・原道》
退思：《吕・任数》
退走：《吕・孝行》
吞灭：《战・西周策》
吞炭：《淮・览冥》
涒滩：《吕・不侵》
拓境：《吕・首时》

W

瓦砾：《吕・贵生》
瓦器：《吕・仲冬》
外道：《吕・有始》
外景：《淮・精神》
外貌：《淮・原道》
外内：《吕・先己》
外屏：《吕・季秋》
外徙：《淮・天文》
晚熟：《吕・仲夏》
婉顺：《吕・慎大》
婉转：《淮・精神》
琬琰：《淮・俶真》
万乘：《吕・首时》
万法：《吕・先己》
万民：《吕・先己》
万石：《吕・异宝》
万事：《淮・原道》
万物：《吕・贵公》
亡国：《吕・安死》
亡去：《战・秦策一》
亡失：《吕・精论》
亡逃：《淮・说林》
王伯：《吕・去私》
王道：《吕・先己》

王法：《淮·说山》
王功：《吕·报更》
王后：《吕·季春》
王气：《吕·季春》
王事：《吕·先己》
王术：《吕·务大》
王者：《吕·重己》
王政：《吕·观表》
往来：《吕·精通》
往日：《吕·行论》
魍魉：《吕·知接》
妄言：《吕·必己》
妄作：《吕·离俗》
望见：《淮·说山》
危败：《吕·情欲》
危殆：《吕·安死》
危害：《淮·说山》
危难：《淮·氾论》
危身：《吕·别类》
危亡：《吕·似顺》
危险：《淮·主术》
危行：《战·宋卫策》
威德：《战·秦策一》
威力：《吕·论人》
威武：《吕·长见》
威刑：《吕·恃君》
威仪：《淮·时则》
威震：《战·齐策一》
微计：《战·中山策》
微贱：《淮·览冥》
微密：《吕·博志》
微妙：《吕·异宝》
微霜：《淮·说山》
微细：《吕·察微》
微小：《吕·别类》
微言：《吕·精论》
微阳：《吕·仲冬》
微阴：《吕·仲夏》
巍巍：《淮·本经》
围绕：《吕·明理》
围守：《吕·明理》
为害：《淮·时则》
为乱：《吕·贵卒》
为命：《吕·圜道》
为然：《淮·时则》
为善：《吕·功名》
为事：《吕·乐成》
为诈：《淮·氾论》
为政：《吕·安死》
违背：《吕·爱类》
违礼：《吕·安死》
违命：《吕·过理》
委积：《淮·说山》
委曲：《淮·精神》
委质：《吕·慎大》
委纵：《淮·修务》
萎蕤：《淮·天文》
苇席：《淮·本经》
痿疾：《吕·重己》
伪诈：《吕·下贤》
鲔鱼：《吕·季春》
畏惧：《吕·论威》
畏难：《战·秦策四》
畏慎：《吕·孝行》
谓如：《吕·决胜》
谓为：《吕·情欲》
魏魏：《吕·审为》
温风：《淮·时则》
温故：《战·中山策》
温仁：《淮·时则》

温恤：《淮・原道》
温煦：《淮・时则》
文簿：《吕・季秋》
文饬：《吕・先己》
文辞：《战・秦策一》
文错：《战・宋卫策》
文德：《淮・俶真》
文官：《淮・说山》
文虎：《淮・墬形》
文画：《淮・本经》
文理：《淮・览冥》
文饰：《吕・过理》
文书：《淮・本经》
文象：《淮・天文》
文衣：《淮・说林》
文章：《淮・说林》
闻道：《淮・修务》
闻知：《吕・行论》
问聘：《淮・主术》
齆鼻：《吕・尽数》
汙秽：《吕・审分》
汙辱：《吕・慎小》
污下：《淮・墬形》
巫医：《吕・尽数》
屋室：《淮・氾论》
屋檐：《淮・览冥》
乌鹊：《淮・原道》
吾生：《吕・重己》
梧桐：《吕・季春》
无处：《吕・壹行》
无从：《吕・君守》
无道：《吕・禁塞》
无德：《吕・遇合》
无耳：《吕・贵公》
无法：《吕・淫辞》
无父：《淮・时则》
无辜：《吕・荡兵》
无患：《吕・务本》
无极：《淮・览冥》
无间：《淮・精神》
无咎：《吕・务本》
无理：《吕・离谓》
无聊：《淮・主术》
无虑：《淮・俶真》
无目：《吕・贵公》
无能：《吕・离俗》
无声：《吕・首时》
无失：《吕・遇合》
无事：《淮・览冥》
无势：《吕・本生》
无私：《吕・圜道》
无所：《淮・原道》
无头鬼：《淮・览冥》
无威：《吕・论人》
无为：《吕・先己》
无味：《吕・应言》
无闻：《吕・察传》
无邪：《淮・氾论》
无形：《吕・审分》
无厌：《淮・氾论》
无以：《吕・异宝》
无益：《吕・重己》
无异：《吕・君守》
无用：《吕・忠廉》
无忧：《吕・过理》
无由：《吕・尽数》
无有：《吕・仲夏》
无治：《吕・乐成》
无资：《吕・季春》
无罪：《吕・荡兵》

芜秽：《淮·时则》
五霸：《吕·义赏》
五兵：《吕·季秋》
五材：《吕·荡兵》
五采：《淮·主术》
五常：《吕·慎势》
五谷：《吕·孟春》
五稼：《吕·季春》
五气：《淮·本经》
五色：《吕·仲夏》
五祀：《吕·孟冬》
五味：《吕·贵公》
五星：《吕·孟春》
五行：《吕·孟春》
五音：《吕·仲夏》
五指：《淮·墬形》
五子：《吕·贵公》
伍列：《吕·简选》
武备：《淮·氾论》
武功：《淮·本经》
武官：《淮·说山》
武力：《吕·应同》
武人：《吕·孟秋》
武士：《吕·音律》
武勇：《吕·顺民》
侮慢：《吕·顺民》
碔砆：《淮·氾论》
舞曲：《淮·俶真》
物类：《淮·览冥》
物役：《淮·原道》
物用：《淮·原道》
务本：《吕·不广》
务农：《吕·音律》
误失：《战·齐策二》
雾散：《淮·天文》

X

夕室：《吕·明理》
西北：《吕·有始》
西方：《吕·季夏》
西宫：《淮·时则》
西海：《吕·本味》
西极：《吕·本味》
西门：《淮·览冥》
西南：《吕·简选》
西戎：《吕·义赏》
西头：《吕·季夏》
西土：《淮·氾论》
西音：《吕·音初》
西岳：《吕·上德》
吸气：《吕·求人》
昔人：《吕·贵公》
昔岁：《淮·说山》
昔者：《吕·本生》
析言：《吕·淫辞》
息土：《淮·墬形》
息止：《淮·览冥》
犀角：《淮·墬形》
犀首：《战·秦策二》
睎望：《吕·怀宠》
稀世：《淮·精神》
谿谷：《吕·古乐》
谿涧：《淮·修务》
牺牲：《吕·仲春》
席蓐：《淮·览冥》
习水：《淮·主术》
习肄：《吕·季夏》
习战：《吕·简选》
洗耳：《淮·氾论》
喜说：《吕·决胜》
係获：《战·齐策一》

细布：《淮·修务》
细小：《吕·士容》
细腰：《吕·精论》
狭小：《淮·氾论》
陜隘：《淮·本经》
暇日：《淮·修务》
瑕衅：《淮·氾论》
下车：《战·宋卫策》
下降：《吕·季秋》
下流（游）：《吕·察微》
下民：《吕·君守》
下人：《战·齐策一》
下殇：《吕·为欲》
下溼：《吕·孟春》
下士：《吕·报更》
下位：《淮·说山》
下席：《吕·直谏》
下旬：《吕·季春》
下愚：《吕·振乱》
下趾：《淮·说林》
下坠：《吕·察今》
夏气：《吕·仲春》
夏月：《淮·时则》
仙人：《淮·俶真》
先帝：《战·秦策四》
先君：《吕·仲秋》
先人：《吕·孟冬》
先生：《战·宋卫策》
先师：《吕·仲春》
先王：《吕·知士》
先行：《淮·时则》
先知：《吕·观表》
先祖：《吕·孟春》
铦利：《淮·修务》
鲜明：《淮·时则》
纤微：《吕·本味》
弦歌：《吕·慎人》
嫌馀：《吕·季春》
衔持：《淮·本经》
衔齧：《吕·离谓》
贤良：《吕·孟夏》
贤明：《吕·察传》
贤仁：《吕·重言》
贤圣：《吕·乐成》
贤知：《吕·谨听》
贤智：《吕·知接》
闲暇：《淮·说山》
险固：《战·秦策一》
险难：《吕·长攻》
险塞：《淮·俶真》
险阻：《吕·有始》
显达：《淮·原道》
显列：《淮·主术》
显荣：《吕·当染》
陷没：《吕·慎大》
陷破：《吕·召类》
陷入：《吕·慎行》
縣垂：《淮·天文》
相半：《淮·说山》
相比：《淮·原道》
相薄：《淮·原道》
相成：《吕·处方》
相持：《淮·说山》
相传：《吕·安死》
相当：《吕·审应》
相得：《吕·别类》
相动：《淮·说山》
相反：《吕·功名》
相干：《吕·孟春》
相感：《吕·应同》

相合：《吕·季冬》
相击：《吕·古乐》
相济：《淮·氾论》
相兼：《吕·圜道》
相见：《吕·无义》
相近：《吕·知接》
相类：《淮·修务》
相连：《吕·季春》
相马：《吕·知士》
相亲：《战·秦策一》
相去：《吕·长利》
相如：《淮·修务》
相杀：《吕·当务》
相生：《吕·古乐》
相视：《吕·安死》
相似：《吕·过理》
相忘：《淮·俶真》
相望：《淮·说山》
相位：《战·齐策一》
相须：《吕·务大》
相亚：《吕·下贤》
相印：《战·齐策一》
相远：《淮·说山》
相怨：《吕·不广》
相知：《吕·贵生》
相值：《吕·似顺》
相坐：《淮·俶真》
香草：《淮·修务》
香饵：《淮·说山》
乡曲：《吕·尊师》
祥瑞：《吕·审分》
详审：《吕·知接》
象牀：《战·齐策三》
象箸：《淮·说山》
削刻：《淮·览冥》
削弱：《吕·长见》
消除：《淮·览冥》
消释：《吕·季冬》
消铄：《淮·俶真》
销烁：《吕·明理》
萧条：《淮·俶真》
箫韶：《吕·季春》
箫箫：《淮·俶真》
小兵：《吕·孟冬》
小臣：《吕·爱士》
小大：《吕·仲秋》
小儿：《吕·明理》
小国：《吕·壹行》
小慧：《淮·说山》
小利：《淮·览冥》
小敛：《淮·氾论》
小米：《吕·审时》
小人：《吕·安死》
小智：《吕·别类》
小子：《吕·荡兵》
小罪：《吕·孟夏》
孝道：《吕·孝行》
孝敬：《吕·季秋》
孝悌：《淮·时则》
孝子：《淮·本经》
肖象：《淮·氾论》
校战：《战·秦策四》
啸吟：《淮·览冥》
邪辟：《吕·正名》
邪臣：《吕·当染》
邪道：《吕·知分》
邪径：《吕·孝行》
邪气：《吕·尽数》
邪说：《吕·知度》
邪行：《吕·孟春》

邪淫：《淮·精神》
邪諤：《吕·淫辞》
邪志：《淮·本经》
协和：《吕·仲春》
携贰：《吕·行论》
携离：《吕·音律》
懈惰：《淮·修务》
懈堕：《吕·求人》
蟹匡：《淮·原道》
心平：《吕·审己》
心志：《淮·主术》
欣说：《吕·孟夏》
新妇：《战·宋卫策》
新故：《淮·览冥》
新声：《吕·本生》
薪柴：《吕·季冬》
薪燎：《吕·季冬》
薪蒸：《淮·氾论》
信义：《吕·怀宠》
信用：《吕·禁塞》
衅钟：《吕·骄恣》
星辰：《吕·孟春》
兴兵：《吕·孟春》
兴化：《吕·季春》
兴盛：《淮·时则》
兴雨：《吕·仲夏》
兴造：《吕·安死》
刑辟：《吕·孝行》
刑措：《淮·氾论》
刑断：《淮·时则》
刑罚：《吕·孟秋》
刑法：《吕·圜道》
刑戮：《吕·音律》
刑名：《战·秦策五》
刑杀：《吕·不苟》
刑神：《淮·精神》
刑狱：《吕·季秋》
刑罪：《吕·求人》
行道：《吕·孝行》
行德：《吕·爱士》
行度：《吕·圜道》
行法：《吕·音律》
行歌：《淮·说山》
行礼：《吕·先己》
行令：《吕·孟春》
行戮：《吕·孟秋》
行乞：《吕·报更》
行气：《吕·必己》
行善：《淮·说山》
行商：《吕·仲秋》
行事：《吕·士容》
行刑：《吕·高义》
形骸：《淮·精神》
形迹：《淮·览冥》
形埒：《淮·原道》
形容：《淮·精神》
形势：《淮·氾论》
形体：《吕·圜道》
形象：《淮·俶真》
形性：《吕·尽数》
形盐：《吕·本味》
形影：《淮·修务》
形兆：《吕·有始》
形状：《吕·明理》
省视：《淮·精神》
姓名：《吕·孟冬》
姓字：《淮·氾论》
幸爱：《吕·遇合》
幸臣：《吕·贵因》
幸姬：《淮·修务》

性命：《吕·情欲》
凶服：《淮·说山》
凶灾：《吕·明理》
凶残：《吕·荡兵》
匈匈：《吕·明理》
胸臆：《吕·当染》
熊蹯：《淮·说山》
休废：《吕·孟春》
休息：《吕·情欲》
休止：《吕·贵因》
修兵：《吕·本生》
修利：《吕·音律》
修饰：《淮·修务》
修治：《吕·季夏》
修行：《淮·氾论》
修治：《淮·时则》
虚称：《吕·功名》
虚费：《淮·氾论》
虚华：《淮·俶真》
虚己：《吕·报更》
虚诈：《淮·本经》
虚中：《淮·墬形》
虚空：《战·秦策五》
虚名：《吕·去私》
虚实：《吕·审分》
虚无：《吕·必己》
须臾：《吕·音初》
徐步：《吕·重己》
徐行：《吕·不屈》
徐徐：《淮·说山》
许诺：《吕·观表》
恤民：《吕·情欲》
畜藏：《淮·本经》
畜积：《淮·主术》
畜聚：《吕·季夏》
畜养：《淮·说山》
稸积：《吕·爱类》
宣布：《淮·俶真》
宣明：《吕·仲夏》
宣扬：《吕·诚廉》
玄鹤：《淮·览冥》
玄孙：《淮·说山》
玄堂：《吕·孟春》
玄纁：《吕·制乐》
旋踵：《淮·修务》
璇玉：《吕·别类》
选择：《吕·季秋》
选卒：《战·齐策一》
学官：《吕·仲春》
学问：《淮·修务》
学者：《吕·勤学》
雪霜：《吕·孟春》
血脉：《吕·达郁》
血气：《淮·本经》
血食：《吕·知化》
薰燧：《淮·说山》
巡狩：《吕·音初》
巡行：《吕·季夏》
循常：《淮·氾论》
循行：《吕·季春》
训罚：《吕·应同》
训厉：《吕·贵公》
Y
牙蘖：《淮·天文》
崖岸：《淮·原道》
涯畔：《吕·爱类》
雅乐：《吕·淫辞》
咽疾：《吕·尽数》
烟尘：《吕·任数》
烟火：《淮·览冥》

烟气：《吕·季冬》
延颈：《吕·精通》
延生：《吕·任地》
言辞：《吕·用众》
言道：《吕·论人》
言说：《吕·壅塞》
言行：《吕·爱类》
言语：《淮·主术》
炎旱：《吕·仲秋》
炎气：《吕·仲夏》
炎上：《吕·有始》
炎阳：《吕·仲春》
颜貌：《吕·首时》
颜色：《淮·主术》
严父：《淮·氾论》
严猛：《吕·仲秋》
严亲：《吕·荡兵》
严刑：《吕·功名》
巖穴：《淮·原道》
奄然：《淮·修务》
奄人：《吕·知接》
偃兵：《吕·荡兵》
偃息：《吕·顺说》
掩覆：《淮·时则》
厌足：《吕·慎大》
燕爵：《吕·长利》
燕雀：《淮·览冥》
殃败：《吕·季秋》
羊肠：《吕·有始》
羊羹：《战·中山策》
羊头：《淮·修务》
羊枣：《吕·季秋》
佯狂：《吕·必己》
阳德：《吕·孟春》
阳精：《吕·禁塞》
阳律：《吕·孟春》
阳气：《吕·孟春》
阳神：《淮·精神》
阳施：《淮·时则》
阳数：《吕·求人》
阳炎：《吕·重己》
扬名：《吕·孝行》
扬言：《吕·慎大》
印鼻：《淮·览冥》
养德：《淮·主术》
养老：《吕·仲秋》
养民：《吕·先识》
养亲：《吕·孝行》
养人：《吕·本生》
养神：《吕·勿躬》
养生：《吕·季春》
养物：《淮·精神》
养贤：《吕·论人》
养形：《淮·精神》
养育：《淮·时则》
养志：《吕·慎人》
养治：《吕·知接》
夭伤：《吕·季冬》
夭寿：《淮·说山》
夭死：《淮·原道》
夭折：《吕·本生》
妖惑：《吕·知接》
妖孽：《吕·明理》
妖祥：《战·宋卫策》
妖星：《淮·原道》
妖灾：《吕·季冬》
袄怪：《淮·墬形》
殽乱：《吕·慎大》
徭役：《吕·音律》
摇动：《淮·修务》

摇头：《淮·览冥》
瑶台：《淮·墬形》
繇赋：《吕·慎大》
繇役：《吕·贵公》
窈冥：《淮·修务》
要妙：《吕·荡兵》
要期：《吕·贵因》
要塞：《吕·仲夏》
要誓：《淮·氾论》
要约：《吕·当染》
要指：《战·宋卫策》
药草：《吕·孟夏》
药物：《吕·先己》
野火：《淮·说林》
野马：《淮·主术》
野民：《淮·修务》
野人：《吕·贵因》
曳地：《淮·氾论》
夜半：《淮·俶真》
夜漏：《吕·仲秋》
夜行：《淮·墬形》
一旦：《战·秦策五》
一等：《淮·览冥》
一发：《吕·孟春》
一毛：《淮·俶真》
一色：《吕·当染》
一世：《吕·士容》
一手：《淮·俶真》
一同：《淮·主术》
一曰：《战·秦策一》
衣服：《吕·去私》
衣冠：穿衣戴冠《淮·墬形》
衣锦：《吕·用众》
衣衾：《淮·时则》
衣裳：《吕·孟冬》

依凭：《吕·权勋》
揖让：《淮·本经》
医师：《淮·说山》
夷荒：《淮·览冥》
宜适：《淮·本经》
移兵：《战·宋卫策》
移家：《吕·季夏》
移易：《淮·俶真》
疑惑：《吕·孟春》
疑心：《吕·务本》
仪表：《淮·俶真》
仪度：《吕·不屈》
仪望：《淮·说林》
遗民：《吕·贵公》
遗弃：《吕·士容》
遗脱：《淮·俶真》
遗亡：《吕·士容》
已定：《吕·仲夏》
以次：《淮·修务》
以来：《吕·古乐》
以上：《淮·俶真》
以下：《淮·俶真》
以至：《吕·本生》
蚁封：《吕·慎小》
弋射：《吕·直谏》
役身：《吕·本生》
役使：《吕·孟冬》
役物：《吕·本生》
易夺：《吕·淫辞》
疫病：《吕·孟春》
疫疾：《淮·时则》
益友：《淮·氾论》
异方：《吕·论大》
异母：《吕·介立》
异同：《吕·首时》

异味：《吕·本味》
异姓：《吕·季冬》
逸诗：《吕·爱士》
逸书：《吕·贵信》
意念：《淮·俶真》
意欲：《吕·顺说》
义兵：《吕·荡兵》
义理：《吕·尊师》
义士：《吕·正名》
裔子：《吕·孟春》
因循：《吕·知度》
音乐：《吕·顺民》
音律：《淮·修务》
音声：《吕·适音》
音响：《吕·有始》
霒精：《吕·禁塞》
霒类：《吕·孟夏》
霒谋：《吕·精论》
霒木：《淮·时则》
霒气：《淮·原道》
霒神：《淮·精神》
霒堂：《淮·原道》
霒行：《淮·览冥》
霒雨：《吕·务本》
霒云：《淮·修务》
禋洁：《吕·孟春》
瘖聋：《淮·时则》
吟詠：《淮·俶真》
垠堮：《淮·俶真》
淫辟：《吕·本生》
淫侈：《吕·重己》
淫词：《淮·氾论》
淫酒：《吕·先识》
淫滥：《淮·精神》
淫乱：《吕·本生》
淫湎：《吕·当务》
淫虐：《吕·当务》
淫水：《淮·览冥》
淫邪：《吕·明理》
淫刑：《吕·当务》
淫佚：《吕·贵因》
淫雨：《吕·季春》
淫纵：《吕·去私》
引领：《吕·顺说》
饮酒：《吕·孟春》
饮人：《淮·俶真》
饮食：《淮·俶真》
饮器：《淮·氾论》
隐蔽：《淮·览冥》
隐藏：《淮·墬形》
隐疾：《淮·修务》
隐居：《淮·主术》
隐士：《淮·俶真》
讔言：《吕·重言》
印封：《吕·孟冬》
胤子：《吕·去私》
应德：《淮·览冥》
应和：《吕·孟春》
应声：《淮·说林》
应时：《淮·天文》
应行：《吕·重己》
鹰隼：《吕·决胜》
迎春：《淮·时则》
迎客：《吕·直谏》
迎夏：《淮·时则》
迎阳：《淮·天文》
盈满：《吕·精通》
盈缩：《吕·似顺》
盈厌：《吕·情欲》
营校：《战·中山策》

影表：《淮·本经》
影柱：《淮·原道》
庸作：《战·秦策五》
雍容：《淮·说林》
壅闭：《吕·重己》
壅蔽：《吕·圜道》
壅防：《淮·本经》
壅塞：《吕·分职》
壅御：《吕·怀宠》
拥遏：《淮·天文》
臃肿：《战·秦策二》
喁噞：《淮·说山》
勇敢：《吕·审分》
勇力：《淮·精神》
勇士：《吕·用众》
勇武：《吕·知分》
用兵：《吕·荡兵》
用奇：《吕·义赏》
用事：《吕·孟春》
用思：《吕·勿躬》
用心：《吕·情欲》
幽暗：《吕·季春》
幽都：《淮·墬形》
幽冥：《淮·览冥》
幽濳：《战·秦策五》
幽微：《吕·谨听》
忧悲：《淮·原道》
由豫：《吕·诬徒》
游观：《吕·重己》
游涉：《吕·孝行》
游行：《淮·主术》
游荡：《淮·修务》
游翔：《吕·本生》
友爱：《吕·遇合》
有处：《吕·圜道》
有道：《吕·禁塞》
有德：《淮·修务》
有功：《吕·长见》
有力：《吕·简选》
有命：《吕·制乐》
有人：《战·秦策五》
有如：《吕·适威》
有神：《吕·观表》
有为：《吕·本生》
有形：《淮·原道》
有幸：《吕·本生》
有馀：《吕·贵卒》
有知：《淮·俶真》
有罪：《吕·季秋》
幼艾：《战·齐策三》
幼少：《吕·仲春》
幼小：《淮·时则》
渝变：《吕·节丧》
于是：《淮·时则》
娱乐：《淮·原道》
娱志：《吕·重己》
鱼鳖：《战·齐策三》
鱼肠：《淮·修务》
鱼罟：《吕·上农》
鱼网：《淮·原道》
愚惑：《吕·审己》
榆荚：《淮·俶真》
谀臣：《吕·当染》
馀力：《战·秦策四》
馀声：《淮·原道》
馀绪：《吕·贵生》
馀裕：《吕·贵生》
馀怨：《战·秦策二》
馀子：《战·齐策一》
踰(逾)趯：《吕·仲夏》

瑌璠：《吕·安死》
舆謣：《吕·淫辞》
羽虫：《吕·明理》
羽毛：《淮·时则》
羽旄：《吕·节丧》
羽舞：《淮·原道》
羽翼：《吕·季秋》
羽籥：《吕·仲夏》
雨潦：《淮·说山》
雨露：《吕·重己》
雨水：《淮·时则》
雨云：《淮·俶真》
雨泽：《吕·季春》
雨汁：《吕·仲冬》
伛脊疾：《吕·尽数》
与夺：《吕·审分》
玉杯：《淮·说山》
玉帛：《吕·爱类》
玉环：《战·宋卫策》
玉女：《淮·天文》
玉人：《淮·精神》
玉石：《淮·本经》
玉英：《淮·墬形》
浴室：《吕·精论》
欲望：《吕·慎势》
御马：《淮·俶真》
遇时：《淮·原道》
狱犴：《淮·说林》
狱官：《吕·孟秋》
懊休：《淮·说林》
燠若：《吕·精通》
谕导：《淮·主术》
礜石：《淮·墬形》
鹬冠：《吕·去私》
郁殪：《淮·精神》
冤结：《淮·览冥》
冤枉：《吕·顺民》
元龟：《淮·说山》
元年：《淮·天文》
元气：《吕·应同》
原始：《吕·圜道》
原野：《吕·论威》
援助：《战·秦策二》
园圃：《淮·本经》
圆折：《淮·墬形》
源本：《淮·本经》
猿猴：《淮·览冥》
缘木：《淮·说林》
远方：《淮·览冥》
远古：《淮·修务》
远国：《吕·知度》
远人：《淮·时则》
远外：《吕·举难》
远闻：《吕·壅塞》
远乡：《吕·仲秋》
远行：《吕·悔过》
远裔：《淮·修务》
远引：《吕·离俗》
怨憾：《吕·圜道》
怨望：《吕·不屈》
约从：《淮·览冥》
约俭：《战·秦策五》
约结：《战·秦策一》
约要：《吕·本味》
月光：《淮·说山》
月精：《淮·览冥》
月食：《淮·说山》
越渫：《淮·俶真》
越越：《吕·本味》
乐音：《吕·音初》

乐歌:《吕·音初》
乐官:《吕·孟春》
乐名:《吕·古乐》
乐器:《吕·本生》
乐曲:《淮·说山》
耘耨:《吕·季夏》
耘耔:《淮·修务》
云气:《吕·明理》
云梯:《吕·慎大》
云物:《淮·时则》
云雨:《吕·孟春》
陨坠:《吕·慎大》
孕妇:《吕·古乐》
酝酿:《淮·时则》
韫藉:《吕·适音》
Z
杂会:《吕·孝行》
杂累:《淮·俶真》
杂乱:《淮·精神》
杂糅:《淮·原道》
杂色:《淮·天文》
灾害:《淮·览冥》
灾疾:《吕·尽数》
灾咎:《淮·时则》
载舟:《吕·孝行》
再兴:《吕·首时》
在野:《吕·仲春》
在于:《吕·贵生》
赞佐:《淮·主术》
臧否:《淮·本经》
葬送:《吕·节丧》
遭难:《淮·说山》
遭遇:《淮·说山》
早朝:《吕·贵因》
早起:《淮·修务》
早熟:《吕·任地》
蚤成:《淮·时则》
蚤死:《淮·时则》
澡浴:《吕·精论》
皂斗:《吕·恃君》
造冰:《淮·览冥》
造化:《淮·本经》
造制:《淮·说山》
造作:《淮·修务》
燥溼:《吕·辩土》
躁动:《淮·主术》
躁扰:《淮·墬形》
灶神:《淮·氾论》
灶突:《吕·慎小》
责备:《淮·氾论》
责过:《淮·览冥》
责怒:《淮·说山》
责让:《吕·慎行》
泽惠:《吕·孟春》
泽色:《淮·本经》
贼害:《淮·精神》
谮毁:《战·秦策二》
曾孙:《吕·顺说》
增高:《淮·时则》
增加:《吕·振乱》
增损:《吕·制乐》
增益:《吕·似顺》
憎恶:《吕·大乐》
甑带:《淮·说山》
札瘥:《吕·审为》
诈谲:《淮·俶真》
诈巧:《吕·精通》
诈伪:《淮·本经》
诈言:《吕·知化》
遭迴:《淮·本经》

饘粥：《淮·原道》
斩伐：《吕·季夏》
崭巖：《淮·原道》
占龟：《淮·览冥》
占兆：《吕·孟冬》
战败：《吕·不广》
战地：《吕·应同》
战斗：《吕·禁塞》
战伐：《吕·离俗》
战功：《战·秦策二》
战惧：《吕·审应》
战栗：《吕·本生》
战胜：《吕·荡兵》
战士：《战·宋卫策》
战事：《战·秦策四》
张弓：《淮·说林》
章明：《吕·孟秋》
章著：《淮·说山》
长大：《战·宋卫策》
长老：《吕·异宝》
长幼：《吕·恃君》
长者：《战·齐策三》
长子：《吕·首时》
长民：《淮·说山》
长少：《吕·下贤》
长人：《淮·氾论》
丈尺：《吕·知度》
丈夫：《淮·墬形》
丈人：《吕·异宝》
杖策：《吕·先识》
障塞：《吕·勿躬》
朝荣：《吕·仲夏》
朝涉：《淮·主术》
朝夕：《淮·原道》
昭穆：《淮·本经》
昭昭：《淮·精神》
爪牙：《淮·俶真》
兆民：《吕·孟春》
兆朕：《淮·览冥》
折冲：《吕·贵公》
折还：《吕·召类》
折翼：《淮·俶真》
蛰虫：《淮·时则》
蛰伏：《吕·仲春》
柘桑：《淮·俶真》
珍贵：《淮·修务》
珍玉：《淮·精神》
贞女：《淮·原道》
贞正：《淮·氾论》
真人：《淮·精神》
真伪：《淮·主术》
真真：《淮·说山》
畛崖：《淮·俶真》
振动：《吕·孟春》
振起：《淮·时则》
震气：《淮·墬形》
争霸：《吕·慎行》
争夺：《淮·氾论》
争国：《吕·长见》
争立：《淮·精神》
争盟：《吕·察微》
争权：《吕·知接》
征伐：《吕·季夏》
征税：《吕·仲秋》
征表：《吕·观表》
征求：《淮·氾论》
征应：《吕·应同》
拯溺：《淮·说林》
整兵：《淮·时则》
整乱：《淮·本经》

正白:《淮·俶真》
正道:《吕·明理》
正对:《战·宋卫策》
正法:《吕·爱士》
正黑:《淮·说山》
正己:《淮·主术》
正谏:《淮·览冥》
正乐:《吕·侈乐》
正平:《吕·孟秋》
正气:《吕·义赏》
正青:《淮·俶真》
正时:《吕·审时》
正事:《吕·知度》
正岁:《吕·季春》
正刑:《吕·圜道》
正性:《吕·尽数》
正言:《吕·自知》
正音:《淮·天文》
正月:《吕·孟春》
正直:《吕·仲春》
正中:《吕·有始》
正罪:《淮·时则》
政事:《吕·慎大》
郑舞:《淮·修务》
郑重:《淮·修务》
支体:《淮·览冥》
枝叶:《淮·修务》
知己:《吕·不侵》
知旧:《吕·必己》
知巧:《淮·俶真》
知人:《吕·贵公》
知士:《吕·士节》
知音:《淮·修务》
知足:《吕·过理》
祗敬:《吕·季秋》
脂腻:《淮·本经》
织组:《淮·本经》
直臣:《吕·贵直》
直人:《吕·先识》
直身:《淮·览冥》
直使:《战·齐策三》
直士:《吕·自知》
直言:《吕·贵直》
埴垆:《吕·辩土》
执持:《吕·长攻》
执绋:《吕·节丧》
执辔:《吕·先己》
执心:《淮·俶真》
职贡:《吕·季秋》
职官:《吕·圜道》
职事:《吕·贵公》
职业:《淮·本经》
止节:《吕·仲夏》
止舍:《淮·俶真》
止水:《淮·说山》
止足:《吕·本生》
旨酒:《吕·当务》
咫尺:《淮·说林》
指麾(挥):《吕·仲夏》
指说:《淮·原道》
至诚:《吕·具备》
至道:《吕·遇合》
至德:《吕·制乐》
至和:《吕·制乐》
至精:《淮·览冥》
至乐:《淮·原道》
至使:《吕·重己》
至微:《淮·精神》
至味:《吕·本味》
至孝:《吕·必己》

至行：《吕·观世》
至尊：《吕·孟春》
志节：《吕·恃君》
志气：《吕·情欲》
志行：《吕·下贤》
志意：《吕·精通》
制度：《吕·孟冬》
制断：《淮·隆形》
制令：《淮·氾论》
制御：《战·秦策五》
治兵：《吕·孟秋》
治道：《淮·精神》
治国：《吕·先己》
治化：《淮·俶真》
治理：《吕·壅塞》
治礼：《淮·原道》
治乱：《淮·本经》
治世：太平盛世《吕·不二》
治世：治天下，治国《淮·说山》
治性：《吕·情欲》
治狱：《吕·勿躬》
致化：《淮·览冥》
致理：《吕·季春》
致力：《吕·顺民》
致治：《吕·功名》
猘狗：《吕·首时》
智计：《吕·长见》
智虑：《淮·主术》
智谋：《淮·本经》
智能：《吕·察传》
智巧：《淮·览冥》
稚弱：《吕·季秋》
置酒：《吕·审应》
雉经：《淮·说林》
制作：《吕·君守》
质诚：《淮·览冥》
质朴：《淮·俶真》
质仁：《吕·孟夏》
致密：《淮·原道》
穉稼：《淮·天文》
鸷击：《吕·仲春》
鸷鸟：《淮·天文》
中道：《吕·季冬》
中宫：《淮·时则》
中和：《淮·原道》
中扃：《淮·原道》
中流：《淮·说林》
中溜：《吕·季夏》
中身：《淮·说林》
中绳：《淮·说山》
中适：《吕·侈乐》
中庭：《淮·说林》
中心：《吕·谨听》
衷心：《吕·功名》
中兴：《吕·慎大》
中旬：《吕·仲春》
中央：《吕·季夏》
中夜：《淮·氾论》
中原：《吕·安死》
中正：《吕·离俗》
忠爱：《吕·至忠》
忠臣：《吕·先己》
忠谏：《吕·慎大》
忠节：《淮·时则》
忠良：《吕·贵因》
忠孝：《吕·高义》
忠心：《吕·下贤》

忠信：《吕·义赏》
忠言：《吕·至忠》
忠正：《吕·知度》
终归：《吕·慎行》
终极：《吕·圜道》
终日：《吕·正名》
终身：《吕·重己》
终始：《吕·首时》
锺律：《吕·侈乐》
镛鼎：《淮·本经》
镛鼓：《吕·首时》
镛磬：《淮·天文》
种类：指种族《吕·权勋》
仲父：《吕·不屈》
重闭：关闭严密《吕·仲冬》
重闭：墓葬《吕·节丧》
重币：《战·秦策二》
重禄：《淮·精神》
重(zhòng)名：《吕·诚廉》
重伤：《吕·审为》
重赏：《战·齐策一》
重身：《吕·重己》
重生：《吕·审为》
重税：《吕·审应》
众多：《吕·用众》
众民：《淮·原道》
众人：《吕·本生》
众事：《吕·季春》
众庶：《吕·慎大》
众物：《淮·说山》
舟檝：《淮·本经》
舟人：《淮·说山》
周室：《吕·长利》
周天：《淮·氾论》
周旋：《吕·圜道》
周匝：《吕·明理》
昼漏：《吕·仲秋》
昼日：《吕·先识》
昼夜：《吕·仲春》
朱草：《淮·本经》
朱漆：《吕·季秋》
珠玉：《淮·说山》
诛伐：《吕·荡兵》
诛害：《淮·览冥》
诛灭：《吕·禁塞》
诛死：《吕·壅塞》
诸侯：《吕·孟春》
诸生：《淮·俶真》
竹管：《吕·孟春》
竹箭：《淮·墬形》
竹木：《吕·仲冬》
竹笋：《吕·本味》
竹席：《淮·本经》
逐除：《吕·季春》
烛光：《淮·说林》
主兵：《吕·禁塞》
主人：《吕·仲夏》
主丧：《吕·贵公》
主位：《淮·氾论》
主意：《淮·览冥》
主治：《吕·季秋》
属付：《吕·慎人》
属连：《吕·士容》
助成：《吕·仲夏》
著明：《吕·知度》
著书：《吕·必己》
著闻：《吕·慎小》
著(zhuó)手：《吕·士容》

筑台：《吕·季夏》
筑作：《吕·君守》
铸鼎：《吕·离谓》
铸铜：《吕·孟春》
铸冶：《战·西周策》
专车：《淮·说林》
专任：《淮·精神》
专心：《吕·务本》
专一：《吕·适音》
专用：《吕·谨听》
专政：《战·宋卫策》
专制：《吕·知分》
转化：《淮·墬形》
转流：《淮·本经》
转任：《淮·主术》
转行：辗转而行《淮·精神》
转行：转移、改变行列《淮·修务》
转旋：《淮·原道》
转易：《淮·精神》
转运：《吕·务本》
壮大：《淮·墬形》
状貌：《吕·士容》
锥刀：《淮·本经》
埻的：《吕·本生》
准平：《淮·说林》
准执：《淮·原道》
斫伐：《吕·季春》
酌取：《吕·情欲》
椓杙：《淮·览冥》
斲削：《吕·贵公》
浊扰：《淮·俶真》
浊世：《吕·似顺》
咨诹：《吕·壹行》

滋长：《吕·禁塞》
滋茂：《吕·孟夏》
滋生：《吕·孟春》
滋味：《淮·精神》
粢盛：《吕·孟春》
资粮：《淮·览冥》
缁衣：《吕·淫辞》
子弟：《吕·不屈》
子孙：《吕·圜道》
子午：《吕·有始》
姊妹：《淮·墬形》
訾毁：《吕·长利》
自安：《吕·离俗》
自毙：《吕·正名》
自称：《淮·天文》
自骋：《淮·原道》
自存：《吕·先识》
自大：《吕·下贤》
自得：《吕·君守》
自发：《淮·本经》
自伐：《吕·尊师》
自非：《淮·氾论》
自归：《淮·精神》
自合：《淮·原道》
自解：《吕·无义》
自矜：《吕·行论》
自禁：《吕·本生》
自刭：《吕·适威》
自救：《淮·修务》
自立：《吕·贵卒》
自利：《吕·贵公》
自列：《吕·贵公》
自免：《吕·慎人》
自明：《淮·览冥》

自欺:《吕·振乱》
自取:《吕·君守》
自然:《吕·义赏》
自容:《吕·任数》
自伤:《淮·原道》
自胜:《吕·审为》
自食:《吕·召类》
自恃:《战·齐策一》
自投:《吕·本生》
自为:《吕·义赏》
自卫:《吕·先识》
自喜:《淮·览冥》
自嫌:《吕·适音》
自行:《吕·季冬》
自修:《吕·务本》
自养:《吕·论人》
自用:《吕·似顺》
自喻:《淮·说山》
自鬻:《战·秦策五》
自知:《吕·先己》
自制:《吕·务本》
自专:《吕·审分》
自足:《吕·士容》
自尊:《吕·下贤》
恣行:《吕·振乱》
宗本:《吕·圜道》
宗庙:《吕·孟春》
宗祀:《淮·氾论》
宗祖:《吕·季春》
踪迹:《淮·原道》
总成:《吕·孟秋》
总览:《吕·有始》
总名:《吕·季春》
总章:《吕·孟春》
纵欲:《吕·重己》
从亲:《战·齐策二》
走道:《吕·明理》
走马:《淮·览冥》
走兽:《淮·俶真》
足迹:《淮·氾论》
足踵:《吕·用众》
卒章:《吕·安死》
卒子:《战·秦策五》
镞矢:《吕·贵卒》
俎豆:《吕·孟春》
俎实:《吕·孟冬》
祖父:《战·秦策四》
祖庙:《吕·孟春》
组织:《吕·先己》
钻龟:《淮·览冥》
罪己:《吕·重己》
罪恶:《淮·览冥》
罪罚:《吕·孟冬》
罪过:《淮·修务》
罪人:《吕·重己》
罪刑:《吕·适威》
罪尤:《吕·乐成》
尊宠:《吕·下贤》
尊奉:《吕·报更》
尊高:《吕·顺说》
尊贵:《吕·不苟》
尊号:《战·秦策一》
尊客:《战·秦策五》
尊师:《吕·尊师》
尊位:《吕·下贤》
尊贤:《吕·长见》
尊彝:《淮·俶真》
尊重:《吕·士容》

昨日:《吕·淫辞》
左个:《淮·时则》
左右:《吕·仲夏》
佐车:《吕·季秋》
佐时:《吕·遇合》
作害:《吕·仲春》
作化:《淮·齐俗》
作乐:《吕·孟夏》
作乱:《吕·荡兵》
作事:《淮·本经》
作书:《吕·当染》
作威:《吕·贵公》
作威福:《战·齐策一》
坐席:《淮·修务》
坐行:《淮·览冥》
阼阶:《吕·安死》

附录四

高诱注释语言复音专有词表

A

阿社：《淮·说山》

哀公：《吕·先己》

哀侯：《吕·审为》

艾陵：《吕·不二》

安定：《吕·当赏》

安石榴：《淮·时则》

安邑：《吕·应言》

B

八彩：《淮·修务》

白公：《吕·分职》

白公胜：《吕·高义》

白虎：《淮·时则》

白露：《吕·仲秋》

白起：《吕·介立》

白宿：《吕·精论》

白雪：《淮·览冥》

白羊子刀：《淮·修务》

白乙丙：《吕·义赏》

白芷：《淮·修务》

百舌：《淮·时则》

百舌鸟：《淮·时则》

柏举：《淮·修务》

柏州犁：《吕·重言》

班鸠：《吕·季春》

豹韬：《淮·精神》

暴桓公：《淮·精神》

鲍文子：《吕·长利》

卑梁：《吕·察微》

北狄：《战·西周策》

北斗：《淮·俶真》

北宫黝：《淮·主术》

北郭骚：《吕·士节》

北海：《淮·墬形》

北屈：《吕·权勋》

北人无择：《吕·离俗》

北条荆山：《淮·墬形》

北燕：《淮·墬形》

北翟：《吕·当赏》

被瞻：《吕·务本》

比干：《吕·古乐》

毕丰：《吕·具备》

毕公高：《吕・下贤》
毕星：《淮・原道》
禆笠：《淮・说林》
辟兵：人名《吕・禁塞》
碧卢：《吕・审分》
卞和：《淮・览冥》
卞随：《吕・离俗》
兵法：《吕・上德》
并州：《淮・墬形》
嶓冢：《吕・本味》
伯成子高：《吕・长利》
伯劳：《吕・仲夏》
伯乐：《吕・精通》
伯牛：《淮・精神》
伯禽：《吕・贵公》
伯休甫：《淮・主术》
伯阳：《吕・当染》
伯夷：《吕・本生》
伯邑考：《淮・氾论》
伯益：《吕・当染》
伯鱼：《吕・审应》
伯宗：《吕・当染》
搏黍：《吕・仲春》
薄落水：《淮・览冥》
薄疑：《吕・务本》
卜商：《吕・尊师》
不谷：《吕・长见》
不周风：《吕・有始》
不周山：《淮・天文》
布谷：《淮・天文》
布谷鸟：《吕・仲春》
C
蔡姬：《战・西周策》
蔡叔：《吕・开春》
苍颉：《吕・君守》
苍龙：《吕・圜道》
苍梧：《吕・本味》
岑鼎：《吕・审己》
蝉蜩：《淮・原道》
昌蒲：《淮・说林》
昌意：《吕・孟冬》
菖蒲：《吕・任地》
阊阖风：《吕・有始》
长安：《吕・简选》
长城：《吕・本生》
长公：《吕・音初》
长平：《吕・介立》
长沙：《淮・墬形》
长子：《淮・墬形》
常满仓：《淮・说林》
常山：《吕・有始》
常之巫：《吕・知接》
苌弘：《吕・精论》
朝生：《吕・仲夏》
朝鲜：《吕・贵因》
辰马：《淮・墬形》
辰尾：《淮・览冥》
辰星：《吕・有始》
辰州：《淮・俶真》
陈成子：《淮・氾论》
陈国：《淮・修务》
陈侯：《吕・遇合》
陈灵公：《吕・禁塞》
陈留：《吕・察微》
陈乞：《吕・慎势》
陈氏：《战・秦策四》
陈须无：《吕・长利》
陈轸：《战・秦策一》
成得臣：《淮・修务》
成肃公：《吕・察微》

成汤：《吕·贵公》
成王：《吕·贵公》
成阳山：《吕·安死》
成周：《吕·不广》
城阳：《淮·原道》
澄子：《吕·淫辞》
鸱鸺：《淮·主术》
池阳：《淮·墬形》
赤螭：《淮·览冥》
赤帝：《淮·修务》
赤水：《吕·有始》
充人：《吕·仲秋》
重耳：《吕·简选》
重华：《吕·当染》
出公：《淮·主术》
樗里疾：《吕·无义》
樗里子：《战·西周策》
樗树：《战·西周策》
杵臼：《吕·高义》
楚成王：《淮·览冥》
楚词：《淮·览冥》
楚恭王：《吕·慎行》
楚共王：《吕·慎势》
楚怀王：《吕·去宥》
楚惠王：《吕·慎势》
楚简王：《吕·慎势》
楚狂：《淮·精神》
楚灵王：《吕·高义》
楚缪王：《吕·重言》
楚穆王：《吕·当染》
楚平王：《吕·精论》
楚顷襄王：《淮·修务》
楚威王：《淮·主术》
楚文王：《淮·览冥》
楚武王：《淮·览冥》
楚叶：《淮·氾论》
楚昭王：《淮·修务》
触子：《吕·贵直》
春秋：书名《淮·览冥》
春秋：时代名《吕·禁塞》
春秋经：《吕·精论》
淳于髡：《淮·说山》
湻于：《战·齐策三》
鹑火：《吕·有始》
鹑首：《吕·有始》
鹑尾：《吕·圜道》
蠢蝡：《淮·时则》
次非：《吕·知分》
趣(cǒu)马：《吕·季秋》
促织：《吕·季夏》
趣织：《淮·时则》
崔野：《淮·说林》
崔杼：《吕·慎行》
翠鸟：《淮·原道》
D
妲己：《吕·过理》
达子：《吕·权勋》
大丙：《淮·原道》
大蔡：《淮·说山》
大豆：《吕·听言》
大风：《淮·俶真》
大夫：《吕·当染》
大宫：《吕·应同》
大寒：《淮·说山》
大頀：《吕·仲春》
大濩：《吕·仲春》
大棘：《吕·察微》
大角：《吕·应同》
大梁：《吕·有始》
大罗氏：《吕·仲秋》

大麦：《吕・任地》
大挠：《吕・尊师》
大彭：《吕・先己》
大韶：《吕・仲春》
大田：《淮・氾论》
大庭氏：《吕・用民》
大武：《吕・仲春》
大夏：《吕・仲春》
大心：《淮・修务》
大雪：《吕・仲冬》
大阳：地名《淮・览冥》
代郡：《淮・俶真》
戴胜：《吕・季春》
丹水：《淮・墬形》
丹泽：《吕・本味》
丹朱：《吕・去私》
单襄公：《吕・察微》
亶父：《吕・先识》
当塗：《吕・音初》
荡赍：《战・齐策三》
叨飻：《淮・原道》
悼公：《吕・慎势》
悼子纥：《吕・察微》
盗跖：《吕・异用》
盗蹠：《淮・主术》
道德经：《吕・慎势》
道书：《吕・不二》
登保：《淮・墬形》
邓林：《淮・俶真》
邓析：《吕・离谓》
狄道：《淮・氾论》
狄鞮：《吕・慎势》
狄国：《淮・精神》
氐道：《淮・墬形》
砥石山：《吕・有始》
地理志：《淮・墬形》
帝鸿氏：《淮・修务》
帝喾：《吕・用众》
帝乙：《吕・当染》
蝃蝀：《吕・季春》
鼎湖：《淮・原道》
定公：《吕・先己》
定陵：《淮・墬形》
冬至：《吕・孟春》
东方朔：《淮・精神》
东宫：《淮・时则》
东郭牙：《吕・重言》
东赖：《淮・修务》
东庙：《吕・正名》
东阳：《吕・音初》
东岳：《淮・说林》
东周：《吕・报更》
洞庭：《战・秦策一》
都广：《淮・墬形》
都尉：《淮・时则》
斗建：《淮・时则》
杜伯：《吕・论大》
杜赫：《战・齐策一》
杜郮：《战・秦策五》
端木：《淮・主术》
段干木：《吕・士节》
顿丘：《淮・修务》
燉煌：《吕・本味》

E

恶来：《吕・当染》
尔雅：《淮・时则》

F

法书：《吕・慎势》
樊州：《吕・去私》
范会：《淮・说山》

范吉射：《吕·必己》
范蠡：《吕·当染》
范文子：《吕·开春》
范武子：《吕·尊师》
范献子鞅：《吕·当染》
范宣子：《吕·开春》
范鞅：《淮·说山》
范昭子：《吕·似顺》
方城：《吕·精论》
方回：《吕·本生》
方相氏：《淮·精神》
方诸：《淮·说山》
芳菜：《吕·本味》
飞狐山：《淮·氾论》
飞廉：《吕·当染》
沸波：《淮·说林》
费无极：《吕·精论》
分野：《吕·孟春》
汾水：《淮·墬形》
汾阳：《淮·墬形》
汾阴：《淮·墬形》
鼢鼥：《淮·时则》
风伯：《淮·氾论》
酆镐：《吕·疑似》
冯乘：《淮·修务》
冯亭：《战·秦策一》
冯夷：《淮·原道》
冯翊：《淮·墬形》
凤皇：《吕·本味》
凤翔：《吕·有始》
夫差：《吕·当染》
伏羲：《吕·用众》
扶风：《淮·俶真》
扶桑：《淮·墬形》
芙蕖：《淮·本经》
芙蓉：《淮·说山》
虙戏：《淮·览冥》
釜鬲：《吕·安死》
釜口：《淮·墬形》
釜水：《淮·墬形》
傅说：《吕·开春》
傅巖：《淮·览冥》
腹䵍：《吕·去私》
蝮蛇：《淮·说林》
G
干将：《吕·当务》
干随：《战·秦策四》
干遂：《吕·察传》
干隧：《吕·适威》
干辛：《吕·当染》
甘陵：《战·齐策一》
甘茂：《战·秦策一》
甘棠：《淮·氾论》
甘蝇：《吕·听言》
皋子众：《吕·求人》
高彊：《吕·长利》
高梁伯：《吕·开春》
高粱：《吕·察传》
高陵山：《淮·墬形》
高禖：《吕·仲春》
高祈：《吕·慎行》
高赦：《吕·义赏》
高雔：《吕·有度》
高辛：《吕·孟夏》
高阳：《吕·先己》
高宗：《淮·览冥》
高祖：《淮·氾论》
皋陶：《吕·当染》
槀本：《吕·审分》
鬲狱鱼：《淮·说山》

葛藟：《吕·知分》
公叔发：《吕·召类》
公输般：《吕·慎大》
公孙弘：《吕·不侵》
公孙乔：《吕·下贤》
公孙无知：《吕·慎人》
公孙消：《战·秦策五》
公孙衍：《吕·开春》
公壻：《淮·修务》
公祖：《吕·审为》
宫音：《淮·主术》
恭王：《吕·行论》
龚王：《吕·权勋》
共工：《吕·荡兵》
共公：《吕·禁塞》
共首山：《吕·慎人》
勾践：《战·中山策》
句龙：《吕·季冬》
勾芒：《吕·孟冬》
姑洗：《吕·季春》
姑馀山：《淮·览冥》
孤竹国：《吕·诚廉》
古公：《吕·审为》
毂臣：《吕·观表》
毂林：《吕·安死》
毂邑：《吕·原乱》
毂雨：《淮·时则》
瞽瞍：《吕·当染》
官皇：《吕·当染》
官氏：《吕·离俗》
冠爵：《吕·明理》
关东：《吕·季春》
关龙逢：《吕·过理》
关西：《吕·本味》
关尹喜：《吕·审己》
关正：《吕·不二》
关中：《战·秦策一》
管仲：《吕·贵公》
光唐：《吕·慎行》
广阿泽：《吕·有始》
广昌：《淮·氾论》
广都：《吕·有始》
广汉：《淮·墬形》
广莫风：《吕·有始》
鬼侯：《吕·行论》
桂阳：《吕·本味》
郭洛带：《淮·主术》
国语：《淮·览冥》
虢公：《吕·当染》

H

邯郸：《淮·墬形》
函谷：《淮·修务》
寒露：《吕·季秋》
寒泉子：《战·秦策一》
韩哀侯：《吕·审应》
韩仓：《战·秦策五》
韩春：《战·秦策四》
韩非：《淮·览冥》
韩公：《战·西周策》
韩康子：《战·秦策四》
韩武子：《吕·审为》
韩原：《吕·爱士》
韩昭侯：《吕·审应》
菡萏：《淮·说山》
汉昌：《淮·墬形》
汉高：《吕·士节》
汉水：《吕·异用》
汉阳：《淮·氾论》
汉中：《战·秦策二》
和子：《吕·顺民》

河北：《吕·去私》
河伯：《淮·俶真》
河东：《吕·有始》
河间：《淮·俶真》
河内：《吕·有始》
河南：《吕·有始》
河曲：《吕·有始》
河水：《淮·墬形》
河西：《淮·墬形》
河阳：《吕·简选》
河中：《淮·墬形》
阖庐：《吕·当染》
阖闾：《淮·说山》
龁疣：《吕·仲夏》
黑水：《吕·有始》
姮娥：《淮·览冥》
横门君：《战·秦策一》
衡雍：《吕·简选》
弘农：《吕·有始》
弘演：《吕·离俗》
洪范：《淮·主术》
鸿鹄：《吕·长利》
后稷：《吕·功名》
后羿：《淮·俶真》
郈敬子：《吕·观表》
郈青：《吕·观表》
呼沲河：《淮·墬形》
狐偃：《吕·尊师》
胡枲：《淮·览冥》
壶丘子：《吕·下贤》
户季子：《吕·有度》
华容：《吕·至忠》
华山：《吕·慎大》
华夏：《吕·慎势》
华阳：《吕·本味》
华阳夫人：《战·秦策五》
华阴：《吕·有始》
华元：《吕·察微》
华周：《淮·精神》
淮南：《淮·俶真》
淮南王：《淮·天文》
淮水：《吕·有始》
怀子：《吕·开春》
桓公：《吕·当染》
桓魋：《吕·必己》
桓子：《吕·安死》
黄池：《战·秦策四》
黄帝：《吕·先己》
黄金：《淮·墬形》
黄流离：《淮·时则》
黄鸟：《吕·仲春》
黄羊：《吕·去私》
黄钟：《吕·适音》
黄离：《吕·仲春》
蝗螟：《吕·不屈》
回禄：《吕·孟夏》
惠伯华：《吕·察微》
惠施：《吕·听言》
惠王：《吕·去私》
浑敦：《淮·原道》
火官：《吕·孟夏》
火星：《淮·天文》
火正：《吕·孟夏》
J
笄头山：《淮·墬形》
箕山：《吕·慎人》
箕子：《吕·贵公》
积石山：《淮·墬形》
鷄头：《吕·恃君》
吉射：《吕·当染》

即墨：《吕・行论》
棘津：《战・秦策五》
季春：《吕・季春》
季冬：《吕・季冬》
季秋：《吕・季秋》
季夏：《淮・原道》
季成：《吕・举难》
季桓子：《淮・氾论》
季康子：《淮・说山》
季历：《吕・古乐》
季路：《淮・精神》
季平子：《吕・举难》
季武子：《吕・贵信》
纪市：《吕・安死》
纪邑：《吕・安死》
祭公：《吕・当染》
冀州：《吕・本味》
济水：《吕・有始》
济陰：《淮・氾论》
猳(豭)豚：《吕・有度》
贾佗：《吕・介立》
菅茅：《淮・说山》
简翟：《淮・墬形》
简子：《吕・贵直》
茧氏：《吕・首时》
建木：《吕・有始》
建星：《吕・仲春》
践土：《吕・简选》
江都：《淮・俶真》
江陵：《淮・说山》
江南：《战・秦策一》
江水：《吕・有始》
匠丽氏：《吕・禁塞》
降娄：《淮・天文》
将军：《淮・主术》
胶鬲：《吕・诚廉》
接舆：《淮・精神》
桔梗：《战・齐策三》
蛣蟩：《淮・说林》
颉皇：《淮・修务》
介子推：《吕・介立》
金城：《淮・墬形》
金德：《吕・孟秋》
金口木舌：《吕・仲春》
金神：《吕・孟秋》
金縢：《淮・精神》
金音：《淮・览冥》
金正：《吕・孟冬》
晋鄙：《战・齐策三》
晋出公：《吕・先识》
晋悼公：《吕・去私》
晋定公：《吕・先识》
晋怀公：《淮・精神》
晋桓叔：《战・秦策二》
晋惠公：《吕・先己》
晋景公：《吕・禁塞》
晋康子：《吕・任数》
晋厉公：《吕・禁塞》
晋灵公：《吕・报更》
晋穆侯：《吕・疑似》
晋平公：《吕・本生》
晋顷公：《吕・先识》
晋水：《淮・墬形》
晋文公：《吕・简选》
晋文侯：《吕・疑似》
晋武子：《吕・任数》
晋献公：《吕・当染》
晋宣子：《吕・任数》
晋阳：《吕・禁塞》
晋虞公：《淮・精神》

京台：《淮・原道》
京兆：《淮・俶真》
荆成王：《吕・自知》
荆恭王：《吕・慎行》
荆山：《淮・原道》
荆武王：《吕・直谏》
泾水：《淮・墬形》
井陉：《战・秦策二》
景风：《淮・墬形》
景侯：《吕・任数》
景鲤：《战・秦策四》
靖郭君：《战・齐策一》
靖郭毛君：《战・西周策》
九迴：《吕・音初》
九江：《淮・原道》
九黎：《吕・荡兵》
九疑山：《吕・安死》
九婴：《淮・俶真》
酒正：《吕・仲冬》
咎犯：《吕・当染》
居巢：《淮・修务》
睢阳：《战・宋卫策》
沮阳：《吕・有始》
句阳：《淮・氾论》
巨斧：《淮・时则》
巨阙：《吕・审为》
拒斧：《吕・仲夏》
具圃：《淮・墬形》
钜鹿：《淮・原道》
娟嬛：《淮・原道》
蹶角：《淮・俶真》
君何：《淮・氾论》
军都关：《吕・有始》
浚仪：《吕・开春》
K
凯风：《吕・有始》
康王：《吕・过理》
考烈王：《吕・至忠》
孔伋：《淮・说山》
孔宁：《吕・禁塞》
孔子：《吕・当染》
(孔)子上：《淮・说山》
苦历：《淮・俶真》
苦縣：《淮・修务》
夸父：《淮・俶真》
会稽：《吕・顺民》
蒯聵：《吕・贵因》
蒯蒉：《淮・主术》
匡章：《吕・不屈》
昆侖：《淮・原道》
昆吾：《吕・先己》
昆吾邱：《淮・天文》
昆崙：《吕・有始》
昆山：《吕・重己》
瓠瓞：《吕・孟夏》
括地象：《淮・墬形》
括楼：《淮・时则》
L
腊岁：《吕・季冬》
赖乡：《淮・修务》
老耽：《淮・精神》
老人：《吕・慎大》
老童：《吕・孟夏》
老子：《吕・当染》
离石：《吕・审应》
骊姬：《吕・不苟》
骊戎：《淮・精神》
李兑：《战・西周策》
李欸：《吕・无义》

李克：《吕·先己》
李牧：《战·秦策五》
李奇：《淮·修务》
里克：《吕·原乱》
礼记：《淮·时则》
立春：《吕·孟春》
立冬：《吕·孟冬》
立秋：《吕·仲春》
立夏：《吕·季春》
力牧：《淮·览冥》
厉王：《吕·当染》
历城山：《淮·原道》
历山：《淮·原道》
历阳：《淮·修务》
莲华：《淮·墬形》
梁父：《淮·汜论》
梁惠王：《吕·审应》
梁囿：《战·西周策》
凉风：《吕·有始》
辽东：《吕·有始》
辽水：《吕·有始》
辽西：《吕·诚廉》
蓼侯：《淮·汜论》
列侯：《淮·天文》
列精子高：《吕·达郁》
列御寇：《吕·观世》
林镗：《淮·时则》
临晉：《淮·览冥》
临虑：《淮·墬形》
临洮：《淮·汜论》
伶悝：《吕·贵卒》
陵聋：《淮·原道》
菱角：《淮·本经》
零陵：《淮·修务》
灵台：《吕·首时》
令伊：《吕·异宝》
令尹：《吕·情欲》
刘文公：《吕·察微》
柳下惠：《战·宋卫策》
柳下季：《吕·审己》
龙门：《吕·爱类》
龙逢：《吕·必己》
垄西：《淮·汜论》
蝼蛄：《吕·应同》
卢敖：《淮·俶真》
卢奴：《吕·简选》
庐江：《淮·本经》
鲁班：《吕·爱类》
鲁定公：《吕·高义》
鲁穆公：《吕·适威》
鲁顷公：《吕·长见》
鲁孝公：《吕·当染》
鲁宣公：《吕·行论》
鲁宣王：《吕·慎势》
鲁阳：《淮·览冥》
鲁隐公：《吕·审分》
鲁昭公：《淮·原道》
鲁庄公：《吕·适威》
陆浑：《吕·精论》
陆终：《吕·君守》
鹿谷山：《淮·墬形》
鹿卢：《淮·汜论》
鹿门：《吕·长利》
禄父：《淮·汜论》
吕不韦：《战·秦策五》
吕梁：《吕·爱类》
吕锜：《吕·权勋》
吕尚：《淮·汜论》
吕尚望：《战·秦策五》
吕氏春秋：《淮·墬形》

吕太公:《淮·氾论》
吕望:《吕·长见》
栾坚:《吕·慎行》
栾书:《吕·开春》
栾黡:《吕·开春》
论语:《淮·时则》
裸国:《淮·原道》
洛川:《战·西周策》
洛水:《淮·修务》
洛阳:《吕·不侵》
洛邑:《吕·疑似》
雒城:《淮·时则》
雒阳:《吕·不广》
M
马服:《战·齐策三》
马荔草:《淮·时则》
马陵:《吕·自知》
马蚈:《淮·说林》
马蚿:《吕·季夏》
芒卯:《淮·氾论》
毛嫱:《淮·精神》
梅伯:《吕·行论》
郿阳:《战·秦策五》
美阳:《吕·审为》
蝱蜓:《淮·说林》
孟春:《淮·原道》
孟冬:《吕·孟冬》
孟秋:《吕·孟秋》
孟夏:《淮·原道》
孟贲:《吕·必己》
孟尝君:《淮·览冥》
孟津:《吕·首时》
孟津河:《吕·慎大》
孟轲:《吕·论大》
孟门山:《吕·爱类》
孟明:《吕·义赏》
孟胜:《吕·上德》
孟诸:《吕·行论》
孟子:《淮·俶真》
麋芜:《淮·氾论》
宓不齐:《吕·具备》
渑池:《淮·墬形》
岷山:《吕·有始》
名书:《吕·正名》
明庶风:《吕·有始》
明堂月令:《淮·天文》
冥陀:《吕·有始》
鸣鸠:《淮·时则》
鸣条:《淮·氾论》
嫫母:《淮·说山》
莫邪:《淮·主术》
墨翟:《吕·当染》
鹌鹌:《吕·季春》
木禾:《淮·墬形》
木堇:《淮·时则》
木神:《淮·时则》
木香:《淮·时则》
牧野:《吕·古乐》
N
南巢:《吕·当务》
南郡:《吕·至忠》
南山:《淮·墬形》
南阳:《吕·有始》
南越:《吕·恃君》
南子:《吕·贵因》
囊瓦:《吕·慎行》
甯悼子:《吕·观表》
甯惠子:《吕·观表》
甯戚:《吕·勿躬》
农祥:《淮·墬形》

女萝:《淮·说山》
女娲:《吕·用众》
O
欧冶:《吕·赞能》
P
番隅:《淮·本经》
盘庚:《吕·重言》
逢蒙:《吕·用众》
逢泽:《吕·报更》
嶂嵝:《淮·原道》
彭城:《吕·简选》
彭蠡:《吕·孟春》
彭泽:《淮·修务》
彭祖:《吕·情欲》
披衣:《淮·俶真》
平公:《吕·去私》
平国:《吕·禁塞》
平侯:《吕·务本》
平阳:《吕·任数》
平原君:《战·齐策三》
平仲:《淮·精神》
平子:《吕·安死》
蒲阪:《吕·有始》
蒲羸:《淮·俶真》
Q
祁黄羊:《吕·去私》
祁奚:《吕·去私》
岐周:《吕·先识》
岐山:《吕·有始》
岐踵戎:《吕·当染》
齐悼公:《淮·氾论》
齐侯:《战·秦策四》
齐桓:《吕·先己》
齐惠公:《吕·慎行》
齐简公:《吕·长见》
齐景公:《吕·离俗》
齐灵公:《吕·离俗》
齐湣王:《吕·首时》
齐顷公:《吕·离俗》
齐威王:《吕·知士》
齐僖公:《吕·当染》
齐宣王:《吕·知士》
齐庄公:《吕·贵卒》
骑劫:《吕·行论》
麒麟:《吕·季夏》
杞梁:《淮·精神》
起贾:《吕·应言》
启方:《吕·知接》
启蛰:《吕·上农》
弃疾:《吕·高义》
牵牛:《吕·孟春》
乾侯:《吕·察微》
乾豁:《吕·高义》
黔敖:《吕·介立》
彊梁原:《淮·墬形》
巧言:《战·秦策四》
亲迎:《淮·氾论》
秦哀公:《淮·修务》
秦厉公:《吕·当赏》
秦缪公:《吕·爱士》
秦穆公:《吕·先己》
秦渠:《吕·季夏》
秦始皇:《战·秦策四》
秦武王:《吕·重己》
秦襄公:《吕·疑似》
秦孝公:《吕·去私》
秦昭王:《战·秦策四》
秦仲:《吕·疑似》
秦庄公:《吕·疑似》
青蛩:《吕·季夏》

青令：《吕·离俗》
青雀：《淮·说林》
青阳：《吕·孟春》
青要：《淮·天文》
青州：《吕·季春》
清河：《淮·墬形》
清明风：《吕·有始》
倾襄王：《淮·主术》
蜻蜓：《吕·精论》
庆都：《淮·修务》
庆忌：《吕·忠廉》
穷奇：《淮·原道》
秋分：《吕·仲春》
蚯蚓：《吕·应同》
仇首：《战·西周策》
仇由：《淮·精神》
仇馀：《淮·精神》
仇麋：《吕·遇合》
曲顾：《淮·氾论》
曲里：《淮·修务》
曲沃：《吕·上德》
屈到：《吕·季秋》
蘧伯玉：《吕·士节》
蘧瑗：《吕·召类》
犬戎：《吕·疑似》
R
穰侯：《战·秦策一》
任登：《吕·知度》
任座：《吕·自知》
戎蛮：《吕·开春》
荣畴：《淮·修务》
荣泽：《吕·简选》
融风：《吕·有始》
汝南：《淮·原道》
汝水：《淮·墬形》
蓐收：《吕·孟冬》
蕤宾：《吕·仲夏》
若土：《淮·天文》
弱水：《淮·览冥》
S
塞北：《吕·有始》
三符之命：《淮·俶真》
三辅：《吕·季春》
三户：《吕·当染》
三皇：《吕·贵公》
三苗：《淮·修务》
三危：《淮·修务》
桑山：《淮·本经》
山东：《战·秦策一》
山阳：《吕·去私》
善绻：《吕·本生》
膳宰：《吕·不苟》
商臣：《吕·重言》
商声：《淮·俶真》
商辛：《吕·先己》
商鞅：《淮·俶真》
商音：《淮·天文》
上大夫：《吕·慎小》
上党：《战·秦策一》
上帝：《吕·孟春》
上公：《吕·孟秋》
上谷：《吕·有始》
上郡：《淮·墬形》
上洛：《战·秦策四》
上雒：《淮·墬形》
召公奭：《吕·达郁》
召康公：《淮·氾论》
少伯：《吕·尊师》
少典：《吕·孟夏》
少宫：《吕·应同》

少昊：《淮·时则》
少皞：《吕·孟秋》
少角：《吕·应同》
少内：《淮·时则》
蛇牀：《吕·审分》
申包胥：《淮·修务》
申不害：《淮·俶真》
申缚：《战·秦策四》
申公叔侯：《吕·原乱》
申生：《吕·上德》
申邑：《吕·至忠》
申舟：《淮·主术》
申周：《吕·行论》
神农：《吕·孟夏》
沈尹筮：《吕·察传》
沈诸梁：《吕·慎行》
师涓：《吕·本生》
师旷：《吕·本生》
师延：《淮·原道》
石恶：《吕·慎小》
石户之农：《吕·离俗》
石乞：《淮·主术》
实沈：《吕·有始》
史皇：《淮·修务》
史角：《吕·当染》
史墨：《淮·主术》
史起：《吕·乐成》
史鰌：《吕·召类》
豕韦：《吕·先己》
士尉：《吕·知士》
世本：《淮·修务》
守宫：《淮·精神》
首山：《吕·有始》
首阳：《淮·墬形》
寿梦：《淮·精神》
叔痤：《淮·说山》
叔带：《吕·不广》
叔向：《吕·开春》
叔虞：《吕·重言》
疏圃：《淮·览冥》
蜀郡：《淮·说山》
蜀西：《吕·有始》
竖刀：《吕·贵公》
竖牛：《淮·说林》
霜降：《吕·季秋》
水德：《吕·孟冬》
水潦：《吕·季春》
水正：《吕·孟冬》
说苑：《淮·墬形》
司城：《吕·召类》》
司空：《吕·召类》
司寇：《吕·遇合》
司马：《吕·精论》
司马错：《战·秦策一》
司马悍：《战·西周策》
司命：《淮·氾论》
司徒：《吕·孟夏》
四皓：《吕·士节》
四岳：《吕·长见》
泗水：《战·秦策四》
宋辟公：《吕·顺说》
宋朝：《吕·贵因》
宋成公：《吕·行论》
宋戴公：《淮·精神》
宋惠王：《淮·修务》
宋康王：《吕·当染》
宋武公：《吕·召类》
宋襄(王)：《吕·顺民》

宋元公：《吕·禁塞》
宋元王：《淮·说山》
宋昭公：《吕·顺说》
苏代：《战·秦策二》
苏公忿生：《吕·分职》
苏秦：《淮·览冥》
苏信公：《淮·精神》
肃慎：《淮·原道》
酸枣：《战·秦策五》
睢阳：《淮·墬形》
随兕：《吕·至忠》
岁星：《淮·天文》
孙林父：《吕·观表》
孙叔敖：《吕·知分》
孙文子：《吕·慎小》
孙无政：《吕·似顺》
T
太白：《淮·精神》
太葆：《吕·直谏》
太卜：《吕·孟冬》
太蔟：《吕·孟春》
太丁：《吕·不侵》
太公：《淮·精神》
太昊：《淮·俶真》
太皞：《淮·时则》
太华：《吕·有始》
太稽：《淮·览冥》
太甲：《吕·制乐》
太康：《吕·制乐》
太山：《吕·有始》
太师：《淮·主术》
太史：《吕·孟春》
太守：《吕·不二》
太岁：《淮·墬形》
太尉：《淮·时则》
太戊：《吕·制乐》
太行山：《淮·氾论》
太一：《淮·俶真》
太原：《吕·有始》
太宰：《吕·审分》
太祝：《吕·仲秋》
泰山：《淮·墬形》
汤阴：《淮·氾论》
唐尚：《吕·士容》
唐鞅：《吕·淫辞》
螳蜋：《吕·仲夏》
饕餮：《淮·修务》
洮水：《淮·氾论》
陶狐：《吕·当赏》
騊駼：《战·宋卫策》
腾驹：《淮·时则》
腾马：《淮·时则》
剔成：《战·宋卫策》
天策：《淮·览冥》
天马：《吕·仲夏》
天驷星：《淮·览冥》
天乙：《吕·简选》
田常：《吕·顺民》
田成子：《吕·长见》
田单：《吕·行论》
田官：《吕·季冬》
田和：《吕·顺民》
田忌：《战·齐策一》
田仆：《吕·季秋》
田诎：《吕·审应》
田氏：《战·齐策一》
田文：《吕·知士》
田婴：《吕·知士》

田子方：《吕·重言》
条风：《淮·墬形》
亭历：《吕·孟夏》
桐柏山：《吕·有始》
铜鞮：《吕·审应》
涂山：《吕·音初》
涂山氏：《吕·音初》
土德：《淮·天文》
土官：《吕·孟冬》
土神：《淮·本经》
土正：《吕·孟冬》
兔罝：《吕·报更》
兔齧：《淮·说林》
兔丝：《淮·说山》
抟黍：《淮·时则》
W
顽蒸：《吕·上德》
王城：《吕·悔过》
王错：《吕·长见》
王癸：《吕·当染》
王季：《吕·审为》
王翦：《战·秦策五》
王良星：《淮·览冥》
王莽：《淮·俶真》
王生：《吕·当染》
王屋：《吕·有始》
王子光：《吕·首时》
王子搜：《吕·贵生》
薇芜：《吕·审分》
尾生：《淮·氾论》
委貌：《淮·氾论》
蔿贾：《吕·异宝》
薳贾伯盈：《吕·知分》
鲔鱼：《吕·季春》
渭滨：《吕·长见》
渭水：《淮·墬形》
卫侯剽：《吕·观表》
卫惠公：《吕·忠廉》
卫姬：《吕·知士》
卫灵公：《吕·本生》
卫平侯：《吕·务大》
卫嗣君：《吕·务本》
卫奚：《吕·必己》
卫献公：《吕·观表》
卫宣公：《吕·上德》
卫懿公：《吕·简选》
卫鬌：《战·宋卫策》
魏犨：《吕·介立》
魏丑夫：《战·秦策二》
魏桓子：《吕·下贤》
魏惠王：《战·西周策》
魏文侯：《吕·乐成》
魏武侯：《吕·乐成》
魏献子：《吕·有始》
温阳：《吕·去私》
温囿：《战·西周策》
文帝：《淮·天文》
文命：《吕·当染》
（楚）文王：《战·秦策四》
文王操：《淮·主术》
文信侯：《吕·不侵》
文挚：《吕·至忠》
文子：《淮·览冥》
蟁蝱：《淮·俶真》
汶阳：《淮·氾论》
翁仲：《淮·氾论》
巫山：《淮·修务》
乌头：《淮·主术》

吴回：《吕·孟夏》
吴姬：《吕·审应》
吴郡：《吕·上德》
吴起：《吕·贵卒》
吴寿梦：《吕·知分》
吾丘鴥：《吕·贵卒》
吾子：《吕·离俗》
梧下：《战·宋卫策》
无忌：《战·齐策三》
无射：《吕·孝行》
无畏：《吕·行论》
无卹：《吕·慎大》
无恤：《淮·氾论》
五帝：《吕·贵公》
五湖：《吕·乐成》
五阮：《淮·氾论》
五行传：《吕·明理》
五羊大夫：《战·秦策五》
五员：《吕·异宝》
五渚：《战·秦策一》
伍奢：《吕·慎行》
伍子胥：《吕·首时》
武安：《战·秦策一》
武丁：《吕·开春》
武都：《淮·墬形》
武关：《淮·修务》
武侯：《吕·不二》
武灵王：《吕·审应》
武王：《吕·本生》
武子：《吕·骄恣》
務光：《吕·离俗》
婺女：《吕·有始》
X
西伯：《吕·长见》
西河：《吕·有始》
西徼：《淮·墬形》
西匡亭：《淮·主术》
西门豹：《吕·乐成》
西乞术：《吕·义赏》
西山：《吕·离俗》
西施：《淮·精神》
西王母：《淮·览冥》
西乡士：《淮·精神》
西周：《吕·贵卒》
析木：《吕·有始》
郗偃：《吕·当染》
奚齐：《吕·原乱》
奚仲：《淮·俶真》
菥蓂：《吕·任地》
犀武：《战·西周策》
（齐）僖公：《吕·简选》
蜥蜴：《淮·精神》
蟋蟀：《淮·说林》
谿子阳：《淮·俶真》
隰朋：《吕·贵公》
菒耳：《淮·览冥》
虾蟆：《吕·孟夏》
下邳：《淮·说山》
夏伯：《吕·君守》
夏后：《淮·氾论》
夏后皋：《吕·当染》
夏姬：《吕·禁塞》
夏屋山：《吕·长攻》
夏阳：《吕·爱类》
夏徵舒：《吕·禁塞》
夏至：《吕·仲夏》
鲜卑：《淮·原道》
鲜虞：《吕·简选》

弦高：《淮·氾论》
咸池：《吕·仲春》
咸阳：《吕·制乐》
獫狁(匈奴)：《吕·审为》
苋譆：《吕·长见》
縣公：《淮·览冥》
献子：《淮·说山》
鼸鼠：《吕·季春》
相国：《吕·淫辞》
襄子：《吕·当染》
向艺：《淮·氾论》
象魏：《吕·仲冬》
崤关：《淮·说林》
小白：《吕·当染》
小乙：《吕·重言》
孝文：《淮·天文》
孝武：《淮·览冥》
校师：《吕·知士》
獬豸：《淮·主术》
辛宽：《吕·长利》
辛穆子：《吕·慎大》
辛戎：《战·秦策五》
辛馀靡：《吕·音初》
新安：《战·西周策》
新蔡：《淮·墬形》
新城：《吕·开春》
新丰：《淮·俶真》
新郑：《战·秦策一》
信陵君：《战·齐策三》
星纪：《淮·天文》
邢国：《吕·简选》
形残：《淮·墬形》
匈奴：《吕·审为》
芎穷：《吕·审分》
雄陶：《吕·本生》
熊疵：《淮·主术》
熊达：《淮·主术》
熊章：《吕·慎势》
熊轸：《吕·高义》
脩己：《淮·修务》
脩礼：《淮·时则》
须女：《淮·时则》
徐国：《淮·说山》
徐偃王：《淮·氾论》
徐州：《吕·首时》
徐子：《战·宋卫策》
许由：《吕·本生》
续经：《吕·无义》
宣姜：《吕·上德》
宣孟：《吕·报更》
宣室：《吕·当务》
宣王：《吕·当染》
轩辕氏：《淮·天文》
玄冥：《吕·孟冬》
玄鸟：《吕·仲春》
玄王：《淮·墬形》
玄武：《淮·时则》
玄枵：《淮·天文》
旋麦：《吕·任地》
獯鬻：《吕·古乐》
荀息：《淮·精神》
荀偃(字伯游)：《吕·骄恣》
荀寅：《吕·必己》
荀子：《吕·当染》

Y

窫窳：《淮·俶真》
延陵：《吕·知分》
延州来季子：《淮·精神》

炎帝：《吕·孟夏》
颜阖：《吕·贵生》
颜渊：《淮·精神》
严道：《淮·天文》
兖州：《吕·季春》
蝘蜓：《淮·精神》
晏婴：《淮·主术》
晏子：《淮·精神》
鴈门：《吕·有始》
鴈头：《吕·恃君》
鴈子：《吕·仲夏》
燕僖王：《战·秦策五》
燕易王：《战·齐策二》
燕昭王：《吕·权勋》
羊肠坂：《淮·墬形》
羊斟：《吕·察微》
阳阿：《淮·说山》
阳城：《吕·当染》
阳樊：《吕·不广》
阳侯：《淮·氾论》
阳陵：《淮·墬形》
阳生：《吕·慎势》
阳燧：《淮·说山》
阳武：《战·秦策二》
阳纡：《淮·墬形》
阳翟：《吕·任数》
扬州：《吕·恃君》
扬子云：《吕·制乐》
暘谷：《淮·天文》
杨王孙：《吕·节丧》
杨朱：《淮·俶真》
杨子：《淮·氾论》
姚贾：《战·秦策五》
殽塞：《吕·悔过》
峣山：《淮·览冥》
要离：《吕·忠廉》
野葛：《淮·说林》
野王：《吕·上德》
夜光：《淮·墬形》
叶公子高：《吕·精论》
一命：《吕·怀宠》
伊长孺：《淮·修务》
伊耆氏：《吕·贵生》
伊阙：《吕·爱类》
伊水：《淮·本经》
伊尹：《吕·当染》
猗顿：《吕·审分》
夷昧：《吕·简选》
夷吾：《吕·贵公》
夷则：《吕·孟秋》
夷仲年：《吕·贵卒》
宜臼：《吕·疑似》
宜辽：《淮·主术》
宜阳：《吕·任数》
仪行父：《吕·禁塞》
遗风：《吕·本味》
易牙：《吕·知接》
意如：《吕·察微》
义渠：《战·秦策二》
义阳川：《战·秦策二》
翳桑：《吕·报更》
殷高宗：《吕·必己》
殷顺且：《战·宋卫策》
殷纣：《吕·本生》
陰地：《淮·天文》
陰帝：《淮·览冥》
陰公：《吕·当染》
陰律：《吕·仲春》

淫鱼:《淮·说山》
尹池:《吕·召类》
尹铎:《吕·达郁》
尹儒:《吕·博志》
荥阳:《淮·精神》
应侯:《战·秦策五》
应钟:《吕·孟冬》
璎黄蛇:《淮·墬形》
荧惑:《淮·天文》
营室:《吕·有始》
萤火:《吕·季夏》
颍川:《吕·安死》
雍门:《淮·览冥》
雍州:《淮·览冥》
雝州:《淮·墬形》
永安:《吕·适威》
幽王:《吕·当染》
幽州:《吕·季春》
由余:《淮·精神》
邮良:《吕·审分》
邮无恤:《淮·览冥》
邮无政:《淮·览冥》
游龙:《淮·墬形》
有扈:《吕·先己》
有苗:《吕·召类》
有穷:《吕·具备》
有司:《淮·时则》
有娀:《吕·音初》
有莘:《淮·修务》
羑里:《吕·首时》
右扶风:《吕·有始》
右宰:《吕·观表》
榆次:《战·秦策四》
虞舜:《淮·原道》
虞渊:《吕·有度》
舆鬼:《吕·仲春》
羽国:《淮·原道》
禹贡:《淮·墬形》
玉门:《吕·首时》
御史:《淮·主术》
御叔:《吕·禁塞》
御说:《吕·上德》
豫且:《淮·说山》
豫让:《吕·不侵》
豫章:《吕·上德》
郁林:《淮·氾论》
元公佐:《吕·制乐》
爰旌目:《吕·介立》
原城:《吕·为欲》
原道:《淮·天文》
猿狝猴:《战·齐策三》
远贾:《吕·当染》
月建:《淮·墬形》
越王:《战·中山策》
乐浪:《吕·恃君》
乐施:《吕·长利》
乐师:《吕·本生》
乐书:《吕·禁塞》
乐喜:《淮·精神》
乐羊:《吕·乐成》
乐毅:《吕·权勋》
乐盈:《吕·原乱》
芸蒿:《淮·时则》
云门:《吕·仲春》
云蜺:《淮·原道》
允常:《吕·当染》

Z

宰予:《吕·慎势》

臧文仲：《淮・说山》
糟邱：《淮・本经》
凿台：《战・秦策四》
造父：《淮・俶真》
曾参：《吕・勤学》
曾点：《吕・勤学》
曾皙：《吕・季秋》
曾子：《淮・精神》
翟黄：《吕・淫辞》
翟璜：《吕・举难》
詹何：《淮・原道》
战国：《吕・禁塞》
战国策：《淮・汜论》
张丑：《战・中山策》
张登：《战・中山策》
张柳朔：《吕・当染》
张孟谈：《吕・义赏》
张唐：《战・秦策五》
张掖：《淮・墬形》
张仪：《吕・报更》
朝歌：《淮・本经》
昭公：《吕・安死》
昭公奭：《吕・分职》
昭文君：《吕・报更》
昭襄王：《战・秦策二》
昭衍：《战・秦策五》
昭阳：《战・齐策二》
昭子：《吕・当染》
赵盾：《吕・报更》
赵高：《吕・审分》
赵简子：《吕・似顺》
赵景子：《吕・长攻》
赵括：《吕・介立》
赵氏：《战・西周策》
赵衰：《吕・介立》
赵无恤：《吕・长攻》
赵武灵王：《战・中山策》
赵襄国：《吕・简选》
赵襄子：《吕・论威》
赵宣王：《淮・主术》
赵鞅：《淮・主术》
赵正：《战・秦策四》
贞子：《吕・任数》
箴尹：《吕・勿躬》
镇星：《淮・天文》
郑伯：《淮・说林》
郑厉公：《吕・上德》
郑穆公：《吕・务大》
郑文公：《吕・务大》
郑袖：《淮・修务》
知伯：《淮・说山》
直辕：《吕・有始》
轵縣：《吕・为欲》
智伯：《吕・不侵》
智伯瑶：《战・秦策四》
智襄子：《淮・精神》
智瑶：《淮・汜论》
中国：《吕・为欲》
中牟：《吕・有始》
中期：《战・秦策五》
中人：《吕・慎大》
中山：《吕・当染》
中行穆子：《吕・当染》
中行氏：《吕・当染》
中行文子：《吕・似顺》
中行偃：《吕・禁塞》
中行寅：《战・秦策五》
中宗：《吕・制乐》

终朝：《淮・氾论》
终古：《淮・氾论》
终南山：《淮・俶真》
螽蝗：《淮・时则》
锺山：《吕・士容》
锺巫：《吕・审分》
锺仪：《吕・精通》
冢领山：《淮・墬形》
仲丁：《吕・制乐》
仲虺：《吕・当染》
仲春：《淮・原道》
仲冬：《吕・仲冬》
仲秋：《吕・音律》
仲夏：《吕・仲夏》
州犂：《吕・当染》
州蒲：《吕・禁塞》
周公旦：《吕・当染》
周景王：《吕・精论》
周敬王：《吕・必己》
周康王：《吕・音初》
周礼：《淮・时则》
周穆公：《吕・分职》
周南：《吕・报更》
周弃：《吕・季冬》
周威公：《吕・先识》
周文王：《吕・当染》
周武王：《淮・原道》
周襄王：《吕・不广》
周夷王：《吕・当染》
周昭王：《吕・音初》
周最：《战・西周策》
朱亥：《战・齐策三》
朱鸟：《淮・时则》
朱雀：《淮・天文》
朱襄：《吕・古乐》
诸儿：《吕・贵卒》
诸父：《吕・功名》
诸华：《淮・氾论》
诸夏：《淮・本经》
竹皮冠：《淮・氾论》
属镂：《淮・氾论》
柱厉叔：《吕・恃君》
祝融：《吕・孟冬》
祝祝：《淮・说林》
颛顼：《吕・当染》
庄蹻：《吕・异用》
庄子：《吕・必已》
淖齿：《吕・行论》
卓子：《淮・精神》
斲木：《淮・时则》
兹父：《吕・上德》
子产：《淮・氾论》
子车鍼虎：《淮・修务》
子带：《吕・贵直》
子丹：《战・秦策五》
子犯：《吕・义赏》
子高：《淮・氾论》
子贡：《吕・重言》
子国：《吕・下贤》
子罕：《吕・召类》
子华子：《吕・贵生》
子翚：《吕・审分》
子纠：《淮・氾论》
子哙：《吕・行论》
子良：《淮・览冥》
子墨子：《吕・高义》
子囊：《吕・慎行》
子期：《吕・精论》

子旗：《吕·高义》
子桑：《吕·尊师》
子射：《吕·慎行》
子思：《吕·审应》
子韦：《吕·制乐》
子尾：《吕·当染》
子我：《吕·慎势》
子西：《吕·精论》
子夏：《淮·精神》
子阳：《淮·氾论》
子野：《淮·原道》
子玉：《淮·修务》
子渊捷：《淮·说山》
子臧：《吕·去私》
子之：《战·齐策二》
子州支父：《吕·贵生》
紫微：《淮·原道》
宗布：《淮·氾论》
邹忌：《战·齐策一》
祖丁：《吕·慎大》
左冯翊：《吕·爱类》
左司马：《吕·有始》
左相：《吕·当染》
左传：《淮·览冥》

附录五

高诱注释语言新词表

A

阿社：《淮·说山》

安石榴：《淮·时则》

遨翔：《淮·俶真》

B

八畜：《淮·氾论》

跋蹶：《淮·原道》

霸术：《吕·首时》

白宿：《吕·精论》

百君：《吕·仲夏》

百鸟：《吕·仲夏》

颁宣：《淮·本经》

谤讪：《吕·情欲》

包覆：《吕·下贤》

保安：《吕·报更》

悖惑：《吕·处方》

毕星：《淮·原道》

闭固：《吕·仲春》

裨笠：《淮·说林》

辟带：《淮·本经》

避乱：《吕·慎大》

偏布：《吕·圜道》

辨变：《淮·时则》

辨别：《吕·尊师》

辨反：《吕·仲夏》

辩敏：《吕·知接》

兵府：《淮·时则》

兵象：《吕·仲秋》

剥割：《战·齐策一》

伯宗：《吕·当染》

勃焉：《吕·重己》

布谷：《淮·天文》

簿领：《吕·季春》

C

猜疑：《吕·明理》

材秀：《吕·勤学》

财实：《吕·顺说》

采实：《淮·本经》

蝉蜩：《淮·原道》

谗杀：《战·秦策五》

长矛：《吕·简选》

长叹：《淮·览冥》

常赋：《淮・原道》
唱歌：《吕・顺说》
嗔怒：《吕・知化》
湛没：《吕・诬徒》
尘堁：《淮・说林》
称托：《淮・修务》
充人：《吕・仲秋》
崇用：《淮・氾论》
宠用：《吕・遇合》
愁戚：《吕・精通》
出溺：《淮・氾论》
初始：《战・秦策四》
除愈：《吕・至忠》
触犯：《淮・修务》
创基：《淮・说山》
炊饭：《战・秦策一》
輴輴：《淮・说山》
纯淑：《吕・慎行》
促织：《吕・季夏》
趣织：《淮・时则》
篡国：《吕・正名》
错镂：《淮・本经》
D
达显：《吕・慎人》
戴仰：《淮・原道》
单醪：《吕・察微》
啖食：《吕・贵直》
蹈义：《吕・贵生》
蹈正：《吕・达郁》
祷祈：《吕・季春》
登成：《淮・时则》
嫡长：《吕・贵公》
凋伤：《淮・时则》
吊恤：《吕・振乱》
东头：《吕・孟夏》
冻裂：《吕・仲冬》
独享：《吕・察微》
笃病：《淮・览冥》
陊落：《淮・天文》
惰窳：《吕・孟春》
堕地：《吕・过理》
E
阿媚：《吕・不苟》
阿主：《吕・君守》
恶疮：《吕・尽数》
恶谥：《吕・审分》
饳窘：《战・齐策三》
耳疾：《吕・尽数》
F
法效：《淮・俶真》
烦肠：《淮・墬形》
烦数：《淮・览冥》
繁茂：《淮・时则》
繁养：《淮・天文》
倣斅：《淮・本经》
放发：《淮・氾论》
非笑：《吕・慎小》
飞荡：《吕・论威》
废弃：《吕・别类》
分两：《淮・氾论》
分齐：《吕・本味》
风合：《吕・季春》
锋芒：《淮・天文》
缝际：《淮・俶真》
伏蛰：《淮・天文》
拂戾：《淮・精神》
服行：《吕・先己》
俯近：《吕・仲秋》
父马：《吕・季春》
父牛：《吕・季春》

付属：《淮·氾论》
负败：《吕·论威》
覆藏：《吕·孟春》
G
干度：《吕·本生》
干乱：《淮·俶真》
干逆：《吕·仲秋》
骭毛：《淮·氾论》
贡珍：《吕·本味》
鉤刀：《淮·俶真》
鼓翼：《吕·仲夏》
故迹：《淮·说山》
官皇：《吕·当染》
官禄：《战·秦策五》
棺题：《吕·开春》
管音：《淮·时则》
贵家：《淮·说山》
郭洛带：《淮·主术》
国嗣：《淮·氾论》
H
含生：《淮·天文》
含养：《吕·季夏》
毫分：《吕·有度》
好尚：《吕·情欲》
呵问：《淮·时则》
合药：《吕·别类》
阖庐：《吕·当染》
龁疣：《吕·仲夏》
狐偃：《吕·尊师》
户限：《淮·说林》
护助：《吕·怀宠》
华茂：《淮·时则》
怀胎：《淮·原道》
欢和：《淮·时则》
欢悦：《吕·尊师》
荒裔：《吕·精通》
回流：《淮·原道》
昏主：《吕·知接》
穫刈：《吕·任地》
J
谨悉：《淮·说林》
劲疾：《战·齐策一》
进围：《战·齐策三》
禁绝：《吕·仲冬》
禁杀：《淮·说山》
经由：《淮·修务》
精详：《吕·仲夏》
精至：《吕·诬徒》
鸠杖：《吕·仲秋》
久习：《吕·义赏》
酒爵：《战·秦策五》
救命：《吕·功名》
居摄：《吕·察微》
居先：《淮·原道》
居职：《吕·知接》
距踊：《吕·悔过》
拒斧：《吕·仲夏》
距守：《淮·原道》
军械：《吕·慎大》
K
亢燥：《吕·孟秋》
克破：《吕·权勋》
刻舟：《吕·察今》
寇害：《吕·仲春》
瘡人：《吕·尊师》
宽和：《淮·时则》
宽猛：《淮·氾论》
匡弼：《淮·主术》
溃漏：《吕·慎小》
瓠瓠：《吕·孟夏》

括撮：《淮・精神》
L
牢坚：《战・秦策一》
劳问：《战・秦策五》
乐士：《吕・报更》
乐于：《淮・本经》
儡儡然：《淮・俶真》
里陌：《吕・贵公》
里谚：《吕・审分》
理讼：《淮・主术》
礼律：《吕・审分》
粒铫镝：《淮・主术》
利欲：《吕・尽数》
历行：《吕・不苟》
连缠：《淮・本经》
连持：《淮・天文》
聊赖：《战・秦策一》
疗病：《淮・说山》
疗疾：《吕・先己》
临终：《吕・务本》
悋啬：《吕・士容》
凌傲：《吕・论威》
凌室：《吕・季冬》
菱角：《淮・本经》
偻俯：《吕・明理》
蝼蛄：《吕・应同》
漉池：《淮・主术》
闾邑：《吕・慎小》
乱主：《吕・振乱》
M
马祸：《吕・明理》
麦芒：《淮・本经》
满密：《吕・适音》
慢缓：《淮・主术》
漫胡：《吕・精通》
媒人：《淮・说山》
瞢瞢：《吕・介立》
蝱蜓：《淮・说林》
蒙暗：《吕・勿躬》
弭毛：《吕・决胜》
面向：《战・齐策一》
苗胤：《吕・遇合》
名倡：《淮・俶真》
明验：《淮・修务》
缪误：《吕・贵生》
谋术：《吕・简选》
鹌鹑：《吕・季春》
牡籥：《淮・氾论》
目疾：《吕・尽数》
N
纳忠：《吕・圜道》
挠弱：《淮・原道》
逆寒疾：《吕・尽数》
逆时：《吕・尽数》
怒水：《淮・本经》
P
烹煮：《战・齐策一》
疲困：《淮・览冥》
偏远：《吕・君守》
频伸：《淮・精神》
平解：《淮・修务》
平狱：《淮・主术》
屏去：《吕・仲冬》
Q
奇异：《淮・俶真》
祈雨：《吕・仲夏》
跂步：《淮・原道》
企望：《吕・顺说》
企踵：《吕・精通》
亲手：《吕・赞能》

秦渠:《吕·季夏》
禽获:《吕·慎小》
禽制:《淮·主术》
倾陨:《吕·壹行》
轻略:《吕·士容》
轻慢:《吕·勤学》
情色:《淮·说林》
穷贱:《淮·原道》
穷难:《淮·说林》
仇首:《战·西周策》
曲惠:《吕·贵公》
区隅:《吕·季春》
去年:《淮·原道》
R
扰动:《吕·仲春》
任身:《吕·本味》
戎旅:《淮·时则》
荣势:《淮·原道》
肉汁:《吕·应言》
瑞应:《淮·览冥》
焫烛:《淮·原道》
S
塞绝:《吕·孟冬》
散舒:《淮·天文》
山关:《战·齐策三》
山形:《战·西周策》
扇迫:《吕·辩土》
禅受:《吕·不屈》
商音:《淮·天文》
伤创:《吕·孟秋》
赦贷:《吕·怀宠》
慑怖:《战·秦策五》
参星:《淮·俶真》
生出:《吕·仲冬》
省减:《淮·时则》
盛冬:《吕·孟冬》
尸素:《吕·贵生》
矢镞:《淮·墬形》
侍见:《吕·仲春》
衰倦:《吕·论人》
水鸟:《淮·说林》
水藻:《吕·季春》
水禽:《吕·孟春》
水厓:《淮·原道》
顺阳:《吕·仲夏》
私会:《吕·本生》
私鈚头:《淮·主术》
俗间:《淮·说林》
速疾:《吕·适威》
宿止:《淮·天文》
诉告:《战·齐策三》
蒜虀:《淮·说山》
T
胎养:《吕·季冬》
太昊:《淮·俶真》
天素:《淮·原道》
恬淡:《淮·说山》
铁刃:《淮·氾论》
挺生:《吕·任地》
头痛疾:《吕·尽数》
土王:《淮·墬形》
兔网:《吕·季春》
W
婉顺:《吕·慎大》
万法:《吕·先己》
王气:《吕·季春》
王生:《吕·当染》
薇芜:《吕·审分》
鲔鱼:《吕·季春》
畏慎:《吕·孝行》

温仁：《淮・时则》
温恤：《淮・原道》
温煦：《淮・时则》
文簿：《吕・季秋》
问聘：《淮・主术》
齆鼻：《吕・尽数》
屋檐：《淮・览冥》
无头鬼：《淮・览冥》
五稼：《吕・季春》
X
郗偃：《吕・当染》
菥蓂：《吕・任地》
稀世：《淮・精神》
豀涧：《淮・修务》
下趾：《淮・说林》
嫌馀：《吕・季春》
衔持：《淮・本经》
衔齧：《吕・离谓》
鼸鼠：《吕・季春》
相亚：《吕・下贤》
兴化：《吕・季春》
兴盛：《淮・时则》
刑断：《淮・时则》
休废：《吕・孟春》
虚费：《淮・氾论》
虚诈：《淮・本经》
玄纁：《吕・制乐》
选顷：《吕・分职》
训罚：《吕・应同》
训厉：《吕・贵公》
Y
涯畔：《吕・爱类》
咽疾：《吕・尽数》
炎旱：《吕・仲秋》
炎阳：《吕・仲春》
颜貌：《吕・首时》
严猛：《吕・仲秋》
奄人：《吕・知接》
鴈子：《吕・仲夏》
阳炎：《吕・重己》
药草：《吕・孟夏》
夜光：《淮・墬形》
夷荒：《淮・览冥》
夷昧：《吕・简选》
移家：《吕・季夏》
易夺：《吕・淫辞》
陰帝：《淮・览冥》
陰类：《吕・孟夏》
讔言：《吕・重言》
胤嗣：《淮・墬形》
营校：《战・中山策》
影表：《淮・本经》
喁噞：《淮・说山》
用思：《吕・勿躬》
遊荡：《淮・修务》
友爱：《吕・遇合》
渝变：《吕・节丧》
踰(逾)趯：《吕・仲夏》
伛脊疾：《吕・尽数》
懊休：《淮・说林》
援助：《战・秦策二》
源本：《淮・本经》
远外：《吕・举难》
远引：《吕・离俗》
约俭：《战・秦策五》
乐歌：《吕・音初》
乐曲：《淮・说山》
越渫：《淮・俶真》
耘耨：《吕・季夏》
耘耔：《淮・修务》

允常:《吕·当染》
辒藉:《吕·适音》
Z
杂会:《吕·孝行》
赞佐:《淮·主术》
澡浴:《吕·精论》
皂斗:《吕·恃君》
造制:《淮·说山》
谮毁:《战·秦策二》
诈言:《吕·知化》
战惧:《吕·审应》
章著:《淮·说山》
柘桑:《淮·俶真》
振起:《淮·时则》
震气:《淮·墬形》
争霸:《吕·慎行》
征伐:《吕·季夏》
徵应:《吕·应同》
整乱:《淮·本经》
正青:《淮·俶真》
知旧:《吕·必己》
脂腻:《淮·本经》
止足:《吕·本生》
指说:《淮·原道》
志节:《吕·恃君》
致化:《淮·览冥》
致理:《吕·季春》
智计:《吕·长见》
镱律:《吕·侈乐》
昼漏:《吕·仲秋》
诛害:《淮·览冥》
竹笋:《吕·本味》
竹席:《淮·本经》
属付:《吕·慎人》
著闻:《吕·慎小》
准执:《淮·原道》
斫伐:《吕·季春》
浊扰:《淮·俶真》
滋茂:《吕·孟夏》
訾毁:《吕·长利》
总成:《吕·孟秋》
足踵:《吕·用众》
尊奉:《吕·报更》
佐时:《吕·遇合》
作害:《吕·仲春》
作化:《淮·齐俗》
被:表被动,让,为
《吕·贵卒》
还:却。反而《淮·说林》
近:殆、大概《吕·高义》
密:荷的地下茎《淮·说山》
鸲:鸟名《淮·时则》
俾:视《淮·氾论》
颇:甚;很《淮·俶真》
娠:怀孕、身孕《淮·本经》
为:助词,用于程度副词后,
加强语气《吕·振乱》
欂:屋栋《淮·主术》

附录六

高诱注释语言新义表

A
爱惜：《战·秦策一》
安详：《淮·说山》
安行：《吕·务大》
安养：《吕·音律》
B
白路：《吕·孟秋》
褒衣：《淮·氾论》
报偿：《战·秦策二》
卑服：《战·秦策四》
卑污：《淮·说山》
被害：《淮·俶真》
本情：《吕·审分》
本意：《淮·氾论》
逼迫：《吕·骄恣》
鄙野：《吕·贵直》
弊恶：《吕·贵直》
便习：《淮·俶真》
标的：《吕·尽数》
表木：《淮·主术》
别号：《吕·古乐》
冰霜：《吕·孟冬》
孛星：《淮·天文》
布种：《淮·原道》
C
侧身：《淮·氾论》
缠结：《淮·本经》
常事：《淮·原道》
常所：《淮·精神》
常言：《淮·说山》
超越：《吕·必己》
朝政：《吕·音律》
车箱：《淮·氾论》
陈设：《淮·时则》
沈抑：《淮·精神》
成济：《淮·墬形》
成就：《淮·修务》
成性：《淮·时则》
乘驾：《淮·本经》
诚实：《淮·说山》
赤心：《淮·时则》
炽火：《淮·时则》

炽盛：《淮・天文》
冲突：《吕・召类》
重絫：《吕・季冬》
臭败：《吕・尽数》
穿漏：《吕・季春》
船头：《淮・本经》
创夷：《淮・览冥》
炊火：《淮・说山》
春节：《吕・季冬》
春酝：《吕・孟夏》
纯熟：《淮・精神》
纯阳：《淮・天文》
从嫁：《淮・本经》
粗疏：《吕・异宝》
脆弱：《淮・天文》
D
达见：《吕・季冬》
大病：《吕・似顺》
大壑：《淮・原道》
大明：《吕・有始》
大数：《吕・孟冬》
当然：《吕・贵公》
当涂：《吕・音初》
倒悬：《吕・荡兵》
盗取：《淮・氾论》
道性：《淮・俶真》
得死：《吕・爱士》
得仙：《淮・览冥》
颠蹶：《吕・贵直》
雕伤：《淮・天文》
定业：《吕・任数》
洞达：《淮・修务》
独当：《吕・勿躬》
独自：《吕・骄恣》
笃疾：《淮・时则》
端正：《吕・孟春》
断绝：《吕・正名》
对战：《淮・览冥》
E
恩赐：《淮・本经》
F
发掘：《吕・节丧》
发散：《淮・主术》
法章：《吕・季夏》
反戾：《吕・重己》
犯害：《淮・主术》
房室：《吕・仲冬》
非常：《吕・季春》
飞阁：《淮・本经》
肥盛：《淮・时则》
沸溷：《淮・墬形》
废顿：《淮・览冥》
奋厉：《淮・说林》
封殖：《淮・本经》
风角：《吕・不二》
风声：《淮・原道》
丰碑：《吕・求人》
伏流：《淮・墬形》
孚甲：《淮・天文》
符命：《淮・本经》
符信：《战・齐策三》
福利：《吕・博志》
腐烂：《吕・勤学》
附从：《吕・察微》
復思：《淮・原道》
赋命：《吕・圜道》
覆被：《吕・本生》
G
盖屋：《淮・说山》
干燥：《吕・别类》

感念：《吕·知分》
高处：《淮·说林》
高洁：《吕·贵生》
高峻：《淮·原道》
高美：《吕·重言》
高显：《淮·说山》
高远：《吕·士容》
膏润：《战·秦策四》
告退：《淮·氾论》
根苗：《吕·任地》
工役：《吕·音律》
孤特：《吕·离俗》
瓠瓠：《吕·孟夏》
古记：《吕·贵公》
古诗：《淮·俶真》
古书：《吕·至忠》
观视：《吕·首时》
惯习：《吕·审应》
光豔：《淮·说山》
广平：《吕·季春》
规画：《淮·说山》
瑰奇：《吕·侈乐》
归政：《淮·氾论》
鬼病：《吕·知接》
诡变：《吕·义赏》
诡怪：《吕·季春》
诡言：《战·秦策五》
国朝：《淮·氾论》
裹缠：《淮·本经》
过去：《淮·览冥》
H
含怀：《淮·俶真》
寒雪：《淮·原道》
毫发：《吕·处方》
好生：《吕·情欲》
耗减：《淮·墬形》
合会：《淮·俶真》
何等：《吕·审己》
和成：《吕·仲夏》
和味：《淮·说山》
和谐：《吕·古乐》
黑云：《淮·览冥》
横吹：《吕·仲夏》
后年：《淮·天文》
呼鸣：《淮·时则》
胡粉：《吕·用众》
化治：《吕·情欲》
化作：《吕·本味》
缓气：《吕·慎行》
黄离：《吕·仲春》
灰土：《淮·精神》
回旋：《淮·俶真》
毁败：《吕·士容》
毁缺：《淮·氾论》
昏旦：《吕·孟春》
火炽：《吕·别类》
火精：《吕·明理》
火日：《吕·孟夏》
火色：《吕·应同》
火星：《淮·天文》
火性：《吕·孟夏》
J
机关：《淮·原道》
积累：《吕·察微》
积思：《淮·修务》
击刺：《吕·顺说》
讥呵：《吕·当务》
急流：《淮·俶真》
极目：《吕·孝行》
寂静：《吕·仲冬》

嘉美：《吕·本味》
甲子：《吕·简选》
监视：《吕·孟春》
建置：《淮·时则》
僭称：《吕·怀宠》
僭号：《吕·首时》
将校：《淮·时则》
交会：《战·秦策五》
交战：《吕·爱士》
佼健：《淮·览冥》
教谕：《淮·览冥》
窖藏：《淮·时则》
校战：《战·秦策四》
节乐：《吕·仲夏》
解故：《淮·原道》
解说(shuō)：《战·秦策四》
解说(tuō)：《战·秦策一》
介甲：《吕·孟秋》
戒敕：《淮·时则》
金杯：《淮·天文》
金流：《吕·别类》
进道：《淮·说山》
进攻：《战·西周策》
进军：《战·齐策三》
禁卫：《吕·振乱》
经过：《淮·时则》
精核：《吕·诬徒》
炯炯：《淮·氾论》
九迴：《吕·音初》
就草：《淮·本经》
菊花：《吕·季春》
鉏鋙：《吕·仲夏》
龃龉：《淮·俶真》
巨阙：《吕·审为》
聚合：《淮·俶真》
聚积：《吕·孟夏》
眷然：《淮·氾论》
绝远：《吕·长利》
军营：《吕·明理》
K
空闲：《吕·仲冬》
空中：《淮·时则》
孔穴：《吕·慎小》
苦毒：《吕·振乱》
狂言：《吕·君守》
L
览观：《淮·览冥》
滥炎：《吕·适威》
勒铭：《吕·孟冬》
磥落：《吕·谨听》
离嵝：《淮·原道》
历世：《吕·精论》
连理：《淮·俶真》
莲华：《淮·墬形》
练染：《淮·时则》
了了：《淮·说山》
临命：《吕·务本》
鳞甲：《吕·季夏》
凛烈：《吕·精通》
灵光：《淮·墬形》
流迁：《吕·明理》
流逸：《吕·本生》
六代：《吕·仲春》
露水：《淮·时则》
履行：《吕·报更》
偻俯：《吕·明理》
律坐：《吕·不二》
乱气：《淮·览冥》
伦匹：《淮·原道》
论量：《吕·论人》

罗列：《淮·览冥》
落落：《淮·天文》
M
卯酉：《吕·有始》
美材：《淮·览冥》
糜烂：《吕·不屈》
靡靡：《吕·本生》
米麴：《吕·仲冬》
免脱：《战·齐策三》
灭没：《吕·遇合》
民物：《淮·汜论》
名德：《吕·勤学》
明朝：《淮·览冥》
明人：《淮·精神》
明识：《吕·恃君》
明珠：《吕·重己》
命数：《吕·季秋》
谬言：《吕·重言》
摸索：《淮·俶真》
谋约：《战·秦策一》
N
内道：《吕·有始》
泥坯：《淮·精神》
农圃：《吕·尊师》
P
盘龙：《淮·本经》
譬如：《吕·有始》
漂浮：《战·中山策》
平除：《吕·似顺》
平直：《淮·时则》
评议：《淮·时则》
破甕：《吕·下贤》
Q
其中：《吕·圜道》
奇表：《吕·观表》
歧嶷：《淮·本经》
气节：《吕·贵信》
遣送：《吕·孟冬》
强力：《吕·不屈》
巧媚：《吕·士容》
巧饰：《淮·原道》
勤心：《吕·察微》
寝堂：《吕·知接》
青雀：《淮·说林》
清水：《淮·墬形》
倾邪：《吕·季秋》
蜻蜓：《吕·精论》
轻利：《吕·审为》
轻少：《吕·报更》
轻微：《吕·仲春》
穷竭：《淮·原道》
秋节：《淮·时则》
酋豪：《淮·时则》
曲媚：《吕·达郁》
曲挠：《吕·离俗》
屈辱：《吕·慎行》
区宇：《吕·本生》
趋时：《淮·原道》
驱使：《战·秦策五》
全数：《淮·时则》
权宠：《战·秦策二》
缺失：《战·齐策三》
阙失：《吕·长攻》
R
热食：《吕·荡兵》
人神：《吕·顺民》
人事：《吕·安死》
任用：《淮·览冥》
容说：《吕·遇合》
入道：《淮·览冥》

入门：《吕·本生》
锐利：《吕·简选》
S
三孔：《淮·说山》
散落：《吕·季夏》
桑椹：《淮·览冥》
臊腥：《吕·本味》
山泉：《吕·本味》
扇翣：《吕·节丧》
禅代：《淮·墬形》
伤害：《吕·孟春》
上路：《淮·主术》
少有：《吕·仲春》
少女：《淮·修务》
舌头：《淮·修务》
射覆：《淮·精神》
摄取：《战·齐策三》
深峻：《淮·天文》
深邃：《吕·仲冬》
深隐：《淮·氾论》
深重：《战·秦策二》
神性：《吕·知分》
渗漏：《淮·天文》
升陟：《吕·君守》
生性：《吕·本生》
生植：《淮·主术》
声势：《战·齐策一》
省文：《吕·季冬》
施用：《吕·孟春》
师道：《吕·勸学》
势力：《吕·审时》
饰好：《吕·审应》
收纳：《淮·天文》
收掌：《吕·季冬》
守备：《吕·慎大》
首疾：《吕·尽数》
瘦瘠：《吕·贵生》
疏道：《淮·修务》
熟食：《吕·本味》
孀妇：《淮·修务》
水华：《淮·说山》
水精：《淮·览冥》
水色：《吕·应同》
水行：《淮·原道》
水性：《淮·原道》
水畜：《吕·孟夏》
水藻：《吕·本味》
思谋：《淮·说林》
四界：《吕·季夏》
苏生：《吕·孟春》
肃然：《吕·适音》
随事：《淮·原道》
T
胎育：《吕·仲夏》
胎养：《吕·季冬》
贪淫：《淮·览冥》
歎辞(词)：《吕·知化》
堂宇：《吕·季秋》
陶瓦：《淮·氾论》
讨逐：《吕·安死》
特命：《淮·时则》
体正：《吕·审己》
天马：《吕·仲夏》
通气：《淮·精神》
通水：《淮·时则》
铜柱：《淮·说林》
统一：《吕·有始》
统御：《淮·主术》
痛痒：《吕·圜道》
徒众：《淮·俶真》

土官:《吕·孟冬》
兔啮:《淮·说林》
退走:《吕·孝行》
拓境:《吕·首时》
W
外道:《吕·有始》
婉转:《淮·说林》
威武:《吕·长见》
微陰:《吕·仲夏》
围绕:《吕·明理》
违背:《吕·爱类》
委质:《吕·慎大》
萎蕤:《淮·天文》
文象:《淮·天文》
文章:指文字《吕·君守》
屋霤:《淮·本经》
无理:《吕·离谓》
五子:《吕·贵公》
武官:《淮·说山》
误失:《战·齐策二》
雾散:《淮·天文》
X
西头:《吕·季夏》
息止:《淮·览冥》
蜥蜴:《淮·精神》
洗耳:《淮·氾论》
细小:《吕·士容》
鰕鳙:《吕·孟夏》
瑕釁:《淮·氾论》
下坠:《吕·察今》
鲜明:《淮·时则》
贤仁:《吕·重言》
显达:《淮·原道》
陷没:《吕·慎大》
陷破:《吕·召类》
相兼:《吕·圜道》
详审:《吕·知接》
消除:《淮·览冥》
销烁:《吕·明理》
小米:《吕·审时》
邪行:《吕·孟春》
攜离:《吕·音律》
獬豸:《淮·主术》
兴造:《吕·安死》
行道:《吕·孝行》
行度:《吕·圜道》
行商:《吕·仲秋》
形迹:《淮·览冥》
形兆:《吕·有始》
脩治:《淮·时则》
虚华:《淮·俶真》
宣扬:《吕·诚廉》
玄纁:《吕·仲春》
循常:《淮·氾论》
Y
牙蘖:《淮·天文》
崖岸:《淮·原道》
烟尘:《吕·任数》
烟气:《吕·季冬》
延生:《吕·任地》
言说:《吕·壅塞》
掩覆:《淮·时则》
阳德:《吕·孟春》
阳精:《吕·禁塞》
阳律:《吕·孟春》
阳神:《淮·精神》
养育:《淮·时则》
夭寿:《淮·说山》
妖惑:《吕·知接》
要约:《吕·当染》

一等：《淮·览冥》
一发：《吕·孟春》
依凭：《吕·权勋》
仪度：《吕·不屈》
仪望：《淮·说林》
遗弃：《吕·士容》
遗亡：《吕·士容》
蚁封：《吕·慎小》
疫疾：《淮·时则》
逸诗：《吕·爱士》
逸书：《吕·贵信》
异同：《吕·首时》
陰精：《吕·禁塞》
陰律：《吕·仲春》
陰神：《淮·精神》
陰堂：《淮·原道》
陰云：《淮·修务》
淫滥：《淮·精神》
淫纵：《吕·去私》
应时：《淮·天文》
迎阳：《淮·天文》
盈满：《吕·精通》
盈缩：《吕·似顺》
雍容：《淮·说林》
用奇：《吕·义赏》
幽冥：《淮·览冥》
幽微：《吕·谨听》
由豫：《吕·诬徒》
游涉：《吕·孝行》
游行：《淮·主术》
游翔：《吕·本生》
娱志：《吕·重己》
馀声：《淮·原道》
雨潦：《淮·说山》
欲望：《吕·慎势》
狱官：《吕·孟秋》
冤枉：《吕·顺民》
原始：《吕·圜道》
远裔：《淮·修务》
陨坠：《吕·慎大》

Z

杂色：《淮·天文》
災疾：《吕·尽数》
葬送：《吕·节丧》
早熟：《吕·任地》
躁动：《淮·主术》
躁扰：《淮·墬形》
崭巖：《淮·原道》
长大：《战·宋卫策》
朝荣：《吕·仲夏》
折翼：《淮·俶真》
珍贵：《淮·修务》
征税：《吕·仲秋》
正白：《淮·俶真》
正对：《战·宋卫策》
正直：《吕·仲春》
正罪：《淮·时则》
郑重：《淮·修务》
知音：《淮·修务》
直身：《淮·览冥》
执持：《吕·长攻》
止节：《吕·仲夏》
稚弱：《吕·季秋》
制作：《吕·君守》
鸷击：《吕·仲春》
中宫：《淮·时则》
忠节：《淮·时则》
忠正：《吕·知度》
终归：《吕·慎行》
周天：《淮·汜论》

周匝：《吕・明理》
主治：《吕・季秋》
铸铜：《吕・孟春》
铸冶：《战・西周策》
转行：辗转而行《淮・精神》
转行：转移《淮・修务》
转旋：《淮・原道》
转运：《吕・务本》
著手：《吕・士容》
滋生：《吕・孟春》
自骋：《淮・原道》
自大：《吕・下贤》
自发：《淮・本经》
自合：《淮・原道》
自喻：《淮・说山》
自制：《吕・务本》
踪迹：《淮・原道》
走道：《吕・明理》
卒子：《战・秦策五》
组织：《吕・先己》
尊高：《吕・顺说》
作乐：《吕・孟夏》

单音新义

A

鹋：鸟名 《吕・季春》
按：用手向下压 《淮・精神》

B

奔：投奔 《吕・情欲》
坌：尘埃等粉状物粘着于他物 《淮・览冥》
辟：倍 《吕・任地》
部：军队等的领导机构或其所在地 《战・中山策》

C

裁：裁制，剪裁 《淮・主术》
才：仅仅 《吕・别类》
差：比较 《吕・报更》
彻：透、渗透 《淮・天文》
春：传说中的山名《淮・天文》
虫：昆虫的通称 《吕・审时》
处：位置、地位 《吕・期贤》
词：虚词，语助词《淮・精神》
次：动词，按次序排列 《吕・孟春》

D

鞑：柔软的皮革 《淮・氾论》
登：踏上 《吕・适威》
滴：量词 《淮・天文》
抵：值；相当；比《淮・时则》
督：督促、催促 《吕・处方》
陊：坠落 《淮・俶真》

F

防：防御、防卫 《淮・精神》
妨：迷信者所谓犯克 《淮・说山》
伏：沉积 《吕・仲春》
符：预言祸福之书（原字“薄”，陈奇猷改） 《吕・观表》
俛：直 《吕・别类》
付：托付 《吕・贵生》
副：副车，辅助的《吕・孟春》

G

格：方框 《吕・明理》
诟：怒 《战・秦策二》
抓：扑打 《淮・主术》

H

华：种子植物的繁殖器官 《淮・墬形》
换：背叛 《吕・尊师》
迴：环绕、围绕 《淮・氾论》

昏：目不明；昏花《淮·精神》

J

机：征兆　《吕·异宝》

鞮：通译之官，通东方之语者曰鞮　《吕·慎势》

急：猛烈；剧烈《战·秦策四》

挤：挤压　《淮·氾论》

渐：逐渐　《淮·原道》

醮：女子嫁人　《淮·原道》

俱：具备、具有　《淮·说林》

K

炕：干涸、干渴　《吕·仲冬》

酷：气、味浓烈　《吕·尽数》

侩：牙侩。旧时买卖的居间人　《淮·氾论》

L

浪：波浪　《淮·墬形》

联：连接　《淮·本经》

了：了解，明了　《淮·说林》

料：清查、清理　《淮·时则》

鷚：雏雞　《吕·仲夏》

缕：线状物　《吕·直谏》

络：网状物　《淮·览冥》

M

皃：容颜；状貌《战·秦策五》

帽：帽子　《淮·氾论》

闷：憋闷　《吕·论威》

猛：猛烈　《吕·仲夏》

灭：死亡　《吕·知接》

愍：怜悯、哀怜《战·秦策一》

漠：沙漠　《吕·仲秋》

N

曩：久　《吕·古乐》

昵：亲热、亲近《战·中山策》

辙：高貌　《吕·过理》

P

排：古代鼓风吹火之器　《淮·本经》

攀：摘取　《吕·下贤》

劈：破开　《战·宋卫策》

Q

起：用在动词后。表示向上　《淮·时则》

R

饶：馀；剩　《战·秦策五》

认：辨认　《吕·淫辞》

粈：糅杂、混杂《淮·俶真》

S

舍：音乐声　《吕·古乐》

竖：直立　《吕·必己》

T

踏：兽的小腿　《吕·本味》

蹋：踩、践踏　《吕·重言》

瑱：耳饰　《淮·修务》

桶：容器　《吕·仲夏》

头：指物体最前面的部分或动物的最前部分　《淮·本经》

头：方位词后缀　《淮·时则》

突：劣马　《淮·氾论》

W

窊：下凹；低陷　《淮·精神》

猥：繁多　《吕·仲春》

悟：通“寤”。睡醒《淮·墬形》

X

下：用在动词后。表示动作由高处到低处　《淮·墬形》

涎：贪羡、贪图　《吕·过理》

幰：车帷　《淮·氾论》

向：表示动作的方向　《淮·精神》

啸：尖利而悠长的响 《吕·辩土》
协：协助 《吕·仲秋》
斜：不正；歪斜《战·宋卫策》
凶：猛 《吕·处方》
掩：关闭、合上 《淮·时则》
堰：堤坝 《吕·季夏》
验：特征 《吕·观表》
熨：烫、烘烤 《吕·顺民》

Z

麈：动物名 《吕·本味》
镇：镇守 《淮·修务》
镇：即土星 《淮·本经》
只：单 《淮·墬形》
擿：选取、摘取《淮·本经》
贽：贽物以求见、赠送 《吕·仲春》
塚：坟墓 《吕·孟冬》
柱：支撑、拄持 《淮·览冥》
著：紧接动词后，表示动作、状态的持续 《淮·精神》
转：旋转 《吕·大乐》
缵：从聚 《淮·修务》

参考文献

(战国)吕不韦著，陈奇猷校释．吕氏春秋新校释．上海：上海古籍出版社，2002

(战国)韩非著，陈奇猷校注．韩非子新校注．上海：上海古籍出版社，2000

(西汉)刘向集录．战国策[(东汉)高诱注，附重刻札记]．丛书集成初编本．3684～3687册．北京：商务印书馆，1937

(西汉)刘向集录．战国策(高诱注)．国学基本丛书本．上海：上海书店，1987

(西汉)刘向集录．文渊阁四库全书・战国策[(东汉)汉高诱注，宋姚宏续注]．406册．台北：商务印书馆，1986

(西汉)刘向集录．文渊阁四库全书・鲍氏战国策注．406册．台北：商务印书馆，1986

(西汉)刘向集录．文渊阁四库全书・战国策校注[(宋)鲍彪原注，(元)吴师道补正]．407册．台北：商务印书馆，1986

(西汉)刘向集录．战国策校注[(宋)鲍彪原注，(元)吴师道补正]．四部丛刊(缩印本)．058册．上海：上海商务印书馆，1936

(西汉)刘向集录，缪文远著．战国策新校注．成都：巴蜀书社，1998

(西汉)刘向集录，诸祖耿撰．战国策集注汇考．南京：江苏古籍出版社，1985

(西汉)刘安等撰，孙冯翼辑．许慎淮南子注．丛书集成初编本．0588册．北京：商务印书馆，1937

(西汉)刘安等撰，沈德鸿选注．淮南子．万有文库本．0056 册．北京：商务印书馆，1937

(西汉)刘安等撰，马宗霍著．淮南旧注参正．济南：齐鲁书社，1984

(西汉)刘安等撰，吴承仕著．淮南旧注校理．北京：北京师范大学出版社，1985

(西汉)刘安等撰，刘文典集解．淮南鸿烈集解．北京：中华书局，1989

(西汉)刘安等撰，何宁集释．淮南子集释．北京：中华书局，1998

(西汉)刘安等撰，张双棣校释．淮南子校释．北京：北京大学出版社，1997

(西汉)刘安等撰，杨树达著．淮南子证闻·盐铁论要释．上海：上海古籍出版社，2006

(东汉)许慎撰，叶德辉辑．淮南鸿烈间诂．续修四库全书本．1121 册．上海：上海古籍出版社，2002

(唐)陆德明撰，黄焯断句．经典释文．北京：中华书局，1983

(宋)苏颂．苏魏公文集．丛书集成初编本．0046 册．北京：商务印书馆，1937

(清)陶鸿庆著．读诸子札记．北京：中华书局，1959

(清)阮元校刻．十三经注疏(附校勘记)．北京：中华书局，1980

(清)朱骏声编著．说文通训定声．北京：中华书局，1984

(清)王引之著．经义述闻．南京：江苏古籍出版社，1985

(清)王筠撰．说文解字句读．北京：中华书局，1988

(清)陶方琦撰．淮南许注异同诂(四卷、补遗一卷、续补一卷)．续修四库全书本．1121 册．上海：上海古籍出版社，2002

(清)黄奭辑．许慎淮南子注．续修四库全书本．1209 册．上海：上海古籍出版社，2002

(清)俞樾撰．诸子平议．续修四库全书．1162 册．上海：上海古籍出版社，2002

(清)王念孙著．读书杂志．续修四库全书本．1153 册．上海：上海古籍出版社，2002

(清)孙诒让撰．札迻．续修四库全书本．1164 册．上海：上海古籍出版社，2002

(清)王念孙著．广雅疏证本．北京：中华书局，2004

(清)段玉裁注．说文解字注．上海：上海古籍出版社，2004

卞觉非．略论语素、词、短语的分辨及其区分方法．语文研究，1983(1)

曹先擢．并列式同素异序同义词．中国语文，1979(6)
曹先擢．马拉车·玉石·陶瓷．汉字文化漫笔．北京：语文出版社，1992
车淑娅．《韩非子》词汇研究．浙江大学博士学位论文，2004
陈爱文，于平．并列式双音词的字序．中国语文，1979(2)
陈绍炎．《论语》复音词研究．毕节师专学报，1996(3)
程家枢，张云徽．并列式双音复合名词的字序规律新探．云南教育学院学报，1989(1)
程湘清．汉语史专书复音词研究．北京：商务印书馆，2003
池昌海．《史记》同义词研究．浙江大学博士学位论文，1999
崔晓静．高诱《吕氏春秋》语句注释测查与分析．河北大学硕士学位论文,2001
邓志强．《幽明录》复音词构词方式举隅．株洲师范高等专科学校学报，2001(3)
董秀芳．词汇化：汉语双音词的衍生和发展．成都：四川民族出版社，2002
董玉芝．《抱朴子》联合式复音词研究．新疆教育学院学报，1994(1)
董玉芝．《抱朴子》复音词构词方式初探．古汉语研究，1994(4)
董志翘．《入唐求法巡礼行记》词汇研究．北京：中国社会科学出版社，2000
方一新．东汉语料与词汇史研究刍议．中国语文，1996(2)
冯胜利．论汉语的"韵律词"．中国社会科学，1996(1)
冯胜利．汉语韵律句法学．上海：上海教育出版社，2000
冯胜利．韵律词与科学理论的构建．世界汉语教学，2001
傅华辰．《礼记》郑玄注训诂研究．南京师范大学硕士学位论文，2004
符淮青．汉语词汇学史．合肥：安徽教育出版社，1996
符淮青．构词法研究的一些问题．见：李如龙，苏新春编．词汇学理论和实践．北京：商务印书馆，2001
符淮青．现代汉语词汇．北京：北京大学出版社，2003
高亨纂著，董治安整理．古字通假会典．济南：齐鲁书社，1989
高小方，蒋来娣编．汉语史语料学．北京：高等教育出版社，2005
葛本仪主编．汉语词汇学．济南：山东大学出版社，2003
古敬恒．《吕览》高注中所见古汉语基本词的特征．徐州师范学院学报，1988(3)

管锡华.《史记》单音词研究.成都：巴蜀书社，2001

广东、广西、湖南、河南辞源修订组，商务印书馆编辑部编.辞源.修订本，1～4合订本.北京：商务印书馆，1988

郭良夫.语素和词与词和短语.见：词汇与词典.北京：商务印书馆，1990

郭沈青.语义场和义素的性质及研究价值.宝鸡文理学院学报(哲学社会科学版)，1994(2)

郭锡良.先秦汉语构词法的发展.见：汉语史论集.北京：商务印书馆，2005

韩陈其.《史记》中字序对换的双音词.中国语文，1983(3)。

何九盈，蒋绍愚.古汉语词汇讲话.北京：北京出版社，1980

何九盈.二十世纪的汉语训诂学.见：刘坚主编.二十世纪的中国语言学.北京：北京大学出版社，1998

何亚南.《三国志》和裴注句法研究.南京：南京师范大学出版社，2001

何志华.郭注双音词中的同素反序现象.江西大学学报，1988(2)

洪诚.洪诚文集.南京：江苏古籍出版社，2000

洪成玉，洪忻.汉语词组及其整体性.首都师范大学学报(社会科学版)，2000(5)

胡敕瑞.《论衡》与东汉佛典词语比较研究.成都：巴蜀书社，2002

胡继明.《汉书》应劭注双音词研究.河南师范大学学报，2002(3)

胡继明.《汉书》应劭注联合式双音词探析.汉字文化，2003(3)

胡晓华.郭璞注释语言词汇研究.浙江大学博士学位论文，2005

华学诚.论高诱的方言研究.长沙电力学院学报，2002(3)

黄易青.上古汉语同源词意义系统研究.北京：商务印书馆，2007

黄征.汉语俗语词研究的几个理论问题.杭州大学学报，1992(2)

黄征.敦煌语言文字学研究.兰州：甘肃教育出版社，2002

黄志强，杨剑桥.论汉语词汇双音节化的原因.复旦大学学报，1990(1)

吉常宏，王佩增编.中国古代语言学家评传.济南：山东教育出版社，1992

贾彦德.汉语语义学.北京：北京大学出版社，2005

蒋绍愚.蒋绍愚自选集.郑州：大象出版社，1999

蒋绍愚.古汉语词汇纲要.北京：商务印书馆，2005

黎锦熙.黎锦熙语言学论文集.北京：商务印书馆，2004

李葆嘉编著.《广韵》反切今音手册.上海:上海辞书出版社,1997

李开.文史研习和理论学语.南京:江苏教育出版社,2005

李丽.《国语》韦昭注联合式复音词研究.燕山大学学报,2005(6)

李升台.词的划界研究述评.语文导报,1987(11)

李小平.试论汉语词汇在魏晋六朝复音化的发展——以《论语》《孟子》《世说新语》为例.山东科技大学学报,2004(2)

李新健.《搜神记》复合词研究.郑州大学学报,1990(3)

刘钧杰.同源字典补.北京:商务印书馆,1999

刘钧杰.同源字典再补.北京:语文出版社,1999

刘叔新.刘叔新自选集.郑州:大象出版社,1993

刘兴均.《周礼》名物词研究.成都:巴蜀书社,2001

刘志生.《庄子》复音词构词方式初探.喀什师范学院学报,1995(4)

刘志生.东汉碑刻复音词研究.华东师范大学博士学位论文,2005

柳士镇.魏晋南北朝历史语法.南京:南京大学出版社,1992

鲁六.《汉语大词典》义项问题献疑.汉字文化,2005(1)

鲁枢元.汉字"风"的语义场与中国古代生态文化精神.文学评论,2005(4)

吕叔湘.汉语语法分析问题.北京:商务印书馆,1979

罗国强.《淮南子》高诱注训诂研究.湖南师范大学硕士学位论文,2002

罗国强.《淮南子》高诱注析疑.株洲师范高等专科学校学报,2004(1)

罗竹风主编.汉语大词典.上海:上海辞书出版社,汉语大词典出版社,1986—1993

骆晓平.魏晋六朝汉语词汇双音倾向三题.古汉语研究,1990(4)

雒江生编著.《诗经》通诂.西安:三秦出版社,1998

马庆株.词组的研究.语言教学与研究,1997(4)

马真.先秦复音词初探.北京大学学报,1980(5)、1981(1)

马智强."摩顶放踵"正诂.古汉语研究,1994(1)

毛远明.《左传》词汇研究.重庆:西南师范大学出版社,1999

孟蓬生.论同源词语音关系的双重性.古籍整理研究学刊,2000(6)

潘德荣.文字·诠释·传统:中国诠释传统的现代转化.上海:上海译文出版社,2003

潘文国,叶步青,韩洋.汉语的构词法研究.武汉:华中师范大学出版社,2004

齐冲天.《广雅疏证》的因声求义与语源学研究. 汉字文化，2006(6)

邵文利，杜丽荣. 试论同源字与异体字之畛域. 语文研究，2007(1)

沈林.《左传》单音节实词同义词词群研究. 四川大学博士学位论文，2001

石安石. 语义论. 北京：商务印书馆，2005

石锓. 古汉语复音词研究综述——兼谈《睡虎地秦墓竹简》的复音词. 湖北师范学院学报，1999(3)

孙良明. 高诱注中的语义结构和语法结构描写. 山东师范大学学报，1988(1)

唐钰明. 金文复音词简论——兼论复音化的起源. 见：中山大学人类学系编. 人类学论文选集. 广州：中山大学出版社，1986

唐子恒.《三国志》双音词研究. 文史哲，1998(1)

唐子恒. 汉语词复音化问题概说. 临沂师范学院学报，2005(4)

滕志贤. 诗经引论. 南京：江苏教育出版社，1996

汪维辉. 东汉——隋常用词演变研究. 南京：南京大学出版社，2000

汪耀楠. 注释学纲要. 北京：语文出版社，1997

王昌东. 再论汉语词汇复音化的原因. 内蒙古师范大学学报，1994(9)

王春玲.《吴越春秋》复音动词结构特点概述. 重庆三峡学院学报，2004(4)

王洪君. 从字和字组看词和短语——也谈汉语中词的划分标准. 中国语文，1994(2)

王娟.《周易》王弼注复音词考察. 语文学刊，2006(1)

王力. 汉语史稿. 北京：中华书局，1980

王力. 龙虫并雕斋文集(第二册)，北京：中华书局，1980

王力. 谈谈学习古代汉语. 济南：山东教育出版社，1984

王力. 汉语语音史. 北京：中国社会科学出版社，1985

王力. 王力文集(第十一、十九卷). 济南：山东教育出版社，1990

王力. 同源字典. 北京：商务印书馆，1999

王力主编. 古代汉语. 北京：中华书局，2006

王丽芬.《吕氏春秋》高诱注研究. 南京师范大学硕士学位论文，2005

王明春. 高诱训诂术语研究. 山东师范大学硕士学位论文，2004

王宁. 训诂学原理. 北京：中国国际广播出版社，1996

王宁，黄易青. 词源意义与词汇意义论析. 北京师范大学学报，2002(4)

王宣武．汉语大词典拾补．贵阳：贵州人民出版社，1999

王云路．词汇训诂论稿．北京：北京语言文化大学出版社，2002

王云路，郭颖．试说古汉语中的词缀“家”．古汉语研究，2005(1)

王宗祥．“摩顶放踵”的“放”．古汉语研究，1995(1)

魏德胜．《睡虎地秦墓竹简》复音词简论．语言研究，1999(2)

吴先文．《淮南子》高诱注训诂研究．安徽大学硕士学位论文，2004

吴则虞．《淮南子》书录．见：新建设编辑部编．文史(第二辑)．北京：中华书局，1962

伍宗文．先秦汉语中字序对换的双音词．见：四川大学汉语史研究所编．汉语史研究集刊(第三辑)．成都：巴蜀书社，2000

伍宗文．先秦汉语复音词研究．成都：巴蜀书社，2001

夏征农主编．辞海(缩印珍藏本)．上海：上海辞书出版社，1999

向熹．《诗经》语言研究．成都：四川人民出版社，1987

向熹编著．简明汉语史．北京：高等教育出版社，1998

萧天柱．略论词同短语的区分．信阳师范学院学报，1984(3)

徐海英．浅析古汉语中词与词组的区别．山西广播电视大学学报，2003(2)

徐时仪．汉语词汇双音化的内在原因考探．语言教学与研究，2005(2)

徐通锵．历史语言学．北京：商务印书馆，1991

徐中舒主编．汉语大字典．武汉：湖北辞书出版社；成都：四川辞书出版社，2006

许嘉璐．关于训诂学方法的思考．见：语言文字学论文集．北京：商务印书馆，2005

许威汉．汉语词汇学引论．北京：商务印书馆，1992

叶蜚声，徐通锵．语言学纲要．北京：北京大学出版社，1997

殷国光．《吕氏春秋》词类研究．北京：华夏出版社，1997

殷焕先．反切释要．济南：山东人民出版社，1979

北京大学中文系《语言学论丛》编委会编．语言学论丛(第十二辑)．北京：商务印书馆,1984

王力．王力先生纪念论文集．北京：商务印书馆，1990

袁健惠．汉语同源词研究方法论略．绵阳师范学院学报，2007(1)

袁行霈主编．国学研究(第十三卷)．北京：北京大学出版社，2004

翟思成．高诱音注材料测查与分析．河北大学硕士学位论文，2001

章红梅．古汉语“跳跃”义场的语义分析．西华师范大学学报(哲学

社会科学版)，2005(3)

章炳麟．章太炎全集(一)．上海：上海人民出版社，1982

张博．先秦并列式连用词序的制约机制．语言研究，1996(2)

张博．古代汉语词汇研究．西宁：宁夏人民出版社，2000

张联荣．古汉语词义论．北京：北京大学出版社，2000

张能甫．郑玄注释语言词汇研究．成都：巴蜀书社，2000

张能甫．东汉语料及同素异序的时代问题——对《东汉语料与词汇史研究刍议》的补说．古汉语研究，2000(3)

张文国．《左传》名词研究．北京：中国社会科学出版社，1998

张双棣．《吕氏春秋》词汇研究．济南：山东教育出版社，1989

张永绵．近代汉语中字序对换的双音词．中国语文，1980(3)

张永言．词汇学简论．武汉：华中工学院出版社，1982

张永言，汪维辉．关于汉语词汇史研究的一点思考．中国语文，1995(6)

张振德，宋子然，苗永川，袁雪梅．《世说新语》语言研究．成都：巴蜀书社，1995

张志毅，张庆云．词汇语义学．北京：商务印书馆，2005

赵百成．《世说新语》复音词构词法初探．佳木斯师专学报，1995(2)

赵克勤．古代汉语词汇学．北京：商务印书馆，2005

赵小刚．“前有浮声，后须切响”别解．中国语文，1996(1)

赵振铎．训诂学纲要．成都：巴蜀书社，2003

郑奠．古汉语中字序对换的双音词．中国语文，1964(6)

中国社会科学院语言研究所词典编辑室编．现代汉语词典．北京：商务印书馆，2005

周大璞主编，黄孝德、罗邦柱分撰．训诂学初稿．武汉：武汉大学出版社，2002

周光庆．中国古典解释学道论．北京：中华书局，2002

周国光．语义场的结构和类型．华南师范大学学报，2005(1)

周荐．论词的构成、结构和地位．见：词汇学词典学研究．北京：商务印书馆，2004

周俊勋．高诱注词汇研究．四川大学硕士学位论文，1999

周俊勋．从高诱注看东汉北方代词系统的调整．阿坝师范高等专科学校学报，2000(1)

周日健，王小莘．《颜氏家训》词汇语法研究．广州：广东人民出版社，1998

周日健．《颜氏家训》复音词的构词方式．华南师范大学学报，1998(2)

周生亚．《世说新语》中的复音词问题．吉林大学社会科学学报，1982(2)

朱德熙．朱德熙文集(第一卷)．北京：商务印书馆，1999

朱庆之．佛典与中古汉语词汇研究．台北：文津出版社，1992

朱庆之．试论佛典翻译对中古汉语词汇发展的若干影响．见：王云路，方一新编．中古汉语研究．北京：商务印书馆，2004

朱彦．汉语复合词语义构词法研究．北京：北京大学出版社，2004

朱志平．汉语双音复合词属性研究．北京：北京大学出版社，2005

宗福邦等主编．故训汇纂．北京：商务印书馆，2003

[法]房德里耶斯著，岑麒祥、叶蜚声译．语言．北京：商务印书馆，1992

[英]杰弗里·N. 利奇著，李瑞华等译．语义学．上海：上海外语教育出版社，1987

后　记

2004年9月，我终于走进了梦寐以求的南京大学。南大"励学、敦行"的学术氛围，良师们严谨、求实的学术态度，都使我受益良多。

入校后，我师从李开老师。李老师学识渊博，为人谦和，对学生在学业和生活上都是关怀备至。在李老师的门下，我真正体会到了师徒如父子的感觉。毕业之后，李老师一如既往地从教学和科研等方面给了我很多指导和帮助。对此，我深表感激。本书出版之际，正逢李老师在澳门讲学，工作非常繁忙，而李老师却在百忙之中慨然赐序，鼓励和教诲，我将铭记在心。

南京大学要求导师组一起指导博士生，所以我有幸聆听了鲁国尧、柳士镇、滕志贤、高小方、汪维辉、刘晓南等诸位先生的教诲，从他们身上，我得到了为人和治学等多方面的教益，谨向以上诸位先生致以诚挚的谢意。

我的论文选题是在李开老师的指导下确定下来的，题目确定之后，李老师又从选题的深度和广度等多方面给予了指导。在写作过程中，我们师生进行了多次沟通和交流。南大的小树林里、操场上都留下了我们师生探讨和交流的身影。有关高诱的注释已经有人做过多方面的探讨，从语音、词汇、注释的体例等方面，都做过研究，但是大都是举例性的，没有人做过穷尽性的研究，所以我们决定从词汇的角度做穷尽性的研究。做词汇的穷尽性研究必须从基础做起，先要把高诱所有的注释语言找出来，然后从单音、复音的角度划分。我们知道，关于单音词和复音词的划分，到目前为止学术界也没有一套行之有效的方法。为了保证我们所划分标准的可信度，在划分的过程中，参照了《汉语大字典》《汉语大词典》《吕氏春秋词典》等多种工具书。同时新词新义的确定也很困难，因为需要查检所有汉代以前的资料，才能确定是否为新词或者新义，对此，我们采用了语料库检索与纸质资料查检相结合的方法，增加了新词新义的可信性。而同源词也是词汇研究中一个很重要的部分，所以我们也对高诱注中的同源词进行了研究。前期的工作很是费时费力，整天泡在南京大学图书馆五楼的古籍阅览室内，查找、整理资料。2006年1月，我终于完成了初稿，李老师对初稿进行了细致、认真地审读，提出了许多很好的修改意见和建议。因为李老师2007年3月要去韩国讲学，所以我的论文下面的工作是由汪维辉老师指导的。汪老师在指导自己三个学生的同时，还为我和我的师弟顾涛指导论文，这无疑给汪老师增加了很大的工作量，但是汪老师同样对我们严格要求，认真负责，从他身上，我再次体会到了为学严谨踏实的作风。在例证的准确性以及行文的简洁性等方面，汪老师的教诲使我受益匪浅。汪老师通读了我论文的二稿和三稿，并一直指导到我论文答辩完毕。我对汪老师的无私奉献精神深表感谢。

在论文送审和答辩的过程中，我还得到了滕志贤先生，南京师范大学的董志翘先生、黄征先生、何亚南先生的热情鼓励和指导，他们指出了论文中存在的问题，并提出了很中肯的修改意见。对以上各位先生的指导和帮助，在此表示衷心的感谢。

在此，我还要特别感谢鲁国尧老师对我的帮助和爱护。1995年，从山东大学硕士毕业的时候，我曾经与鲁老师联系过，想考他的博士生，但是因为家庭的原因，未能如愿。在我2004年考入南大之后，鲁老师从学业和心理等方面都给了我很大的帮助，还赠送我许多专业书籍。毕业之后，在工作和做学问方面鲁老师也给了我很多指导。我对此深表感激。

辽宁省教育厅高校科技专著出版基金为繁荣学术事业做了一件大好事，惠及我辈学人。对这一举措，我辈深表钦佩和感激。

我还要感谢我的大学老师国光红先生，是他把我引入学术门径；我的硕士生导师曹正义先生，引导我为学术研究打下了基础。以我的这部拙作，难以报答诸位恩师的厚爱。今后当以此自勉，不断努力。

作为有家庭和孩子的人来说，再去读书，无疑增加了家人的负担，但是他们始终支持我的选择。为我的选择，他们也做出很大的牺牲，我对此感到很惭愧。我还要感谢我的父亲，他一如既往地理解和支持我的选择。虽然他没有看到我毕业，但是我完成了父亲的心愿，可以告慰他九泉之下的亡魂。

我衷心感谢北京师范大学出版社能给我这个机会，使我的拙作在这样一家在学人中有极好口碑的出版社出版。还要特别感谢责编王强、杨帆二位老师为编辑此书所付出的辛勤劳动。

书中的错漏不当之处，均由本人学养不及所致，敬请方家不吝指正。

焦冬梅

2011 年 2 月 22 日

于大连开发区东城园